하나님의 자녀가 반드시 알아야 할 선악과의 비밀

선악과가 과연 무엇이기에?

하나님의 자녀가 반드시 알아야 할 선악과의 비밀

선악과가 과연 무엇이기에?

펴낸날 ‖ 2025년 3월 27일 초판 발행

지은이 ‖ 조병선 [Rev. Dr. Grace Cho]

펴낸곳 ‖ 올리브나무 출판등록 제2002-000042호

　　　　경기도 고양시 일산동구 정발산로 82번길 10, 705-101

　　　　전화 031-905-8469, 010-7755-2261

　　　　팩스 031-629-6983 E메일 yoyoyi91@naver.com

　　　　인스타그램 olive.tree.books

펴낸이 ‖ 유영일 대표 ‖ 이순임

ⓒ 조병선, 2025

ISBN 979-11-91860-43-6 03230

값 18,000원

조병선 [Rev. Dr. Grace Cho] 지음

선악과가 과연 무엇이기에?

하나님의 자녀가
반드시 알아야 할
선악과의 비밀

올리브
올나무

감사의 말씀

"아버지 하나님!
하나님을 사랑하는 하나님의 자녀들과
사랑하는 성도님들과
아내의 목회를 곁에서 도와주었던
사랑하는 남편과
딸 우영과 아들 하민,
그리고 여섯 손자 손녀와
유튜브에서 설교를 들으신 모든 분께
감사드립니다.
창세기에서부터 계시록까지 기록된
하나님의 자녀가 반드시 알아야 할
선악과의 비밀에 대해서
여러분과 함께 나누려 합니다!"

침묵 속에서 들려온 선악과의 비밀

Dr. Prof. 김영일

Visiting Professor of Ethics & Society,
Berkeley School of Theology

우선 기다리던 책, "선악과 총론"인 『선악과가 과연 무엇이기에?』 출판을 진심으로 축하합니다! 이 책은 조병선 박사께서 여러 해 동안 각고의 연구와 노력 끝에 이루어진 고귀한 결정체라고 생각합니다.

저자는 연구를 거듭하면서 이런 진리의 내용이 "종말을 준비하는 하나님의 자녀들이 반드시 알아야 할 내용"이라는 확신을 가지고 있었습니다. 즉 이 시대 그리스도인들과 나누고 싶은 욕망이 솟아 이 책을 출판하게 된 것이지요.

본래 저자는 이웃에게 격려와 사랑을 많이 베푸는 배려심이 깊은 목회자입니다. 더구나 저자는 겸손과 온유 그리고 측은지심과 자기 비움의 덕을 갖춘 분이십니다.

이 책은 과거와 현재 또한 미래에 대한 인간의 행위, 즉 과거의 실수 혹은 죄가 현재에는 결과적으로 어떤 상황으로 연결되었는가에 대해서 "그 대처 방법은 무엇일까?"를 성경학적으로, 그리고 신학적으로 접근하고 있습니다. 이러한 맥락에서 "옳고 그름"과 "선악에 대한 주제들"을 누구나가 이해하기 쉽게 전개하고 있습니다.

이 책은 침묵 속에서 침묵을 깨고 들리는 소리일 뿐만 아니라, 지붕 위에서 선포되는 외침(마 10:27)이라고 믿습니다.

바라기는 이 귀한 책이 수많은 분에게 영적인 파수꾼의 역할과 신앙의 각성제 기능을 발휘하여, 개인의 영혼을 정화시키고, 또한 도덕적인 책임까지도 고무시키기를 바랍니다!

선악과, 하나님의 최초 행위언약

에덴동산에 나오는 '선악과' 이야기를 모르는 하나님 자녀들은 거의 없을 것입니다. 하나님은 왜 '그룹'과 "두루 도는 화염검"으로 생명나무의 길로 가지 못하도록 지키게 하셨는지요? 왜 선악과를 먹은 아담이 땀을 흘려야 식물을 먹고, 아담의 아내는 잉태하는 고통과 해산의 고통을 겪으며 종신토록 그 남편을 사모하면서 그의 다스림을 받게 하셨는지요?

선악과 사건 이후 왜, 왜 아담의 후손 대대로 "죄와 사망" 속에서 신음하고 살아야 했는지요? 주위를 살펴보니, 선악과를 먹고 나서의 그 무서운 '후유증'에 대해, 그 원인을 깨닫고 경계하는 분들이 의외로 적었습니다. 한 마디로 "선악과를 먹었다."라는 의미가 무엇인지조차 대다수가 의식하지 못한 채, 교회를 다니고 있음을 발견하게 된 것이었습니다.

주님은 이 땅에 오셔서 선악과 이후로 우리 인생이 하나님께 갚아야 할 빚을 자그마치 '1만 달란트'로 제시하셨습니다. 이 '1만 달란트'라는 액수는 한 개인이 나라 임금에게 지는 빚으로는 결단코 이해되지 않는 천문학적 숫자입니다. 그런데 성경은 "그것은 비유였다! 선악과 사건 이후로 육천여 년, 아니 그 이상 아담으로부터 물려받은 인생의 죄의 양, 죄의 무게에 대한 하늘의 판정이었다."라고 제시하셨습니다.

그런 의미에서 "선악과는 인생이 먹으면 정녕 죽으리라"라고 경고하신 하나님의 최초의 행위언약이었던 것입니다. 아니 '선악과'는 사단이 하나님의 자녀에게 먹이고자 했던 "최초 유혹의 양식"이기도 하였습니다. 그런데 이 '선악과'는 특별히 인생의 눈에 얼마나 보암직, 먹음직, 지혜롭게 할 만큼 탐스러워 보였는지요! 이런 연유로 세대를 초월하여 인생 대다수가 이 유혹의 열매 앞에서 갈등하며 먹고, 결국은 넘어지는 자들이 대다수라 해도 과언이 아닐 것입니다.

어느 날 우연히 '선악과의 의미'를 깨닫고, 얼마나 큰 충격을 받았는지요! 이 '선악과 사건'은 지금, 이 시간에도 "위풍당당한 존재"로 연속되기 때문입니다. 그런 연유로 얼마나 많은 하나님의 자녀들이 이 선악과를 먹고 죄의 구렁텅이에 빠져 신음하고 있는지요!

이 '선악과 사건'은 우리 각 개개인의 마음속에 아직도 깊이 자리 잡아, 수천 년 동안 "죄를 생산해 내는 죄의 공장"과도 같았습니다. 이 '선악과 사건'은 한마디로 저 "멸망 당할 사단"에게 우리 인생이 당한 인류 "최고 최대의 가장 불행한 사건"이었지요.

그런데 '오호라!' "선악과를 먹지 말라! 먹으면 정녕 죽으리라"라고 경고하시던 한때가 있었습니다. 그리고 "어서 빨리 장성한 자가 되어 선악을 분변하는 자가 되라"고 재촉하시는 한때도 있었습니다. 그런 의미에서 우리 하나님의 자녀들은 "부분적인 선악과"가 아니라, 성경 전체가 제시하는 "총론적이고도 결론적인 선악과"에 대해 알아야 한다는 생각이 문득 들었습니다. 사단의 교묘한 "유혹 작전"에 말려 쓰러지지 않고, 오히려 사단을 예수의 이름으로 이길 수 있기 때문입니다.

이 '선악과 주제'는 창세기에서부터 계시록에 이르기까지, 아니 주님이 재림하여 오실 때까지 계속될 내용입니다. 저는 하나님의 자녀들이라면 이 중요한 "선악과 주제 내용"에 대해 깊이 알아야 한다고 생각했습니다. 그런 의미에서 우리 신앙의 삶에서 가장 먼저 깨닫고 신앙의 "Turning Point"가 되어야 할 지점은, 선악과를 먹고 남을 정죄하는 자리에서 돌아서는 것입니다.

"주 안에서 살아가고 있는 자들이 왜 남을 정죄하지 말아야 하는가?" 이 원리를 깊이 깨닫는 '한때'가 있어야, 주님께서 분부하신 '새 계명'을 전하는 사람으로 전환하는 다른 '한때'를 만날 수 있습니다. 성도의 신앙의 '최종 목적지'는 주께서 우리를 사랑하신 것처럼, 우리도 "서로 사랑하라!" 하신 새 계명을 지키고 이루는 것이기 때문입니다.

이 놀라운 사실 앞에 성경 전체 '선악과 사건'을 다시 재조명해 보았습니다. 하나님께서 예비하신 에덴의 축복을 다시 회복하기를 소망하며, 이 주제를 써 내려갔습니다. 또한 재림하실 주님이 인도하실 '천년왕국'에서 생육, 번성, 정복, 충만, 다스리는 그 권세를 누리며, 우리를 위해 아름다운 것을 예비하신 삼위일체 하나님께 영광 돌리기를 원해서였습니다. '선악과'에 대한 주제를 모르면, 결국 "영원한 불못"이 마지막 이르는 곳이 되고 말 것입니다. 그렇기에 이 책을 쓰지 않으면 안 되었던 것입니다. 할렐루야! 주님을 찬양합니다.

물댄동산에서
조병선(Grace Cho) 목사

목 차

제1부

선악과가 과연 무엇이기에?

"여호와 하나님이 그 사람을 이끌어
에덴동산에 두사
그것을 다스리며 지키게 하시고
여호와 하나님이 그 사람에게 명하여 가라사대
동산 각종 나무의 실과는 네가 임의로 먹되
'선악을 알게 하는 나무의 실과'는 먹지 말라
네가 먹는 날에는 정녕 죽으리라 하시니라."

(창 2:15-17)

1. 선악과에 대한 스물세 가지 의문점

성경을 읽으면 읽을수록 성경 전체가 다 '선악과' 사건에 얽매여 있다는 것을 절감하게 되었다. 하나님은 '선악과'로 인해 그렇게 말도 많고, 탈도 많았던 것을 여과 없이 성경책에 그대로 드러내주셨다. 그런데 문제는 성경 전체가 이 '선악과'에 대해 증거를 해도 "선악과의 의미"를 아시는 분들이 그리 많지 않다는 것이다. 그 결과, 여전히 선악과를 먹고 있으면서도, 자신이 선악과를 먹고 있다는 것조차 모르고 사시는 분들이 너무나 많다!

첫째, 그런 의미에서 우리는 이 '선악과'에 대해 바로 알고, 선과 악을 판단하는 그 자리에 바로 서는 "하나님의 자녀"가 되어야 한다.

둘째, 사단이 우리를 어떻게 유혹하는지? 그 꼼수도 파악하여, 예수의 이름으로 사단을 물리칠 수 있는 능력을 갖추어야 한다.

'선악과'에 대해서 제대로 알려면, "선악과 주제에서 질문거리를 찾아야 그 답도 성경에서 찾을 수 있게 된다." 이 질문에 답을 찾으면, "선악과를 먹는다."라는 뜻이 분명하게 밝혀지게 될 것이다. 성경 전체를 망라하는 이 주제에 대해 도전해 보려 한다! 스물세 가지 질문 중, 답을 하실 수 있는 분은 빈칸에 한 번 적어 보시기 바란다. 우리가

'선악과'란 이 주제에 대해 모르면, 그만큼 우리의 삶이 흑암과 혼돈과 혼동에 빠질 수밖에 없기 때문이다.

1) 하나님은 왜 에덴동산에 각종 나무와 생명나무, 선악을 알게 하는 나무를 두셨는가?

2) 하나님은 왜 에덴동산에 각종 나무와 생명나무, 선악을 알게 하는 나무들 중 유독 "선악을 알게 하는 나무의 열매"만은 먹지 말라고 경고하셨을까?

3) 이 "선악을 알게 하는 나무"는 과연 무엇을 의미하는가?

4) '선악과'를 먹는다는 것의 의미는 또 무엇인가?

5) 왜 하나님은 여자를 유혹하는 '뱀'을 아주 없애버리지 않으시고, 에덴동산에 존재하게 하셨는가?

6) 왜 '뱀'은 거짓 증거까지 하며, 여자에게 선악과를 먹이려 유혹하였을까?

7) 왜 하나님은 "선악을 알게 하는 나무"를 에덴에 만들어 놓으시고, 여자로 하여금 유혹을 받게 하셨는가?

8) 왜 여자는 먹지 말라는 선악과를 불순종하고 따 먹었을까?

9) 선악과를 먹고 "눈이 밝아졌다."라는 의미는 무엇인가?

10) 왜? 왜? 도대체 선악과가 무엇이기에, 하나님께서 "선악과를 먹지 말라! 먹으면 정녕 죽는다"라고 경고하시고, 뱀은 "먹어도 죽지 않는다! 오히려 눈이 밝아지고 하나님처럼 된다!"라고 여자를 유혹했을까?

11) 왜 뱀은 선악과를 먹이려다가 저주를 받아 종신토록 배로 기고 흙만 먹어야 했는가?

12) 왜 선악과를 먹으면 죽는 것을 아시면서도, 하나님은 여자를

강권적으로 막지 않으셨을까?

13) 여자는 "선악과를 먹으면 죽는다!"라는 사실을 들었으면서도, 왜 자신도 먹고 남편까지 먹였는가?

14) 도대체 선악과가 무엇이기에, 여자는 그렇게 "먹지 말라!" 하신 선악과를 먹고, 임신과 해산의 고통은 물론, 평생토록 자기 남편을 사모하고, 그의 다스림을 받아야 했는가?

15) 왜 아담은 먹지 말라는 선악과를 아내를 통해 먹고 "땅은 너로 인하여 저주를 받고 너는 종신토록 수고하여야 그 소산을 먹고 땅이 네게 가시덤불과 엉겅퀴를 낼 것이니 **너의 먹을 것은 채소**"라는 하나님의 명령을 행해야 했는가? (창 3:17-18)

16) 도대체 선악과가 무엇이기에 그것 좀 먹었기로서니, 왜 그 후부터 인간은 죄와 사망 가운데 살아야 했는가? (롬 5:12, 14)

17) 왜 선악과를 먹은 죄가 "인간의 원죄"가 되었는가?

18) 왜 아담 부부가 선악과를 먹은 후, 낳은 아들들이 하나님 앞에 제사 사건으로 인해 형제를 죽이는 살인사건을 범했는가?

19) 왜 가인과 아벨 이후에 난 '셋'을 가리켜 '다른 씨'라고 표현하셨는가?

20) 왜 하나님은 기뻐 창조하신 아담과 그 아내를 "선악과를 먹었다."라는 이유만으로 그들을 에덴에서 쫓아내셨는가?

21) 왜 하나님은 에덴을 쫓아내는 것도 부족해서, 생명나무의 길을 지켜 들어가지 못하도록 하셨는가?

22) 이 생명나무의 길은 언제 열릴 수 있을까?

23) 창세기 2장 7절에서 여호와 하나님께서 먼저 '흙'으로 사람을 지으시고, 그다음에 '생기'를 넣어 "산 영 차원"의 사람을 만드셨는데, 그 후에 아담 부부가 가인과 아벨을 낳았다. 그런데 가인이

아벨을 죽였으면, 모두 세 사람이 남아야 하는데, 왜 이 '셋' 이외에 "알지 못하는 사람들이 등장"하고 있는가? 이 사실은 또 무엇을 드러내 주시는 것인가?

선악과에 대한 이러한 의문 '스물세 가지'를 찾고 나서, 처음에 얼마나 막연했는지 모른다. 위 내용을 읽으시면서, 여러분은 어떤 생각이 들었을까? '스물세 가지' 의문에 몇 가지 답을 더하실 수 있을 것인가? 이 외에도 더 찾아보기 바란다.

성경에서 제일 먼저 우리가 알아야 할 것이 바로 "선악과와 생명과" 란 주제이다. 하나님은 성경을 여시면서 이 "선악과에 대한 주제"를 우리에게 제일 먼저 알게 하시기를 원하셨다. 그만큼 우리 인생이 살아가면서 제대로, 아니 제일 먼저 알아야 할 것이 바로 '선악과'와 '생명과'란 주제이기 때문이다. 그런데 선악과는 무엇을 의미하고, 생명과는 또한 무엇을 의미하는 것인가?

하나님은 에덴동산에 "선악을 알게 하는 나무"와 '생명나무'를 두셨다. 그런데 이 주제에 대해 심취해 보니, 하나님께서 제시하신 '스물세 가지'의 이 내용을 알고 모르고가 우리 신앙의 삶, 아니 우리의 살아가는 한평생의 삶을 좌지우지한다는 사실을 알고 얼마나 충격을 받았는지 모른다. 그렇다면 이 내용에 대해 알게 되면, 우리가 모르고 살 때보다 어떤 내용의 삶으로 전환될까?

'선악과'에 대해 연구하며 깨달은 것은 바로 이것이었다. '생명과' 와 '선악과'가 의미하는 내용이 성경의 첫 페이지부터 시작해서, 성경 마지막 계시록 18장에 이르기까지 계속되어 있다는 사실이었다. 그런 연유로 선악과가 무엇을 의미하는지, 생명과가 무엇을 의미하는지를 제대로 알고 살라고 성경 초장부터 하나님께서 이 내용에 대해 선포해 주신 것이 아닌가 생각하면서, 이 책을 제일 먼저 발간하려는 마음이 생겼다.

할렐루야! 주님을 찬양한다!

2. 선악과에 대한 무지함 세 가지

'선악과'가 과연 무엇이기에?

첫째, 이 "선악과 사건"에 대해 과연 우리는 얼마만큼 경계하고 주의하며 살아왔는가? 이제라도 이 '선악과'에 대하여 영적 실제를 알아야 하지 않을까?

둘째, 성경 전체를 망라(網羅)하는 이 중요한 주제를 알고, 인생에게 "첫 죄와 사망"을 태동시킨 이 사건을 왜 수많은 신학자나 목회자가 달려들어 깊이 있게 그 원인을 파헤치지 않았을까?

셋째, 하나님께서 "선악을 알게 하는 나무의 실과는 먹지 말라! 네가 먹는 날에는 정녕 죽으리라!"라고 명하셨다. 그런데 우리는 왜 그 하나님의 말씀을 중요시하지 않은 채, 살아왔고 또 살아가는가?

'선악과'가 무엇을 의미하는가에 대해 모르는 무지함의 결과, 구약시대에 "하나님의 종들" 대다수가 "먹지 말라!"는 선악과를 먹고 하나님 앞에서 악을 행하였다. 그뿐만이 아니다.

"하나님의 백성"이란 자들도 그들 "하나님의 종들"에게 질세라, 이 '선악과'를 탐하여 먹고 감히 하나님을 멸시하였다. 그 결과, '북이스라엘'과 '남유다' 모두 이방나라의 침략으로 멸망의 길을 갔다는 것이 세계사에서도 증거하고 있다.

그런데 신약시대에도 예외 없이 똑같은 일이 벌어졌다는 것이다. 4천여 년간 구약이 무엇을 증거하였는가? 구약 전체가 이 세상에 오실 '메시아'에 대하여 증거하지 않았는가? 그런데, 그 증거에 의해 독생자가 자기 백성에게 오셨는데, 종교 지도자들 대다수가 이 세상에 오신 주님을 백성에게 소개하지 않고 임의로 대하는 우(愚)를 범했다는 것이다. 백성들 역시 지도자들과 야합하여 오신 메시아를 "십자가에 못 박아 죽이라"고 외쳐, 결국 주님을 십자가에 달아매어 죽이는 패악함을 저질렀다. 그 원인은 하나님께서 "먹지 말라" 하셨던 선악과를 저들 마음대로 먹었기 때문이다!

그렇다면 구약 백성, 신약 백성만 그렇게 '선악과'를 죽어라고 먹어댔는가? 아니다! 사도 요한은 장래 일어날 계시록 17장과 18장에서 '큰 성 바벨론' 교회에서 어떤 일이 발생할 것인가에 대해 하나님의 큰 심판이 있을 것을 미리 경고하였다. 그런데 지금 이 시대도 세월이 흘러가면서, 교회가 어떤 식으로 전환되어 가는 중인가? 점점 사회적으로 '바벨교회'로 전환되고 있다는 사실이 인지되고 있지는 않는가?

'바벨'이란? '섞이다'란 뜻을 지니고 있다. 그런데 교회 간판을 걸었는데, 교회 내에서는 세상 것을 적당히 도입, 성도가 입을 세마포에 + 자주 옷과 붉은 옷을 입고, 각종 금은보석으로 치장을 한다니, 이런 상황이 어찌 교회에서 일어날 수 있단 말인가?

> "그 여자는 자줏빛과 붉은빛 옷을 입고 금과 보석과 진주로 꾸미고 손에 금잔을 가졌는데 가증한 물건과 그의 음행의 더러운 것들이 가득하더라."
> (계 18:4)

그런데 이 "큰 성 바벨론 교회"에서 "탐하던 과실"이 있다고 하였다. 그것이 바로 '선악과'였다. 과거 에덴동산에서 누가 '선악과'를 먹도록 유인하였는가? 바로 뱀이었다. 그런데 세월이 흐르고 또 흘러, 계시록에서는 뱀이 큰 용으로 변해 "큰 성 바벨론 백성들"이 '붉은 용'에게 먹혔으니, 그 결말이 어떠하였겠는가?

"뱀이 ⇨ 큰 용이 되었다!"

이 말씀의 의미는 선악과를 먹은 사람들이 거의 대다수이기에, 뱀에게 먹히어 결국은 뱀이 큰 용으로 변신할 만큼 하나님의 자녀들이 사단에게 잡아먹혔고 먹힐 것이라는 말이다. 그런 의미에서 지금 우리 세대가 이제부터 제대로 준비할 옷은 "붉은빛 옷"이 아니라, "세마포 옷"이다. 이 세마포 옷이 바로 "어린양의 혼인 잔치에 입을 옷"이라 하셨다. 그런데 누가 이 옷을 예비하는가? 어린양의 아내가 될 신부가 예비하는 것이다. 그런데 여기에 그치지 않았다. 누가 이 신부의 옷을 허락하시는가? 한 단계가 더 남았다는 것이다. 사도 요한은 오직 "세마포 옷"을 입도록 허락하실 분은 바로 "우리 주님"이라고 제시하여 주었다.

> "⁷그에게 허락하사 빛나고 깨끗한 세마포를 입게 하셨은즉 이 세마포는 성도들의 옳은 행실이로다 하더라 ⁸그에게 허락하사 빛나고 깨끗한 세마포를 입게 하셨은즉 이 세마포는 성도들의 옳은 행실이로다 하더라… ¹⁴하늘에 있는 군대들이 희고 깨끗한 세마포를 입고 백마를 타고 그를 따르더라 ¹⁵그의 압에서 이 한 겁이 나오니 그것으로 만국을 치겠고 친히 저희를 철장으로 다스리며 또 친히 하나님 곧 전능하신 이의 맹렬한 진노의 포도주 틀을 밟겠고 ¹⁶그 옷과 그 다리에 이름 쓴 것이 있으니 만왕의 왕이요 만주의 주라 하였더라." (계 19:7-8, 14-16)

위의 말씀을 통해 우리는 장래 일어날 내용에 대해 올바로 알아야 한다. 우리의 신앙의 삶에서 장래 일을 준비하며, 그것을 허락하실 우리 주님을 늘 경배드리는 삶을 살아야 한다. 세상 종말에는 뱀이 큰 붉은 용으로 변해 "하나님의 자녀"라고 자처하던 이들, 곧 큰 성 바벨론 백성들이 얼마나 많이 잡아먹힐 것이라고 하였는가? 얼마큼 '선악과'를 탐했으면, 일 시간에 어떤 일이 발생한 것인가? 사도 요한이 이 일을 미리 내다보고, 이들이 하나님의 심판을 받게 될 것을 경고하였던 것이다. 이런 내용을 반드시 알아야 하는 것이 우리 모두의 숙제가 아니겠는가? 부디 세마포 옷을 준비하는 우리가 되기를 기원한다!

그런데 주님께서 허락하심으로 "빛나고 깨끗한 세마포"를 입게 하셨는데, 이 "빛나고 깨끗한 세마포"는 "성도들의 옳은 행실"이라 하셨다. 올바른 신앙의 삶을 사는 자들만이 바로 이 "세마포 옷의 주인공"이 되는 것이다! 그리고 이들은 주 안에서 살았던 그의 자녀들이 었다.

다시 한번 강조하지만, 이들 바벨론 백성들은 그동안 무엇을 먹고 살아왔다고 사도 요한이 지적하였는가? 그들 영혼이 "먹지 말라는 선악과"를 마구 탐해 먹었다는 것이다. 사도 요한은 계시를 받으면서 다음과 같은 기록을 남겼다. 왜냐하면 장래 일어날 일에 대한 계시록에서 대다수가 "선악과를 먹어댈 것"을 사도 요한이 미리 보고 기록하였기 때문이다.

"14바벨론아 네 영혼의 탐하던 과실이 네게서 떠났으며 맛있는 것들과 빛난 것들이 다 없어졌으니 사람들이 결코 이것들을 다시보지 못하리로다 15바벨론을 인하여 치부한 이 상품의 상고들이 그 고난을 무서워하여 멀리 서서 울고 애통하여 [16]가로되 화 있도다 화 있도다 큰 성이여 세마포와 자주와 붉은 옷을 입고 금과 보석과 진주로 꾸민 것인데 [17]그러한 부(富)가 일 시간에 망하였도다 각 선장과 각처를 다니는 선객들과 선인들과 바다에서 일하는 자들이 멀리 서서 [18]그 불붙는 연기를 보고 외쳐 가로되 이 큰 성과 같은 성이 어디 있느뇨 하며 [19]티끌을 자기 머리에 뿌리고 울고 애통하여 외쳐 가로되 화 있도다 화 있도다 이 큰 성이여 바다에서 배 부리는 모든 자들이 너의 보배로운 상품을 인하여 치부하였더니 일 시간에 망하였도다." (계 18:14-19)

"오호라!" 세상 종말에는 뱀이 큰 붉은 용으로 변해 "하나님의 자녀"라고 자처하던 이들 큰 성 바벨론 백성들이 얼마나 많이 잡아 먹힐 것인지를 예고하였는가? 사도 요한이 이 일을 미리 내다보고, 이들이 하나님의 심판을 받게 될 것을 경고하였다. '선악과'를 얼마큼 탐했으면, 일 시간에 어떤 일이 발생하였는가?

"[21]이에 한 힘센 천사가 큰 맷돌 같은 돌을 들어 바다에 던져 가로되 큰 성 바벨론이 이같이 몹시 떨어져 결코 다시 보이지 아니하리로다 [22]또 거문고 타는 자와 풍류 하는 자와 퉁소 부는 자와 나팔 부는 자들의 소리가 결코 다시 네 가운데서 들리지 아니하고 물론 어떠한 세공업자든지 결코 다시 네 가운데서 보이지 아니하고 또 맷돌 소리가 다시 네 가운데서 들리지 아니하고 [23]등불 빛이 결코 다시 네 가운데서 비취지 아니하고 신랑과 신부의 음성이 결코 다시 네 가운데서 들리지 아니하리로다 너의 상고들은 땅의 왕족들이라 네 복술을 인하여 만국이 미혹되었도다 [24]선지자들과 성도들과 및 땅 위에서 죽임을 당한 모든 자의 피가 이 성 중에서 보였느니라 하더라." (계 18:21-24)

그런 의미에서 우리 하나님의 자녀는 스스로 "네 가지 결단"을 해야 할 것이 있다는 생각이 들었다.

첫째, 선악과에 대해 배우되 제대로 배워 알자!

둘째, "내가 과연 선악과를 얼마나 많이 먹고 살아왔는가?" 살펴보자!

셋째, 선악과를 먹은 죄성(罪性)을 되돌아보며, 노트에 기록해 놓자!

넷째, 기록해 놓은 내용을 하나님 앞에 나가 기도하며, 선악과를 먹은 죄를 고하고 목욕을 하되 제대로 씻어내자!

이 '네 가지' 사실을 모르고 교회에 출입한다면, 집사에서 권사로, 집사에서 장로로, 교회에서 직분이 올라간다고 할지라도, 하늘에서는 전혀 상관이 없다고 하실 것이다. 그런 의미에서 다시 한번 강조하지만, "우리 자신이 먹은 선악과"가 과연 어떤 의미인지를 깨달아 아는 분들만 이 자신을 되돌아보고, 그로부터 신앙의 삶이 제대로 장성해 나갈 수 있을 것이다.

"선악과에 대한 총론"인 "선악과가 과연 무엇이기에?"란 이 책은, 우리가 모두 반드시 알고, 아는 것만큼 행하고 살아야 할 것을 강조한다. 만약 '선악과'에 대해 모른 채 교회 생활을 한다면, 아마 큰 성 바벨론의 백성처럼 장차 하나님의 심판을 받을 것이기 때문이다. 그런 의미에서 "선악과에 대한 총론"은 우리의 신앙의 삶에 있어서 반드시 알아야 할 "가장 중요한 주제 중의 대주제"라고 생각한다.

성경 해석 원리

"너희는 여호와의 책을 자세히 읽어보라

이것들이 하나도 빠진 것이 없고 하나도 그 짝이 없는 것이 없으리니

이는 여호와의 입이 이를 명하셨고

그의 신이 이것들을 모으셨음이라."

(사 34:16)

1. 성경 해석 원리 바로 알기

성경의 해석자는 성경이다!

하나님의 자녀들은 "성경의 해석자"는 바로 '성경'임을 깨달아야 한다. 그런 의미에서 "성경 해석 원리"를 바로 알아야 우리가 성경을 제대로 해석하여 그 내용을 가슴에 새길 수 있다.

이사야 선지자가 "성경의 해석자는 성경"임을 이 말씀과 연결된 두 말씀으로 제시하여 주셨다.

하나는 이사야 29장 11-12절 말씀이 아닐까 생각한다.

> "11모든 묵시가 너희에게는 마치 봉한 책의 말이라! 그것을 유식한 자에게 주며 이르기를 그대에게 청하노니 이를 읽으라 하면 대답하기를 봉하였으니 못하겠노라 할 것이요, 12또 무식한 자에게 주며 이르기를 그대에게 청하노니 이를 읽으라 하면 대답하기를 나는 무식하다 할 것이니라!" (사 29:11-12)

위 말씀은 "유식한 자"에게 성경책을 주거나 "무식한 자"에게 성경책을 주고, "읽어보고 무슨 이야기인가 말해봐!" 하고 물으면, 유식한 사람도, 무식한 사람도 성경에 대해서만큼은 "제대로 알지 못한다!"는 것이다. 그 이유는 "성경은 하나님의 차원"으로 기록하신 내용을 인간이 이해할 수 있도록 기록된 말씀이요, 이 성경을 읽는 데는 "성령의 감동"을 받아야 제대로 이해할 수 있도록 만드셨기 때문이다. 그런 연유로 세상적으로 "무식한 자"나 "유식한 자" 모두 성령을 받아야만 성경을 제대로 이해할 수 있는 자리에 설 수 있다.

또 다른 하나는 이사야 34장 16절 말씀이다.
이사야 선지자는 "성경을 어떻게 해석해야 하는가?"에 대해 참으로 귀한 말씀을 제시하여 주었다.

"너희는 여호와의 책을 자세히 읽어보라 이것들이 하나도 빠진 것이 없고 하나도 그 짝이 없는 것이 없으리니 이는 여호와의 입이 이를 명하셨고 그의 신이 이것들을 모으셨음이라." (사 34:16)

하나님께서 우리에게 주신 성경책을 자세히 읽어보면, "두 가지 특징과 "하나의 결론"이 있다고 하였다.
첫째, "이것들이 하나도 빠진 것이 없다!"
둘째, "하나도 그 짝이 없는 것이 없다!"
이는 성경을 해석하는 일에 있어 마음대로 해석하지 못하게, "그 말씀을 해석하는 짝들"이 성경 안에 다 기록되어 있다는 말씀이다. 하나님께서 계획하시고 이루어 나가시는 일을 인간이 마음대로 생각하여 해석하면, 그것이 어떻게 "하나님의 생각을 기록한 책이냐?"라는 것이다. 그런 의미에서 성경책은 누가 진두지휘(陣頭指揮)하여 만든 책인가?
셋째, "이는 여호와의 입이 이를 명하셨고, 그의 신(神)이 이것들을 모으셨음이라!"

모세가 '오경'을 기록하였지만, 모세가 자신이 생각해서 쓴 것이 아니다. 여호와께서 명하시고, 그의 신(神)이 일점일획의 오차 없이 모아 주신 것을 그가 기록할 수 있도록, 성령이 함께하셨다고 밝혀주셨다. 그러므로 "여호와의 신(神)" 즉 성령을 받아야 비로소 눈이 떠지고, 마음에 감동을 느끼게 되며, 그 "단어의 짝"을 찾게 되어 성경의 내용들에 대한 해석이 풀리게 되는 것이다.

필자는 이 말씀을 깨닫고, 성경의 "주제별 총론"을 쓰게 된 것이다. 성경 전체가 이사야의 말씀대로 '저자'는 각기 다르지만, "여호와의 입이 이를 명하셨고, 그의 신이 이것들을 모으셨기에", 창세기부터 성경 전체의 결론인 계시록까지 일관된 내용의 진전을 이루고 있다는 사실을 깨닫게 되었던 것이다.

그런 의미에서 이 시대 성도들이 '성경'을 읽을 때, 잊지 말아야 할 것이 있다. 성경책은 "여호와의 신(神)"이 "택하신 자들"을 통해 기록하게 하셨기 때문에, 표면적인 내용이 아니라 이면적 내용 즉 "영적 해석"이 '짝 구절'에 반드시 있다는 사실을 유념해야 한다!

성경에서 발견한 5가지 성경 해석방법

필자가 2010년도에 "American Baptist Theological Seminary of the West(지금은 Berkeley School of Theology로 교명이 바뀜)에서 D-Min course를 끝내고, 마지막 논문을 제출하면서 다음과 같은 제목을 달았다.

"When Condemnation Harms Christian Communities:
A Program for Restoration"

그런데 학교 측에서 "귀 학생은 '정죄'란 대주제를 어떻게 다룰 수 있었는가? 조금 더 쉬운 다른 제목을 찾아보라"는 권면을 받았다. 그런데 세계 어느 곳에서도 발생하는 것은 피차 상대방에 대한 정죄로부터 일어나기 때문에, 이번 기회에 성경적으로 "선악과 즉 정죄"에 관해 도전해 보고 싶다고 했더니, "어려운 주제를 다룬다!"라고 하면서 허락해 주었다.

그 후에 논문을 제출하였는데, 담당 교수님이 "어떻게 성경을 해석하였는가?" 하고 물으면서 나의 "성경 해석법"에 대해 제시하라고 하셨다. 그런데 "오호라! 제가 혼자 그냥 성경을 공부하다가 발견한 내용인데, 어떻게 그 해석법을 쓸 수 있겠는가?" 엄청나게 고민하다가, 나름대로 깨달은 "다섯 가지 성경 해석방법"을 제시하였다. 그런데 이 방법을 사용하면, 창세기에서부터 계시록까지 성경에서 제시하시는 '비유'의 내용을 거의 풀 수 있어 성경의 진정한 의미를 알 수 있었다. 그런 의미에서 이 해석방법을 여러분께도 권하고 싶다. 여기에서 박사 논문에서 활용한 "성경 해석방법"을 그대로 전한다!

5가지 성경 해석방법

하나님은 인간의 삶에 일어나는 모든 문제의 근원을 밝혀주셨고, 그 해결 방법도 가르쳐주셨다. 다만 자기의 제한된 '성경 지식' 안에서 살기 때문에, 복음의 능력이 삶에 나타나지 않은 것이다. 성경이 제시하는 "정죄와 비판 현상의 해결 방안"에 앞서, 먼저 "성경 해석방법"에 대해 제시하려 한다. 본인은 목회의 중심이 성경 해석이고, 성경 해석은 바로 "생명의 말씀을 다룬다."라는 점에서 "해석자의 태도"가 굉장히 중요하다고 본다.

필자는 30여 년 넘게 성경을 나름대로 연구해 오면서, 그동안 성경 해석의 방법론으로 "성경의 해석자는 성경 자체이다."라는 모토 하에, "reel 낚시"가 아닌, "net 낚시" 방법을 주로 사용해 왔다. 'net 낚시'란? 필자가 지어본 말로, 예를 들어 '영접'이란 단어의 성경적 의미를 알고자 한다면, '영접'이란 단어가 들어가는 구절을 성경 전체에서 하나도 빠짐없이 찾아내는 방법이다. 그러면 시대별로 구약시대와 신약시대 그리고 장래에 이르기까지 "영접이란 단어의 의미"가 어떻게 사용되었는지 "영접 총론"을 만들 수 있을 만큼 구절구절이 드러난다. 그런 의미에서 "과거적 의미"에서부터 "현재적 그리고 미래의 의미"까지, '영접'이란 단어를 사용하신 하나님의 뜻과 그 영적 의미가 구절구절 속에 다 제시되어 있음을 발견할 수 있었다.

또한 "성경의 구조"는 구약은 창조 시대로부터 신약에 대해 미리 증거해 주고, 신약은 다시 오실 예수님에 대해 증거해 주고, 계시록은 다시 오실 재림의 주님에 대해서 장래 될 일을 실상계시로 제시하고 있었다. 그런 의미에서 출발과 여정과 결론이 구체적으로 서로 보완해 주면서 전개되어, 계시록에서 하나님의 뜻이 완성되었다는 것이다. 그 결과, 성경의 계시 내용은 희미하였던 것이 점점 분명하게 확대되어 열려가니, 시작을 통해서 결론에 이르거나, 결론을 통해서 다시 시작과 여정을 되돌아볼 수 있는 구조로 되어 있었다.

필자는 성경 해석에 있어 다음 "다섯 가지 방법"에 따른 "중요 다섯 구절"을 찾아냈는데, 나라와 민족과 방언과 세대를 초월하여, 하나님의 뜻을 깨달을 수 있는 "해석의 핵심 내용"이라고 생각하게 되었다. 그리고 감사하게도 성경 전체를 연구하고 해석할 수 있는 성경 해석의 원리와도 같음을 깨닫게 되었다. 이 "다섯 가지 성경 구절"을 통해, 성경 전체를 열린 시각으로 바라볼 수 있게 성령께서 임재하셨다.

첫째, 로마서 2장 28-29절 말씀에 근거하여, 성경은 '표면'을 통해서 '이면'을 깨닫게 하심을 알게 되었다.

> "²⁸대저 표면적 유대인이 유대인이 아니요 표면적 육신의 할례가 할례가 아니라 ²⁹오직 이면적 유대인이 유대인이며 할례는 마음에 할찌니 신령에 있고 의문에 있지 아니한 것이라 그 칭찬이 사람에게서가 아니요 다만 하나님 에게서니라." (롬 2:28-29)

이스라엘이 출애굽을 하여 홍해를 건넜는데, 후에 바울은 그것을 '세례'로 재해석하였다(고전 10:1-2). 또한 표면적 유대인이 유대인이 아니요, 이면적 유대인이 유대인이라 하였다. 하나님은 '**유대인**'이란 단어 속에 "**이면적 유대인**"까지를 포함하심으로, 피가 섞이지 않았지만 장래 "영적 유대인"으로 '크리스천들(Christians)'의 살길을 열어 놓으셨 던 것이다.

"**육신의 할례**"를 하지 않았지만 "**마음의 할례**"를 했다면, 이면적 유대인으로서 부족함이 없는 길을 새롭게 열어 주신 것이다. '유대인'이 란 단어에서 "과거적 해석"과 "현대적 해석"이 아름답게 맥을 이어주어, 이 해석방법은 성경 전체 구약과 신약의 해석을 동시에 만족시켜 주었다.

둘째, 성경은 창세기부터 계시록에 이르기까지 비유와 비사로 기록 되어 있었다.

> "비유가 아니면 말씀하지 아니하시고 다만 혼자 계실 때에 그 제자들에게 모든 것을 해석하시더라." (막 4:34)

비유란? 하늘의 세계를 세상의 것으로 비유하여 말한 것을 '비유'라 한다. 특별히 '계시록'은 전체가 비유와 상징으로 뒤덮여 있으며, 모든 성도들에게 주신 책이 아니라, "주의 종들"에게 주신 책이라 하셨다.

> "예수 그리스도의 계시라 이는 하나님이 그(예수님)에게 주사 반드시 속히 될 일을 그 종들에게 보이시려고 그 천사를 그 종 요한에게 보내어 지시하신 것이라." (계 1:1)

하나님께서 ⇨ 예수님에게 ⇨ 예수님이 천사에게 ⇨ 천사가 사도 요한에게 ⇨ 사도 요한이 하나님의 택하신 종들에게 ⇨ **"택하신 종들"**을 통해 ⇨ 성도에게 계시록의 내용을 전해야 한다.

따라서 이 시대 "주의 종들"은 "비유로 기록된 계시의 말씀인 계시록"의 내용의 비유를 제대로 베풀어, 성도로 하여금 장래 일어날 일에 대해 예비시킬 수 있어야 한다. '비유'라는 자체가 "영적 해석"을 필요로 하고 있기 때문이다. 성경은 이렇게 "비유적 해석"이 절대적으로 필요한 책으로, 예수님은 비유가 아니면 말씀하시지 않았고, 그 비유에 대한 해석을 제자들에게만 베풀어주셨다. 아무에게나 그 비유를 베풀어주실 수 없었던 것은? 비유 속에 "하나님 나라의 비밀"이 들어있기 때문이다.

주님은 "내 아버지께서 모든 것을 내게 주셨으니 아버지 외에는 아들을 아는 자가 없고 아들과 또 아들의 소원대로 계시를 받는 자 외에는 아버지를 아는 자가 없느니라."(마 11:27)라고 말씀하시면서, 구약에서부터 계시록에 이르기까지의 성경 전체를 통째로 먹기를 원하셨다.

> "내가 천사에게 나아가 작은 책을 달라 한즉 천사가 가로되 갖다 먹어버리라 네 배에는 쓰나 네 입에는 꿀같이 달리라 하거늘" (계 10:9)

"⁸인자야 내가 네게 이르는 말을 듣고 그 패역한 족속 같이 패역하지 말고 네 입을 벌리고 내가 네게 주는 것을 먹으라 하시기로 ⁹내가 보니 한 손이 나를 향하여 펴지고 그 손에 두루마리 책이 있더라 ¹⁰그가 그것을 내 앞에 펴시니 그 안팎에 글이 있는데 애가와 애곡과 재앙의 말이 기록되었더라." (겔 2:8-10)

"¹그가 또 내게 이르시되 인자야 너는 받는 것을 먹으라 너는 이 두루마리를 먹고 가서 이스라엘 족속에게 고하라 하시기로 ²내가 입을 벌리니 그가 그 두루마리를 내게 먹이시며 ³내게 이르시되 인자야 내가 네게 주는 이 두루마리로 네 배에 넣으며 네 창자에 채우라 하시기에 내가 먹으니 그것이 내 입에서 달기가 꿀 같더라 ⁴그가 또 내게 이르시되 인자야 이스라엘 족속에게 가서 내 말로 그들에게 고하라." (겔 3:1-4)

그리고 "인봉된 계시"의 말씀을 풀어주시기 위해, 십자가에서 죽으신 그리스도의 권세를 회복하게 하시고, 드디어 "일곱 인봉"을 떼어 장래 될 일을 미리 보게 하심으로써 "짐승의 시대"를 예비할 수 있도록 역사하셨다(계 13장). 따라서 "장래 될 일"을 기록한 계시록을 깨닫게 되면, "알레고리적 해석"이 과거 오리겐이나 알레고리적 해석의 주장자들처럼 성경본문의 현재적 의미만을 제공해 주는 것에 그치지 않았다. 구약에 모형으로 된 내용도 더 분명하게 해석되며, 신약에서 예고한 내용에 대해서도 더 잘 이해할 수 있게 되어 있었다. 그 이유는? 구약의 예언은 신약에서 성취되었고, 신약성경의 예언은 천국 비밀이요, 장래에 이룰 일들로서 비유로 미리 말한 것이요, 실상은 예언한 그대로 이룬 것이기 때문이다.

그런 이유로 비유와 상징한 바의 의미를 분명히 아는 성도만이, 이룬 실상을 알게 되고 믿게 되며, 그 뜻에 따라 살 수밖에 없는 원리가 형성되었다는 것이다. 이를 통해서 장래 일어날 모든 일들도 변하지 않는 말씀의 진리의 원리 안에서 하나이다. 다만 그것이 종말로 갈수록 더욱 분명해지고 더욱 확대되어, 장래 될 일을 본 사람과 아직 보지 못한 사람의 성경 해석에 차이가 날 수밖에 없다는 것이다.

한 가지 안타까운 것은? "오직 성경"만이라는 구호를 외친 종교 개혁자들이 계시록을 열어보지 못한 채, 성경 해석을 완성했다는 점이다. 성경의 결론 부분을 손대지 않고도 성경 해석의 원리에 대해 말하였기 때문에, 알레고리 해석을 배척하면서도 저들 역시 자기 상황에 필요한 '현재적 의미'를 찾아내는 데 일차적 관심을 가지고 성경을 해석하였던 것이다. 이로 인해 "알레고리 해석"을 마치 성경 해석의 한 부분으로 생각하는 사람이 많은데, 성경 자체는 "알레고리 해석을 요구하는 영적 책"임은 두말할 필요가 없다. 내일 일도 알지 못하고 사는 우리에게 예수님은 장래 될 일을 실상계시로 보여주셨으니, 그것을 '본 자'와 '보지 못한 자'의 영적 차이가 날 수밖에 없다.

셋째, 성경은 이사야 34장 16절의 말씀에 근거하여 짝을 찾아 해석하게 하셨다.

> "너희는 여호와의 책을 자세히 읽어보라 이것들이 하나도 빠진 것이 없고 하나도 그 짝이 없는 것이 없으리니 이는 여호와의 입이 이를 명하셨고 그의 신이 이것들을 모으셨음이라." (사 34:16)

하나님은 누구도 자의로 해석하지 못하도록 성경 해석을 성경 자체에 두셨다. "머리와 꼬리"란 단어에 대한 짝 구절로 이사야 9장 15절에 "머리는 곧 장로와 존귀한 자요, 꼬리는 곧 거짓말을 가르치는 선지자"라고 해석해 주셨다. 성경 전체가 이와 같이 하나도 빠진 것이 없고, 하나도 그 짝이 없는 것이 없도록 완벽하게 되어 있다는 사실을 발견하고, 하나님께 감사드리지 않을 수 없었다. 그 짝을 찾아 해석해야 자의적 해석으로 빠지지 않을 수 있고, 이 "reel 낚시 방법"은 비유적 해석에만 의존하지 않고, 그 짝을 성경 전체를 찾아 보충 보완할 수 있다는 사실이다.

성경 해석의 연구에서 한발 더 나아가, 성경을 올바로 해석할 수 있도록 성경 자체가 도와주었다. 사도 요한은 "하나님의 계시"를 보고 나서 다른 공관복음서에 없는 "기독론적 요소"와 "상징적 해석"을 많이 가미하였다. 이것은 그가 자의로 기록한 것이 아니라, 성령께서 조명해 주셔서 본문의 말씀에 더욱 깊이 참여할 수 있도록 영적 해석을 더한 것이었으리라.

요한복음 8장에 "현장에서 간음하다가 잡힌 여자"가 등장하는데, 남자 없는 간음이 없을진대, "현장에서 잡혔다."라고 하면서도 여자만 등장하였다. 이는 간음한 여자가 인생 모두를 대표한 자요, 남편이 예수 그리스도이시기 때문이다. 야고보는 이런 영적 사실을 제시하기 위하여 "세상과 벗된 자들을 간음한 여자"라고 표현하였다. '간음'이란 단어가 들어간 성경 구절을 찾으면, 각 구절이 서로의 내용을 보완해 주고, 영적 해석을 더하여 '간음'에 대한 하나님의 뜻을 온전히 깨닫게 된다. 요한과 바울의 증거에 유별나게도 "비유적 해석"이 많이 눈에 띄는 것은, "그들이 계시를 보았기 때문이 아닐까?"라는 추론을 하게 한다.

넷째, 성경은 "하나님은 종말을 처음부터 고하셨다."라는 사실을 제시하여 주셨다.

"내가 종말을 처음부터 고하며 아직 이루지 아니한 일을 옛적부터 보이고 이르기를 나의 모략이 설 것이니 내가 나의 모든 기뻐하는 것을 이루리라

하였노라." (사 46:10)

창세기 3장의 뱀의 정체를 계시록 12장 9절에서 "큰 용이 내어
쫓기니 '옛 뱀' 곧 '마귀'라고도 하고 '사단'이라고도 하는 온 천하를
꾀는 자가 땅으로 내어 쫓기니 그의 사자들도 저와 함께 내어 쫓기니라."
고 밝혀주셨다.

창세기 1장의 "해와 달과 별"(단 12:3)의 영적 의미를 성경 전체가
증거하며, 계시록에서 더욱 밝히 드러내 주셨다. '별'이란 단어는 하늘에
서 반짝이는 별을 비유로 "많은 사람을 옳은 대로 돌아오게 한 자"를
칭하였으며, '달'의 영적 의미는 "궁창의 확실한 증인"이라고 칭하셨다.

"지혜 있는 자는 궁창의 빛과 같이 빛날 것이요 많은 사람을 옳은 데로
돌아오게 한 자는 별과 같이 영원토록 비취리라." (단 12:3)

"또 궁창의 확실한 증인 달 같이 영원히 견고케 되리라 하셨도다. (셀라)"
(시 89:37)

하나님은 종말을 처음부터 고하시고, 아직 이루지 아니한 일을
옛적부터 보이셨으니, 성경은 어제와 오늘과 미래가 그림자와 실체로
그 원리가 동일하게 제시되었다. 다만 희미하였던 것이 더욱 밝아지고
분명하여지니, 장래 나타날 일을 계시록에 실상계시로 기록하심으로써
성취된 사실을 미리 볼 수 있게 하셨던 것이다.

하나님께서 이 방법을 처음부터 사용하신 이유는? 하나님은 영이시
기 때문에 방법상 늘 "택한 자들인 선지자들"에게 먼저 장래 될 일을
미리 예고해 주시고, 그들을 통해서 백성들에게 다시 고(告)하게 하셨다.
그리고 그 고한 내용이 성취될 때, 하나님의 말씀은 반드시 "성취함과

증험함"이 있음을 깨달아 성도로 하여금 택하신 종과 하나님께 순종하게 하시기 위해서였다.

> "¹⁸내가 그들의 형제 중에 너와 같은 선지자 하나를 그들을 위하여 일으키고 내 말을 그 입에 두리니 내가 그에게 명하는 것을 그가 무리에게 다 고하리라 ¹⁹무릇 그가 내 이름으로 고하는 내 말을 듣지 아니하는 자는 내게 벌을 받을 것이요 ²⁰내가 고하라고 명하지 아니한 말을 어떤 선지자가 만일 방자히 내 이름으로 고하든지 다른 신들의 이름으로 말하면 그 선지자는 죽임을 당하리라 하셨느니라 ²¹네가 혹시 심중에 이르기를 그 말이 여호와의 이르신 말씀인지 우리가 어떻게 알리요 하리라 ²²만일 선지자가 있어서 여호와의 이름으로 말한 일에 증험도 없고 성취함도 없으면 이는 여호와의 말씀하신 것이 아니요 그 선지자가 방자히 한 말이니 너는 그를 두려워 말지니라."
> (신 18:18-22)

그런 의미에서 "창세기 1장은 성경의 결론장"이라고도 말할 수 있다. 창세기 1장의 내용이 계시록에 성취된 내용임을 깨달을 수 있기 때문이다! 하나님께서 "종말을 처음부터 고하며 아직 이루지 아니한 일을 옛적부터 보이셨다."고 제시하신 것은, 과거적 해석에 머무르지 않을 뿐만 아니라, 현재와 미래도 밝혀줄 수 있는 장점을 가지고 있기 때문이다.

성경적 표현으로 말한다면, 과거 "모세의 노래"를 "어린양의 노래"와 "새 노래"를 더하여 동시에 밝혀줄 수 있다는 점이다. 그러므로 우리 모두는 "모세의 노래", "어린양의 노래" 그리고 마지막 계시록인 "새 노래"까지 부를 수 있어야 장성한 자로 인정받을 수 있다는 사실이다.

그런데 안타까운 점은? 구약의 내용 중 특별히 '예언서'가 아주 중요한 내용인데, 예언서에 대한 내용에 대해 모르는 분들이 많아 안타까움을 금할 수 없었다.

모세의 노래는 구약전서

"²²모세가 당일에 이 노래를 써서 이스라엘 자손에게 가르쳤더라… ³⁰모세가 이스라엘 총회에게 이 노래의 말씀을 끝까지 읽어 들리니라." (신 31:22, 30)

"모세와 눈의 아들 호세아가 와서 이 노래의 모든 말씀을 백성에게 말하여 들리니라." (신 32:44)

어린양의 노래는 신약전서

"하나님의 종 모세의 노래 어린양의 노래를 불러 가로되 주 하나님 곧 전능하신 이시여 하시는 일이 크고 기이하시도다 만국의 왕이시여 주의 길이 의롭고 참되시도다." (계 15:3)

새 노래는 장래 될 일을 기록한 계시록

"저희가 보좌와 네 생물과 장로들 앞에서 새 노래를 부르니 땅에서 구속함을 얻은 십사만 사천 인밖에는 능히 이 노래를 배울 자가 없더라." (계 14:3)

"새 노래 곧 우리 하나님께 올릴 찬송을 내 입에 두셨으니 많은 사람이 보고 두려워하여 여호와를 의지하리로다." (시 40:3)

"새 노래로 여호와께 노래하라 온 땅이여 여호와께 노래할지어다." (시 96:1)

사도 바울은 '남자'를 잠재워 만든 '여자'를 가리켜 "이러므로 사람이 부모를 떠나 그 아내와 합하여 그 둘이 한 육체가 될지니, 이 비밀이

크도다 내가 그리스도와 교회에 대하여 말하노라."(엡 5:22-23) 하며, 창세기 2장에서 이미 "예수님의 십자가의 공로"로 이 땅에 "교회가 세워질 것"을 본 소감을 선포하였다. 사도 바울에게 "성경 전체를 바라보는 시각이" 비로소 열렸던 것이다!

다섯째, 성경의 해석은 성경 안에 제시된 '단어'로 해석할 수 있게 방법론적으로 제시되어 있었다.

창세기부터 계시록에 이르기까지 성경에서 제시하는 각 '단어'는 성경 전체를 관통하며 같은 의미로 일괄적으로 사용되었다는 점이다. 특별히 계시록에 제시된 단어는 성경의 결론적인 단어가 대부분이었다. 따라서 이 **"네 가지 원리"**를 깨닫고, **"다섯째 사항"**에서 '해석하고 싶은 내용의 단어'가 들어간 성경 구절 전체를 "reel 낚시"가 아니라 "net 방식"으로 끌어내면, 그 많은 구절 안에 '짝 구절'이 있고, 비유에 대한 '해석'이 있고, 의미적으로 보완해 주는 '모퉁이 돌' 같은 수많은 내용이 하나도 빠지지 않고 다 기록되어 있음을 알 수 있었다.

이사야 선지자가 이 사실을 깨닫고 "하나도 빠진 것이 없고 그 짝이 없는 것이 없다."라고 선포한 것은, 이것을 성령께서 친히 주도하셨기 때문이요, 말씀 안에서 삼위일체 하나님이 하나이시기 때문이다. 그런 의미에서 이런 모든 구절을 마련해 주심에 얼마나 큰 감사를 가슴 깊이 느꼈는지 모른다!

따라서 이 방법을 따르면 다음과 같다.

첫째 조항인 '표면'을 통해서 "이면의 영적 해석"을 깨달을 수 있으며,

둘째 조항인 비유와 비사와 상징을 푸는 비유 해석을 통해 하나님의 뜻에 깊이 참예할 수 있으며,

셋째 조항을 통해 짝을 찾아 과거의 제한된 해석보다 과거 현재 미래를 풍성하게 더욱 보완 보충하여 이해할 수 있으며,

넷째 조항에서 예언서에 대한 성취는 계시록에 집중되어 있어,

다섯째 조항인 'reel 낚시'가 아닌 'net 낚시'를 사용, 모든 구절을 구약에서부터 계시록에 이르기까지 꺼내면 문자적, 역사적, 비유적 해석의 모든 것을 만족시켜 주었다. 따라서 필자는 이 방법론을 성경 해석에 사용하게 되었다.

그리고 이 해석방법은 개인적으로 연구하다 깨달은 것이기 때문에, 감히 신학자들 앞에서 주장해 본 적이 없었다. 다만 필자의 목회에서 신중히 이 방법을 통해 "본문의 현재적 의미"와 "구약시대 본문의 본래의 의미"를 화합하여, 계시록까지를 해석하여 그동안 시카고 커뮤니티에 Tape와 CD, 방송설교로 감추어진 계시록의 내용을 나눌 수 있었고, 주제별 총론을 준비하여 목회자들과 나눌 수 있었다.

필자는 성경 해석에 있어 과거 "비유적 해석"과 "역사적 해석자들"의 장점을 보았고, 그들의 단점도 볼 수 있었다. 그리고 지나친 '자기주장'이 서로 보완되어야 할 것을 막은 현상의 오점도 볼 수 있었다. 따라서 과거를 중심으로 하는 해석에서 각자 장점을 사용하고, 단점에서 탈피하는 성경 전체의 흐름을 택하여 성경 안에서 성경을 해석하는 방법을 찾게 된 것이다.

이 새로운 해석에서 깨달은 것은? "구약의 예언서의 중요성"을 새삼 깨닫게 되었고, 구약의 예언서를 "성경의 보고(寶庫)"라 나름대로 칭해 보았다. "사무엘상에서부터 역대기"까지 그 안에 제시된 이스라엘의 역사의 내용을 다시 한번 '예언서'라는 이름으로 성경에 영적 실제 내용을 보완하여 주신 중요성을 깨달았기 때문이다.

계시록에 제시된 상징은 장래 일어날 실상이지만, 계시록 자체에서는 설명이 별로 없었다. 그런데 예언서에는 역사적으로 이미 일어난 사건이 많이 있었기 때문에 설명이 자세히 들어있었다는 것이다. 계시록에 기록된 내용 60% 이상이 구약의 내용으로 제시된 것은, 바로 이런 연관성이 있기 때문이다.

필자의 해석방법은 "net" 방식이기 때문에 성경 전체를 오가며 문자적, 역사적, 알레고리적 해석을 화합하여 이끌어낼 수 있는 장점이 있었다. 이로 인하여 사도 요한의 요한복음과 공관복음이 구별되고, 사도 바울의 '서신서'에서 수많은 영적, 신학적 해석이 가미되어 기독론에 대해 더 많이 증거할 수 있었다. 그 이유는 이들이 계시를 보았다는 공통점을 갖고 있기 때문이다. 필자는 '계시록'을 연구하고 나서, 창세기 1장부터 다시 재조명해야 했는데, 이는 창세기 1장이 천지창조에 대한 내용이 아니라, 성경 전체의 결론에 해당하는 인간 천(天), 인간 지(地)를 만드신 내용이었기 때문이다. 그에 대한 충격은 말할 수 없이 컸다(창세기 2:4-6, 계시록 12:12).

감사한 것은 인생에게 필요한 영양소는 반드시 값진 것이 아니라도 어디서나, 누구나, 구하여 먹을 수 있도록 하나님께서 다양한 양식을 먹게 해주셨다는 사실이다. 그리고 "영적 먹거리"가 필요한 자들이 찾아 먹을 수 있도록, 성경 안에 "성경의 해석을 두셨다."라는 점에서 하나님의 자비와 긍휼과 그의 사랑에 감격하지 않을 수 없었다.

또한 개인적인 기억력의 제한에 갇히지 않도록, 누구든지 간편하게 성경 구절을 꺼낼 수 있는 "성경 CD"가 나와 있다는 점이다. 단점이라면 일일이 수많은 구절을 끌어내야 하는 수고로움과 그에 따른 엄청난 시간이 필요하지만, 그것은 때를 따라 양식을 나누어주는 충성된 종으로서의 마땅한 사명이기에 기쁨으로 임할 수 있는 것이다.

2. 천지창조의 대략 비유 베풀기

"태초에 하나님이 천지를 창조하시니라." (창 1:1)

　"창세기 1장의 천지창조"를 대부분 "물리적 천지창조"로 알고 계신 분들이 의외로 많았다. 그리고 창세기 2장 4-6절 말씀의 "천지창조"에 대해선, 대다수가 그 내용을 아무리 읽어도 무슨 뜻인지 모르겠다고 하였다. 왜냐하면 비유법을 사용하셨기 때문이다.

> "⁴여호와 하나님이 천지를 창조하신 때에 천지의 창조된 대략이 이러하니라 ⁵여호와 하나님이 땅에 비를 내리지 아니하셨고 경작할 사람도 없었으므로 들에는 초목이 아직 없었고 밭에는 채소가 나지 아니 하였으며 ⁶안개만 땅에서 올라와 온 지면을 적셨더라." (창 2:4-6)

　4절부터 6절까지의 말씀을 읽으면서, '천지'를 창조하신다면서 왜 생뚱맞게 "땅에 비를 내리지 않으셨다."라고 말씀하시는 것인가, 아니 천지를 창조하신다면서 웬 '비 타령'을 하셨는가에 대한 의문이 생겼다.
　위 말씀에서 '천지창조'는 어떤 유형의 천지창조일까? 천지를 창조하신다면서 "들에는 초목이 아직 없었고, 밭에는 채소가 나지 아니하며"라는 이 말씀은 더욱 연결되지 않아 천지창조에 대해서 이해가 가지 않았다.

그런 의미에서 하나님께서 "천지를 창조하신 창조의 대략"에 대한 창세기 2장 4-6절 말씀의 중요성과 그 "말씀의 비유"를 제대로 듣지 못한 채, ⇨ 7절의 "여호와 하나님이 흙으로 사람을 지으시고 생기를 그 코에 불어 넣으시니 사람이 생령이 된지라."는 말씀만을 대다수의 성도가 기억했던 것 같다. 그 결과, 이 말씀이 "하나님의 신기한 능력으로 코에 생기를 넣어 뚝딱 사람을 지으신 것"으로 대다수가 받아들였다는 것이다.

그렇다면 지금도 그런 식으로 사람이 뚝딱 만들어져야 되지 않겠는가? 하나님께서 사람을 지으실 당시, 선과 악은 하나님만이 판별하시는 그분의 절대 고유의 권한이었다. 그 당시 어느 인생 누구도 선과 악을 판별할 수 있는 능력이 없었다.

하나님께서 에덴동산에 "선악을 알게 하는 나무"와 "생명나무"를 두신 목적은? 그 당시 흙 차원의 인생에게 하나님께서 생기를 넣어 "산 영 차원"의 사람을 만드셔서, 이제 본격적으로 "무엇이 선(善)인가? 무엇이 악(惡)인가를 인생에게 알려 주시기 위함이 아니었을까?"라고 생각했었다. 그런데 우리가 놓치고 있었던 구절인 창세기 2장 4-6절 말씀만큼은 이제라도 바로 알아야 하는데, 그 이유는 이 "천지창조의 내용"이 우리가 귀를 기울여야 할 아주 "중요한 말씀"임을 깨달았기 때문이다.

이 중요한 내용을 우리는 제대로 그 비유를 베풀지 못하였고, 그 원인으로 창세기 1장의 "천지창조"를 "물리적 창조"로 해석하는 큰 오류를 범했던 것이다. 또한 창세기 2장 4-6절 말씀을 제대로 해석하지 못한 채, 2장 7절 "여호와 하나님이 흙으로 사람을 지으시고 생기를 그 코에 불어 넣으시니 사람이 생령이 된지라."는 구절에서 드러나고 있는 '생령 상태'의 사람을 만드신 그 목적도 분명히 알 수가 없었다. 왜냐하면 "생령 상태의 사람을 만드신 목적"이 바로 창세기 2장 4-6절에 기록되어 있었는데, 천지창조에 대한 그 영적 내용을 파악하지 못한 채 7절 말씀으로 넘어갔기 때문이다.

창세기 2장 4-7절 강해

"⁴여호와 하나님이 천지를 창조하신 때에 천지의 창조된 대략이 이러하니라. ⁵여호와 하나님이 땅에 비를 내리지 아니하셨고 경작할 사람도 없었으므로 들에는 초목이 아직 없었고 밭에는 채소가 나지 아니 하였으며 ⁶안개만 땅에서 올라와 온 지면을 적셨더라 ⁷여호와 하나님이 흙으로 사람을 지으시고 생기를 그 코에 불어 넣으시니 사람이 생령이 된지라." (창 2:4-7)

하나님이 천지를 창조하신 대략을 제시하시고, 창세기 2장 7절에서 본격적으로 "여호와 하나님이 흙으로 사람을 지으시고 생기를 그 코에 불어 넣으시니 사람이 생령이 된지라."라고 말씀하는데, 이는 처음으로 흙 차원에서 산 영 차원의 사람을 지으셨다는 것을 드러내고자 함이다.

우리는 이 중요한 "네 구절"에 대해 알되, 올바로 알아야 한다. 이 "네 구절 말씀"에서 우리는 하나님께서 "천지를 창조하신 그 목적"에 대해 제대로 깨달을 수 있기 때문이다.

첫째, 여호와 하나님이 천지를 창조하신 때에 "천지의 창조된 대략"에 대해 올바로 알아야, "성경이 어떤 책인가?"도 제대로 깨닫게 된다!

둘째, "여호와 하나님께서 '땅'에 '비'를 내리지 아니하셨다!" 왜 땅에 비를 내리지 아니하셨을까? "땅에 비를 내리지 아니하신 것"이, "천지를 창조하신 때에 천지의 창조된 대략"과 어떤 관계가 있는가?

셋째, 천지를 창조하신 때에 "천지의 창조된 대략"에 **"경작할 사람"**이 없었다는 의미는 또 무엇인가?

넷째, 경작할 사람이 없으니, "들에는 초목이 아직 없었고 밭에는 채소가 나지 않았다!" 아니 천지창조를 하신다면서, 왜 초목과 채소 타령을 하시는가? '초목'의 뜻과 '채소'가 상징하는 바는 또 무엇인가?

다섯째, "그러므로 '안개'만 땅에서 올라와 온 지면을 적셨다!" 아니 천지창조에서 별안간 "안개만 땅에서 올라와 온 지면을 적셨다니?" 아니 안개 정도로 어떻게 온 지면을 적실 수 있겠는가? 아! '안개'와 '천지창조'는 또 어떤 연관이 있는 것인가?

이 다섯 가지 이유로 이제 하나님께서 이것을 해결하시기 위해 무엇을 시작하셨는가?

여섯째, "여호와 하나님께서 흙으로 사람을 지으시고 생기를 그 코에 불어 넣으시니 사람이 생령이 된지라!"

필자는 위 내용을 깨닫고 성경의 시작이 창세기 1장이 아니라, 창세기 2장 4-6절 말씀으로 시작이 된다고 생각했다. "하나님께서 천지를 창조하신 대략"에 대한 말씀의 내용을 알아야 우리가 어떤 사람이 되어야 하는지를 깨달아, "자신의 정체성"을 새롭게 바꾸어 나갈 수 있기 때문이다.

우리의 신앙의 삶이 어떤 모습으로 변화되어야 하는지를 창세기 2장 4-6절의 내용을 통해 하나님께서 분명히 밝혀주셨다는 사실을 처음으로 알게 되었다. 이 내용을 제대로 알아야 창세기 1장에 대해서 더욱 깊이 알게 될 것이다.

4절: "여호와 하나님이(a) 천지를 창조하신 때에(b) 천지의 창조된 대략이 이러하니라(c)."

(a) 여호와 하나님[1]이…

하나님을 가리키는 대표적 이름은 '하나님'과 '여호와'이다. '하나님'이란 명칭은? 하나님의 위엄과 권능을 강조하고, '여호와'란 이름은 하나님의 초월성을 강조하는 이름이다. 그런데 모세는 하나님을 "여호와 하나님"이라고 기록하였다. 이는 하나님의 능력을 강조하는 '엘로힘'만이 아니라, 이제부터 본격적으로 생기를 그 코에 넣어 만든 "산 영 차원의 인간"과 "여호와 하나님"과의 언약 관계에서 이루어진 인간 창조의 대략을 제시하려 했던 것이다.

모세는 하나님께서 창세기 1:1-2:3까지 6일간 천지를 창조하시고, 제7일에 안식하셨음을 밝혀주었다. 그리고 창세기 2장 4절에서 "천지를 창조하신 때에 천지의 창조된 대략"에 대해 그 상황을 밝히 드러내 주었다.

그런 의미에서 창세기 2장 4-6절의 천지를 창조하신 "천지창조의 대략의 내용의 의미"가 밝혀져야, 창세기 1장의 천지창조의 의미도 밝혀진다. 이 "두 가지 천지창조"의 내용을 통해서 "우리의 신앙의 삶의 목적이 무엇인가?"에 대해서 확실히 밝혀주신 것이다.

그런데 창세기 2장 4-6절의 말씀을 풀지 못하니, 창세기 1장의 천지창조의 내용을 무엇으로 해석했는가? 창세기 1장의 천지창조의

---

1) 그랜드 종합주석 1편 214쪽. 하나님을 가리키는 대표적 이름은 하나님과 여호와이다. 하나님이란 명칭은 원어상 하나님의 권능과 위엄을 강조하고, 여호와란 신명은 '스스로 계신 분'이란 뜻으로 하나님의 초월성을 강조하는 이름이다.

내용을 대다수가 물리적 창조로 해석하는 우(愚)를 범하였다는 것이다.

그런 연유로 계시록에 나오는 비유적 의미를 제대로 해석하지 못하여 계시록에 대해서도 제대로 아는 성도들이 그리 많지 않았다. 성경은 부분적인 해석이 아니라, 성경 전체를 보는 시각으로 해석해야 옳은 해석이 된다. 그런데 하나님께서 가르쳐주신 해석방법으로 이 말씀을 해석하니, "아! 얼마나 중요한 내용이 그 안에 내재되어 있는가!" 감격하지 않을 수 없었다.

이 '천지창조'란 어마어마한 대략을 이야기한다면서, 4-6절까지 단 세 구절의 말씀을 주셨는데, 하나님께서 제시하신 단어의 비유를 베풀면, 비유의 실제 실상이 여지없이 드러나니 얼마나 기뻤겠는가?

(b) 천지를 창조하신 때에

여기 제시하신 '천지'는 4-6절 이후의 7절이 창조하시는 그 목적이 되니, 물질적인 하늘과 땅을 창조하셨다는 내용이 아니라, "영적 천지 즉 '하늘 차원'과 '땅 차원'의 사람들을 창조하시려고 뜻을 정하셨다."는 사실을 여호와 하나님께서 처음으로 드러내신 것이다.

성경의 결론 부분인 계시록 12장 12절의 "하늘과 그 가운데 거하는 자들은 즐거워하라! 그러나 땅과 바다는 화있을진저!"라는 이 말씀도 하나님은 인생을 세 차원 즉 "하늘 차원, 땅 차원, 바다 차원"으로 분류하셨음을 나타낸다. 그런 의미에서 창세기 2장 7절 말씀은 '바다 차원'의 인생을, 처음으로 생기를 주어 '땅 차원'으로 만드셨다는 내용이다. 하나님은 흙 차원에 + 생기를 넣어 만든 '산 영' 차원을 다시 한번 ⇨ 사방의 생기를 주어 ⇨ '하늘 차원'으로 만드시는 이 작업에 뜻을 세우셨다. 그것이 바로 여호와 하나님이 '천지' 즉 '산 영 차원'과 '하늘 차원' 즉 "살리는 영의 차원"을 창조하신 때에 천지의 창조된 것에 대한 대략이었다. 하나님은 '예레미야'를 '하늘'이라고 부르셨다.

> "너 하늘아 이 일을 인하여 놀랄지어다 심히 떨지어다 두려워 할지어다 여호와의 말이니라." (렘2:12)

우리도 이 세상에 사는 동안, 이 '하늘'이란 명칭을 하나님으로부터 받아야 "144,000의 대열"에 설 수 있다. 부디 이 '하늘'이란 단어를 마음으로 사모하여, '하늘'로 불리는 주인공이 되시기를 주의 이름으로 축원한다.

5절: (a) "여호와 하나님이 땅에 비를 내리지 아니하셨고"

5절에서 제시하신 '땅'과 '비'는 무엇을 비유한 말씀일까? "천지창조"라는 엄청난 일을 시작하시는데, 정말 땅에 비를 내리지 않으셨다는 이야기일까? 아니다!

창세기 2장 4-7절의 내용은 간단하게 '네 구절'이지만, "하나님께서 이 세상에 하나님의 나라를 건설하시고, 그의 나라를 창조하신 인간과 함께 이 세상에 하나님의 나라를 어떻게 만드실 것인가?"에 대한 계획과 포부의 내용을 기록하신 너무나 중요한 내용이다.

하나님께서 '땅'에 '비'를 내리지 않으신 연고가 "천지창조"와 무슨 관련이 있다고 "비 타령"을 하신 것인가? 천지창조에 대한 대략을 제시하여 주시려면, 좀 더 웅장하고 더 특별한 내용이 제시되어야 하는 것 아닌가? 그런데 "천지를 창조하신 내역"에서 생뚱맞게 "땅에 비를 내리시지 않으셨다."라는 말씀에 대해 여러분은 정말 어떻게 해석할 것인가?

이 "천지창조"란 어마어마한 대사(大事)의 대략을 처음으로 제시하시면서, 단 세 절의 말씀으로 기록해 주신 것도 생뚱맞지 않은가? 그러므로 이 말씀이 무엇인지 이해가 되지 않으니, 무식한 자나 유식한 자가 들어도 보아도 잘 모르겠다고 하는 책이 바로 성경인 것이다. 지금도 성경을 봐도, 들어도 잘 몰라 교회 마당만 밟고 다니시는 분들이 얼마나 많은지!

"¹¹그러므로 모든 묵시가 너희에게는 마치 봉한 책의 말이라 그것을 유식한 자에게 주며 이르기를 그대에게 청하노니 이를 읽으라 하면 대답하기를 봉하였으니 못하겠노라 할 것이요 ¹²또 무식한 자에게 주며 이르기를 그대에게 청하노니 이를 읽으라 하면 대답하기를 나는 무식하다 할 것이니라." (사 29:11-12)

구약의 역사 외에는 대다수 비유로 기록한 책이라 '비유풀이'가 필요한 책이 바로 성경이다.

첫째: '땅'에 대한 비유의 내용의 짝과

둘째: '비'에 대한 내용의 짝을 성경에서 찾아야 해석이 제대로 풀린다. 그런 의미에서 '땅'은 물리적인 땅이 아니라, '영적 땅' 즉 "인간의 마음의 밭"을 가리키는 것이다.

마태가 "씨 뿌리는 비유"에 대해 다음과 같이 선포하였다.

"¹⁸그런즉 씨 뿌리는 비유를 들으라 ¹⁹아무나 천국 말씀을 듣고 깨닫지 못할 때는 악한 자가 와서 그 마음에 뿌린 것을 빼앗나니 이는 곧 길가에 뿌린 자요 ²⁰돌밭에 뿌리었다는 것은 말씀을 듣고 즉시 기쁨으로 받되 ²¹그 속에 뿌리가 없어 잠시 견디다가 말씀을 인하여 환난이나 핍박이 일어나는 때에는 곧 넘어지는 자요 ²²가시떨기에 뿌리웠다는 것은 말씀을 들으나 세상의 염려와 재리의 유혹에 말씀이 막혀 결실치 못하는 자요 ²³좋은 땅에 뿌리었다는 것은 말씀을 듣고 깨닫는 자니 결실하여 혹 백배, 혹 육십 배, 혹 삼십 배가 되느니라." (마 13:18-23)

이 말씀을 통해 우리 인간의 마음의 밭이 모두 "네 가지 형(形)"이 있다는 사실을 깨닫게 된다. 즉 네 밭이 있는데, "좋은 마음의 밭에 씨를 뿌리면, 그 말씀을 듣고 깨달아 결실하여 30배, 60배, 100배 수확을 얻는다."라는 것이다.

누가가 말한 '좋은 땅'에 있다는 것은?

"…착하고 좋은 마음으로 말씀을 듣고 지키어 인내로 결실하는 자니라." (눅 8:15).

라고 표현하였다. 이제 우리는 성경의 '짝 구절'을 통해 풀어나가야, 성경의 영적 의미를 깨달을 수 있고, 어떤 사람으로 변화 받아야 "선악을 분별하는 자"가 되는가를 깨닫게 된다. 우리는 한마음이 되어 말씀을 깨닫되, 제대로 깨달아, 선악을 분별해야만 한다.

이 세 구절을 통해 하나님께서 천지를 창조하신 이유에서

첫째, "여호와 하나님께서 땅에 비를 내리지 아니하셨다!"에서 '땅과 비'가 비유하는 바가 무엇인가?

둘째, 그런 이유로 "경작할 사람"이 없었다? 왜?

셋째, 경작할 사람이 없으니, "들에는 초목이 아직 없었고, 밭에는 채소가 나지 않았다!" 그렇다면 이 '초목의 의미'와 '채소의 의미'는 무엇일까?

넷째, "그러므로 안개만 땅에서 올라와 온 지면을 적셨더라!" 성경적

으로 '안개'란 단어의 의미는 무엇인가? 그 결과 하나님께서 이것을 해결하시기 위해 무엇을 시작하셨는가?

다섯째, "여호와 하나님께서 흙으로 사람을 지으시고 생기를 그 코에 불어 넣으시니 사람이 생령이 된지라."

첫째부터 넷째까지의 내용의 답은?

바로 다섯째로 **"흙으로 지어진 사람들"**만 있는 세상에, 이제 하나님의 말씀의 생기를 주어 '산 영 차원의 인간'을 만드실 것을 처음으로 드러내어 밝히신 말씀이다.

산 영 차원의 사람을 만드는 공식은?
흙 차원 + 생기 = 산 영 차원의 사람이 됨

살리는 영의 차원을 만드는 공식은?
흙 차원 + 사방의 생기를 먹으면 = 살리는 영의 차원의 사람이 됨

"¹여호와께서 권능으로 내게 임하시고 그 신으로 나를 데리고 가서 골짜기 가운데 두셨는데 거기 뼈가 가득하더라 ²나를 그 뼈 사방으로 지나게 하시기로 본즉 그 골짜기 지면에 뼈가 심히 많고 아주 말랐더라 ³그가 내게 이르시되 인자야 이 뼈들이 능히 살겠느냐 하시기로 내가 대답하되 주 여호와여 주께서 아시나이다 ⁴또 내게 이르시되 너는 이 모든 뼈에게 대언하여 이르기를 너희 마른 뼈들아 여호와의 말씀을 들을지어다 ⁵주 여호와께서 이 뼈들에게 말씀하시기를 내가 생기로 너희에게 들어가게 하리니 너희가 살리라 ⁶너희 위에 힘줄을 두고 살을 입히고 가죽으로 덮고 너희 속에 생기를 두리니 너희가 살리라 또 나를 여호와인 줄 알리라 하셨다 하라." (겔 37:1-6)

자! 하나님께서 땅에 비를 내리지 않으셨으니, 땅과 비의 영적 의미를 성경에서 그 짝을 찾아야, 우리가 이 "천지창조의 내역"을 비로소 깨달을 수 있다.

네 종류 땅의 의미

"[3]예수께서 비유로 여러 가지를 저희에게 말씀하여 가라사대 씨를 뿌리는 자가 뿌리러 나가서 [4]뿌릴 쌔 더러는 <u>길가</u>에 떨어지매 새들이 와서 먹어버렸고 [5]더러는 <u>흙이 얇은 돌밭</u>에 떨어지매 흙이 깊지 아니하므로 곧 싹이 나오나 [6]해가 돋은 후에 타져서 뿌리가 없으므로 말랐고 [7]더러는 <u>가시떨기 위</u>에 떨어지매 가시가 자라서 기운을 막았고 [8]더러는 <u>좋은 땅</u>에 떨어지매 혹 백배, 혹 육십배, 혹 삼십배의 결실을 하였느니라 [9]귀 있는 자는 들으라 하시니라." (마 13:3-9)

하나님은 인간의 마음의 밭이 길가 밭, 돌밭, 가시덤불 밭, 좋은 밭이라는 '네 차원'이 있다고 하셨다. 좋은 마음의 밭이란? 씨를 뿌리면, 그 말씀을 듣고 깨달아 결실하여 30배, 60배, 100배의 수확을 얻는 밭이라고 하셨다. 누가가 표현한, 좋은 땅에 있다는 것은? "착하고 좋은 마음으로 말씀을 듣고 지키어 인내로 결실하는 자"(눅 8:15)로 표현하였다. 이제 본격적으로 하나님께서 산 영 차원의 사람들을 만드셔서 그들을 통해 살리는 영들을 배출함으로써, 하나님의 나라를 만드실 계획을 펼쳐 나가실 것이다.

세 가지 비

모세는 하나님의 말씀을 '비'로 비유하면서 다음과 같이 선포하였다.

"¹하늘이여 귀를 기울이라 내가 말하리라 땅은 내 입의 말을 들을지어다 ²나의 교훈은 내리는 비요, 나의 말은 맺히는 이슬이요, 연한 풀 위에 가는 비요, 채소 위에 단비로다 ³내가 여호와의 이름을 전파하리니 너희는 위엄을 우리 하나님께 돌릴지어다." (신 32:1-3)

"하나님의 교훈은 내리는 '비'요, 하나님의 말씀은 맺히는 '이슬'이요, 연한 풀 위에 '가는 비'요, 채소 위에 '단비'로다!"라고 말씀하셨다. 여기에서 "하늘과 땅"은 물리적인 하늘과 땅을 가리키는 것이 아니다. 하나님의 말씀의 생기를 받으면 "산 영 차원"이 되고, 산 영 차원에서 점점 성경 전체를 알게 되면, "살리는 영의 차원" 즉 "하늘 차원"이 되는 것이다.

또한 하나님은 하나님의 자녀들에게 모두 세 가지 비, 즉 '이른 비,' '복된 장맛비', '늦은 비'를 내려주셨다. 하나님의 자녀는 이 "세 가지 비"를 반드시 맞아야 한다. 그런 의미에서 우리가 예수님의 이름을 믿고 영접하면, 모두 이 세 가지 비를 맞아야 하는데, 세 가지 비의 이름은?

첫째, '이른 비'는 율법을 가리켰고,

둘째, '복된 장맛비'는 예수님께서 이 땅에 오셔서 제자들에게 가르쳐 주신 화평의 복음을 의미했으며,

셋째, '늦은 비'는 성경의 결론인 "계시록 즉 영원한 복음"을 가리키는 것이었다.

그런 의미에서 우리는 살아있는 동안, 이 "세 가지 단비"를 맞아야 하고, 또 다른 말로 '율법'과 '화평의 복음'과 '영원한 복음'을 바로 알아야 "천국에 입성"할 수 있다. 할렐루야! 주님을 찬양한다.

세 가지 비에 대한 성경 구절들

아래 말씀을 보면, "아! 성경이 이렇게 풀리는구나!"를 절실하게 느낄 수 있다!

> "여호와께서 너희 땅에 이른 비, 늦은 비를 적당한 때에 내리시리니 너희가 곡식과 포도주와 기름을 얻을 것이요." (신 11:14)

여기에서 "너희 땅에 이른 비, 늦은 비를 적당하게 주시겠다!"라는 것은 때마다 우리 마음의 땅에 영적 양식인 '말씀'을 주신다는 뜻이다. 다시 한번 강조하지만, '이른 비'는 율법을 말함이요, '늦은 비'는 장래에 일어날 일에 대한 기록인 '계시록'을 의미한다.

> "너희 마음으로 우리에게 이른 비와 늦은 비를 때를 따라 주시며 우리를 위하여 추수 기한을 정하시는 우리 하나님 여호와를 경외하자." (렘 5:24)

이른 비와 복된 장맛비를 맞고 늦은 비를 맞으신 분들은 세 가지 노래, 세 가지 말씀의 양식인 구약, 신약, 계시의 말씀을 모두 잡수시고, 마음에 말씀이 기록된 것이다.

> "내가 그들에게 복을 내리며 내 산 사면 모든 곳도 복되게 하여 때를 따라 비를 내리되 복된 장맛비를 내리리라." (겔 34:26)

이 산은 '시온산'으로 하나님은 이 산에서 당신이 택하신 자들을 양육시키시어, 그의 '성소'를 만드시며, 마지막 심판 때 하나님과 함께 이 세상을 심판할 자로 세우실 것이다. 이 말씀은 모세가 기록하였으나,

이 기업의 산의 맥은 계시록까지 연결되고 있다. 성경이 제시하시는 기업의 산이 바로 '시온산'이다.

> "주께서 백성을 인도하사 그들을 주의 기업의 산에 심으시리이다 여호와여 이는 주의 처소를 삼으시려고 예비하신 것이라 주여 이것이 주의 손으로 세우신 성소로소이다." (출 15:17)

> "형제들아 주의 강림하시기까지 길이 참으라 보라 농부가 땅에서 나는 귀한 열매를 바라고 길이 참아 이른 비와 늦은 비를 기다리나니 그가 너희를 위하여 비를 내리시되 이른 비와 늦은 비가 전과 같을 것이라." (약 5:7)

농부가 땅에서 나는 귀한 열매를 바라고 길이 참아 '이른 비' '늦은 비'를 기다린다는 것의 의미는 무엇인가? 한마디로 하나님의 말씀 즉 '율법'과 '화평의 복음'과 '계시록'의 내용을 깨달은 장성한 자들이 되기를 기다리신다는 의미이다. 그러므로 "많은 사람들을 하나님 앞에 돌아오게 하는 **별의 사역**"과 "**달의 증인 사역**"을 통하여 마지막까지 구원의 역사가 일어나기를 바라시는 것이, 농부이신 하나님의 소원이라고 하셨다.

별의 사역을 맡은 자들

> "지혜 있는 자는 궁창의 빛과 같이 빛날 것이요 많은 사람을 옳은 데로 돌아오게 한 자는 별과 같이 영원토록 비취리라." (단 12:3)

별의 사역을 맡은 자들이 어떤 사람인지를 다음과 같이 몇 가지로 알 수 있었다. **첫째는** 하나님의 말씀을 통해 지혜와 지식을 깊이 구비한 사람이요, **둘째는** 하나님의 말씀의 지혜를 통해 많은 사람들을 옳은

데로 돌아오게 하시는 사람이요, **셋째는** 바다에서 땅에서 올라온 인간 짐승들에 의해 환난을 당해도 굴복하지 않고, 한 사람이라도 더 구원하여 하나님의 자녀로 만들려는 의지를 가진 사람을 말한다. 성경에서 제시하신 '십사만 사천'이 바로 "인간 별들"로 세상 삶에서는 고난을 받았지만, 사후에는 주님 곁에서 면류관을 쓰게 될 것이다.

달의 사역을 맡은 자들

"또 궁창의 확실한 증인 달 같이 영원히 견고케 되리라 하셨도다 (셀라)."
(시 89:37)

해와 달은 우리 인간에게 없으면 살 수 없는 그런 고귀한 빛의 역할을 한다. 시편 기자는 달을 가리켜 "확실한 증인"이라 칭하였다. 왜냐하면 한밤중에 묵묵히 빛을 전해주니, 얼마나 든든한가!

5절: (b) "경작할 사람이 없었으므로 들에는 초목이 아직 없었고…"

이 말씀은 우리가 말씀의 생기를 받고 산 영 차원이 되어 하나님과 교통하면서, 계속 생명과를 먹어야 땅을 경작할 사람 즉 "살리는 영"으로 준비가 되는 것이다. 그런데, 아직 "말씀의 비"를 내려주지 않으시니, 경작할 사람이 없었던 것이다. 그러니 초목(草木)인들 어찌 날 수 있겠는가? 여기서 제시한 '초목'은 어떤 의미일까?

초목의 영적 의미

성경에서 "풀을 인간의 육체"에 비유하여, 하나님은 말씀을 불순종하는 이스라엘 백성을 '풀'로 비유하셨다. 북이스라엘의 행태가 어떤 열매도 없는 풀과 같았기 때문이다.

> "⁶…모든 육체는 풀이요, 그 모든 아름다움은 들의 꽃 같으니, ⁷풀은 마르고 꽃은 시듦은 여호와의 기운이 그 위에 붊이라. 이 백성은 실로 풀이로다! ⁸풀은 마르고 꽃은 시드나 우리 하나님의 말씀은 영영히 서리라." (사 40:6-8)

그런데 남유다는 북이스라엘보다 조금 나아서 "대저 만군의 여호와의 포도원은 이스라엘 족속이요 그의 기뻐하시는 나무는 유다 사람이라."(사 5:7)라고 기뻐하셨다. 그런데 웬걸! 그 '남유다'도 하나님께 불순종하여 북이스라엘 꼴이 되어 바벨론의 포로가 되었다. 하나님께서 "그들에게 의로움을 바라셨더니 도리어 부르짖음이었도다." 하고 한탄하셨다. 베드로 사도가 이렇게 외쳤다.

> "²⁴모든 육체는 풀과 같고 그 모든 영광이 풀의 꽃과 같으니 풀은 마르고 꽃은 떨어지되 ²⁵오직 주의 말씀은 세세토록 있도다 너희에게 전한 복음이 곧 이 말씀이니라." (벧전 1:24-25)

그렇다! 모든 육체는 풀과 같아 열매도 없이 죽어버리지만, 그런 육체가 하나님의 "생명의 말씀"을 받으면? 하나님의 말씀은 영원하여 영생을 누리는 영광을 입는다고 말씀하셨다. 그러므로 주님께서 "열매를 내는 나무는 좋은 나무요, 열매 없는 나무는 나쁜 나무라! 열매 없는 자들은 다 불 속에 넣을 것"이라고 경고하셨다.

출애굽기 15장 17절에 모세를 통해서 아주 심오한 말씀을 기록하게 하셨다. 이 말씀은 구약에서뿐만 아니라 신약을 거쳐 계시록에 이르기까지 관통하는 말씀이다.

"주께서 백성을 인도하사 그들을 주의 기업의 산에 심으시리이다."
(출 15:17)

하나님은 사람을 나무로 표현하셨고, "될 성싶은 나무는 주의 기업의 산에 옮겨 심으시겠다!"며, 기업의 산에 옮겨 심으신 목적을 다음과 같이 밝혀주셨다. ⇨ "주의 처소를 삼으시려고…"

그런데 여기서 끝나지 않았다. 주께서 백성을 인도하여 주의 기업의 산에 심으시는 것의 최종 목적은? **"주여 이것이 주의 손으로 세우신 성소로소이다!"** 할렐루야!

"주의 백성"이 하나님의 말씀을 받아 움직이는 성전, 즉 "주님의 신부"가 되는 것을 원하셨고, 이들을 하나님은 '하늘'이라 칭하셨다. 바로 구약의 예레미야 선지자를 '하늘'이라고 부르신 것처럼, 산 영 차원에서 사방의 생기를 받으면 "살리는 영" 즉 '하늘'로 칭하는 자리에 설 수 있는 것이다.

"너 하늘아 이 일을 인하여 놀랄지어다 심히 떨지어다 두려워 할지어다 여호와의 말이니라." (렘 2:12)

성경에는 이런 단어를 해석할 수 있는 수많은 "짝 구절"을 두셨다. 우리 모두 이와 같은 내용을 깨닫고 피차 부지런히 '하늘'이란 칭함을 받을 수 있도록 노력하시길 주님의 이름으로 축원한다!

"이와 같이 좋은 나무마다 아름다운 열매를 맺고 못된 나무가 나쁜 열매를 맺나니." (마 7:17)

"시온에서 그들로 '의의 나무' 곧 여호와의 심으신바 그 영광을 나타낼 자라 일컬음을 얻게 하려 하심이니라." (사 61:3)

"만군의 하나님 여호와가 이같이 말하노라 그들이 이 말을 하였은즉 볼지어다 내가 네 입에 있는 나의 말로 불이 되게 하고 이 백성으로 나무가 되게 하리니 그 불이 그들을 사르리라." (렘 5:1)

위 세 구절 말씀은 구약시대에 불순종한 백성들에게 하신 말씀이다. 하나님께서 "당신의 말씀을 불로", "백성을 나무"로 비유해서, "그 말씀의 불이 백성을 사르리라!" 하셨다. 도대체 얼마큼이나 백성들이 불순종하였으면, 이렇게까지 탄식하셨겠는가?

"하나님의 말씀"이 '불'이요, 이스라엘 백성은 '나무'이니 얼마나 잘 탔겠는가? 그런 의미에서 우리는 이런 말씀에 유념하여 불에 살라지는 나무가 되지 않아야 한다. 아니 오히려 많은 열매를 내는 좋은 나무가 되어야 한다.

예수님은 요한복음 15장에서 제자들에게 "너희가 과실을 많이 맺으면 내 아버지께서 영광을 받으실 것이요 너희가 내 제자가 되리라."고 약속하셨다. 우리의 신앙의 삶에서 "과실을 많이 맺는다!"는 것은 전도의 결과요, 이들이 주님의 충성된 제자의 대열에 설 수 있다. 바로 이 자리가 하나님께서 천지를 창조하신 천지의 대략이다.

5절: (c) "밭에는 채소가 나지 아니하였으며!"

밭에 채소가 나지 않은 것이 천지창조에 어떤 대략이 되겠는가? 그러나 성경에서 '채소'는 그 의미가 창세기부터 복음서에 이르기까지 모두 같은 의미로 제시되고 있다.

채소는 율법을 의미

"¹¹하나님께서 천지를 창조하실 때 "하나님께서 가라사대 땅은 풀과 씨 맺는 채소와 각기 종류대로 씨가진 열매 맺는 과목을 내라 하시매 그대로 되어 ¹²땅이 풀과 각기 종류대로 씨 맺는 채소와 각기 종류대로 씨가진 열매 맺는 나무를 내니 하나님의 보시기에 좋았더라." (창 1:11-12)

하나님은 '하나님 나라'의 세 교과서인 '율법'과 '화평의 복음'과 '영원한 복음' 중에 율법을 '채소'로 비유하셨다.

"땅이 네게 가시덤불과 엉겅퀴를 낼 것이라 너의 먹을 것은 밭의 채소인 즉…" (창 3:18)

율법은 '흙 차원'인 인간에게 "죄가 무엇인가?"를 알리는 영의 양식이었다. 그런데 그때까지 '채소' 즉 하나님의 율법의 말씀이 없었으니, 흙 차원의 인간들만 난무(亂舞)하였다는 사실을 "밭에는 채소가 나지 아니하였으며"라고 표현하신 것이다. 그리고 뒤를 이어 창세기 1장 29절에 하나님께서 "내가 온 지면의 씨 맺는 모든 채소"와 "씨 가진 열매 맺는 모든 나무를 너희에게 주노니 너희 식물이 되리라."고 말씀하셨다. 성경에서 제시하는 '씨'의 의미는 "말씀이 씨"이다.

"이 비유는 이러하니라 씨는 하나님의 말씀이요." (눅 8:11)

"너희가 거듭난 것이 썩어질 씨로 된 것이 아니요 썩지 아니할 씨로 된 것이니 하나님의 살아 있고 항상 있는 말씀으로 되었느니라." (벧전 1:23)

그런 의미에서 "씨 맺는 모든 채소"는 '율법'을 의미하였고, "씨 가진 열매 맺는 모든 나무"는 '복음'을 의미하였다. 사도 바울은 "믿음이 연약한 자를 너희가 받되 그의 의심하는 바를 비판하지 말라 어떤 사람은 모든 것을 먹을 만한 믿음이 있고 연약한 자는 채소를 먹느니라" 제시하였다. 그렇다! 믿음의 수준은 사람마다 제각각이다. 바울이 회심하기 전에는 얼마나 눈에 힘을 주고 다녔는가! 그러나 그가 "장성한 자"가 되었을 때, 그는 자신의 과거를 회상했으며, 모든 사람이 다 그러한 믿음의 수준에 있지 않음을 깨닫게 되었다. 연약한 자의 믿음을 비판하지 말아야 할 이유가 바로 여기에 있다.

우리가 "씨에 대한 영적 의미"를 알면, 성경에서 제시되는 '씨'는 두 가지의 의미, 즉 '하나'는 하나님의 말씀을 가리키며, "다른 하나"는 말씀을 소유한 사람을 가리킨다는 것을 깨닫게 된다. 그런 의미에서 하나님은 산 영 차원의 아담과 그 아내에게 양식을 주셨는데, 율법 차원의 "씨 맺는 모든 채소"와 복음 차원의 "씨 가진 열매 맺는 모든 나무"를 영적 양식으로 주셨다.

우리가 교회에 처음으로 나가면 '율법'을 통해서 죄를 깨닫고, '복음'을 통해서 그 죄를 사해 주실 예수 그리스도의 이름을 믿고 그를 영접하면, 하나님의 자녀가 된다고 하셨다. '복음'은 죄인인 우리 인간에게 있어 가장 기쁜 소식이었던 것이다.

그런데 이 시대 교회는 "구약의 율법"에 대한 내용을 거의 가르치지 않는 것 같다. 율법을 배워야 하나님께서 "하라!"는 것을 하지 않을 때 그것이 '죄'요, "하지 말라!"는 것을 할 때, 그것이 '허물'임을 깨닫게 된다. 그런 의미에서 율법 아래에서의 삶은 대단히 고단한 삶이 될 수밖에 없었다. 지금 우리가 사는 이 시대는 "화평의 복음"의 내용을 깨닫고, 장래에 이루어질 내용인 "영원한 복음"인 계시록을 배워야 하는 시대이다. 그런데 "화평의 복음"이 무엇인지, "영원한 복음"이 무엇인지, 특별히 "영원한 복음"인 계시록의 내용을 모르는 분들이 대다수이다. 그런 의미에서 이 세상 마음의 밭인 땅은?

첫째: 풀 차원은 흙 차원이요, 육신의 차원이며,

둘째: 씨 맺는 채소는 "율법 차원"이요,

셋째: 씨 가진 열매 맺는 과목의 차원은 복음을 통해 주의 제자가 되어 많은 열매를 맺어 "살리는 영 차원"이 된 사람들을 가리킨다.

주께서 제자들에게 "너희가 과실을 많이 맺으면 내 아버지께서 영광을 받으실 것이요 너희가 내 제자가 되리라."(요 15:8)고 말씀하셨다. 이는 성경에 '풀 차원', '채소 차원', '씨 가진 열매 맺는 차원'의 세 부류가 있기 때문이다. 그러므로 우리가 교회에 처음으로 들어가면, 먼저 율법의 말씀을 통해 죄를 깨닫고, 그 죄를 사함 받은 "복음의 말씀"의 양식을 먹는 것이 바로 이런 이치로 인한 것이다. 그리고 한 걸음 더 나아가 장래 이루어질 내용에 관한 '계시록'에 대한 내용을 알게 되면, 신앙의 삶을 제대로 살지 않고는 "천국에 갈 수 없다."라는 사실을 분명히 깨닫게 된다.

따라서 '율법'을 거쳐 ⇨ "화평의 복음"을 깨닫고, ⇨ 장래 일어날 일에 대한 내용의 계시록 즉 "영원한 복음"의 내용을 깨닫게 되면, "그 시대의 증인"이 되지 않을 수 없다. 그런데 참으로 안타까운 것은? 교회에서 '구약'에 대해 제대로 가르침을 받지 못했고, '계시록'도 제대로 배우지 못했다는 것이다. 그런 의미에서 하나님께서 성경을 주신 목적에 대해 제대로 배우고, 깨달은 분들은 자신의 몸을 "증인의 삶"으로 전환하지 않을 수 없다. 성령께서 인도하여 주시기 때문이다!

6절: "안개만 땅에서 올라와 온 지면을 적셨더라."

안개의 영적 의미

안개는 수증기가 찬 기운을 만나 아주 작은 물방울이 되어 대기(大氣)

속에 떠 있어 연기처럼 보이는 현상으로, 잠깐 반짝하다가 없어진다. 잠언 기자는 "속이는 말로 재물을 모으는 것은 죽음을 구하는 것이라 이런 자들은 불려 다니는 안개라."(잠 21:6) 하였다. 하나님의 자녀들은 내일을 소망하고 사는 자들이다. 그런데 야고보는 "내일 일을 알지 못하고 사는 자들은 마치 잠깐 보이다가 없어지는 안개"(약 4:14)와 같다고 하였다. "불려 다니는 안개." 이것이 세상 사람들과 하나님의 자녀들의 차이인 것이다.

"안개를 땅 끝에서 일으키시며 비를 위하여 번개를 만드시며 바람을 그 곳간에서 내시는 도다." (시 135:7)

"내가 네 허물을 빽빽한 구름이 사라짐 같이, 네 죄를 안개의 사라짐 같이 도말하였으니 너는 내게로 돌아오라 내가 저를 구속하였음이니라." (사 44:22)

"보라 이제 주의 손이 네 위에 있으니 네가 소경이 되어 얼마 동안 해를 보지 못하리라 하니 즉시 안개와 어두움이 그를 덮어 인도할 사람을 두루 구하는지라." (행 13:11)

베드로 사도는 "책망을 받아도 불법을 행하는 자들을 안개"라 선포하였다. 이런 자들에게는 캄캄한 어두움이 예비가 되어 있다고 하였다. "안개의 의미"와 "비의 의미"는 참으로 그 격차가 크지 않은가?

"이 사람들은 물 없는 샘이요 광풍에 밀려가는 안개니 저희를 위하여 캄캄한 어두움이 예비 되어 있나니." (벧후 2:17)

성경에서 '비'는 말씀으로 비유되었는데, '안개'는 사람의 마음을 은혜로 적셔줄 분량이 아니니, 안개는 교회는 다니되 말씀이 없는 자들을 의미하였다. 하나님은 이제 본격적으로 '흙 차원'인 한 남자와 여자를 택하시어, 그들에게 생기를 주셔서 '산 영 차원'의 사람으로 창조하셨다. 그리고 "그들이 창조되던 날"에 하나님이 그들에게 복을 주시고 "그들의 이름을 사람"이라고 부르셨다.

그런 의미에서 성경에서 제시하시는 사람이란? "하나님의 말씀의 생기"가 들어간 자들에게만 '사람'이라 칭하시는 것이 하나님의 나라의 법이요 원리이다.

> "¹아담 자손의 계보가 이러하니라 하나님이 사람을 창조하실 때에 하나님의 형상대로 지으시되 ²남자와 여자를 창조하셨고 그들이 창조되던 날에 하나님이 그들에게 복을 주시고 그들의 이름을 사람이라 일컬으셨더라."
> (창 5:1-2)

다시 한번 강조하지만, 성경은 "영적인 책"인지라 '산 영 차원' 이상을 사람이라 칭한다. 생기가 들어가지 않은 사람들은 '짐승' 혹은 '죽은 자'로 칭하셨다. 주님의 제자가 "부친이 돌아가셔서 장사지내고 주님을 따르겠습니다!"라고 여쭈니, 주님께서 제자에게 이렇게 말씀하셨다.

> "죽은 자들로 저희 죽은 자를 장사하게 하고 너는 나를 좇으라 하시니라."
> (마 8:12)

여기서 "죽은 자들"은 누구를 말하고, "죽은 자"는 또 누구를 일컫는가? '죽은 자'는 생명이 끊어진 제자의 아비를 뜻하였다. "죽은 자들"은 말씀의 생기를 먹지 못해 영적으로 죽어 있는 상태의 사람을 의미했다. 이것이 "성경적으로 죽은 자의 정의(定意)"인 것이다. 성경은 이스라엘의 역사를 제외하고는, 대부분이 거의 영적인 의미로 기록되어 있다는 사실을 마음에 기억하기 바란다!

세 차원의 짐승

창세기 1장 30절의 "또 땅의 모든 짐승과 공중의 모든 새와 생명이 있어 땅에 기는 모든 것에게는 내가 모든 풀을 식물로 주노라 하시니 그대로 되니라"라는 이 말씀을 어떻게 이해할 수 있을까? "땅의 모든 짐승"과 "공중의 새와 땅에 기는 모든 것들"이 정말 '풀'을 먹는가? 또 성경에서 제시하는 이 '짐승'은 누구를 칭하는 것인가? 성경이 제시하는 짐승은 모두 "세 차원의 짐승"이 있다.

첫째: 우리가 알고 있는 각종 짐승들인 사자, 호랑이, 말, 돼지, 소, 원숭이 등등을 우리는 '짐승'이라 칭한다.

둘째: 장래 바다에서 한 짐승이 나오는데 뿔이 열이요, 머리가 일곱이고, 그 뿔에는 열 면류관이 있고, 그 머리들에는 참람한 이름들이 있는 짐승이 나타날 것에 대해서 계시록 13장 1-10절에 기록되어 있다. 사도 요한이 본 이 짐승은 다음과 같았다.

"[1]내가 보니 바다에서 한 짐승이 나오는데 뿔이 열이요 머리가 일곱이라 그 뿔에는 열 면류관이 있고 그 머리들에는 참람한 이름들이 있더라 [2]내가 본 짐승은 표범과 비슷하고 그 발은 곰의 발 같고 그 입은 사자의 입 같은데 용이 자기의 능력과 보좌와 큰 권세를 그에게 주었더라." (계 13:1-2)

"표범과 비슷하고, 그 발은 곰의 발 같고, 그 입은 사자의 입 같은데 '용'이 자기의 능력과 보좌와 큰 권세를 그에게 주었다."라고 한다.

여기에서 바다에서 올라온 이 짐승의 정체는? 장래 나타날 '적그리스도'를 의미한다. 그런데 아무리 이 세상에서 "그가 최고의 강한 나라의 왕"이라 할지라도, 하나님 나라에서는 "말씀의 생기를" 먹지 아니한 자에 한해서 단순히 '짐승' 혹은 '죽은 자'로 칭하신다는 사실이다. 실제 세상에서는 산 영 차원이나 살리는 영의 차원을 대단하게 보지 않지만, 영적 실제는 이렇게 다르다는 것이다.

한 예로 어떤 부자와 나사로의 이야기가 '누가복음 16장'에 제시되었다. 어떤 부자도 그의 이름이 있지 않았겠는가? 더욱이 돈 많은 부자이니 얼마나 떵떵거리며 잘살았겠는가? 그러나 성경에서는 이름조차 주지 않았다. 이 부자는 이름도 없이 지옥행임을 그대로 드러내 주셨다. 이런 내용은 성경만이 지닌 영적 해석이요, 의미이다.

셋째: 땅에서 올라온 짐승이다. 땅에서 다른 짐승이 올라오는데, "새끼 양 같이 두 뿔이 있고 용처럼 말한다.!"는 것이다. 이들은 "거짓 선지자들"로 신앙인인 것처럼 그럴싸하게 속이며, 바다에서 올라온 적그리스도에게 붙어 그에게 경배하게 하며, "선지자를 가장한 거짓 목자들"을 말한다.

> "[11]내가 보매 또 다른 짐승이 땅에서 올라오니 새끼 양 같이 두 뿔이 있고 용처럼 말하더라 [12]저가 먼저 나온 짐승의 모든 권세를 그 앞에서 행하고 땅과 땅에 거하는 자들로 처음 짐승에게 경배하게 하니 곧 죽게 되었던 상처가 나은 자니라." (계 13:11-12)

하나님께서 흙 차원의 사람에게 생기를 주시고, 그들을 에덴으로 인도하신 것은, 이 에덴동산이 지금으로 말하면 '촛대 교회'이기 때문이다. 촛대 교회는 흙 차원의 사람들이 교회에 입교하면, ① 무엇이 죄인가? '율법'을 주신 목적을 통해 죄를 깨닫게 하시고, ② 그 죄에서 구해주실 예수님의 '화평의 복음'을 가르치고, ③ 마지막에는 장래 될 일을 기록한 "영원한 복음인 계시록"을 가르치고 먹이어, 장래 일어날 심판에서 살아남는 자로 준비시킨다.

　이런 내용을 알고 우리가 성경을 알되 제대로 알아야, 하나님 나라에서 땅 차원에서 ⇨ 하늘 차원으로 변화를 받을 수 있는 것이다.

에덴동산을 창설하신 목적

"여호와 하나님이 흙으로 사람을 지으시고
생기를 그 코에 불어 넣으시니 사람이 생령이 된지라
여호와 하나님이 동방의 에덴에 동산을 창설하시고
그 지으신 사람을 거기 두시고
여호와 하나님이 그 땅에서 보기에 아름답고
먹기에 좋은 나무가 나게 하시니
동산 가운데에는 생명나무와 선악을 알게 하는 나무도 있더라."

(창 2:7-9)

1. 에덴동산은 세상과 구별된 장소

　우리는 먼저 6천여 년 전, 에덴동산의 현장으로 되돌아가야 한다. '에덴동산'의 원어는 '간 에덴'[2]으로 '울타리를 치다', '보호하다'란 뜻의 울타리가 있는 정원이다. '에덴'은 '기쁘고 즐겁다'란 의미요, 에덴동산(히브리어: גַּן־עֵדֶן Gan 'Eden)은 다른 지역과는 구별되는 하나님의 특별한 보호의 손길이 미친 "기쁨의 낙원(Paradise)"이란 의미를 지니고 있다. 여호와 하나님이 택해 주신 '에덴'이란? 그 명칭대로 "기쁨과 교제"의 동산이었다. 그야말로 이 세상에 인류 최초의 축복된 곳으로 택함받은 장소였던 것이다.

에덴을 다스리고 지키라!

　"[8]여호와 하나님이 동방의 에덴에 동산을 창설하시고 그 지으신 사람을 거기 두시고 [9]여호와 하나님이 그 땅에서 보기에 아름답고 먹기에 좋은 나무가 나게 하시니 동산 가운데에는 생명나무와 선악을 알게 하는 나무도 있더라

---

2) 에덴동산에서 동산 '간'은 '울타리로 두르다', '보호하다'란 뜻의 '가난'에서 파생된 말로 곧 "곧 울타리로 둘러싸인 안전한 곳"이란 의미이다. (그랜드 종합주석 1, p. 215)

¹⁰강이 에덴에서 발원하여 동산을 적시고 거기서부터 갈라져 네 근원이 되었으니 ¹¹첫째의 이름은 비손이라 금이 있는 하윌라 온 땅에 둘렸으며 ¹²그 땅의 금은 정금이요 그곳에는 베델리엄과 호마노도 있으며 ¹³둘째 강의 이름은 기혼이라 구스 온 땅에 둘렸고 ¹⁴셋째 강의 이름은 힛데겔이라 앗수르 동편으로 흐르며 네째 강은 유브라데더라." (창 2:8-14)

하나님께서 에덴동산을 창설하신 목적을 구체적으로 다음과 같이 밝혀주셨다.

"⁴여호와 하나님이 천지를 창조하신 때에 천지의 창조된 대략이 이러하니라 ⁵여호와 하나님이 땅에 비를 내리지 아니하셨고 경작할 사람도 없었으므로 들에는 초목이 아직 없었고 밭에는 채소가 나지 아니하였으며 ⁶안개만 땅에서 올라와 온 지면을 적셨더라 ⁷여호와 하나님이 흙으로 사람을 지으시고 생기를 그 코에 불어 넣으시니 사람이 생령이 된지라." (창 2:4-7)

이 말씀을 통해 "흙으로 사람을 지으시고 생기를 그 코에 불어 넣어 사람이 생령이 된 이"가 누구인가? 바로 아담이었다. 하나님은 그를 에덴동산에 살게 하시고 세 가지를 명하셨다.

첫째는 아담을 에덴동산으로 인도하시고 그곳을 다스리고 지키게 하셨다.

둘째는 에덴동산에 있는 각종 나무의 실과는 임의로 먹되,

셋째는 선악을 알게 하는 나무의 실과는 먹지 말라, 먹는 날에는 정녕 죽을 것이라 경고하셨다.

"¹⁵여호와 하나님이 그 사람을 이끌어 에덴동산에 두사 그것을 다스리며 지키게 하시고 ¹⁶여호와 하나님이 그 사람에게 명하여 가라사대 동산 각종 나무의 실과는 네가 임의로 먹되 ¹⁷선악을 알게 하는 나무의 실과는 먹지

말라 네가 먹는 날에는 정녕 죽으리라 하시니라." (창 2:15-17)

↳ (이 당시 아담 혼자 에덴동산에 살았음)

에덴동산은 정말 "그 땅에서 보기에 아름답고 먹기에 좋은 나무뿐만 아니라, 동산 가운데에는 생명나무와 선악을 알게 하는 나무"도 있었다. 그런데 당시 하나님께서 아담에게 '첫 명령'을 내리셨는데, 혹시 그 명령을 기억하고 있는가? 이 말씀은 당시 독신이었던 아담에게 하신 말씀이었다. 이 말씀은 아담뿐만 아니라 우리 인생 모두, 아니 장래 태어날 모든 인생들까지 귀를 기울여서 들어야 할, 반드시 마음에 새기어야 할 만큼 중요한 내용의 말씀이었다.

"[16]…동산 각종 나무의 실과는 네가 임의로 먹되 [17]선악을 알게 하는 나무의 실과는 먹지 말라 네가 먹는 날에는 정녕 죽으리라." (창 2:16-17)

아담은 여호와의 말씀을 듣고 '선악과'를 먹으면 어떤 일이 발생하는가? "반드시 죽는다"는 하나님의 명령을 마음과 가슴에 잘 박힌 못처럼 새겨 두어야 했다. 이 말씀은 아직 하와가 태어나지 않은 상태에서 하나님께서 아담을 에덴동산에 인도하시고 처음으로 주신 말씀이었기 때문이다.

그런 의미에서 이 말씀은 아직도 모든 백성과 나라와 방언과 임금에게 다시 예언해 주어야 할 중요한 말씀으로, 우리 마음과 생각에 각인해 놓기를 바란다! 그리고 우리는 무엇보다도 '선악과'를 먹지 않는 삶을 살아야만 한다. 왜냐하면 우리는 하나님의 말씀에 아직 장성하지 못했기 때문이다.

그런데 어떻게 아담을 만드셨는가? 아담은 하나님의 작품으로 "여호와 하나님이 흙으로 사람을 지으시고 생기를 그 코에 불어 넣으시니 사람이 생령이 된지라"는 말씀은 하나님께서 흙 차원 중 한 사람에게 '생기' 즉 "하나님의 말씀"을 주심으로써 이 세상에 첫 '산 영 차원'의 사람을 잉태하셨다는 것이다.

아담의 갈빗대로 하와 창조

그런데 하나님께서 아담의 아내를 어떻게 만드셨는지 혹 기억하고 있는가? 하와도 흙에 생기를 넣어 만드셨는가? 대다수는 아담의 아내도 흙에 생기를 넣어 만들었다고 생각한다. 그러나 성경을 자세히 보면, 아담의 아내는 흙으로 짓지 않으셨다. 하나님은 아담이 '독처'하는 것을 보시고 "아담을 깊이 잠들게 하시고, 그의 갈빗대 하나를 취하여 살로 대신 채우시고, 여호와 하나님이 아담에게 취하신 그 갈빗대"로 여자를 만드셨다.

왜 아담처럼 만드시지 않으시고 아담의 갈빗대로 만드셨을까? 하나님은 갈빗대로 만드신 그녀를 아담에게 이끌어주셨다. 그때 아담이 자기 아내가 될 여자를 보고 무엇이라 고백했는가? "이는 내 뼈 중의 뼈요, 살 중의 살이라 이것을 남자에게서 취하였은즉, 여자라 칭하리라." 얼마나 기뻤을까? 그런데 모세는 그다음 말씀을 다음과 같이 기록하였다.

"²⁴이러므로 남자가 부모를 떠나 그 아내와 연합하여 둘이 한 몸을 이룰지로다 ²⁵아담과 그 아내 두 사람이 벌거벗었으나 부끄러워 아니하니라." (창 2:24-25)

우리가 이 말씀을 통해 알아야 할 것은? 창세기 2장 7절의 "하나님이 흙으로 사람을 지으시고"라고 하신 이 말씀은 그동안 흙으로 사람을 지으신 '흙 차원 인간'을 간단하게 한 마디로 소개하신 것이다. 여기 흙으로 만든 사람에 대한 내용은 창세기 4장 8-15절에 연결이 되어 제시되었다.

최초 "산 영 차원 부부" 탄생

그 이후에 여호와 하나님이 "사람의 독처하는 것이 좋지 못하니 내가 그를 위하여 '돕는 배필'을 지으리라" 하시고, 아담의 돕는 배필을 다음과 같이 지으셨다.

> "...²⁰아담이 돕는 배필이 없으므로 ²¹여호와 하나님이 아담을 깊이 잠들게 하시니 잠들매 그가 그 갈빗대 하나를 취하고 살로 대신 채우시고 ²²여호와 하나님이 아담에게서 취하신 그 갈빗대로 여자를 만드시어 아담에게로 이끌어 오시니 ²³아담 이 가로되 이는 내 뼈 중의 뼈요 살 중의 살이라 이것을 남자에게서 취하였은즉 여자라 칭하리라 하니라." (창 2:20-23)

우리가 이 말씀에서 생각해 보아야 할 주제는? 하나님께서 산 영 차원의 아담이 혼자 사는 것을 보시고, 아담의 배필을 다시 지으려 하신 것이다. 그런데 "돕는 배필"이라 하셨다. 이 "돕는 배필"이란 단어에 대해서 그동안 어떤 생각을 하였는가? 필자는 참 예쁘고 지혜로 우신 표현으로 받아들였다. 사실 부부가 되는 것은 각자 혼자가 아니라 대부분 서로 돕고 살아야 하기 때문이다. 그리고 더욱 중요한 것은 '짐승의 씨(흙 차원)'가 아니라 "사람의 씨" 즉 산 영 차원의 씨를 번성시켜야 하기 때문이다. 예레미야 선지자는 다음과 같이 외쳤다!

"²⁷여호와께서 가라사대 보라 내가 사람의 씨와 짐승의 씨를 이스라엘 집과 유다 집에 뿌릴 날이 이르리니 ²⁸내가 경성하여 그들을 뽑으며 훼파하며 전복하여 멸하며 곤란케 하던 것같이 경성하여 그들을 세우며 심으리라 여호와의 말이니라." (렘 31:27-28)

현재 이 세상에는 세 종류의 사람이 살고 있다. ① 흙 차원의 사람, ② 산 영 차원의 사람, ③ 살리는 영의 차원의 사람. 우리는 지금 어느 차원에 머물고 있을까? 교회에 다니는 대다수 사람들은 '산 영 차원'에서 될 수 있는 대로 빨리 "살리는 영의 차원"에 바로 설 수 있어야 한다. 그런데 대다수 교회가 아직은 '산 영 차원'에서 사는 교인에게 집사, 권사, 장로의 직분을 주는 것을 많이 보게 된다. 한 교회에 오래 다닌다고 해서 장로가 되는 것이 아니라 "누가 말씀을 통해 영성이 깊은가?"에 따라서 직분이 주어져야 한다.

위의 말씀에서 우리는 고린도전서 15장 말씀을 떠올리게 된다. 그러면서 "성경 전체를 다시 한번 되돌아보아야 하지 않을까?" 하는 생각이 들었다!

"⁴⁵기록된바 첫 사람 아담은 '산 영이 되었다 함과 같이 마지막 아담은 살려 주는 영이 되었나니 ⁴⁶그러나 먼저는 신령한 자가 아니요 육 있는 자요 그다음에 신령한 자니라 ⁴⁷첫 사람은 땅에서 났으니 흙에 속한 자이거니와 둘째 사람은 하늘에서 나셨느니라 ⁴⁸무릇 흙에 속한 자는 저 흙에 속한 자들과 같고 무릇 하늘에 속한 자는 저 하늘에 속한 자들과 같으니 ⁴⁹우리가 흙에 속한 자의 형상을 입은 것같이 또한 하늘에 속한 자의 형상을 입으리라." (고전 15:45-49)

첫 사람 아담은 ⇨ '산 영'이 되었고,

"여호와 하나님이 흙으로 사람을 지으시고 생기를 그 코에 불어 넣으시니 사람이 생령이 된지라." (창 2:7)

마지막 아담은 ⇨ "살려주는 영"이 되었다. 우리는 이 말씀에서 아담이 장래 반드시 앞으로 나아가야 할 자리가 있음을 깨닫게 된다. 우리가 하나님의 말씀의 생기를 받으면 ⇨ 산 영 차원이 되는 것이요(창 2:7), ⇨ 다시 하나님의 생기(生氣)를 사방에서 받으면 "살리는 영의 차원"이 되는 것이다.

"¹여호와께서 권능으로 내게 임하시고 그 신으로 나를 데리고 가서 골짜기 가운데 두셨는데 거기 뼈가 가득하더라 ²나를 그 뼈 사방으로 지나게 하시기로 본즉 그 골짜기 지면에 뼈가 심히 많고 아주 말랐더라 ³그가 내게 이르시되 인자야 이 뼈들이 능히 살겠느냐 하시기로 내가 대답하되 주 여호와여 주께서 아시나이다 ⁴또 내게 이르시되 너는 이 모든 뼈에게 대언하여 이르기를 너희 마른 뼈들아 여호와의 말씀을 들을지어다 ⁵주 여호와께서 이 뼈들에게 말씀하시기를 내가 생기로 너희에게 들어가게 하리니 너희가 살리라 ⁶너희 위에 힘줄을 두고 살을 입히고 가죽으로 덮고 너희 속에 생기를 두리니 너희가 살리라 또 나를 여호와인 줄 알리라 하셨다 하라 ⁷이에 내가 명을 좇아 대언하니 대언할 때에 소리가 나고 움직이더니 이 뼈 저 뼈가 들어맞아서 뼈들이 서로 연락하더라 ⁸내가 또 보니 그 뼈에 힘줄이 생기고 살이 오르며 그 위에 가죽이 덮이나 그 속에 생기는 없더라 ⁹또 내게 이르시되 인자야 너는 생기를 향하여 대언하라 생기에게 대언하여 이르기를 주 여호와의 말씀에 생기야 사방에서부터 와서 이 사망을 당한 자에게 불어서 살게 하라 하셨다 하라 ¹⁰이에 내가 그 명대로 대언하였더니 생기가 그들에게 들어가매 그들이 곧 살아 일어나서 서는데 극히 큰 군대더라." (겔 37:1-10)

우리 자신도 교회에 들어가 말씀을 받아 '산 영 차원'이 되어야

하고, 율법과 화평의 복음과 영원한 복음인 계시록의 말씀을 받아
'살리는 영'이 되는 것이 우리가 교회에 다니는 목적이다.

첫 사람 아담과 마지막 아담에 대한 도표는 다음과 같다.

첫 사람 아담	마지막 아담
산 영 차원	살리는 영 차원
육 있는 자	신령한 자
흙에 속한 자	하늘에 속한 자

그런데 하나님께서 원하시는 바는? 바로 "첫 사람 아담"과 "마지막
아담"의 도표를 통해 "너희가 어떻게 변해야 하는가?"에 대해 제시하여
주셨다. 하나님께서는 "첫 사람 아담"처럼 흙 차원에서 말씀의 생기를
받아 산 영 차원이 되고, 다시 마지막 아담인 예수 그리스도를 닮아
우리도 "살리는 영의 차원", "신령한 자", "하늘에 속한 자"가 되어야
한다는 것이다. 이 도표가 우리에게 주는 숙제요, 깨닫기만 하면 큰
축복을 받을 것이다.

흙으로 지으신 각종 들짐승과 새들의 이름을 누가 지었는가? 아담이
그 이름들을 다 지어 주었다(창 2:19). 하나님께서 직접 각종 들짐승과
새들을 지으시고, 아담에게 "이름을 지어 보라."고 하시니, 아담이
일컫는 바가 그 이름이 되었다. 그런데 이 말씀을 숙고해 보니, 마지막
아담 되신 예수님이 제자들의 이름을 '새 이름'으로 바꿔주시곤 했다.
우리도 우리의 신앙을 업그레이드(upgrade) 시켜서 '새 이름'을 받기

위하여 노력해야 할 것이다.

'아브람'은 어떤 새 이름을 받았을까? '아브라함'이란 이름을 받았다. '야곱'은 어떤 이름을 여호와 사자로부터 받았는가? 야곱에서 ⇨ '이스라엘'이란 새 이름을 받았다(창 32:24-28). 우리도 부모님이 지어 주신 이름을 받고 살아왔지만, "하늘에서 지어 주시는 새 이름" 받기를 소원하는 신앙의 삶을 살아야 한다!

그런데 '흙 차원'에 있다가 "하나님의 생기"를 받은 아담은 얼마나 지혜로운지, 하나님께서 각종 들짐승과 새를 지으시고 아담으로 그 이름을 지으라 하셨더니, 아담은 지혜롭게 각 생물의 이름을 다 지어 주었다는 것이다. 아담이 지혜롭게 각 생물의 이름을 지을 수 있었던 것은? 장래 오실 마지막 아담, 마리아와 요셉의 아들로 태어나신 예수 그리스도의 그림자라 할 수 있다.

> "여호와 하나님이 흙으로 각종 들짐승과 공중의 각종 새를 지으시고 아담이 어떻게 이름을 짓나 보시려고 그것들을 그에게로 이끌어 이르시니 아담이 각 생물을 일컫는 바가 곧 그 이름이라." (창 2:19)

그런데 아담이 "돕는 배필"이 없었다. 하나님께서 아담을 잠들게 하시고, 그의 갈빗대 하나를 취하여 여자를 만들어 아담의 아내로 삼게 하셨다. 필자는 이 말씀에서 무엇을 생각하였는가? 두 가지 생각이 떠올랐다.

하나는 아담이 돕는 배필이 없어 그를 잠들게 하시고, 갈빗대 하나를 취하고 살로 대신 채우시고 그 갈빗대로 '여자'를 만드셨다는 것이다. 아담으로부터 만드신 여자를 주시니, 아담이 감격하여 무엇이라 고백했는가? "이는 내 뼈 중의 뼈요 살 중의 살이라" 당시 아담은 에덴동산에서 혼자 살았기 때문에, 신부를 맞으니 얼마나 감격하였겠는가?

또 다른 하나는 잠에서 깨어난 아담은 하나님께서 인도하여 온 여자를 보고, 즉각 그 여자가 자신의 "뼈"로 지음 받은 존재임을 깨닫게 되었다. 그런 의미에서 우리가 육적으로 죽어도 예수님의 십자가 사건으로 인하여 다시 일어날 수 있다는 생각을 하게 되었다.

> "²⁴이러므로 남자가 부모를 떠나 그 아내와 연합하여 둘이 한 몸을 이룰지로다 ²⁵아담과 그 아내 두 사람이 벌거벗었으나 부끄러워 아니하니라." (창 2:24-25)

에덴동산은 하나님 안에서 순종함으로써 유지되었던 질서의 동산이었다. 하나님은 "동편에 그룹들"과 "두루 도는 화염검"을 두어 생명나무의 길을 지키게 하셨다. 그런데 유혹자 '뱀'은 항상 똑같은 교활한 방법으로 하나님의 백성을 유혹하여, 자기 생각을 집어넣으려 꾀를 쓴다. 그 결과, 뱀의 생각을 받으면, 점점 더 타락의 길로 빠지게 되었다!

장래 될 일을 기록한 계시록에서도 이와 같은 방법으로 사단이 바벨론 성도 대다수를 유혹하였다. 그 결과, 성스러워야 할 교회가 세상 것이 섞인 '바벨론 교회'로 점점 타락되어 가는 것을 계시록 17-18장에서 미리 중계 방송해주셨다. 내일 일도 알 수 없는 우리에게, 하나님은 하나님의 자녀들만큼은 장래 될 일까지 미리 기록하셔서 "경종의 종(鐘)"을 목회자들을 통해 치게 하셨다. 왜냐하면 "큰 성 바벨론" 교인들은 떼거리로 '선악과'를 탐하다, 결국은 하나님의 심판을 받는다는 내용이 실상계시로 증거되어 있기 때문이다.

하나님 첫 경고의 말씀 다섯 가지

"15...에덴동산을 다스리며 지켜라 16 동산 각종 나무의 실과는 네가 임의로
먹되 선악을 알게 하는 나무의 실과는 먹지 말라 17네가 먹는 날에는 정녕
죽으리라." (창 2:15-17)

하나님의 말씀에서 우리는 다섯 가지 사실을 우리 마음과 생각에
기록해야 한다.

첫째, "에덴동산을 다스리며 지켜라!"
둘째, "동산 각종 나무의 실과는 임의로 먹어라!"
셋째, "선악을 알게 하는 나무는 먹지 말라!"
넷째, "먹는 날에는 정녕 죽으리라!"
다섯째, 그런데 "선악을 알게 하는 나무의 열매를 먹는 날에는 정녕
죽으리라."라고 경고하셨음에도 불구하고 왜 선악과를 따 먹었을까?

도대체 "선악을 알게 하는 나무"가 무엇이길래, 다른 각종 실과는
마음대로 먹되, "선악을 알게 하는 나무의 실과"만큼은 "절대 먹지
말라"고 명령하셨을까? 도대체 그것이 무엇이길래, 산 영 상태의 사람
을 만드시곤, 그것을 먹으면 "정녕 죽는다!"라고 단언하셨을까? 아니
사랑의 하나님이 왜 먹으면 죽을 그런 나무를 에덴동산에 두셨는가?
창세기 3장의 "선악을 알게 하는 나무"가 과연 무엇을 의미하는지,
이 내용에 대해 그동안 어떤 견해를 갖고 있었는가?
이 "선악과에 대한 주제"는 하나님의 자녀라면 반드시 알되, 제대로
알아야 할 성경의 주제 중에서 가장 중요한 '대 주제'이다. 그런데
이 중요한 주제인 '선악과'에 대해 얼마만큼 알려고 노력하였는가?

혹 몰라서 자신도 따먹고, 혹은 아내에게도, 남편에게도, 자식에게도, 친구들에게도, 시어머니, 시누이에게도, 친한 사람들에게 친절히 나눠 주며 그렇게 살아온 것은 아닌지? 그 결과, 선악과를 먹고 부부싸움 하고, 이것 때문에 말씀 줄을 놓고, 이것 때문에 교회가 깨지고, 이것 때문에 사회적인 반목이 생기고, 이것 때문에 모든 관계가 무너지는 아픔을 경험하고도, 태연하게 살아가고 있는 것이 "지금 우리 하나님 자녀들의 현실이 아닌가!" 하는 생각이 들었다.

　"선악과의 의미"와 "선악과를 먹는다."라는 것에 대한 바른 의미의 재조명이 절실히 요청되는 시점이 아닌가 하는 생각이 가슴에 다가왔다. 신앙의 여정 중에 가장 많이 죄짓고 회개하는 원인이 바로 우리 인생이 최초로 하나님께 경고받은 "먹지 말라는 선악과를 먹은 사건"이기 때문이다. 그런 의미에서 '선악과'는 사단이 하나님의 자녀를 가장 간단하게 패배시키는 유혹의 양식 제1호이니, "선악과를 먹지 말라, 먹으면 정녕 죽는다."라고 하나님께서 제일 먼저 경고하셨던 것이다. 그렇다! 하나님께서 "먹지 말라!"고 명령하셨다면, "먹지 말아야 할 이유"가 반드시 있다. 하나님은 "그것을 먹으면 정녕 죽으리라!"고 하시면서 '정녕'이란 단어를 강조하여 경고하셨다.

　아담 내외는 "하나님의 말씀"을 "마음과 생각"에 새겨야 했다. 아니 그 옛날의 아담 내외뿐만 아니라, 오늘 이 시대를 사는 우리도 하나님의 말씀을 마음과 생각에 새기고 또 새겨야 할 것이다. 생각해 보니, 하나님의 말씀에 두 가지의 뜻이 새겨져 있었다. 하나님은 선악을 알게 하는 나무를 제외하고는 "동산 각종 나무의 실과는 임의로 먹어라." 하셨다. 그러므로 아담 내외가 에덴동산에서 먹을 수 있는 실과는 **"생명나무의 열매"**와 **"보기에 아름답고 먹기에 좋은 각종 나무의 실과"** 가 이에 속하였다.

하나님께서 에덴동산에 있는 세 가지 중 두 가지, 즉 "생명나무의 열매"와 "보기에 아름답고 먹기에 좋은 각종 나무의 실과"를 먹을 수 있도록 허락하신 그것만으로도 얼마나 감사한 일인가? 아! 그런데 우리 인생의 마음이 하나님의 말씀을 늘 따르지 못하는 것을 볼 때, 에덴동산 시대에 산 영 상태의 아내가 '뱀'의 말을 듣고 그리하였던 것처럼, 우리도 그들과 다름없이 같은 행동을 하고 살아왔다고 해도 과언이 아닐 것이다. "오호라! 통재라!"

2. 에덴동산에서의 어록에 대한 묵상

　우리는 에덴동산의 어록에서 "하나님의 명령과 말씀"을 대충 들어, 하나님의 진의를 분명히 파악하지 못한 "아담의 아내"를 목격하였다. 그리고 그 반면에, 하나님의 말씀을 잘 아는 것같이 여자에게 접근, 여자를 떠보다가 잘 모르니, 교활하게 말을 바꾸어 거짓으로 증거하는 '뱀'도 목격할 수 있었다. 그런데 하나님의 말씀은 정말이지 정확하셨다.

　에덴동산의 각종 실과는 먹되, 오직 "선악과를 먹지 말라."는 것이 하나님 명령의 핵심이었다. 그런데 여자는 그 핵심 메시지를 잘 분별하지도, 기억하지도 못했다. 그리고 무엇보다 가장하고 접근한 뱀의 정체 또한 전혀 파악하지 못하였다. 왜냐하면 에덴동산의 뱀은 보이지 않는 "더러운 영"이기 때문이다. 그 결과, 뱀 앞에서 자기의 무지를 그대로 드러내는 우(愚)를 범했다. 뱀이 몇마디의 말로 여자의 영적 상태를 파악하여 더 이상 망설이지 않고, 서서히 그 여자를 '통째'로 잡아먹기 시작했다. 뱀은 산 것을 통째로 잡아먹지, 절대로 죽은 것은 먹지 않는 짐승이다. 그런 의미에서 "영적으로 죽은 자들"은 뱀의 먹잇감이 되기가 십상인 것이다.

　"에덴동산에서 일어난 이 사건"은 산 영 상태의 인간에게 "죄와 사망"이 들어온 첫 번째 사건이요, 그 출발이 되었다. 이로부터 시작해서 우리 인생과 인생이 사는 이 세상이 얼마만큼 타락하고 병들어가야 했는가? "먹지 말라"는 선악과를 먹은 것이 그 모든 것의 근본 원인이었음을 우리는 알되 제대로 알고, 마음 깊이 반성해야 한다. 그런 의미에서 "선악과가 얼마큼 중요한 신학적 주제인가?" "선악과가 우리의 삶에서 얼마나 중요한 행동 지침인가?"를 파악한 자들은 정말 큰 복을 받은 자들이다.

이 책은 "선악과 총론"을 목적으로 "선악과가 과연 무엇이기에?"라는 물음을 제기하였다. 왜냐하면 우리 인생이 살아가는 평생의 날에, 이 주제를 바로 알지 못하고 살면, 부요하게 잘산들, 잘 배우고 못 배운들, 어떤 삶의 결말이 오겠는가? 대다수는 다 지옥행이기에 이 내용을 깨닫고 "선악과가 과연 무엇인가?"를 주제로 하여 "선악과를 먹은 나"에 대해 초점을 맞추어 집필하기 시작하였다. 그런데 실제로는 "우리가 모두 즐겨 먹던 선악과"가 중요한 포인트가 될 것이다.

에덴동산의 어록(語錄)에서 우리가 특별히 다시 묵상해 볼 내용은 바로 아담의 아내 '여자'에 관해서이다. 아담이 그 아내의 이름을 '하와'라 이름하였고, 하와는 아담의 갈빗대로 만들어진 '생명', '산 자의 어미'라는 뜻이다. 인생 모두를 대표한 '여자' 하와는 하나님의 명령을 잘 박힌 못처럼 마음에 기록하지 못했다. 그리고 하나님의 진의를 분명하게 파악하지 못한 채, 뱀과 대화를 시작하였다.

그런데 그 반면에 '뱀'은 하나님의 말씀을 잘 아는 것같이 여자에게 접근하여 떠보았다. 그런데 여자가 잘 모르는 것같이 보이니, 교활하게 말을 바꾸어 거짓으로 유혹하였다. 이 '뱀'은 사단을 비유한지라, 우리가 이 내용을 마음에 기록해야 사단의 유혹에 넘어가지 않을 수 있다!

인생에게 주신 변치 않는 원리

지금까지 "말씀"을 통하여 인생을 창조하시고 생기를 코에 넣어주신 "하나님께서 우리 인생에게 주신 변치 않는 원리"가 있음을 발견하였다.

첫째, 하나님은 "생기를 받은 자들"에게는 항상 먼저 장래 일어날 일에 대해 예고 내지 경고해 주셨다.

둘째, 하나님께서 예고하신 내용은 반드시 성취되었다.

셋째, 창세기 1장에서부터 계시록 22장에 이르기까지, 성경 전체가 하나님께서 예고 내지 경고하시지 않고는 어떤 일도 행하지 않는 분이심을 주지시켜 주었다.

넷째, 그 이유는 하나님께서 생기를 받은 이들을 흑암과 혼돈과 공허의 사단의 세상에서 지켜주시고, 영원한 세계로 인도하시기 위해서 노력하셨기 때문이다.

그런데 이제 하나님의 생기로 막 태어난 아담, 그리고 아담을 잠재우시고 갈빗대 하나를 취하여 만드신 그 아내는, 흙 차원에서 생기를 먹고 산 영이 된 차원들이다. 아직 영적으로 젖먹이 차원이기 때문에, 만약 이 '선악과'를 먹고 자기 마음대로 선과 악을 판단한다면 하나님 나라의 질서가 무너질 것이다. 그런 연유로 하나님께서 "선악과를 먹지 말라."고 명령하신 것이다.

선악과를 먹지 말라 하신 특별 이유

"아직은 선과 악을 판단할 수 있는 능력"이 없다는 뜻이다. 흙 차원에서 살던 아담과 그 아내가 이제 막 생기를 먹었다면, 이제 막 영적으로 태어난 '어린아이' 즉 이제 막 흙 차원을 벗어난 '생령 차원'이 된 것이다. 생령 상태의 차원을 성경은 '젖먹이 차원'이라 칭하신다. 그런데 이제 막 젖먹이 차원이 된 사람들이 선악을 분별한다고 나선다면 어떤 일이 발생하겠는가?

하나님께서 산 영 차원의 아담 부부에게 원하신 것은? "너희가 아직은 산 영 차원의 젖먹이 수준이니, 선악을 알게 하는 나무의 열매는 따 먹지 말라! 대신 생명과와 각종 과일나무를 먹고 살리는 영으로 더 자라라!"는 메시지가 그 안에 들어 있었던 것이다.

"살리는 영"은 "장성한 차원"이기 때문에, 그때는 선악을 분별할 수 있고, 사단의 유혹도 물리칠 수 있는 영적 힘을 지닐 수 있다. 그러므로 "살리는 영이 될 그 차원"까지 '선악과'는 따 먹어서는 안 되는 품목이었다. 교회를 다니면서, 우리 신앙의 삶에서 우리 자신이 선악을 알기까지 선악을 함부로 판단하면 안 된다는 사실은 이 모든 원인이 근거가 되기 때문이다.

하나님께서 "선악을 알게 하는 나무의 실과는 먹지 말라! 먹으면 정녕 죽으리라"고 말씀하신 또 하나의 분명하신 이유가 있었다. 전능하시고 공의로우신 하나님의 생각에 지금 그 선악과를 먹으면 안 될 만한 충분한 이유가 있었기 때문이다. 다시 한번 강조하지만, 아담 내외는 이제 막 생기를 받은 "영적 갓난이"이기에 선과 악을 분별할 수 있는 능력이 없었다. 그런 사실을 깨닫게 하시기 위해서 하나님께서 "선악과를 먹지 말라!" 명령하셨던 것이다.

뱀의 질문

"하나님이 참으로 너희더러 동산 모든 나무의 실과를 먹지 말라 하시더냐?"
(창 3:1)

'뱀의 말'에서 우리는 두 가지 사실을 주목하고 경계해야 한다.

첫째, 뱀은 마치 하나님을 잘 아는 것같이 "참으로"란 단어를 자주 사용하면서 진실한 어조로 여자에게 접근하였다.

그런데 하나님은 분명 아담을 에덴동산으로 인도하실 때, "에덴을 다스리며 지키라"고 경고하셨다. "다스리고 지키라"고 경고하신 것은? 다스리고 지키지 않을 때, 어떤 일이 발생할 수 있다는 것이다. 그런데 "아담의 아내"는 하나님께서 경고하신 말씀을 잘 박힌 못처럼 마음에 새기지 않고 흘려버렸다. 그로 인한 결과, 뱀에 대해 전혀 "경계 무장"을 하지 않았던 것이다. 지금도 대다수 하나님의 백성들이 목사님이 주신 하나님의 말씀을 유념치 않고, 오히려 무심코 "사단의 생각"을 받고, 그것이 사단의 생각인 줄조차 모르고 사는 경우가 허다하다! 여기에 우리 인생의 무지함과 더불어 쉽게 망각하는 습관이 있다는 것을 깨닫게 된다.

예수님께서 "예루살렘에 올라가 장로들과 대제사장들과 서기관들에게 많은 고난을 받고 죽임을 당하고 제삼일에 살아나야 할 것"을 제자들에게 가르치셨을 때, 어떤 일이 발생하였는가? 수제자 베드로가 어떤 간언을 주님께 올렸는가? "주여! 그리 마옵소서! 이 일이 결코 주에게 미치지 아니하리이다!" 베드로는 진정으로 예수님을 위하는 줄 알고 그렇게 고했던 것이다. 그 순간 주님께서 베드로를 어떻게 대하셨는가? "사단아! 내 뒤로 물러가라! 너는 나를 넘어지게 하는 자로다! 네가 '하나님의 일'을 생각지 아니하고 도리어 '사람의 일'을 생각하는도다!"

얼마나 많은 순간, 우리가 "하나님의 일"을 생각지 아니하고 "사람의 일"을 생각하고 살아왔는가? 매 순간, 이렇게 제멋대로 사단의 생각을 지니고 살았던 우리를 하늘의 하나님은 어떻게 생각하실까? "사단으로 비친다!"는 것이다. 우리는 이런 말씀을 통해 수많은 시간, 사단의 종노릇을 해왔던 것이다. "주님! 이런 저희를 용서하여 주소서! 선악과에 대한 내용을 잘 알지 못해 매일매일 선악과를 정말 많이 탐하여 먹었나이다!"

요한복음 13장 2절에 마귀가 '가룟 유다'의 마음에 '예수를 팔려는 생각'을 넣는 장면이 기록되어 있다. 그런데 그 생각의 출처가 사단인 줄 모르는 '가룟 유다'는 곧 실행에 옮기는 장면이 다음과 같이 기록되어 있다.

"마귀가 벌써 시몬의 아들 가룟 유다의 마음에 예수를 팔려는 생각을 넣었더니." (요 13:2)

"맙소사!"(Oh My God!) 이 말씀은 참으로 우리에게 많은 것을 시사해 준다. 우리들 각자의 삶에서도 가룟 유다의 경우와 똑같이 마귀가 생각을 넣어 주는지도 모르고, 그 생각을 자기 생각으로 착각해 행동하는 일이 얼마나 많았겠는가? 그 생각을 하니, 전신에 소름이 돋는다. 우리의 삶에서도 많은 순간 사단의 생각인지 모르고, 실행에 옮기는 그 짓거리를 해왔다는 사실을 상기해야만 한다. 그리고 생각나는 것이 있다면, 지금이라도 잘못된 부분을 하나님 앞에서 하나둘씩 고백하시고, 씻어내시길 바란다!

그런데 이제 장래에도 이런 일이 비일비재하게 일어날 것을 주님께서 "종말장 마태복음 24장 24절"에서 다음과 같이 경고하셨다. "거짓 그리스도들과 거짓 선지자들이 일어나 큰 표적과 기사를 보이어 할 수만 있으면 택하신 자들도 미혹하게 하리라!"

주님은 "유일하신 그리스도"이신데, 24절에서 말하는 "거짓 그리스도들"이란 무슨 의미인가? 우리 시대도 그렇지만, 장래에도 그렇게 가짜 거짓 선지자들이 더 많이 일어날 것으로, 사도 바울은 고린도후서 11장 13-15절에서 다음과 같이 경고하였다.

> "¹³저런 사람들은 거짓 사도요 궤휼의 역군이니 자기를 그리스도의 사도로 가장하는 자들이니라 ¹⁴이것이 이상한 일이 아니라 사단도 자기를 광명의 천사로 가장하나니 ¹⁵그러므로 사단의 일군들도 자기를 의의 일군으로 가장하는 것이 또한 큰일이 아니라 저희의 결국은 그 행위대로 되리라." (고후 11:13-15)

사도 요한 역시 계시록 13장 11절에서 "내가 보매 또 다른 짐승이 땅에서 올라오니 새끼 양같이 두 뿔이 있고 용처럼 말하더라"고 선포하였다. 장래 떼거리로 나타나 "가라지를 단으로 묶는 사명"을 받아 일할 거짓 목자들을 이렇게 묘사한 것이다.

이들은 마치 예수님처럼 가장하나, '말'은 사단의 생각으로 말한다는 것이다. 그런데 사도 요한은 '계시록'에서 대다수의 사람들이 이들에게 유혹을 당해 "짐승의 표"를 받아 짐승의 우상인 '적그리스도'에게 경배하는 우를 범하리라는 것을 예고하였다. 그것뿐만 아니다. 이들 무리들은 결국 '불 못'으로 던져질 것이라고 경고하였다.

그런 의미에서 장래 대다수의 사람들이 신앙의 삶을 역행하고 살게 될 것이라고 경고하는데, 과연 지금부터라도 우리는 이들과 어떻게 구별된 삶을 살아야 할까? 우리는 "짐승의 표"를 받는 것이 아니라, "예수 이름의 인(印)"을 받아야 한다. 이들이 '적그리스도'를 숭배하고 '짐승의 우상'에게 경배할 때, 우리는 하늘의 하나님을 경배하고, 택함을 받은 목자들을 영접하여 오직 예수님의 말씀을 믿고 행해야 한다. 이는 하나님의 말씀을 마음에 새기되, 바로 새기는 천국 시민으로 변화되어야 하기 때문이다.

둘째, "하나님이 참으로 너희더러 동산 모든 나무의 실과를 먹지
말라 하시더냐?"

사단 마귀를 '뱀'으로 묘사한 것은? 뱀은 혀가 '둘'이기 때문이다.
뱀이 여자에게 한 말 중, "하나님이 참으로 너희더러 동산 모든 나무의
실과를 먹지 말라 하시더냐?" 여기까지 내용은 여자로 하여금 하나님으
로부터 들었던 이야기를 상기하게 했을 것이다. 그러나 하나님은 "동산
각종 나무의 실과는 네가 임의로 먹되…"라는 이 말씀 후에 분명하게
"선악과는 먹지 마라! 먹으면 정녕 죽으리라."고 강조하셨다.

'뱀'은 여자가 하나님의 말씀을 "제대로 아는가? 모르는가?"를 먼저
질문 형식으로 떠보았다. 그리고 "먹지 말라!" 하신 내용을 뒤바꿔
"동산 모든 나무의 실과를 먹지 말라 하시더냐?"라고 여자를 떠보았다.
뱀은 처음에는 하나님께서 말씀하시는 것같이 비슷하게 말하다가,
후미에서는 자기의 거짓말로 되물어 보았다는 것이다. "뱀과 여자의
대화"를 통해, 우리는 "하나님의 말씀"을 알되, 제대로 알아야 한다는
사실을 깊이 깨닫게 된다. 하나님의 말씀을 희미하게 기억하면, 자신도
모르는 사이에 사단의 밥이 될 수 있기 때문이다. 또한 하나님께서
"하라"는 것을 하지 않는 것이 '죄'요, "하지 말라"는 것을 하는 것이
'허물'이라 하셨다. 따라서 무엇을 '하라!' 하시고, 무엇을 '하지 말라'고
하시는가, 이 점을 분명하게 마음에 깊이 간직해야 할 것이다.

여자의 말

"동산 나무의 실과를 우리가 먹을 수 있으나 동산 중앙에 있는 나무의
실과는 하나님의 말씀에 너희는 먹지도 말고 만지지도 말라 너희가 죽을까

하노라." (창 3:2)

여자의 말에서 세 가지 사실에 주목할 수 있다.

첫째: "동산 나무의 실과를 먹을 수 있으나…"
여자는 하나님께서 말씀하신 경고를 제대로 파악하지 못했다.

둘째: "동산 중앙에 있는 나무의 실과는 하나님의 말씀에 먹지도 말고 만지지도 말라."
하나님께서는 **"선악을 알게 하는 나무의 실과는 먹지 말라"**고 단호히 말씀하셨! 그런데 여자는 이 부분에서도 "동산 중앙에 있는 나무의 실과는 먹지도 말고 만지지도 말라 하셨다."고 말했다. 여자는 하나님의 말씀을 더하고 감하는 우(愚)를 범하였던 것이다.

셋째: "너희가 죽을까 하노라."
여자는 하나님께서 경고하신 그 핵심 메시지를 제대로 기억하지 못했다. 그리고 선악과를 먹었을 때, 그 결과는 하나님께서 "정녕 죽으리라!"고 말씀하셨는데, 이 말씀을 잊어버린 것이다. 그러므로 뱀 앞에서 "너희가 죽을까 하노라."라고 하셨다면서, 자기 생각대로 말한 것이다.

그런데 몰라서 그렇지, 하나님의 말씀에 더하거나 제하거나 희석하는 자들에게 주시는 벌이 얼마나 어마어마한가! 만약 성경에 이런 말씀이 있다는 것을 알면, 감히 하나님의 말씀에 더하지 아니할 것이요, 감하지도 않을 것이다. 왜냐하면 더하면? 하나님께서 계시록에 기록된 '재앙들'을 더할 것이요, 감하면? 계시록에 기록된 "생명나무와 및 거룩한 성에 참예함을 제하여 버리시겠다."라고 분명히 말씀하셨기 때문이다.

사도 요한은 이 주제에 대해 계시록 22장 18-19절의 말씀을 통해 한 번 더 마지막으로 다음과 같이 선포하였다.

> "[18]내가 이 책의 예언의 말씀을 듣는 각인에게 증거하노니 만일 누구든지 이것들 와에 더하면 하나님이 이 책에 기록된 재앙들을 그에게 더하실 터이요 [19]만일 누구든지 이 책의 예언의 말씀에서 제하여 버리면 하나님이 이 책에 기록된 생명나무와 및 거룩한 성에 참예함을 제하여 버리시리라." (계 22:18-19)

성경에서 제일 무섭고 두려운 말씀은 무엇인가? 바로 하나님의 자녀들이 받아야 할 최고의 축복을 받지 못하고, 무서운 재앙들을 받는 것처럼 두려운 것이 없다. 특별히 "생명나무와 거룩한 성에 참예함"을 제하여 버린 인생이야말로 얼마나 "비참한 인생으로 그것도 영원히 전락"하는 것인지! 그런데 성경에 이 모든 말씀이 있는 줄도 모르고 사는 자들이 대다수이니, 필자가 그 생각에 미치면 말씀을 전하는 자로서 얼마나 가슴이 타는지 모른다!

뱀은 거짓말의 명수

> "너희가 결코 죽지 아니하리라 너희가 그것을 먹는 날에는 너희 눈이 밝아 하나님과 같이 되어 선악을 알 줄을 하나님이 아심이니라." (창 3:5)

뱀의 말에서 우리는 "다섯 가지를 주목"해야 하며, 얼마나 뱀이 가장의 명수요, 거짓말의 천재인가를 마음에 새겨 놓아야 한다.

첫째, "결코 죽지 아니하리라!"

여자가 하나님의 말씀을 잘 모르는 것같이 말하니, "정녕 죽으리라!" 하신 하나님의 말씀을 완전히 뒤바꿔 "결코 죽지 않으리라"로 강조까지 하며 새빨간 거짓말을 하였다.

둘째, "그것을 먹는 날에는 너희 눈이 밝아…"

뱀은 여자가 하나님의 말씀을 잘 모르는 것같이 보이니, 하나님께서 하시지 않은 말을 더하여 새빨간 거짓말을 하였다. 후에 예수님은 이런 내용을 아시고, 선악과를 먹은 모든 인생은 눈에 들보가 들어 보지 못하는 '소경'이 되었다고 경고하셨다(요 9장).

그런데 "창세기의 저자 모세"는 선악과를 먹은 후에 "그들의 눈이 오히려 밝아졌다."라고 기록하였다. "예수님의 말씀"과 "모세의 증거"가 왜 이렇게 달랐을까? 예수님이 틀릴 리는 만무이니, 모세가 잘못 기록했을까? 아니다! 성경은 택하신 자들에게 성령을 통해 기록하게 하신 것이므로, 두 증거가 맞아야만 한다. 주님은 선악과를 먹은 인생의 눈이 밝아졌다고 하셨다. 그런데 그 밝아진 것이란 자기의 눈에 들보가 있는 것을 알지 못한 채, 남의 눈의 티를 뽑으려 나서는 '**정죄의 눈**'이 밝아졌다는 의미이다!

'오호라!' 자기의 죄성을 모르는 자들이 오히려 "남을 정죄하는 눈이 밝다"는 사실을 우리에게 드러내 주신 것이다. 이 말씀 앞에 얼마나 부끄러웠는지! 우리는 이 부분에서 어떤 마음의 동요(動搖)가 있었는가? 우리 자신이 이런 부끄러운 특성을 가지고 산다는 사실을 그동안 느껴 본 적이 있었는가?

다시 한번 강조하지만, 누구를 막론하고, 우리 인생은 이런 특성을 가졌다는 사실을 이제야말로 우리 스스로 인정해야 한다. 그리고 이제 라도 "들보 있는 눈으로 남의 눈의 티를 뽑지 않도록 각성"해야 한다.

남의 눈을 뒤집어 놓고도 그것을 느끼지 못하고 사는 것이 우리 인생이라 하셨으니, 이 말씀 앞에서 이제라도 우리 모두 성경의 거울을 통해 자신과 맹세해야 한다. 그리고 행동으로 드러나야만 한다!

"지금부터 들보 있는 눈으로 남의 눈의 티를 뽑는 것을 금하자!"

"내 눈의 들보를 먼저 뽑아내자! 뽑아내자! 뽑아내자!"

"남의 눈의 티를 뽑았던 것을 다시금 금하자! 금하자! 금하자!"

셋째, "하나님과 같이 되어…"

"맙소사!"(Oh My God!) 뱀은 이제 완전히 자기 생각을 첨가하여, 감히 "하나님과 같이 된다!"고 황당한 거짓말을 해댔다. 이제 마구 거짓말을 서슴없이 해댄 것이다.

넷째, "선악을 알 줄을…"

뱀은 여자의 상태를 알고 본격적으로 자신의 본성을 드러내어 거짓말을 계속하기 시작했다. 그런데 이 말이 얼마나 무서운 사단의 궤계(詭計)인 줄 여자는 전혀 깨닫지 못했다. 그런데 이 여자만 그럴까? 우리 인생 대다수가 이 여자처럼 자신이 "선악을 아는 줄로 착각"한다는 것이 주님의 옳으신 지적이다. 성경은 이런 부류를 "사단의 말에 현혹된, 자신의 정체조차 모르는 자"로 규정한다. 그런데 이런 말씀이 결코 남의 일이 아니라는 사실이다!

다섯째, "하나님이 아심이니라!"

뱀은 마지막 말끝을 자기의 말이 마치 하나님의 말씀인 것처럼 "하나님이 아신다"로 끝을 맺었다. 뱀은 가장(假裝)의 명수요, 거짓말의 천재로 드디어 여자를 마수(魔手)로 삼켜 버렸다!

여자에 대해서

첫째, 하나님 말씀의 핵심은 "에덴동산의 각종 실과는 먹되, 오직 선악을 알게 하는 나무의 실과는 먹지 말라!"고 명하셨다. 그리고 그것을 먹으면 "정녕 죽으리라!"는 말씀은 그 명령을 불순종할 때 오는 결과였다.

둘째, 그런데 '여자'는 하나님께서 경고하신 그 "핵심 메시지"를 제대로 듣지 않고 마음에 기록하지도 않았다. 그리고 선악과를 먹었을 때, 그 결과가 주는 "정녕 죽으리라"는 무서운 징계의 대가도 정확히 인식하지 못하는 우(愚)를 범하였다. 한 마디로 주님께서 비유로 들려주셨던 '길가 밭' 같은 마음으로 말씀을 받고, 뱀을 대했던 것이다. "오호라! 통재라!"

그런데 지금 우리는 어떤 삶을 살고 있는가? 아마 대다수가 선악과를 먹어대면서도 전혀 느끼지 못하는 불감증으로 살아갈 것이다. 왜냐하면 장래 "큰 성 바벨론 백성"이 선악과를 먹으면서 즐기다가 하나님의 심판을 받는다고 미리 예언하여 주셨기 때문이다.

셋째, 우리는 이 시점에서 우리 자신을 에덴의 동산의 '그녀'와 대조해 볼 수 있어야 한다! 이 여자처럼 우리 역시 하나님의 말씀을 듣자마자 잊어버리고, 사단에게 먹힌 지도 모르고 살고 있기 때문이다. 우리는 대다수 남보다 자기 자신에게 아주 후덕하다.

주님께서 비유해 주신 길가 밭, 돌밭, 가시덤불 밭, 좋은 밭 중에서 완전 길가 밭? 혹은 가시덤불 밭? 돌밭? 어쩌다 좋은 밭? 귀한 말씀을 전해도 받지 않고 듣는 척하기만 하는 분들도 제법 많다. 우리 자신이 스스로 '길가 밭'인가? '돌밭'인가? '가시덤불 밭'인가? '좋은 밭'인가? 피차 돌아보는 시간이 있기를 기도한다! "뿌릴 새 더러는 길가에 떨어지매 새들이 와서 먹어버렸고."(마 13:4)

넷째, "에덴동산을 다스리고 지키라!"는 하나님의 경고는 "다스리고 지키지 않으면 침입하거나 빼앗을 자가 있다."라는 진의(眞意)의 경고이셨다. 그럼에도 불구하고 '여자'는 이 말씀을 잘 박힌 못처럼 마음에 유의하지 않는 심각한 우(愚)를 범했던 것이다.

그 결과, 어떤 일이 발생했는가? 그녀는 그럴듯하게 가장하고 접근한 뱀의 정체를 전혀 파악하지 못했다. 그리고 자기의 부정확한 기억을 그대로 드러내는 바람에 뱀에게 완전히 먹혀버린 것이다. 이 여자와 대조하여 이 세상에 사는 모든 인생의 "영적 상태"는 또한 어떠한가? 아니 이 세상이 아니라, 교회에 다니는 교우의 영적 상태는 또 어떠한가? 직분으로 장로님, 권사님, 집사님의 영적 상태는 또한 어떠한가? "다스리고 지키지 않으면 빼앗을 자가 있다"고 하늘의 하나님이 경고하셨고, 베드로도 경고했다. 단 위에서 선포해 주시는 목사님의 말씀을 얼마큼 기억해서 우리 마음의 밭에 간직하고 있는가!

지금 이 시대는 에덴동산에 존재했던 그 '뱀'이 지금은 '세상 임금'이 되어 우는 사자처럼 삼킬 자를 찾고 있는 상황이요 상태이다. 그러므로 '언제' '어디서든' 같은 내용으로 우리도 가장하고 접근한 뱀의 정체를 알지 못하면, 잡혀 먹힐 수 있다는 사실을 진심으로 유념해야만 한다!

다섯째, 뱀은 여자의 영적 상태를 제대로 파악한 후에, 더 이상 망설이지 않았다. "선악과를 먹으면 네 눈이 밝아지고 하나님처럼 된다!" 이렇게 그녀를 한방 강타하며, 그녀를 속이는 말을 되풀이하였다. 이 '마귀'는 또 다른 단어로 "속이는 자"이다. 하나님의 명령을 거역하게 하여, 드디어 자기의 목적을 성취해 가는 것이 마귀의 직업이다. 마귀는 공적으로 그런 짓을 하는 자리에 있었으므로 감히 '예수님'을 시험할 수 있었던 것이다!

여자는 '뱀'의 말을 들으며, 하나님의 말씀을 잊어버려, 어떤 말이

'거짓'인지 '아닌지'를 전혀 분별하지 못했다. 이제 막 생기를 먹은 산 영 차원이기 때문일까? 그렇다면 현재 우리의 영적 상황은 어떠한가?

그런데 우리 주님은 사단과의 대결에서 어떻게 사단을 제압하실 수 있으셨을까? 그때 하나님은 예수님에게 40일 금식하게 한 후에, 육신적으로 가장 몸이 가누기조차 어려울 지경에, 사단과의 결전을 감행하게 하셨다. 그리고 만인이, 아니 장래 태어날 자들에게도 그 장면을 보게 하셨다.

그런데 그 결과가 어떠하였는가? 주님은 육신의 힘이 아닌, "오직 말씀"으로 뱀을 제압해 버리셨다. '40일'을 금식하셔서 주리신 상태인데도, 주님은 말씀으로 사단을 상대하셨다는 것이다. 바로 이것이다! 우리는 이런 사실을 통해서 "내가 아파서", "내가 약해서", "내가 없어서"라고 그 누구든 어떤 핑계도 대지 말아야 한다! 이 상황에서 우리가 붙잡아야 할 말씀은? "사단은 오직 하나님 말씀 앞에 무릎을 꿇을 수밖에 없다."라는 사실을 가슴에 새겨야 한다!

금식하시고 주리신 예수님께서 어떻게 사단을 이기셨는가? 오직 "하나님의 말씀"으로 이길 수 있다는 사실을 우리에게 부각시켜 강조해 주셨다. 따라서 사단의 유혹에서 자기를 지키려면?

"유일하게 하나님의 말씀을 소유해야 분별할 수 있다!"

이것이 정답이다. 그리고 육신적으로 어려운 상태에 있을지라도 "오직 말씀"으로 이 더러운 것을 물리칠 수 있음을 마음에 잘 박힌 못처럼 새겨놓기를 바란다. 그런 의미에서 우리는 다시 한번 "새 언약 백성" 즉 "하나님의 말씀을 마음과 생각에 기록한 사람"이 되어야 뱀을 제압할 수 있음을 상기하자. 하나님은 이 말씀을 구약시대의 백성에게, 신약시대의 백성에게, 아니, 장래 태어날 백성에게 반드시 "새 언약 백성이 되어라!"라고 강조하셨다. 다시 한번 "새 언약 백성"에 대한 구절을 우리 모두 한마음으로 읽어, 우리 모두 하나님의 새 언약 백성으로 거듭나야 한다!

구약시대 예레미야 선지자가 선포한 "새 언약"

"^{31}나 여호와가 말하노라 보라 날이 이르리니 내가 이스라엘 집과 유다 집에 새 언약을 세우리라 ^{32}나 여호와가 말하노라 이 언약은 내가 그들의 열조의 손을 잡고 애굽 땅에서 인도하여 내던 날에 세운 것과 같지 아니할 것은 내가 그들의 남편이 되었어도 그들이 내 언약을 파하였음이니라 ^{33}나 여호와가 말하노라 그러나 그날 후에 내가 이스라엘 집에 세울 언약은 이러하니 곧 내가 나의 법을 그들의 속에 두며 그 마음에 기록하여 나는 그들의 하나님이 되고 그들은 내 백성이 될 것이라." (렘 31:31-33)

신약시대 히브리서 기자는 "새 언약 백성"에 대해 다음과 같이 선포하였다.

"또 주께서 가라사대 "그날 후에 내가 이스라엘 집으로 세울 언약이 이것이니 내 법을 저희 생각에 두고 저희 마음에 이것을 기록 하리라 나는 저희에게 하나님이 되고 저희는 내게 백성이 되리라." (히 8:10)

여섯째, 하나님께서 제일 싫어하시는 것이 무엇인가?

하나님은 당신의 말씀에 더하거나(+), 제하거나(−), 희석하는 일을 제일 싫어하신다. 그런 연유로 하나님은 이런 짓을 한 자에게는 제일 큰 벌을 내리신다. 하나님은 사도 요한을 통해 성경의 가장 마지막 장인 '계시록 22장'에서 다시금 한 번 더 강조하시며 18-19절에 기록하게 하셨다!

"¹⁸내가 이 책의 예언의 말씀을 듣는 각인에게 증거하노니 만일 누구든지 이것들 외에 더하면 하나님이 이 책에 기록된 재앙들을 그에게 더하실 터이요 ¹⁹만일 누구든지 이 책의 예언의 말씀에서 제하여 버리면 하나님이 이 책에 기록된 생명나무와 및 거룩한 성에 참예함을 제하여 버리시리라." (계 22:18-19)

이는 생명나무와 및 거룩한 성에 참예함을 제하시어, 한마디로 '인 재앙'과 '나팔 재앙'과 '대접 재앙'을 받고(계 16장), '불 못'에 보내겠다는 것이 하나님의 의중이시다.

뱀의 특성 5가지

창세기 2장에 등장하는 뱀을 사도 요한은 계시록 12장 9절에서 "큰 용이 내어 쫓기니 옛 뱀 곧 마귀라고도 하고 사단이라고도 하는 온 천하를 꾀는 자라."고 하였다. '사단'이라고 칭한 것은? 하나님을 감히 "대적했다" 해서 지어진 이름이요, '마귀'는 하나님과 천사 사이를 "이간했다"고 해서 붙여진 이름이다. 그리고 '뱀'은 짐승으로 볼 때, 가장 사단의 특성과 일치한 면을 갖고 있기 때문에 사단을 '뱀'으로 비유하셨던 것이다.

그런데 이런 사단 마귀가 종말에는 '큰 용'으로 변신했다는 것은? 그만큼 흙 차원의 사람들을 많이 잡아먹었기 때문이다. 그런 의미에서 우리는 이 부류에 속하지 않도록 지금부터라도 말씀을 우리의 마음에 새기는 "새 언약 백성"이 되어야 한다.

"식후에 또한 이와 같이 잔을 가지고 가라사대 이 잔은 내 피로 세운 새 언약이니 이것을 행하여 마실 때마다 나를 기념하라 하셨으니." (고전 11:25)

"저가 또 우리로 새 언약의 일군 되기에 만족케 하셨으니 의문으로 하지 아니하고 오직 영으로 함이니 의문은 죽이는 것이요 영은 살리는 것임이나라." (고후 3:6)

"새 언약이라 말씀하셨으매 첫것은 낡아지게 하신 것이니 낡아지고 쇠하는 것은 없어져가는 것이나라." (히 8:13)

"새 언약의 중보이신 예수와 및 아벨의 피보다 더 낫게 말하는 뿌린 피나라." (히 12:24)

"나 여호와가 말하노라 보라 날이 이르리니 내가 이스라엘 집과 유다 집에 새 언약을 세우리라." (렘 31:31)

그래야 오히려 말씀으로 사단을 잡을 수 있기 때문이다. 40일을 주리신 예수님도 "말씀으로 사단을 물리치셨다."라는 사실을 늘 마음에 간직하기 바란다!

첫째, 뱀은 혀가 둘이다. 이를 비유하여 하나님은 사단이 두 다른 말을 한다는 사실을 밝혀주셨다.

둘째, 뱀은 귀가 없다. 뱀은 피부로 숨을 쉬고 피부로 느낀다. 하나님은 귀가 없는 뱀을 비유로, 사단은 하나님의 말씀을 들을 귀가 없어 하나님을 반역하고 이간하는 "어두움의 수장"이 되었다고 밝혀주셨다.

셋째, 뱀은 오직 살아있는 것만 먹는다. 뱀은 탐욕스럽지만, 결코 죽은 것이나 썩은 것은 먹지 않는다고 한다. 성경은 하나님의 말씀을 받지 아니한 자들을 "죽은 자"로 표현하셨다.

넷째, 뱀은 먼저 독을 발하여 전신에 퍼지게 하고, 통째로 삼킨다. 이는 사단의 말을 들으면 그에게 먹힌다는 사실을 뱀을 통해 비유하신 것이다.

다섯째, 뱀은 손발이 없어 몸으로 기어 다닌다. 성경에서 '손'은 행함을 의미하고, '발'은 전도를 의미하는데, 사단에게 유혹된 자들은 신앙적으로 손발의 행함이 없다는 것이다.

예수님은 십자가상에서 "아버지 하나님"의 뜻을 성취하시고, "다 이루었다"고 선포하셨다. 이는 바로 주께서 속건제물이 되실 때, 이사야 선지자가 예고한 한 '씨'를 보게 된다고 한 것이었다.

> "여호와께서 그로 상함을 받게 하시기를 원하사 질고를 당케 하셨은즉 그 영혼을 속건 제물로 드리기에 이르면 그가 그 씨를 보게 되며 그날은 길 것이요 또 그의 손으로 여호와의 뜻을 성취하리로다." (사 53:10)

성경에 '마른 손'이 나오는데, 그 손은 행함이 없는 손을 말한다. 그 결과 에덴동산에서 발생한 "선악과 사건"은 우리 인간에게 죄와 사망이 들어오게 한 첫 사건이자, 그 출발이 되었다. 이로부터 시작해서 우리 인생은 "죄의 날개"를 달게 되었고, 죄 지은 인생으로 인하여 이 세상은 타락하고 병들기 시작했다.

선악과 사건 이후부터 "선악을 알게 하는 열매"를 먹은 이 '죄'는, "죄와 사망의 효시"를 이룬 죄라 해서 '원죄'로 불리게 되었다. 또한 원죄는 '유전 죄'를 낳았고, 원죄와 '유전 죄'가 합하여 수많은 '자범죄'를 양산했다. 그런 이유로 우리는 죄를 지어서 죄인이 아니요, 죄 가운데 태어나서 죄인이 되었다는 것이 "옳은 말씀이 아닌가?" 생각해 보았다. 따라서 이제 우리는 모두 "이 선악과가 얼마큼 중요한 신학적인 주제인가?"를 파악하여, "왜 하나님께서 선악과를 먹지 말라 하셨는가?" 하는 그 이유와 의미를 깨닫되 제대로 깨달아야 할 것이다. 선악과에 대한 성경 총론을 제대로 안다는 것이야말로 "실제 우리의 신앙의 유산이 아닐까?"

아담 부부를 에덴에서 내치신 5가지 이유

하나님께서 아담 부부를 에덴에서 내치신 이유는 무엇인가?

첫째, 그들이 선악을 아는 일에 하나님같이 될까 봐,

둘째, 그 상태에서 생명나무의 실과를 따먹고 영생할까 봐,

셋째, 아담 내외를 에덴동산에서 쫓아내시고, 다시, 들어가지 못하도록 에덴동산 동편에 그룹들과 두루 도는 화염검을 두어 생명나무의 길을 지키게 하시고,

넷째, 하나님은 아담 부부를 '산 영 차원'에서 '살리는 차원'으로 다시 교육시키기 위해, "그들의 근본 된 토지 즉 마음"에 선악과를 먹지 말라고 한 그 이유를 깨닫게 해주셨다. 그런데 그 후에 어떤 일이 일어났는가?

> "아담이 다시 아내와 동침하매 그가 아들을 낳아 그 이름을 '셋'이라 하였으니, 이는 하나님이 내게 가인이 죽인 아벨 대신에 '다른 씨'를 주셨다 함이며." (창 4:25)

아담 내외가 에덴동산에서 쫓겨난 후에, 어떤 일이 일어났는가? 드디어 세 번째 아들을 낳고, 이름을 '셋'이라 지었다. '셋'이란 이름의 뜻은? '정해진 자', '안정된 자'로 아담 내외가 하나님께서 원하시는 영성을 회복, 하나님께서 기뻐할 '아들'을 낳았다는 것이다. 그런 의미에서 "가인이 죽인 아벨 대신에 '다른 씨'를 주셨다."라고 하신 것은? 아담 부부가 그동안 회개하며 변화를 받았기에 '셋'을 낳았다는 사실을 친히 증거해 주신 것이다.

좋은 땅에서 좋은 열매가 나오는 것이다. 그동안 아담과 그 아내가 변화를 받아 그들로부터 다른 씨인 '셋'이 출생하였다. 하나님께서

아담 내외를 에덴에서 내치시고, 그 가운데 세 번째로 '셋'을 낳게 하신 이 말씀에서 우리가 깨달아야 할 것은 무엇인가?

필자는 우리의 근본 된 토지, 즉 "선악과를 먹지 말라!" 하신 그 이유를 반드시 깨달아야 한다고 생각한다. 하나님께서 왜 선악과를 에덴동산에 두시고 "선악과는 먹지 말라."고 경고하셨을까? 필자가 이 책을 쓴 이유가 바로 그것을 알지 못하고 신앙생활을 하는 모든 이들에게, "이 말씀이야말로 우리가 늘 붙잡고 살아야 할 것"임을 밝히기 위해서였다.

예레미야는 이 세상에 두 종류의 사람이 있는데, '사람의 씨'와 '짐승의 씨'가 있다고 하였다. 이는 성경만이 갖는 독특한 해석인데, 얼마나 놀라운 표현인가! 얼마나 당황스러운 말씀인가?

> "[27]여호와께서 가라사대 보라 내가 사람의 씨와 짐승의 씨를 이스라엘 집과 유다 집에 뿌릴 날이 이르리니 [28]내가 경성하여 그들을 뽑으며 훼파하며 전복하며 멸하며 곤란케 하던 것같이 경성하여 그들을 세우며 심으리라 여호와의 말이니라." (렘 31:27-28)

이 말씀은 성경적으로나 영적으로 정확한 단어를 제시해 주신 것이다. 그런데 누가 사람의 씨인가? 누가 짐승의 씨인가? 사람의 씨란 흙 차원에서 생기 즉 하나님의 말씀을 받은 자들이요, 짐승의 씨란 흙 차원에서 생기 즉 하나님의 말씀을 받지 못한 자들을 말한다.

그런데 교회를 수십 년 오가면서도 이런 내용을 모르고 허울 좋게 교회만 오가면, 하나님은 이들을 가리켜 '짐승의 씨'라 칭하셨다. 다시 한번 강조하지만, "짐승과 사람의 차이"는 육은 같으나, "하나님 말씀의 생기"를 먹었는가, 먹지 않았는가 하는 것이다. 누가 하나님의 말씀을 먹되 제대로 먹었는가? 짐승의 씨인가, 산 영 차원인가? 살리는 차원인가? 하나님은 사람을 세 차원으로 분류하셨다.

그런 의미에서 '목사'라 칭함을 받는 분들이나, '장로'라 칭함을 받는 분들이나, '권사'로 칭함을 받는 분들도 성경적으로 영성에 따라서 이 차원에 미치지 못하면 '짐승의 씨'가 될 수 있다. 하나님의 말씀의 생기를 받되 제대로 받아먹지 못한 자들에 대해 성경은 '짐승의 씨'라 정의하셨기 때문이다.

필자가 "성경의 주제별 총론"을 만들어 나가면서 깨달은 것은? 성경의 낱말 하나하나가 어느 하나 빠짐없이 제대로 쓰였다는 사실이다. 하나님은 우리가 신앙생활을 하는 데 산 영 차원에서 다시 살리는 차원으로 변화 받아 '상급'을 받으라 하셨다. 우리 앞에 기다리고 있는 상급은 세상 어디에서도 감히 비교할 수 없는 최고 최상의 상급이기 때문이다!

하나님께서 가인이 죽인 아벨 대신에 ⇨ 아담 내외에게 '다른 씨'를 주셨다는 것은, 에덴에서 쫓겨난 아담 내외가 "먹지 말라는 선악과"를 먹은 죄를 회개하되 제대로 하였기 때문이다. 이들은 참된 회개를 하여 아내는 좋은 밭으로, 남편은 좋은 씨로 변화 받았기에, 다른 씨인 '셋'을 낳을 수 있었다. 하나님은 '아벨'을 대신하여 '셋'을 주셨는데, '셋'의 이름의 의미는 '안정된 자', '정해진 자'이다. 이름을 통해 '셋'이 어떤 자인가를 가늠하게 귀한 이름을 주셨던 것이다.

다섯째, 셋이 아들을 낳고 그 이름을 '에노스'라 하였다. 그런데 에노스를 낳고부터 사람들이 비로소 "여호와의 이름"을 부르기 시작하였다. 왜냐하면 "아담 내외"가 셋을 낳은 것은 두 내외가 말씀에 바로 섰다는 사인(sign)이요, 셋이 '에노스'를 낳았으니, 이제 그들 세대(世代)로부터 "여호와의 이름을 부르는 하나님의 아들들이 생겼다."라는 것을 의미한다.

창세기 5장에서 모세는 아담에서 노아까지의 족보를 제시하였다.

모세는 창세기 5장 1-3절에서 '산 영 차원'의 인간이 "먹지 말라!"는 선악과를 먹고 타락하였지만, 아담의 계보에 대해 다음과 같이 정리하여 기록하였다.

아담 ⇨ 셋 ⇨ 에노스

하나님께서 아담 내외를 에덴동산에서 내쫓으시고, 그의 근본 된 마음의 토지를 갈게 하셨기 때문에 그런 이유로 '셋'을 낳게 하신 것이다. 그리고 '셋'에서 '에노스' 때에 비로소 "여호와의 이름"을 부르는 새 시대가 찾아왔다. 이를 통해서 우리는 아담 내외가 영성을 되찾았다는 기쁜 소식을 듣게 된다. 아담 내외처럼 우리도 하나님께서 주시는 말씀의 영성을 되찾아야 할 것이다.

"셋도 아들을 낳고 그 이름을 에노스라 하였으며 그때에 사람들이 비로소 여호와의 이름을 불렀더라." (창 4:26)

"아담, 셋, 에노스." (대상 1:1)

"그 이상은 에노스요 그 이상은 셋이요 그 이상은 아담이요 그 이상은 하나님이시니라." (눅 3:38)

"[1]아담 자손의 계보가 이러하니라 하나님이 사람을 창조하실 때에 하나님의 형상대로 지으시되 [2]남자와 여자를 창조하셨고 그들이 창조되던 날에 하나님이 그들에게 복을 주시고 그들의 이름을 사람이라 일컬으셨더라." (창 5:1-2)

가인과 아벨의 열납 사건과 흙 차원의 사람들

창세기 4장에서 어떤 일이 발생했는가? 아담과 하와가 잉태하여 가인과 아벨을 낳았다. 이들이 자라 가인은 농사를 지었고, 아벨은 양치는 자가 되었다. 그런데 세월이 흐른 뒤에, 이 두 아들에게서 어떤 일이 벌어졌는가? 가인은 땅의 소산으로 제물을 삼아 여호와께 드렸고, 아벨은 자기도 양의 첫 새끼와 그 기름으로 드렸더니, 여호와 하나님께서 아벨과 그 제물은 열납하셨으나, 가인과 그 제물은 열납하지 않으셨다.

이렇듯 아벨의 제물만을 열납하시니, 가인이 심히 분히 여겼다. 이런 모습을 보시고 여호와께서 가인에게 어떤 말씀을 주셨는가?

"[6]...네가 분하여 함은 어찜이며, 안색이 변함은 어찜이뇨? [7]네가 선을 행하면 어찌 낯을 들지 못하겠느냐 선을 행치 아니하면 죄가 문에 엎드리느니라 죄의 소원은 네게 있으나 너는 죄를 다스릴지니라!" (창 4:6-7)

그런데 가인이 하나님의 말씀을 들었으면서도, 더욱 분히 여겨 어떤 짓을 했는가? 눈에 보이지 않는 뱀! 사단이 다시 그에게 역사하였다는 것이다. 가인은 아벨과 둘이 있을 때 그만 아벨을 쳐 죽였다. 여호와 하나님께서 가인에게 "아우가 어디 있느냐?"고 물으셨지만, 가인은 감히 시치미를 떼고 "제가 아우를 지키는 자니이까?"라고 무엄하게 거짓으로 답했다. 여호와 하나님께서 "네 아우의 핏소리가 땅에서 내게 호소하니, 그 일로 너는 저주를 받을 것이요, 너는 유리하는 자가 되리라."고 말씀하셨다. 그때 가인이 여호와께 뭐라고 고했는가?

"[13]...내 죄벌이 너무 중하여 견딜 수 없나이다. [14]주께서 오늘 이 지면에서 나를 쫓아내시온즉, 내가 주의 낯을 뵈옵지 못하리니 내가 땅에서 피하며 유리하는 자가 될지라. 무릇 나를 만나는 자가 나를 죽이겠나이다!" (창 4:13-14)

여호와께서 "가인을 죽이는 자는 벌을 칠 배나 받으리라." 하시고 가인에게 표를 주시고, 그를 만나는 누구에게든지 죽임을 면케 하셨다.

흙 차원의 사람들

하나님께서 말씀하신 "흑암과 혼돈과 공허"로 가득 찬 이 세상은 그 시절 "흙 차원의 사람들"만 무성하게 살았을 때를 말한다. 이 흙 차원의 인류의 진화를 보면 원시인 → 오스트랄로피테쿠스 → 하이델베르크인 → 네안데르탈인 → 크로마뇽인 등등 인류의 진화과정이 있었다. 이들을 '흙 차원'으로 칭하는 것은 하나님의 말씀의 생기를 한 번도 맛보지 않은 사람들이기 때문이다.

그런데 그런 와중에서 하나님께서 그중 한 사람을 택하셨다. 그 택함 받은 자의 이름이 바로 "산 영 차원의 첫 주인공 아담"이었다. 하나님께서 그의 이름을 '아담'이라고 주신 의미와 뜻은 무엇인가? 그의 이름이 아담이 된 것은 흙 차원의 사람에서 하나님의 택하심을 받아 생기를 먹고 산 영 차원의 "첫 사람"이 되었기 때문이다. 그런 의미에서 '아담'이란 이름은 '히브리어'로는 '사람'이요, '헬라어'로는 '남자'란 의미를 지니고 있다.

따라서 아담은 산 영 차원의 첫 사람이요, 산 영 차원의 첫 남자였다. 그 이후 하나님은 아담의 갈비뼈로 하와를 만드셨다.

첫 사람 아담에 대해 바로 알기

하나님께서 말씀하신 "흑암과 혼돈과 공허"로 가득 찬 이 세상은 그 시절 흙 차원의 사람들만 무성하게 살았을 때를 말한다. 이들을 '흙 차원'으로 칭하는 것은 하나님 말씀의 생기를 한 번도 받아보지 않은 사람들이기 때문이다.

그런 와중에 하나님께서 흙 차원 중의 한 사람을 택하셨다. 하나님의 택함 받은 자는 아담이었다(창 2:7). 그는 "하나님의 택하심을 받아 **생기를 먹고 산 영 차원의 첫 사람**"이요, 산 영 차원의 첫 남자가 되었다.

첫 사람 아담을 위해 여호와 하나님은 에덴동산을 창설하시고, 생명나무와 선악을 알게 하는 나무가 있는 에덴동산에 살게 하셨다(창 2:8-9). 여호와 하나님이 아담에게 그것을 다스리며 지키게 하시고, 명하여 "동산 각종 나무의 실과는 네가 임의로 먹되, 선악을 알게 하는 나무의 실과는 먹지 말라 네가 먹는 날에는 정녕 죽으리라."고 경고하셨다(창 2:15-17).

> "[7]여호와 하나님이 흙으로 사람을 지으시고 생기를 그 코에 불어 넣으시니 사람이 생령이 된지라 [8]여호와 하나님이 동방의 에덴에 동산을 창설하시고 그 지으신 사람을 거기 두시고 [9]여호와 하나님이 그 땅에서 보기에 아름답고 먹기에 좋은 나무가 나게 하시니 동산 가운데에는 생명나무와 선악을 알게 하는 나무도 있더라… [15]여호와 하나님이 그 사람을 이끌어 에덴동산에 두사 그것을 다스리며 지키게 하시고 [16]여호와 하나님이 그 사람에게 명하여 가라사대 동산 각종 나무의 실과는 네가 임의로 먹되 [17]선악을 알게 하는 나무의 실과는 먹지 말라 네가 먹는 날에는 정녕 죽으리라 하시니라." (창 2:7-9, 15-17)

그런데 그 이후에 어떤 일이 일어났는가? 아담이 에덴동산에 달랑 혼자 사니, 얼마나 쓸쓸하고 삭막하였겠는가? 그런 모습을 보신 여호와 하나님이 "사람의 독처하는 것이 좋지 않으니, 아담을 위하여 '돕는 배필'을 지으실 것을 작정하셨다. 하나님께서 아담을 깊이 잠들게 하시고, 그의 갈빗대 하나를 취하고, 살로 대신 채우시고 아담에게서 취하신 그 갈빗대로 여자를 만드시고 그를 아담에게로 이끌어오셨다(창 2:21-22).

그때 아담은 "이는 내 뼈 중의 뼈요 살 중의 살이라 이것을 남자에게서 취하였은즉 여자라 칭하리라"고 말하였다. 이후로 아담 내외는 가인과 아벨 그리고 셋을 낳았다. 창세기 4장 13-17절 말씀에서 우리는 이들 아담 가족 외에도 수많은 사람이 살고 있었음을 처음으로 알게 된다. 이들을 가리켜 아직 생기가 들어가지 않은 "흙 차원의 사람들"이라고 일컫는다. 사도 바울이 고린도전서 15장 45-49절에서 "첫 아담"과 "마지막 아담 예수님"에 대해 다음과 같이 비교하여 제시해 주었다(참조 79쪽 표).

"⁴⁵기록된바 첫 사람 아담은 산 영이 되었다 함과 같이 마지막 아담은 살려 주는 영이 되었나니 ⁴⁶그러나 먼저는 신령한 자가 아니요 육 있는 자요 그다음에 신령한 자니라 ⁴⁷첫 사람은 땅에서 났으니 흙에 속한 자이거니와 둘째 사람은 하늘에서 나셨느니라 ⁴⁸무릇 흙에 속한 자는 저 흙에 속한 자들과 같고 무릇 하늘에 속한 자는 저 하늘에 속한 자들과 같으니 ⁴⁹우리가 흙에 속한 자의 형상을 입은 것같이 또한 하늘에 속한 자의 형상을 입으리라."
(고전 15:45-49)

그렇다면 우리는 어떤 차원이 되어야 할까?

첫째, 육의 차원에서 ⇨ 산 영 차원으로 ⇨ 다시 살리는 영의 차원으로 변해야 하고,

둘째, 육신으로 살았지만, 신령한 자가 되어야 하고,

셋째, 흙에 속한 자에서 하늘에 속한 자가 되어야 한다.

에스겔 선지자가 37장 1-10절에 다음과 같이 기록했는데, 이 말씀도 창세기 2장 7절 말씀과 같은 의미이다. 에스겔 선지자는 "마른 뼈 소생 환상"을 통해 이스라엘이 장래 회복될 것을 보고 예언한 것이다.

"¹여호와께서 권능으로 내게 임하시고 그 신으로 나를 데리고 가서 골짜기 가운데 두셨는데 거기 뼈가 가득하더라 ²나를 그 뼈 사방으로 지나게 하시기로 본즉 그 골짜기 지면에 뼈가 심히 많고 아주 말랐더라 ³그가 내게 이르시되 인자야 이 뼈들이 능히 살겠느냐 하시기로 내가 대답하되 주 여호와여 주께서 아시나이다 ⁴또 내게 이르시되 너는 이 모든 뼈에게 대언하여 이르기를 너희 마른 뼈들아 여호와의 말씀을 들을지어다 ⁵주 여호와께서 이 뼈들에게 말씀하시기를 내가 생기로 너희에게 들어가게 하리니 너희가 살리라 ⁶너희 위에 힘줄을 두고 살을 입히고 가죽으로 덮고 너희 속에 생기를 두리니 너희가 살리라 또 나를 여호와인줄 알리라 하셨다 하라 ⁷이에 내가 명을 좇아 대언하니 대언할 때에 소리가 나고 움직이더니 이 뼈 저 뼈가 들어 맞아서 뼈들이 서로 연락하더라 ⁸내가 또 보니 그 뼈에 힘줄이 생기고 살이 오르며 그 위에 가죽이 덮이나 그 속에 생기는 없더라 ⁹또 내게 이르시되 인자야 너는 생기를 향하여 대언하라 생기에게 대언하여 이르기를 주 여호와 의 말씀에 생기야 사방에서부터 와서 이 사망을 당한 자에게 불어서 살게 하라 하셨다 하라 ¹⁰이에 내가 그 명대로 대언하였더니 생기가 그들에게 들어가매 그들이 곧 살아 일어나서 서는데 극히 큰 군대더라." (겔 37:1-10)

1절 말씀: "여호와께서 권능으로 내게 임하시고 그 신으로 나를 데리고 가서 골짜기 가운데 두셨는데 거기 뼈가 가득하더라."

"거기 뼈가 가득하더라."의 의미는? 여호와 신앙에 대한 열기가 없어져 영적 생명력을 잃어버린 당시 이스라엘 백성을 상징하였다. 창세기 2장 7절에서 "하나님이 흙으로 사람을 지으시고"라고 하신 것처럼 영적으로 흙 차원에 속한 자들과 같은 상황으로 볼 수 있다.

우리가 교회에 나가지 않고 세상에 속해 있을 때도, 주님은 '죽은 자'라고 칭하셨다.

주님의 제자 중 하나가 "아버지가 돌아가셔서 부친을 장사하러 가는 것을 허락해 달라."고 여쭈었을 때, 주님께서 어떤 말씀을 주셨는가?

"죽은 자들로 저희 죽은 자를 장사하게 하고 너는 나를 좇으라 하시니라."
(마 8:21-22)

예수께서 하신 이 말씀은 당시 제자에게는 참 받아들이기 어려운 충격적인 말씀일 수도 있겠으나, 영적으로 "새로운 깨달음"을 제자들에게 주셨다고 생각한다.

5절 말씀: "뼈들에게 말씀하시기를 내가 생기로 너희에게 들어가리니 너희가 살리라!"

뼈들에게 생기가 들어가면 죽은 자에서 ⇨ 생기를 먹고 "산 영 차원"으로 변화 받을 수 있다. 그 시대 당시 이스라엘은 바벨론 통치하에서 "마치 사람이 죽어 있는 것과 같이 절망적인 상태"에 처해 있었다. 하나님은 이스라엘 백성들을 하나님의 능력으로 죽은 자가 생기를 먹고 산 영이 되어 일어나는 것처럼 회복시킬 것을 이미 계획하셨다는 것이다.

6절 말씀: "너희 위에 힘줄을 두고 살을 입히고, 가죽으로 덮고 너희 속에 생기를 두리니 너희가 살리라."

이제 마른 뼈들이 온전한 "산 영 차원"이 될 수 있도록, 이스라엘 백성을 온전히 회복시키기 위해서, 힘줄을 두고 살을 입히고, 가죽으로 덮고 생기를 주어 살린다고 하셨다. 마치 흙 차원에서 생기를 먹고 산 영 상태가 된 것처럼!

7절 말씀: "이에 내가 명을 좇아 대언하니 대언할 때에 소리가 나고 움직이더니 이 뼈 저 뼈가 들어맞아서 뼈들이 서로 연락하더라."
흩어져 있던 뼈들이 자기 자리를 찾으려고 움직여 제대로 골격을 맞추는 것은 바벨론 치하에 흩어져 있던 이스라엘 백성을 한곳으로 모이게 하여 힘을 회복하려는 것을 의미한다.

8절 말씀: "내가 또 보니 그 뼈에 힘줄이 생기고 살이 오르며 그 위에 가죽이 덮이나 그 속에 생기는 없더라."
뼈에 힘줄이 생기고 살이 오르며 그 위에 가죽이 덮이나 그 속에는 생기가 없는 것은 오랫동안 바벨론 치하 밑에서 살아온 이스라엘 백성에게 아직 힘이 없었다는 것이다.

9절 말씀: "또 내게 이르시되 인자야 너는 생기를 향하여 대언하라 생기에게 대언하여 이르기를 주 여호와의 말씀에 생기야 사방에서부터 와서 이 사망을 당한 자에게 불어서 살게 하라 하셨다 하라."
여기에서 "사망을 당한 자"는 오랫동안 바벨론의 포로로 살았던 이스라엘 백성을 말한다. 그런데 하나님께서 이제 포로로 살던 이들을 회복시키려 사방의 생기를 통해 친히 인도하시려 나서신 것이다.

10절 말씀: "이에 내가 그 명대로 대언하였더니 생기가 그들에게 들어가매 그들이 곧 살아 일어나서 서는데 극히 큰 군대더라."
아직은 영적으로 약한 자에게 "사방의 생기"를 주니, 그가 곧 살아

극히 큰 군대더라! 할렐루야!

에스겔 선지자를 통해 수학과 같은 공식을 주시니, 장래 우리가 어떻게 살아야 할 것을 이 말씀을 통해 깨닫게 된다. '생기' 즉 '하나님의 말씀'이 없으면 죽은 자요, "말씀의 생기"를 먹으면 하나님이 존재하신다는 것을 익히 알게 된다. 그러나 아직은 영적으로 어린아이 차원이다. 그러므로 "사방의 생기야! 아직은 어린아이 신앙을 가진 자에게 붙어서 살게 하라!" 하나님의 말씀을 매일 매일 받으면서 구약과 신약 그리고 계시록을 알면, 살리는 영으로 변화될 수 있다. 여기서 말하는 "극히 큰 군대"는 에스겔 선지자가 장래 시온산에 설 십사만 사천 군대를 미리 보고 기록한 것이 아닐까?

예레미야 선지자는 "여호와 하나님께서 장래 '사람의 씨'와 '짐승의 씨'를 이스라엘 집과 유다 집에 뿌릴 날이 있다." 하였다.

"여호와께서 가라사대 보라 내가 사람의 씨와 짐승의 씨를 이스라엘 집과 유다 집에 뿌릴 날이 이르리니." (렘 31:27)

이 말씀은 '남유다'와 '북이스라엘'의 재건에 관한 내용으로 이스라엘 가문과 유다 가문을 사람이나 짐승 할 것 없이 씨를 뿌려 농사를 짓듯이, 인구를 불리려고 한다는 내용이다. 그러나 이 말씀의 "영적 의미"는 이 세상에 존재하는 사람들 중 "사람의 씨"와 "짐승의 씨"가 있다는 것이다. 필자의 경우는 태어날 때 짐승의 씨였지만, 주님을 영접하고 나서 사람의 씨가 되었다. 이것이 우리의 삶에 존재하는 영적 실제요, 실체이다.

하나님은 남자와 여자를 창조하셨고, 그들이 창조되던 날에 하나님이 그들에게 복을 주시고 그들의 이름을 사람이라 일컬으셨다! 하나님의 첫 작품이셨다.

아담과 하와 이름에 대한 바른 이해

지으신 사람들 중에서 "남자와 여자"를 각기 택하시고, 그들에게 '생기'를 주어 산 영 상태의 남자와 여자를 창조하셨다. 그리고 그들의 이름을 '사람'이라 칭하셨다. 그리고 그들을 창조한 날에 여호와 하나님은 그들에게 복을 주시고 에덴동산으로 인도하셨다. 그런 의미에서 우리는 **"아담과 하와"**란 이름을 조심해서 불러야 한다. 대다수가 아담은 여자의 '남편'의 이름이요, '하와'는 "아담의 아내"의 이름이라고만 생각한다. 그런데 그것은 아주 잘못된 해석이다. '아담'이란 단어와 '하와'란 단어의 의미를 제대로 이해하지 못한 데서 기인한 것이다.

그런데 뱀의 유혹으로 아담과 그의 아내가 먹지 말라는 선악과를 먹고, 그 결과 에덴동산에서 추방당했다. 그 후에 아담 내외는 가인과 아벨을 낳았는데, 가인이 아벨을 제사 사건으로 인하여 죽였고, 그 후에 '셋'을 낳았다(창 5:3). 당시 '하와'는 좋은 밭으로 변해 셋을 낳은 것으로 추정이 된다. 그리고 나서 아담과 하와는 팔백 년을 지내며 자녀를 낳았다(창 5:4-5).

> "아담이 그 아내를 하와라 이름하였으니 그는 모든 산 자의 어미가 됨이더라." (창 3:20)

'하와'는 '살다'란 뜻의 '하야'에서 파생된 말로, 곧 '생명'이란 뜻이다. 여기에서 "모든 산 자의 어미"란? "살아있는 남자와 여자" 모두를 포함하고 있다. 그런 의미에서 "등을 들고 있는 열 처녀"의 비유가 제시된 것이다. 이 세상의 모든 남자와 모든 여자는 누구를 기다리고 있는가? 때가 되면 오실 신랑 예수 그리스도를 맞이하기 위해서 기다리고 있는 것이다.

"[1]그 때에 천국은 마치 등을 들고 신랑을 맞으러 나간 열 처녀와 같다 하리니 [2]그 중에 다섯은 미련하고 다섯은 슬기 있는지라 [3]미련한 자들은 등을 가지되 기름을 가지지 아니하고 [4]슬기 있는 자들은 그릇에 기름을 담아 등과 함께 가져갔더니 [5]신랑이 더디 오므로 다 졸며 잘새 [6]밤중에 소리가 나되 보라 신랑이로다 맞으러 나오라 하매 [7]이에 그 처녀들이 다 일어나 등을 준비할새." (마 25:1-7)

제3부

선악과를 먹은 결과

"여자가 그 나무를 본즉 먹음직도 하고 보암직도 하고
지혜롭게 할 만큼 탐스럽기도 한 나무인지라
여자가 그 실과를 따먹고 자기와 함께한 남편에게도 주매
그도 먹은지라
이에 그들의 눈이 밝아 자기들의 몸이 벗은 줄을 알고
무화과나무 잎을 엮어 치마를 하였더라."

(창 3:6-7)

1. 아담에게 주신 첫 명령

흙 + 생기 = 산 영 차원의 첫 남자 아담

창세기 2장 7절에서 여호와 하나님이 흙으로 사람을 지으시고 생기를 그 코에 불어넣으시니 사람이 생령이 되었다고 하였다. 그리고 에덴동산을 창설하시고 '아담' 그를 친히 그곳으로 인도하셨다.

"⁸여호와 하나님이 동방의 에덴에 동산을 창설하시고 그 지으신 사람을 거기 두시고 ⁹여호와 하나님이 그 땅에서 보기에 아름답고 먹기에 좋은 나무가 나게 하시니 동산 가운데에는 생명나무와 선악을 알게 하는 나무도 있더라." (창 2:8-9)

그런데 성경을 자세히 읽어 보니 "이 당시 산 영 차원의 아담이 '에덴동산'에 혼자 살고 있었다."는 것이다.

"¹⁵여호와 하나님이 그 사람을 이끌어 에덴동산에 두사 그것을 다스리며 지키게 하시고 ¹⁶여호와 하나님이 그 사람에게 명하여 가라사대 동산 각종 나무의 실과는 네가 임의로 먹되 [17]선악을 알게 하는 나무의 실과는 먹지 말라 네가 먹는 날에는 정녕 죽으리라 하시니라." (창 2:15-17)

에덴동산은 정말 "그 땅에서 보기에 아름답고 먹기에 좋은 나무뿐만 아니라, 동산 가운데에는 생명나무와 선악을 알게 하는 나무"도 있었다. 그런데 그 당시 하나님께서 아담에게 첫 명령을 내리셨는데, 혹시 그 명령을 기억하는가?

이 말씀은 당시 독신이었던 아담에게 하신 말씀이었다. 이 말씀은 아담뿐만 아니라 우리 인생 모두, 아니 장래 태어날 모든 인생들까지 귀를 기울여서 들어야 할, 반드시 마음에 새겨야 할 만큼 중요한 내용의 말씀이었다.

"…동산 각종 나무의 실과는 네가 임의로 먹되 선악을 알게 하는 나무의 실과는 먹지 말라 네가 먹는 날에는 정녕 죽으리라." (창 2:16-17)

아담은 여호와의 말씀을 듣고 '선악과'를 먹으면 "반드시 죽는다"라는 하나님의 명령을 마음과 가슴에 잘 박힌 못처럼 새겨 두어야 했다. 이 말씀은 아직 하와가 태어나지 않은 상태에서 하나님께서 아담을 에덴동산에 인도하시고 처음으로 주신 것이었기 때문이다.

그런 의미에서 이 말씀은 아직도 모든 백성과 나라와 방언과 임금에게 다시 예언해 주어야 할 중요한 말씀으로, 우리 마음과 생각에 각인해 놓아야만 한다! 그리고 무엇보다도 '선악과'를 먹지 않는 삶을 우리가 살아야 한다. 왜냐하면 우리는 하나님의 말씀에 아직 장성하지 않기 때문이다.

그런데 하나님은 어떻게 아담을 만드셨을까?

아담은 하나님의 작품으로 "여호와 하나님이 흙으로 사람을 지으시고 생기를 그 코에 불어넣으시니 사람이 생령이 된지라" 이 말씀은 하나님께서 '흙 차원' 중 한 사람에게 생기, 즉 하나님의 말씀을 주심으로써 이 세상에 첫 산 영 차원의 사람을 잉태하셨다는 것이다.

하와는 아담의 갈빗대로 창조

"²⁰...아담이 돕는 배필이 없으므로 ²¹여호와 하나님이 아담을 깊이 잠들게 하시니 잠들매 그가 그 갈빗대 하나를 취하고 살로 대신 채우시고 ²²여호와 하나님이 아담에게서 취하신 그 갈빗대로 여자를 만드시어 아담에게로 이끌어 오시니 ²³아담이 가로되 이는 내 뼈 중의 뼈요 살 중의 살이라 이것을 남자에게서 취하였은즉 여자라 칭하리라 하니라." (창 2:20-23)

그런데 하나님께서 아담의 아내를 어떻게 만드셨는지 기억하는가? 하와도 흙에 생기를 넣어 만드신 것인가? 대다수는 아담의 아내도 흙에 생기를 넣어 만들었다고 생각한다.

그러나 성경을 자세히 살펴보면 아담의 아내는 흙으로 짓지 않으셨다. 하나님은 아담이 '독처'하는 것을 보시고 "아담을 깊이 잠들게 하시고, 그의 갈빗대 하나를 취하여 살로 대신 채우시고, 여호와 하나님이 아담에게 취하신 그 갈빗대"로 여자를 만드셨다.

왜 아담처럼 만드시지 않고 아담의 갈빗대로 만드셨던 것일까? 하나님은 갈빗대로 만드신 그녀를 아담에게 이끌어주셨다. 그때 아담이 자기 아내가 될 여자를 보고 무엇이라고 고백했는가?

"이는 내 뼈 중의 뼈요, 살 중의 살이라 이것을 남자에게서 취하였은즉, 여자라 칭하리라."고 고백하였다. 얼마나 기뻤을까?

그런데 모세는 그다음 말씀을 다음과 같이 기록하였다.

"²⁴이러므로 남자가 부모를 떠나 그 아내와 연합하여 둘이 한 몸을 이룰지로다 ²⁵아담과 그 아내 두 사람이 벌거벗었으나 부끄러워 아니하니라." (창 2:24-25)

우리가 이 말씀을 통해 알아야 할 것은 무엇일까? 무엇보다 창세기 2장 7절의 "하나님이 흙으로 사람을 지으시고"라는 말씀이다. 이 말씀은 그동안 흙으로 사람을 지으신 '흙 차원 인간'을 간단하게 한 마디로 소개하신 것이다. 여기 흙으로 만든 사람에 대한 내용은 창세기 4장 8-15절에 제시되었다.

가인이 아벨을 죽이고 도망가려 할 때, 그가 무엇을 두려워했는가? 그는 "도망가는 도중, 사람들이 자기를 죽이면 어떡하느냐?"고 두려워한다. 우리는 이 말씀을 통해 "하나님이 흙으로 사람을 지으시고"라는 말씀에서 처음으로 "흙 차원이 누구인가?"를 창세기 4장 8-15절을 통해 알게 하셨다.

"⁸가인이 그 아우 아벨에게 고하니라 그 후 그들이 들에 있을 때에 가인이 그 아우 아벨을 쳐 죽이니라 ⁹여호와께서 가인에게 이르시되 네 아우 아벨이 어디 있느냐 그가 가로되 내가 알지 못하나이다 내가 내 아우를 지키는 자이니까 ¹⁰가라사대 네가 무엇을 하였느냐 네 아우의 핏소리가 땅에서부터 내게 호소하느니라 ¹¹땅이 그 입을 벌려 네 손에서부터 네 아우의 피를 받았은즉 네가 땅에서 저주를 받으리니 ¹²네가 밭 갈아도 땅이 다시는 그 효력을 네게 주지 아니할 것이요 너는 땅에서 피하며 유리하는 자가 되리라 ¹³가인이 여호와께 고하되 내 죄벌이 너무 중하여 견딜 수 없나이다 ¹⁴주께서 오늘 이 지면에서 나를 쫓아 내시온즉 내가 주의 낯을 뵙지 못하리니 내가 땅에서 피하며 유리하는 자가 될지라 무릇 나를 만나는 자가 나를 죽이겠나이다 ¹⁵여호와께서 그에게 이르시되 그렇지 않다 가인을 죽이는 자는 벌을 칠 배나 받으리라 하시고 가인에게 표를 주사 만나는 누구에게든지 죽임을 면케 하시니라."
(창 4:8-15)

그런 의미에서 우리는 이제 성경을 깊이 있게 들여다보면서 하나님의 뜻을 깨닫는 자리에 서야 한다. 그리고 흙 차원 중 한 사람에게 하나님 말씀의 생기를 주시어 그가 하나님께서 창조하신 첫 사람이 된, 바로 아담이었다.

갈빗대로 아담의 아내를 만드셨다는 것은?

우리에게 큰 영감을 주신 말씀이다. 이 말씀에서 무엇이 연상 되는가? 주님의 십자가 사건을 통해서 그의 신부인 교회가 태동될 수 있었다는 것이 연상되지 않는가? 이런 말씀 속에서 성경만이 지닌 깊은 영성이 그 안에 내재되어 있다는 것을 깨닫게 된다.

창세기의 저자 모세는 창세기 5장 1-2절에서 다음과 같이 아담 자손의 계보를 밝혀주었다.

"¹아담 자손의 계보가 이러하니라 하나님이 사람을 창조하실 때에 하나님의 형상대로 지으시되 ²남자와 여자를 창조하셨고 그들이 창조되던 날에 하나님이 그들에게 복을 주시고 그들의 이름을 사람이라 일컬으셨더라."
(창 5:1-2)

이 말씀을 자세히 보면 조금 이상한 면을 발견할 수 있다. 창세기 2장 17절까지는 에덴동산에서 아담이 혼자서만 지냈다. 그리고 하나님께서 아담을 깊이 잠들게 하시고, 아담의 갈빗대 하나를 취하고 살로 대신 채우시고 여호와 하나님이 아담에게 취하신 그 갈빗대로 여자를 만드시고 그를 아담에게 이끌어오셨다 하였다. 그때 아담이 감격하며 어떤 말을 하였는가? "이는 내 뼈 중의 뼈요 살 중의 살이라!" 그런데 그다음 말씀을 여러분은 어떻게 해석하였는가?

"²⁴이러므로 남자가 부모를 떠나 그 아내와 연합하여 둘이 한 몸을 이룰지로 다 ²⁵아담과 그 아내 두 사람이 벌거벗었으나 부끄러워 아니하니라." (창 2:24-25)

그런데 창세기 5장에서는 아담 자손의 계보를 제시하시면서 또 어떤 말씀을 주셨는가?

"¹아담 자손의 계보가 이러하니라 하나님이 사람을 창조하실 때에 하나님의 형상대로 지으시되 ²남자와 여자를 창조하셨고 그들이 창조되던 날에 하나님이 그들에게 복을 주시고 그들의 이름을 사람이라 일컬으셨더라." (창 5:1-2)

창세기 2장에서 제시하신 말씀과 창세기 5장에서 제시하신 말씀을 비교하면서 어떤 생각을 하게 되었는가? 이 두 말씀을 비교해 보면서, 여러분의 영성이 넓혀지기를 주님의 이름으로 축원한다!

2. 아담 내외의 내적 외적 변화

창세기 3장 6-7절을 통해 선악과를 먹은 아담 내외의 상태를 보며, 그들이 어떻게 육적으로 혹은 영적으로 변해 가는지를 목격할 수 있었다.

"⁶여자가 그 나무를 본즉 먹음직도 하고 보암직도 하고 지혜롭게 할 만큼 탐스럽기도 한 나무인지라 여자가 그 실과를 따먹고 자기와 함께한 남편에게도 주매 그도 먹은지라 ⁷이에 그들의 눈이 밝아 자기들의 몸이 벗은 줄을 알고 무화과 나뭇잎을 엮어 치마를 하였더라." (창 3:6-7)

눈이 밝아졌다는 것의 의미

뱀이 여자에게 접근했다. 그리고 여자에게 "참으로 너희에게 동산 모든 나무의 실과를 먹지 말라 하시더냐?"라며 능청스럽게 다가와 물었다. 여자는 "동산 나무의 실과를 우리가 먹을 수 있으나 동산 중앙에 있는 나무의 실과는 먹지도 말고 만지지도 말라 너희가 죽을까 하노라."고 답변하면서, 하나님의 말씀을 더하기도 하고, 빼기도 하며 말했다.

여자의 말을 들은 뱀은 이 여자가 만만해 보였다. 왜냐하면 하나님의 말씀을 제대로 듣지 않은 것이 탄로가 났기 때문이다. 그다음부터 뱀은 확실하게 "선악과를 먹어도 결코 죽지 않아! 선악과를 먹으면 오히려 너희 눈이 밝아 하나님과 같이 되어 선악을 알 줄을 하나님이 아신다!"라고 여자에게 새빨간 거짓말을 하였다.

그런데 모세는 선악과를 먹은 그들의 눈이 오히려 "밝아졌다"고 창 3장 7절에 기록하였다. 정말 그들의 눈이 밝아졌을까? 필자는 모세가 "밝아졌다"라고 기록하였으니, 밝아진 것이라고 생각한다. 그렇다면 선악과를 먹은 아담 내외의 눈이 밝아졌다는 것은 무슨 의미인가?

눈이 1.0에서 2.0으로 밝아졌다는 의미가 아니다! 실제 선악과를 먹으면, 보이던 눈도 보이지 않는 눈이 된다고 말씀해 주신 것이 성경의 진단이었다. 그 결과, 오히려 그 눈은 보지 못할 것, 듣지 못할 것, 말하면 안 될 것을 말하고 듣고 보는 사단의 속성을 닮은 자가 되어 버린 것이다. 이것이 선악과를 계속 먹어대며 자신이 늘 선악과를 먹어댄다는 사실조차 모르고 사는 우리 인생에게 내리신 "성경의 진단서"이다.

죄를 지은 사람들의 눈이 과연 밝아질 수 있을까?

우리는 여기서 "눈이 밝아졌다"는 의미가 무엇인지 제대로 깨달아야 한다. 일반적으로 죄를 지으면 눈이 가려져 보지 못하고, 오히려 그 마음이 어두워져서 깨닫지 못하게 된다는 것이 성경이 제시하는 영적 현상이다.

그런데 아담 내외는 "먹지 말라"는 선악과를 따먹고, 오히려 눈이 밝아져 자신들의 몸이 벗은 줄을 알고 무화과나무 잎을 엮어 치마를 만들어 입었다.

"⁶여자가 그 나무를 본즉 먹음직도 하고 보암직도 하고 지혜롭게 할 만큼 탐스럽기도 한 나무인지라 여자가 그 실과를 따먹고 자기와 함께한 남편에게도 주매 그도 먹은지라 ⁷이에 그들의 눈이 밝아 자기들의 몸이 벗은 줄을 알고 무화과나무 잎을 엮어 치마를 하였더라." (창 3:6-7)

뱀의 이 얄팍하고 거짓 술수로 유혹하는 모습이 얼마나 가증스러운가? 과연 뱀의 말이 그대로 이들에게 이루어진 것일까? 아니다! 뱀은 하나님의 말씀을 그 반대로, 그러나 마치 진실인 것처럼, 하나님께서 말씀하신 것처럼, 아담의 아내에게 자기의 생각을 더해서 말하는 "거짓의 영"이었다

"눈이 밝아졌다."라는 말씀에 대한 묵상

* 죄를 지은 사람들의 눈이 과연 밝아질 수 있을까?
* 이들의 "눈이 밝아졌다."라는 것은 과연 무엇을 의미하는 것일까?
* 이들이 과연 "하나님처럼 선악을 구별할 수 있게 되었다."라는 이야기일까?
* 선악과를 먹고 이들에게 일어난 첫 증세는 무엇인가?
* 과연 뱀의 말처럼 '눈'이 밝아져서 그동안 의식하지 못했던 자신이 벗은 것을 알고, 서둘러 무화과나무의 잎을 엮어 치마로 가렸던 것일까?

다시 한번 강조하지만, "선과 악"은 하나님만이 아신다. 그런데 이들이 자기 생각의 잣대로 "선과 악"을 마음대로 구별하기 시작하였던 것이다. 다시 말하면 "사단의 더러운 영"이 들어가, 자기 자신도 하나님처럼 "선과 악"을 판단할 수 있다고 착각을 하게 만든 것이다. 사단의 생각이 들어갔기 때문에, 아담 내외가 스스로 안다고 생각하고, 제 마음대로 판단하기 시작한 것이다.

"이들의 눈이 밝아졌다는 것은?" 자기 '죄성'에 대한 느낌이 밝아졌다는 것이 아니라, 오히려 "정죄의 눈이 밝아졌다."는 의미가 그 안에 내재되어 있다. 왜냐하면 이들에게 제일 먼저 '벗었다'는 사실을 고한 것이 '뱀'이었기 때문이다.

아담 내외가 선악과를 먹고 나서 눈이 밝아져 자기들의 '벗었음'을 알았다는 것은? 지금 그들에게 뱀의 속성이 들어가 정죄의 눈이 밝아졌음을 의미한 것이다. 아담 내외는 "무화과 나뭇잎"으로 옷을 지어 입음으로써 감추기 시작했다. 이것이 죄를 지은 인간의 더하지도 덜하지도 않은 참모습이었다. 지금도 마찬가지이다.

교회나 사회나 정부나 의회나 어느 부서나 다 남의 죄를 들추되, 자신의 죄를 용감하게 인정하고 이를 시인하는 사람들이 극히 드물다. 죄를 지은 자들은 그 죄를 가리기 위해서 오히려 "가장(假裝)의 옷"을 지어 입는다. 이는 에덴동산에서나 지금이나 장래나 똑같은 영적 진리이다. 선악과 사건은 하나님과의 단절을 낳은 것뿐만이 아니다! 부부간의 관계에도 상처를 주었고, 이들의 상처는 또한 형제간이나 이웃에게도 깊은 단절을 낳게 된 원인이 되었다.

여기에서 주님이 하신 이 말씀이 생각났다.

"너희가 땅에서 무엇이든지 매면 하늘에서도 매일 것이요! 네가 땅에서 무엇이든지 풀면 하늘에서도 풀리리라 할 것이라." (마 16:19)

땅에 매임이 있음으로써 하늘에서도 매인 상태가 바로 우리의 삶의 상태가 아닐지! 이 땅이 매이고 하늘에서도 매인 것으로 인한 결과, 우리에게 나타난 증상은 무엇이겠는가?

"그들이 알지도 못하고 깨닫지도 못함은 그 눈이 가리어져서 보지 못하며 그 마음이 어두워져 깨닫지 못함이라" 오호라! 이것이 선악과를 먹은 자들의 실상이었던 것이다!

그런데 어떻게 "아담 부부의 눈"은 선악과를 먹고 나서 오히려 '밝아졌다'고 표현하였을까? 이것은 성경 전체적인 의미로 볼 때, 이들이 지금 어떤 영적 상태라는 사실을 제시하는 것은 아닐까?

필자가 볼 때, 이들이 눈이 밝아졌다는 것은? 자신의 죄성에 대한 느낌이 밝아졌다는 것이 아니요, "정죄의 눈"이 밝아진 상태가 아닐까 하는 생각이 들었다. 왜냐하면 이들에게 제일 먼저 '벗었다'는 사실을 고한 것이 뱀이었기 때문이다.

아담 내외가 선악과를 먹고 나서 눈이 밝아져 자기들의 '벗었음'을 알았다는 것은, 지금 그들에게 뱀의 속성이 들어가 "정죄의 눈"이 밝아졌음을 의미한 것이다.

일반적으로 죄를 지으면 눈이 가려져 보지 못하고, 오히려 그 마음이 어두워져 깨닫지 못하는 것이 성경이 제시하는 영적 현상이다. 그러나 지금 이들은 뱀의 말을 듣고 오히려 "눈이 밝아졌다!"

그렇다면 "이 밝아진 눈"은 어떤 면에서 밝아졌는가? 사단처럼 남을 정죄하는 것에 밝아졌다는 사실을 표현한 것이 아닐까? 왜냐하면 죄를 지은 사람들이 얼마나 더 남을 정죄하는지를 우리는 알기 때문이다. 보지 못하고 깨닫지 못하는 사람들이 얼마나 더 남을 헤아리고 비판하는지! 예수님을 정죄한 사람들이 누구였는가? 사도들을 정죄하고 선지자들을 정죄한 사람들이 누구였는가? 그 눈이 가려져 보지 못하고, 그 마음이 어두워져 깨닫지 못하는 사람들이 그리하였다.

"보지 못하는 자는 보게 하고 본다는 자는 소경이 되게 하겠다!" 예수님은 공생애 기간 중 다음과 같은 말씀으로 아담과 그 아내의 눈이 밝아졌다는 것이 어떤 의미인지를 4천여 년 만에 그 비밀을 드러내 다음과 같이 말씀하셨다.

> "³⁹예수께서 가라사대 내가 심판하러 이 세상에 왔으니 보지 못하는 자들은 보게 하고 보는 자들은 소경되게 하려 함이라 하시니 ⁴⁰바리새인 중에 예수와 함께 있던 자들이 이 말씀을 듣고 가로되 우리도 소경인가 ⁴¹예수께서 가라사대 너희가 소경 되었더면 죄가 없으려니와 본다고 하니 너희 죄가 그저 있느니라."
> (요 9:39-41)

선악과 이후로 얼마나 이 "정죄의 눈들"이 밝아졌는가? 세상을 바라보기 바란다. 머리부터 발끝까지 성한 곳이 하나도 없을 만큼 신음하는 사람들이 대다수이다. 하나님께서 인생을 굽어살피셔서 "지각이 있어 하나님을 찾는 자가 하나도 없이 치우쳤다"(시 14:2)라고 말씀하셨는데, 하다못해 종교 지도자들까지 거의 타락하여 다윗은 그 참극 상에 대해서 다음과 같이 증거하였다. "저희의 독은 뱀의 독 같으며 이스라엘을 인도하는 목자는 다 귀를 막은 귀머거리 독사였다"(시 58:4).

구약의 선지서에서 구절구절 "누가 나의 종같이 소경이겠으며 귀머거리이겠느냐"(사 42:19)는 하나님의 애달픈 독백이 성경 전체에서 메아리치고 있다. 누가 소경이라는 말인가? 누가 귀머거리라는 말인가?

바로 하나님의 백성들을 이끌고 천국에 입성시켜야 할 "주의 종들"이 소경이고 귀머거리라는 것이다. 얼마나 놀랍고, 당황스럽고, 부끄러운 선포인가! 얼마나 이런 자들로 가득하였으면, 구약 선지서에 이런 애달픈 독백이 참 선지자들의 입에서 흘러나오겠는가?

> "¹⁸너희 귀머거리들아 들어라 너희 소경들아 밝히 보라 ¹⁹소경이 누구냐? 내 종이 아니냐? 누가 나의 보내는 나의 사자 같이 귀머거리겠느냐? 누가 나와 친한 자 같이 소경이겠느냐? 누가 여호와의 종같이 소경이겠느냐?

^{20}네가 많은 것을 볼지라도 유의치 아니하며 귀는 밝을지라도 듣지 아니하는 도다." (사 42:18-20)

"그러나 파수꾼이 칼이 임함을 보고도 나팔을 불지 아니하여 백성에게 경고치 아니하므로 그중에 한 사람이 그 임하는 칼에 제함을 당하면 그는 자기 죄악 중에서 제한 바 되려니와 그 죄를 내가 파수꾼의 손에서 찾으리라." (겔 33:6)

"^{4}저희의 독은 뱀의 독 같으며 저희는 귀를 막은 귀머거리 독사 같으니 ^{5}곧 술사가 아무리 공교한 방술을 행할지라도 그 소리를 듣지 아니하는 독사로다." (시 58:4-5)

그런데 이 내용에 대해 처음으로 공개하신 분이 계셨으니, 바로 우리 주님이다! 주님은 이 세상에 오셔서 선악과를 먹은 아담과 그 아내의 눈이 얼마큼 밝아졌는가? 그 아담의 후예들이 지금 얼마만큼 밝은 눈으로 살고 있는가? 그에 대해 다음과 같이 제시하여 주셨다.

"^{1}비판을 받지 아니하려거든 비판하지 말라 ^{2}너희의 비판하는 그 비판으로 너희가 비판을 받을 것이요 너희의 헤아리는 그 헤아림으로 너희가 헤아림을 받을 것이니라 ^{3}어찌하여 형제의 눈 속에 있는 티는 보고 네 눈 속에 있는 들보는 깨닫지 못하느냐? ^{4}보라 네 눈 속에 들보가 있는데 어찌하여 형제에게 말하기를 나로 네 눈 속에 있는 티를 빼게 하라 하겠느냐? ^{5}외식하는 자여! 먼저 네 눈 속에서 들보를 빼어라 그 후에야 밝히 보고 형제의 눈 속에서 티를 빼리라." (마 7:1-5)

그들의 눈이 "밝아졌다" 하시니 말씀대로 밝아진 것이다. 그러나 자기를 향한 "성찰의 눈"이 밝아진 것이 아니었다. 남을 향한 "정죄의 눈이 밝아졌다."는 것이다. 자기 눈 속의 '들보'는 깨닫지 못하고, 남의 눈의 '티'를 보고 정죄하는 사단의 속성을 그대로 닮았던 것이다. 그 결과, 남을 정죄하고 자기도 타인으로부터 정죄를 받아 피차간에 서로 신음하고 상해 가는 그런 사람들로 서서히 변해 간 것이다!

그런데 "맙소사! (Oh My God !)" 선악과를 아담의 아내가 먼저 먹고, 그것을 남편에게 주었는데, 아담이 어떤 생각과 사고(思考) 없이 그냥 받아먹었다는 것이다. 얼마나 우유부단하고 경솔한 모습인가? 두 내외가 선악과를 먹은 그 이후에 꼬리를 물고 일어난 사건은 무엇이었는가?

첫째: 아담은 아내를 향해, 아내는 뱀을 향해 서로 정죄의 칼을 들이댔다.

둘째: 가인과 아벨 두 형제가 하나님께 예물을 드렸는데, 아벨 것만 받으셨다는 이유로, 가인은 동생 아벨을 정죄해 어떻게 죽였는가? 세상에 하나밖에 없는 동생을 쳐 죽였다.

이 "선악과 사건" 이후로 우리 인생들은 이렇게 "정죄의 칼"을 사랑하는 자들에게 들이대게 되었다. 그 원인은 바로 사단에게 먹혀 "사단의 속성"을 지니게 되었기 때문이다.

부지런히 참소할 사람을 찾으려고 우는 사자처럼 여기저기 헤매고 다니는 것이 사단의 성정이요, 특기이다. 욥기에서 보듯이, 여기저기 두루 헤매다가 하나님 보좌 앞에 나아가 흠 없는 욥을 정죄하는 모습이 바로 사단의 참모습인 것이다. 욥의 세 친구들은 욥이 당한 아픈 소식을 듣고 그 먼 길을 찾아왔음에도 불구하고, 정직한 욥을 정죄하였다. 사단의 유혹을 받아 세 친구들도 선악과를 먹었기 때문이다.

"또 세 친구에게 노를 발함은 그들이 능히 대답지는 못하여도 욥을 정죄함

이라." (욥 32:3)

욥의 아내는 또 어떻게 남편을 대했는가? 사단이 욥을 쳐서 욥은 발바닥에서부터 정수리까지 악창이 나서 고통하며, '재' 가운데서 앉아 기와 조각을 가져다가 긁을 만큼 괴로워하였다. 그런데 그런 상황의 남편을 향해 욥의 아내는 "당신이 그래도 자기의 순전을 굳게 지키느뇨? 하나님을 욕하고 죽어라!"라고 하면서, 차마 입에 담지 못할 말을 서슴없이 해댔다. 사단이 욥의 아내를 유혹했기 때문이었다!

후에 하나님은 욥의 '세 친구'들에게 욥보다 정당하지 못했음을 알게 하셨고, 이들을 욥에게 부치셨다. 그런데 욥은 그의 성정대로 세 친구들을 위하여 하나님께 빌었다. 하나님은 그런 욥을 보시고, 그들의 곤경을 돌이키셔서 모년에 두 배의 축복을 받게 하셨다!

생활의 고난이 시작

"남자는 종신토록 수고하여야 그 소산을 먹으리라!" 여기에서 '종신 토록 수고하여야'의 의미는 육적으로는 생활의 고난을 말하지만, 영적 열매를 얻기 위한 고난의 삶이 펼쳐진다는 의미이다.

다시 한번 에덴동산의 현장을 찾아가 확인해 본다. 창세기 3장에서 하나님께서 "먹지 말라! 먹으면 정녕 죽으리라." 하셨던 그 선악과에 대해 간교한 뱀이 여자에게 무엇이라고 말하였는가?

"하나님이 참으로 너희더러 동산 모든 나무의 실과를 먹지 말라 하시더냐?" 뱀은 하나님께서 하신 말씀을 바꾸어 "동산 나무의 실과는 먹어라!" 하셨는데, "오히려 모든 나무의 실과를 먹지 말라 하시더냐?" 하며, 하나님을 감히 들먹거리고, 여자를 유혹하였다.

뱀의 말을 듣고 여자 왈, "동산 나무의 실과를 우리가 먹을 수 있으나, 동산 중앙에 있는 실과는 하나님의 말씀에 너희는 먹지도 말고 만지지도 말라 너희가 죽을까 하노라." 아담의 아내는 하나님의 말씀을 더하고 빼고, 횡설수설 뱀에게 고했다.

이 상황에서 뱀이 '안타'를 쳤던 것이다. "너희가 결코 죽지 않으리라! 너희가 그것을 먹는 날에는 너희 눈이 밝아 하나님과 같이 되어 선악을 알 줄을 하나님이 아시느니라."

뱀은 하나님의 말씀을 반대로 말하고, 오히려 그것을 먹으면 너희 눈이 밝아진다고 거짓말을 하였다. 여자가 뱀의 말을 듣고 그 나무를 쳐다보았다. 아! 그런데 그녀의 눈에 오호라! "먹음직도 하고 보암직도 하고 지혜롭게 할 만큼 탐스럽기도 한 나무인지라 여자가 그 실과를 따먹고 자기와 함께한 남편에게도 주니 그도 먹은지라."

남편 아담은 아내와 함께 하나님께서 주신 말씀을 같이 들어 알았을 것인데도, 아내가 주는 실과를 도리질도 한 번 하지 않은 채, 선악과를 그냥 받아 먹어버렸다! 아담 내외가 사단에게 함께 당한 것이다!

이후에 하나님께서 이렇게 말씀하셨다.

11절: "누가 너의 벗었음을 네게 고하였느냐?"

아담 내외가 뱀에게 속아 자기가 벗을 줄을 알고, 무화과 나뭇잎을 엮어 치마로 가렸다. 그런데 대부분이 사단에게 속은 것을 '하와'라고 말한다. 그런데 여자만 먹지 말라는 선악과를 먹은 것이 아니다. 그의 남편 아담 역시 아내가 먹을 때 곧 같이 따라 먹었다.

그런 의미에서 우리는 '하와'란 이름에 대해 여자만 하와가 아니라는 것을 깨닫게 된다. 하와란 뜻은? "살아 있는 자들의 총칭"이다. 그러므로 육적인 남자, 육적인 여자 모두가 영적으로는 '하와과'가 되어서, 영적 여자는 임신과 해산의 고통이 주어지는 것이다.

먹은 후의 10가지 현상

우리의 신앙의 삶은 바로 성경의 최고 주제인 이 '선악과'에 대해 제일 먼저 깨닫고, '선악과'는 절대로 먹어서는 안 된다는 자기 결심을 스스로 지킬 수 있어야 한다.

만약 이 세 가지 사실을 깨닫지 못하면, 우리 자신도 아담 내외처럼 늘 이런 상황 속에서 "너 때문에!" 하며 죄 속에서 허우적거리고 살 것이 뻔한 이치이기 때문이다. 그런데 그 결과는 무엇인가? "심판받고 멸망의 길로 간다!"는 것이 성경의 결론이었다.

아름다운 꽃을 꺾어서 화병에 꽂아 놓으면, 그 꽃은 여전히 아름답게 보인다. 그러나 눈에 보이지 않게 꽃 자체는 서서히 죽어간다. 주님을 영접하기 전의 우리는 바로 이렇게 화병에 꽂힌 꽃과 같았다. 하나님을 알지 못하고, 하나님을 떠난 삶은 매일 매일 사는 것 같으나, 죽음을 향하여 걸어가는, "살았다 하는 이름을 가졌으나 죽은 자" 상태임을 단적으로 보여주신 것이다.

그러나 우리가 주님을 영접하되 제대로 영접하면, "살리는 것은 영이니 육은 무익하니라 내가 너희에게 이른 말이 영이요 생명이라"(요 6:63).

나이를 먹으면 먹을수록 "겉사람은 후패하나, 우리의 속은 날로 새롭도다!"라고 고백하는 삶을 살 수 있어야 한다. 영생에 들어갈 수 있는 비결? 바로 선악과를 먹지 않고 생명과를 먹을 때 이루어진다는 사실을 우리는 깨달아야 할 것이다.

"여자가 그 나무를 본즉 먹음직도 하고 보암직도 하고 지혜롭게 할 만큼

탐스럽기도 한 나무인지라 여자가 그 실과를 따먹고 자기와 함께한 남편에게 도 주매 그도 먹은지라." (창 3:6)

뱀의 유혹으로 아담과 그 아내가 선악과를 먹었던 그 사건은 "단순히 먹었다."라는 의미에서 끝나지 않았다. 그것이 창조주 하나님에 대한 불순종과 창조주에 대한 도전이었다는 사실에서, 그 사건의 결과는 참으로 충격적이고도 놀라웠다.

그리고 '선악과를 먹는 죄'는 지금 이 시대의 살아있는 모든 사람에게 도 미치고 있지만, 충격적인 것은 장래는 더욱 선악과들을 탐해 어떤 일들이 장래에 벌어질 것인가?

사도 요한이 계시를 보고 계시록 18장에 장래 될 일을 기록했다.

"[14]바벨론아 네 영혼의 탐하던 과실이 네게서 떠났으며 맛있는 것들과 빛난 것들이 다 없어졌으니 사람들이 결코 이것들을 다시보지 못하리로다 [15]바벨론을 인하여 치부한 이 상품의 상고들이 그 고난을 무서워하여 멀리 서서 울고 애통하여 [16]가로되 화 있도다 화 있도다 큰 성이여 세마포와 자주와 붉은 옷을 입고 금과 보석과 진주로 꾸민 것인데 [17]그러한 부가 일시간에 망하였도다 각 선장과 각처를 다니는 선객들과 선인들과 바다에서 일하는 자들이 멀리 서서 [18]그 불붙는 연기를 보고 외쳐 가로되 이 큰 성과 같은 성이 어디 있느뇨 하며 [19]티끌을 자기 머리에 뿌리고 울고 애통하여 외쳐 가로되 화 있도다 화 있도다 이 큰 성이여 바다에서 배 부리는 모든 자들이 너의 보배로운 상품을 인하여 치부하였더니 일 시간에 망하였도다." (계 18:14-19)

그런 의미에서 '선악과에 대한 내용'을 바로 아는 것이 우리 자신을 살릴 뿐만 아니라, 내 가족과 친지, 이웃들, 친구들에게 반드시 알려야 할 필요가 있다.

주님께서 재림하실 그때는 더욱 선악과를 선호해 먹다가 큰 심판을 받는다고 하셨다. 그런데 안타깝고 가슴 아픈 것은? 지금 이전에도 그랬고, 지금도 그렇지만 장래에는 이 선악과를 먹는 증세는 더욱 심하게 되어 결국은 하나님의 심판을 이루는 그 결국까지 이어지리라는 것이 사도 요한의 증거이다.

하나님은 이 세상을 창조하신 창조주로서 아담과 아내 그리고 뱀에게 저주의 심판을 내리셨다. 여자의 불순종은 그녀뿐만 아니라, 그녀의 남편, 아니 그녀가 임신하여 태어난 자녀의 영적 생명마저 잃게 하였기 때문이다. 이것이 죄의 파급의 놀라운 영향력이다!

우리 한 사람의 죄는 한 개인에서 끝나지 않았다. 그가 속한 가정에게도, 친구에게도, 이웃에게도, 무서운 죄의 영향력을 파급시킬 수 있다는 것이 창세기 3장에서 드러내 주신 귀한 내용이다. 그 원인은 한 마디로 우리가 살고 있는 이 공중의 권세를 사단이 잡고 있었기 때문이다.

> "그때에 너희가 그 가운데서 행하여 이 세상 풍속을 좇고 공중의 권세 잡은 자를 따랐으니 곧 지금 불순종의 아들들 가운데서 역사하는 영이라."
> (엡 2:2)

이 "선악과 사건"을 통해 이들이 하나님의 말씀에 불순종한 결과, 우리 인생에 어떤 일이 발생하였는가? 이제 우리가 "바로 알아야 할 내용은 바로 이 주제"이다.

첫째: 하나님의 진노하심을 받았다.
둘째: 영적 죽임을 당했다.
셋째: 부부 사이에 틈이 생겼다.
넷째: 하나님과 분리가 되었다.

다섯째: 에덴에서 쫓겨났다.

여섯째: 아담 내외가 아들 둘을 낳았는데, 아담의 가정에서 큰 비극이 발생하였다. 형 '가인'이 동생 '아벨'을, 그것도 쳐 죽이는 무서운 '살인죄'가 일어났던 것이다. 이 세상에 단 하나밖에 없는 동생을, 무슨 큰 잘못을 했다고 그것도 그냥 죽인 것이 아니라, 쳐 죽이는 이 무서운 참람함을 행했던 것인가!

일곱째: 선악과를 먹은 아담 내외의 죄의 파장이 "그 후손에게 미치는 영향이 얼마나 무섭고 심각한가"를 목격하고, 필자는 얼마나 경악했는지 모른다.

여덟째: 가인은 동생의 행방을 묻는 하나님께 감히 "제가 동생을 지키는 자입니까?"라고 뻔뻔하게 말하였다. 가인은 동생을 죽이고도 전혀 양심의 가책이 없었다는 것이다. 하나님의 눈을 자기 손바닥으로 가릴 수 있다고 생각하는 이 무지와 뻔뻔한 마음이 얼마나 가증한 것인가!

아홉째: 우리는 죄를 지은 후에 가인의 모습을 통해서, 사단에게 꼬임받은 수치스럽고 파렴치하게 변한 아담 내외와 가인의 모습을 발견할 수 있다. 그런 의미에서 우리는 가인을 통해 "자신도 어떤 삶을 살아가고 있는가?"를 말씀의 거울에 비춰보아야 한다.

열째: 그 후 가인은 땅에서 피하며 "유리하는 자"로서 살 것을 하나님께로부터 명령받았는데, 그때 가인이 하나님께 이렇게 여쭈었다.

> "주께서 오늘 이 지면에서 나를 쫓아내시온즉 내가 주의 낯을 뵈옵지 못하리니, 내가 땅에서 피하며 유리하는 자가 될지라. 무릇 나를 만나는 자가 나를 죽이겠나이다." (창 4:14)

동생을 쳐 죽인 놈이 감히 누가 자신을 죽일까 봐 걱정하며 하나님께

읍소하는 것인가? 그런데 사랑의 하나님께서 가인에게 죽임당하지 않도록 '표'를 주셨다.

이 세상에서 주님을 자신의 주(主)로 모시는 성도 여러분! 하나님께서 우리에게 이 장면을 보여주신 의미와 목적이 무엇이겠는가? 부부간의 분리, 그것뿐만 아니라, 형제간의 분리뿐 아니라, 이 세상 사람들 모두 자신을 기준으로 해서 "분리된 역사"가 일어남을 만인에게 보여주셨던 것이다.

그리고 선악과를 먹으면, 인간끼리 서로의 마음이 분리된 삶 속에서, 죄를 망각하며 사는 삶 속에서, 서로 죽이고 죽임을 당하며 버둥거리는 인생의 참모습을 하나님은 우리에게 "시청각 교육"으로 보여주셨다. 그런 의미에서 필자는 우리가 신앙의 삶을 사는 동안, 제일 먼저 알아야 할 것은 무엇인가에 대해서 고심하면서, "선악과가 과연 무엇이기에?" 라는 이 주제를 제일 먼저 알려야겠다고 생각한 것이다.

타락한 인간의 모습 네 가지

우리는 창세기 3장에서 선악과를 먹은 아담 내외를 자세히 살펴보아야 한다. 우리도 '선악과'를 먹으면 이와 같은 증세가 똑같이, 비슷하게 일어날 것이 뻔하기 때문이다.

첫째: 그들은 눈이 밝아졌고, 벗었다는 사실을 처음으로 의식하였다.

7절, "이에 그들의 눈이 밝아 자기들의 몸이 벗은 줄을 알고 무화과 나뭇잎을 엮어 치마를 하였더라."

둘째: 무화과 잎으로 옷을 만들어 그들의 부끄러운 수치를 가리기 시작했다.

7절, "이에 그들의 눈이 밝아 자기들의 **몸이 벗은** 줄을 알고 **무화과**

나뭇잎을 엮어 치마를 하였더라."

셋째: 하나님의 음성이 두려워 동산 나무 사이에 숨어버렸다.

8절, "그들이 날이 서늘할 때에 동산에 거니시는 여호와 하나님의 음성을 듣고 아담과 그 아내가 여호와 하나님의 낯을 피하여 동산 나무 사이에 숨은지라."

넷째: 하나님을 두려워하는 마음을 갖기 시작했다.

10절, "내가 동산에서 하나님의 소리를 듣고 내가 벗었으므로 두려워하여 숨었나이다."

여호와께서 그들에게 하신 질문

하나님께서는 이런 상태의 그들을 향해 "누가 너의 벗었음을 네게 고였느냐? 내가 너더러 먹지 말라 명한 그 나무 실과를 네가 먹었느냐?"고 말씀하셨을 때, 그들은 어떤 반응을 보였는가?

첫째: 그들은 벗었음을 고하고,

둘째: 유혹한 뱀의 정체를 깨달아 알고,

셋째: 그것에 유혹되어 하나님께 불순종한 자신을 깨달으며,

넷째: 하나님의 주권을 인정했어야 했는데,

다섯째: 그들의 대답은 핵심을 피한 부끄러운 변명이 전부였다는 것이다.

우리는 여기서 이 세상에 처음으로 '산 영 차원'이란 아름다운 형상을 입었던 아담 내외가 선악과를 먹은 후, 부끄럽고도 추한 모습으로 변한 사실을 목격하게 된다.

얼마 전까지만 해도 아내에게 "당신은 내 뼈 중의 뼈요, 살 중의

살이로다."라고 고백하였던 아담이 아니었는가? 그런데 아담 왈, "하나님이 주셔서 나와 함께하게 하신 여자, 그 여자가 그 나무 실과를 내게 주므로 내가 먹었나이다."라며 그의 입에서 민망하게도 남편답지 않은 치사한 말이 나왔던 것이다.

아니, "선악과를 먹지 말라! 먹으면 정녕 죽으리라!"는 하나님의 말씀을 동시에 함께 들었으면서도, 아내가 자기도 먹고 남편에게 따주니 아무렇지도 않게 받아먹은 자가 바로 아담이었지 않은가. 그런데도 모든 책임을 아내에게 돌리는 아담의 비열한 모습을 우리는 어떻게 보아야 할 것인가? 아! 우리의 삶에서도 이와 같은 일이 얼마나 번번이 수없이 벌어져 오고 있는 것인가?

그렇다면 아담의 아내는 또 어떤 모습을 보였는가? "뱀이 나를 꾀므로 내가 먹었나이다." 하고 뱀에게 책임을 전가하는 비겁한 모습을 보였다. 우리는 선악과를 먹은 인간의 모습을 바라보면서, 우리도 늘 그렇게 "You are the reason!" 즉 "너 때문에!" 하고 살아왔다는 사실을 깨닫게 된다.

아니 지금이라도 깨달았다면, 우리 모두 가슴을 치며 하나님 앞에 나가 그 '죄'를 고해야 할 것이다. 그리고 사함 받은 마음으로 늘 자신을 경각시키며, 선악과를 먹지 않는 삶을 살기를 가슴에 새겨 두시기를 바란다.

성경공부 시간에 '선악과'에 대해 제시하면, 대다수 성도들이 거의 "일치하는 질문"을 하였다. 그 질문은? "하나님께서 왜 에덴동산에 하필이면 뱀이 살도록 허용하셨느냐? 그것이 아주 이상하다!"라고 반응하는 것이었다. 그렇지! 그때 필자는 나의 생각을 이렇게 전했다. "하나님께서 창세기 1장 첫째 날 시작부터 무엇이라 말씀하셨는지 생각나시는 분들이 있으면 말해 주세요!" 이는 성경의 "시간적 연결"을 알려주기 위함이었다.

창세기 1장과 2장의 천지창조, 어느 것이 먼저인가?

필자는 "천지창조에 대한 대략"에 대해 창세기 1장 1절의 "천지창조가 먼저인가, 창세기 2장 4-6절 말씀의 천지창조가 먼저인가"에 대해 곰곰이 생각해 보았다. 그 답에 대해 오랜 시간을 묵상하면서 "창세기 2장 4-6절 말씀"이 먼저라고 생각했다. 왜냐하면 하나님께서 천지를 창조하신 때에 "천지의 창조된 대략이 이러하니라." 하고 구체적으로 당시의 사정을 기록하여 주셨기 때문이다.

그런데 비유적으로 기록하여 주셔서 그 말씀을 성도들이 대부분 이해하지 못했기 때문에, 창세기 1장의 천지창조를 "하늘과 땅을 창조하신 천지창조"라고 기억하는 사람들이 대부분이었다.

제2부에서 창세기 2장 4-6절 말씀의 "천지창조의 대략"에 대한 비유를 먼저 풀었던 것은, 바로 그런 이유에서였다. 그런 의미에서 "창세기 1장 1-5절 말씀의 천지창조"와 비교해 보기 바란다.

> "¹태초에 하나님이 천지를 창조하시니라 ²땅이 혼돈하고 공허하며 흑암이 깊음 위에 있고 하나님의 신은 수면에 운행하시니라 ³하나님이 가라사대 빛이 있으라 하시매 빛이 있었고 ⁴그 빛이 하나님의 보시기에 좋았더라 하나님이 빛과 어두움을 나누사 ⁵빛을 낮이라 칭하시고 어두움을 밤이라 칭하시니라 저녁이 되며 아침이 되니 이는 첫째 날이니라." (창 1:1-5)

1절: "태초에 하나님이 천지를 창조하시니라."

1절에서 천지는 어떤 천지를 말하는 것인가? 물리적 하늘과 땅을 말하는 것일까? 아니다! 영적 하늘과 영적 땅을 제시한 말씀이다.

다시 한번 말하지만, 그런 내용은 성경에서 다루지 않았다. 그런 내용은 세계 유명한 과학자들이 머리 싸매고 끙끙대며 아직도 다루고 있는 중이다. 그런 내용이라면 성경을 읽을 자들이 거의 없을 것이다. 성경은 과학책이 아니라, 극히 영적인 책이기 때문이다.

그런 의미에서 이사야 선지자가 이런 말씀을 기록했다.

"[11]모든 묵시가 너희에게는 마치 봉한 책의 말이라! 그것을 유식한 자에게 주며 이르기를 그대에게 청하노니 이를 읽으라 하면 대답하기를 봉하였으니 못하겠노라 할 것이요 [12]또 무식한 자에게 주며 이르기를 그대에게 청하노니 이를 읽으라 하면 대답하기를 나는 무식하다 할 것이니라!" (사 19:11-12)

위의 말씀은 "유식한 자에게 성경책을 주거나 무식한 자에게 성경을 주면서, 읽어 보고 무슨 이야기인지 말해봐!" 하고 물으면, 유식한 사람도, 무식한 사람도 성경에 대해 잘 알지 못해 고개를 갸우뚱한다는 것이다. 이러한 것이야말로 성경만이 "세계 역사상 유일의 특별한 책"이라는 사실을 깨달아 알게 하는 것이다. 그런 이유로 세상의 유명한 학·박사들도 성령을 받지 못하면, 성경을 읽을 수는 있으나 그 영적 해석은 깨닫기가 어렵게 되는 것이다.

그 이유는? 성경은 하나님의 차원으로 기록하신 내용을 인간이 이해할 수 있도록 기록한 말씀이기 때문이다. 그러므로 "성령의 감동"을 받아야만 이 성경을 이해할 수 있는 것이다. 그런 연유로 세상적으로 "무식한 자"나 "유식한 자" 모두 성령을 받아야, 그제라야 성경을 깊이 있게 제대로 이해할 수 있는 자리에 서게 된다. 그런 의미에서 필자는 이 책을 쓰면서 제일 먼저 제2부에서 "창세기 2장 4-6절 말씀"을 먼저 서술했던 것이다.

"⁴여호와 하나님이 천지를 창조하신 때에 천지의 창조된 대략이 이러하니라 ⁵여호와 하나님이 땅에 비를 내리지 아니하셨고 경작할 사람도 없었으므로 들에는 초목이 아직 없었고 밭에는 채소가 나지 아니 하였으며 ⁶안개만 땅에서 올라와 온 지면을 적셨더라." (창 2:4-6)

성경에서 제시하는 '천지(天地)'는 물리적인 '하늘과 땅'을 말씀하는 것이 아니라, 이 물리적 천지 즉 하늘과 땅을 비유하여 인간 천(天), 인간 지(地)를 창조하시려는 계획을 하나님께서 드러내신 것이다.

그런 의미에서 흙 차원에서 + 생기를 먹으면 = 산 영 차원이 되고, '산 영 차원'에서 + 사방의 생기를 먹으면 = 살리는 영이 된다. 인간 지(地)는 "산 영 차원"을 말하고, 인간 천(天)은 "살리는 영"을 말한다.

2절: "땅이 혼돈하고 공허하며 흑암이 깊음 위에 있고 하나님의 신은 수면에 운행하시니라."

성경은 이스라엘 역사를 제외하곤 대부분 영적인 내용이요, 사물을 비유로 영적 해석을 해주시는 책이다. 성경에서 제시하는 '땅'이란? 인간의 마음을 비유하였다. 그런데 그 땅이 어떤 상태인가? 아직 하나님이 역사하시기 전이니, "혼돈하고 공허하고 흑암이 깊음 위에 있었다." 라는 것이다.

땅이 혼돈하고 공허하다는 것은? 아직 하나님께서 그들 흙 차원의 인간들에게 관여하지 않으시고, 그냥 내버려두셨다는 것이다. 그러므로 원시적인 인간들, 흙 차원의 인간들만 난무하던 시대를 "땅이 혼돈하고 공허하고 흑암이 깊음 위에 있다."라고 표현하신 것이다.

그리고 아주 중요한 말씀을 하셨는데, 그 말씀이 바로 "하나님의 신은 수면에 운행하시느니라."라는 것이다. 이 말씀은 '바다 차원' 인간들, 그리고 흙 차원 인간들에게는 아직 하나님의 말씀인 '생기'를 어느 누구에게도 주지 않으셨다는 사실을 드러내신 것이다.

3절: "하나님이 가라사대 빛이 있으라 하시매 빛이 있었고,"

4절: "그 빛이 하나님의 보시기에 좋았더라 하나님이 빛과 어두움을 나누사…"

하나님께서 "빛이 있으라!" 하셨는데, 이 빛은 하나님께서 친히 흙 차원의 인간들을 본격적으로 "어두움에서 ⇨ 빛으로 전환시키려는 뜻"을 가지고 이 말씀을 선포하셨다.

필자가 창세기 1장의 천지창조보다 창세기 2장의 천지창조가 시기적으로 먼저라는 사실을 미리 밝힌 것은? 바로 2장의 천지창조를 하시기 위해서 하나님께서 빛과 어두움을 구체적으로 밝히실 내용을 제시하셨기 때문이다. 다시 한번 창세기 2장 4-7절 말씀을 함께 기억해 본다.

5절: "빛을 낮이라 칭하시고 어두움을 밤이라 칭하시니라 저녁이 아침이 되니 이는 첫째 날이니라."

하나님은 말씀대로 창세기 2장 7절에 다음과 같이 행동에 옮기셨다. 그리고 창 2장 7절 말씀, "하나님이 흙으로 사람을 지으시고…"는 그동안 흙으로 사람을 지으신 "흙 차원 인간"을 간단하게 소개하신 것이다. 원시인들이 모두 생기 없이 짐승처럼 살아왔기 때문이다.

그러므로 그 흙 차원 중에 한 사람에게 하나님께서 말씀의 생기를 주셨는데, 그가 하나님께서 창조하신 '첫 사람' 바로 '아담'이었다.

그 후에 하나님은 아담을 이끌어 동방에 "에덴동산"을 창설하시고, 친히 지으신 "산 영 상태"의 아담을 에덴동산으로 인도하셨다. 그때 그곳에는 '생명나무'와 '선악을 알게 하는 나무'와 그 밖에 '먹기에 좋은 나무'도 있었다고 한다. 그리고 아담에게 아주 중요한 말씀을 주셨다.

> "[15]여호와 하나님이 그 사람을 이끌어 에덴동산에 두사 그것을 다스리며 지키게 하시고 [16]여호와 하나님이 그 사람에게 명하여 가라사대 동산 각종 나무의 실과는 네가 임의로 먹되 [17]선악을 알게 하는 나무의 실과는 먹지 말라 네가 먹는 날에는 정녕 죽으리라 하시니라." (창 2:15-17)

아담에게 주신 말씀의 핵심

첫째: 각종 나무의 실과는 먹되,
둘째: 선악을 알게 하는 나무의 실과는 먹지 말라!
셋째: 네가 먹는 날에는 정녕 죽으리라.

이 말씀은 아직 하와가 태어나지 않은 상태에서 하나님께서 아담을 에덴동산에 인도하시고 처음으로 주신 명령이었다. 하나님은 "첫째 날"에 본격적으로 빛과 어두움을 나누어 '빛의 자녀'를 잉태하시기 위해 흙으로 사람을 만드시고 생기를 주어 산 영 차원의 인간을 만드신 것이다.

3. 임신과 해산의 고통의 영적 의미

아담과 하와가 낳은 세 아들

아담과 하와 내외는 모두 세 아들을 낳았다. 그런데 세 아들들을 통해서 우리는 아담 내외가 "임신과 해산의 고통"을 통해 어떤 삶을 살아왔는가를 추정해 볼 수 있다.

아담 내외는 첫째로 가인을 낳고, 둘째 아벨을 낳고, 셋째 셋을 낳았다. 이 세 아들들은 에덴동산에서 선악과를 먹은 죄로 쫓겨난 후에, 아담과 하와 내외가 낳은 아들들이다. 그런데 세 아들들의 이름을 통해 아담 내외가 어떤 삶을 살았는가를 조심스레 추정해 볼 수 있다.

첫째: 가인은 아담 내외가 에덴에서 쫓겨난 후에 낳은 첫아들이다. 첫아들 가인은 아담 부부의 영성이 나약했을 때, 낳은 아들이었다고 생각된다. 왜냐하면 "먹지 말라!"는 선악과를 뱀의 유혹으로 하와가 먼저 따 먹고 남편에게도 주어 에덴동산에서 쫓겨났기 때문이다.

세월이 지나서 가인이 청년이 된 후에 모처럼 하나님께 제물을 열납하는데, 가인은 농사를 지은 땅의 소산으로 하나님께 열납하였고,

동생 아벨은 "양의 첫 새끼와 그 기름"으로 열납하였다. 그런데 여호와께서 아벨 것만을 받으셨다고 가인이 분해서, 하나밖에 없는 동생을 들에서 쳐 죽였다. 어떻게 하나밖에 없는 동생을 무엇을 그리 잘못했다고 그것도 쳐 죽였던 것인가?

그것이 가인의 성정이었으며, 여호와 하나님 앞에서도 능청스럽게 거짓말을 하였다. 필자는 가인을 통해 에덴동산으로부터 쫓겨나온 채 사는 아담 부부의 삶을 떠올려 보았다. 아담과 하와의 영적인 삶이 아들 가인에게 어떤 영향을 미쳤을까? 결국 가인은 산 영 차원이 된 아담 가족의 한 사람으로 동생 아벨을 죽인 "첫 살인자"가 되었다.

이 일로 인해 가인이 집을 떠나 찾아간 곳이 '놋' 땅으로, 그는 그곳의 거민이 되었다. 그가 거한 땅 '놋'은 '방황, 흔들림'이란 뜻을 지니는데, 하필이면 가인이 택한 곳이 바로 그렇고 그런 곳이었다는 것이다.

둘째: '아벨'은 '허무, 공허'란 뜻으로, "무상하게 죽임을 당할 아벨의 운명"을 예감한 예언적인 이름을 가졌다. '아벨'이란 둘째 아들은 성정이 곱고 여호와 하나님께 대한 깊은 믿음이 있었다.

그런데 그 시대 여호와 하나님에 대한 믿음을 누구로부터 물려받았을까? 오직 아벨의 부모인 "아담과 하와"로부터 그 믿음을 물려받은 것이다. 그가 여호와께 바칠 제사에 하나님께서 감동하실 만큼 '아벨'은 진정으로 제물을 준비하였다. 여호와 앞에 그는 무엇을 바쳤는가?

아벨은 자기와 함께 "양의 첫 새끼"와 즉 "첫 태생 중 가장 좋은 것"으로 그 기름으로 드렸는데, 어떤 일이 발생했는가? 여호와께서 아벨의 제물만 열납하셨다. 아벨의 제물이 여호와께 열납된 것은 아벨의 깊은 믿음을 보셨기 때문이었다.

그런 의미에서 아벨을 통하여 아담과 하와 부부의 삶을 떠올려 보았다. 그런데 '아벨'은 가인과 달리 여호와에 대한 아름다운 믿음이 있었다. 아벨은 "양의 첫 새끼"와 즉 "첫 태생 중 가장 좋은 것"으로 그 '기름'으로 드렸을 뿐만 아니라, 자기 자신도 드렸다는 것이다.

그런 의미에서 에덴동산에서 쫓겨난 이후, 아담과 하와의 영성이 회복되었다는 사실을 '아벨'을 통해서 알 수 있었다.

셋째: 아담이 다시 아내와 동침하여 아들을 낳아 '셋'이란 이름을 지어 주었다. '셋'은 아담이 130세에 낳은 아들로, "정해진 자" "안정된 자"란 이름의 뜻이 있다. 아담이 "하나님이 내게 가인의 죽인 아벨 대신에 '다른 씨'를 주셨다."고 기뻐하였는데, 여기서 "다른 씨"는 무엇을 의미했을까? '가인' 같은 아들이 아니라, 여호와를 향한 신앙심이 있는 그런 아들이 태어났다는 것이다.

그런데 그 후 '셋'이 아들을 낳아 그 이름을 '에노스'라 하였다. 이제 비로소 아담과 하와 가(家)가 다른 씨인 '셋'을 통해 여호와를 향한 믿음의 가족이 되었고, 셋의 손자 에노스를 통해 "아담과 하와의 가문이 어떤 가문이 되었는가?" 그들을 통해 많은 사람들이 비로소 "여호와의 이름"을 부르기 시작했다는 것이다.

이는 "아담과 하와"가 여호와를 향한 신앙심으로 변화를 받아 아들 셋을 통해, 셋의 아들 에노스 손자를 통해, 비로소 여호와 하나님께 공식적인 예배를 드리기 시작한 것이다. 할렐루야! 주님을 찬양한다.

"²⁵아담이 다시 아내와 동침하매 그가 아들을 낳아 이름을 셋 이라 하였으니 이는 하나님이 내게 가인의 죽인 아벨 대신에 다른 씨를 주셨다 함이며 ²⁶셋도 아들을 낳고 그 이름을 에노스라 하였으며 그 때에 사람들이 비로소 여호와의 이름을 불렀더라." (창 4:25-26)

세 가지 해산

"여자의 임신과 해산"의 수고에 대한 말씀의 일차적 의미는 "아담의 아내"에게 해당되는 말씀이다. 그러나 이차적 의미는 이 땅의 "주님의 신부인 교회"가 어떻게 임신과 해산의 수고를 거쳐 많은 영적 자녀를 낳을 것인가를 예표한 말씀이었다.

> "¹하늘에 큰 이적이 보이니 해를 입은 한 여자가 있는데 그 발아래는 달이 있고 그 머리에는 열두 별의 면류관을 썼더라 ²이 여자가 아이를 배어 해산하게 되매 아파서 애써 부르짖더라." (계 12:1-2)

창세기부터 계시록에 이르기까지 성경 전체가 "여인의 애 낳는 이야기"로 가득하다. 바로 이 땅의 모든 영적 여자가, 아니 주님의 신부인 교회가 어떻게 영적 해산을 해서 하나님의 나라를 확장할 것인가를 제시하신 말씀이다.

성경은 남자나 여자나 선악과를 먹은 '하와과' 사람들은 모두 세 가지의 해산을 해야 할 것을 제시하여 주셨다. 이 내용을 마음에 두고, 자기의 삶에서 반드시 "세 가지 해산"을 하시길 주님의 이름으로 기도드린다!

첫째: 말씀으로 거듭나는 것이다.

말씀으로 거듭난다는 것은? 흙 차원인 인간이 예수님을 영접하여 밥만 먹지 않고 영적인 말씀을 먹음으로 어미의 뱃속에서 태어난 것처럼 말씀으로 다시 태어난 것을 말한다.

> "예수께서 대답하시되 진실로 진실로 네게 이르노니 사람이 물과 성령으로 나지 아니하면 하나님 나라에 들어갈 수 없느니라." (요 3:5)

둘째: 예수 그리스도의 인격으로 거듭나는 것이다.

하나님은 이렇게 예수 그리스도의 형상으로 거듭날 때, 비로소 '두 증인'의 삶을 감당하게 하신다. 이런 차원이 되면 어떤 일을 하도록 하나님께서 인도하시는가? 성경의 말씀에 깊이 있게 들어가 말씀에 장성할 수 있는 단계가 된다.

"나의 자녀들아 너희 속에 그리스도의 형상이 이루기까지 다시 너를 위하여 해산하는 수고를 하노니." (갈 4:19)

셋째: 전도해서 말씀으로 남자 아들을 낳는 것이다.

"그리스도 안에서 일만 스승이 있으되 아비는 많지 아니하니 그리스도 예수 안에서 복음으로써 내가 너희를 낳았음이라." (고전 4:15)

예수님은 언제 아들을 낳으셨는가?

예수님은 십자가에서 한 '씨'를 생산해 내셨다. 그 한 씨가 바로 십자가에서의 오른쪽 강도이다. 이 오른쪽 강도에 대해서 이사야 선지자가 53장 10-12절에 미리 이렇게 예고하였다.

"¹⁰여호와께서 그로 상함을 받게 하시기를 원하사 질고를 당케 하셨은즉 그 영혼을 속건 제물로 드리기에 이르면 그가 그 '씨'를 보게 되며 그날은 길 것이요 또 그의 손으로 여호와의 뜻을 성취하리로다 ¹¹가라사대 그가 자기 영혼의 수고한 것을 보고 만족히 여길 것이라 나의 의로운 종이 자기 지식으로 많은 사람을 의롭게 하며 또 그들의 죄악을 친히 담당하리라 ¹²이러므로 내가 그로 존귀한 자와 함께 분깃을 얻게 하며 강한 자와 함께 탈취한 것을 나누게 하리니 이는 그가 자기 영혼을 버려 사망에 이르게 하며 범죄자

중 하나로 헤아림을 입었음이라 그러나 실상은 그가 많은 사람의 죄를 지며 범죄자를 위하여 기도하였느니라 하시니라."(사 53:10-12)

사도 바울도 예수 안에서 복음으로 수많은 자녀들을 낳았다. 계시록 12장에서 "해를 입은 여자가 아들을 낳기 위해 아파서 애써 고통"하는 이 장면은 바로 창세기 3장에서 선악과를 먹은 우리 인생이 얼마큼 고통하며 임신과 해산을 해야 할 것을 제시하신 것이다.

성경은 창세기부터 계시록에 이르기까지 여자가 "남자 아들"을 낳는 이야기로 가득하다. "임신과 해산"에 대한 내용 속에는, 주님의 신부인 교회가, 아니 주님의 신부가 될 우리 자신이 영적 아이를 낳기 위해 "얼마나 고통과 고난을 치러야 할 것인가를 예표하신 말씀이다.

창세기에서 사라가 애를 낳기 위해 고통하고, 리브가, 라헬이 고통 했으며, 한나가 서원하며 성전에서 남자 아들 낳기를 울며 부르짖어 기도했다. 유다의 며느리 다말은 "가문의 씨"를 얻기 위해 창녀로 변장하면서까지 시아버지를 통해, 아들을 낳기 위해 고통에 고통을 더하였다.

계시록 12장의 "해를 입은 여자"가 남자아이를 낳기 위해 "애써 고통하며 부르짖는 모습"을 우리의 마음에 반드시 새기어야 한다. 이렇게 "아들 하나를 낳기 위해 고통 하는 장면"은 다 같은 맥으로, 영적 생명을 잃은 하와가 다시 예수를 영접하여 임신과 해산의 고통을 통해서 "주의 신부인 교회" 역할을 감당할 것에 대한 청사진이다.

"¹하늘에 큰 이적이 보이니 해를 입은 한 여자가 있는데 그 발아래는 달이 있고 그 머리에는 열두 별의 면류관을 썼더라 ²이 여자가 아이를 배어 해산하게 되매 아파서 애써 부르짖더라."(계 12:1-3)

이 시대 촛대 교회의 사명은?

그리스도의 형상으로 변화 받아 구로(劬勞)해서 하나님이 쓰시는 "아들들을 생산"하는 곳을 촛대 교회라 한다. 계시록 12장에 "해를 입고 달을 딛고 머리에는 열두 별의 면류관"을 쓴 여자는 바로 하나님이 기뻐하시는 촛대 교회의 표상이었다.

"해를 입었다"는 것은? 하나님의 말씀을 받았다는 의미요, "달을 딛고 서 있다"는 것은? 성경에서 '달'은 하나님의 말씀을 받아 전하는 '증인'을 상징한다. 그런 의미에서 하나님 말씀을 받아 전도하는 자들을 많이 생산해 내었다는 뜻이다.

> "또 궁창의 확실한 증인 달 같이 영원히 견고케 되리라 하셨도다(셀라)."
> (시 89:37)

'별'은? "하나님의 종들"을 의미한다. 다니엘이 "지혜 있는 자는 궁창의 빛과 같이 빛날 것이요, 많은 사람을 옳은 데로 돌아오게 한 자는 별과 같이 영원토록 비취리라"(단 12:3)고 선포하였다. 그렇다면, 이들의 정체는 무엇이겠는가? 하나님의 말씀을 전하여 많은 사람을 옳은 대로 돌아오게 하는 자들을 '별'이라 칭하셨다.

그런 의미에서 하나님의 말씀을 받은 종, 히브리서 기자는 다음과 같이 말했다. "…이와 같이 그리스도께서 대제사장 되심도 스스로 영광을 취하심이 아니요 오직 말씀하신 이가 저더러 이르시되 너는 내 아들이니 오늘날 내가 너를 낳았다!"(히 5:5)라고 하셨다.

성도들을 말씀으로 거듭나게 만드시고, 다시 그리스도의 형상으로 해산하기까지 수고하셔서, 하나님 나라의 아들들을 배출하는 교회가 어떤 교회인가? 성경은 하나님 나라를 확장하는 교회를 가리켜, "해를 입고 달을 딛고 별을 쓴 여자"라 칭하셨다. 이 시대 모든 교회가 이와 같이 "해를 입고 달을 딛고 별을 쓴 많은 이들을 배출"하여 교회의 사명을 다해야 할 것이다.

하나님은 사도 요한을 통해 계시록에서 이런 내용을 실상 계시로 우리에게 보여주셨다. 이는 창세기 3장의 하나님의 말씀이 계시록 12장에서 성취된 것을 결론적으로 보여주신 것이다.

> "[15]내가 너로 여자와 원수가 되게 하고 너의 후손도 여자의 후손과 원수가 되게 하리니 여자의 후손은 네 머리를 상하게 할 것이요 너는 그의 발꿈치를 상하게 할 것이니라 하시고 [16]또 여자에게 이르시되 내가 네게 잉태하는 고통을 크게 더하리니 네가 수고하고 자식을 낳을 것이며 너는 남편을 사모하고 남편은 너를 다스릴 것이니라 하시고." (창 3:15-16)

여기에서 "여자의 후손"은 "해 입은 여자"를 가리킨다! 그러나 일반 대다수의 교회들은 이런 하나님 나라 아들들을 배출하지 못하고, 그저 '바람' 같은 땅의 거민을 생산한다고 성경은 증거해 주셨다. 이 말씀 앞에서 우리 모두 얼마나 부끄러운가!

지금 현재 대다수의 교회가 "해 입은 교회"가 드물고, 대형 교회에서도 세 가지 양식인 '율법'과 '화평의 복음'과 '영원한 복음'인 "장래 일어날 일에 대한 경고인 계시록"까지를 먹인 교회들이 얼마나 될지 우리는 알 수 없다.

이사야 선지자가 "우리가 잉태하고 고통하였을지라도 낳은 것은 바람 같아서 땅에 구원을 베풀지 못하였고 세계의 거민을 생산치 못하였나이다."라고 고백했다. 실제 대다수는 세계의 거민커녕 기껏해야 낳은 것은 바람을 낳았다는 것이다. 바람을 낳다니요! 눈에 보이지 않는 바람! 얼마나 부끄러운 모습인가!

"우리가 잉태하고 고통하였을지라도 낳은 것은 바람 같아서 땅에 구원을 베풀지 못하였고 세계의 거민을 생산치 못하였나이다." (사 26:18)

'하와'이름의 의미

하나님께서 "먹지 말라!"는 선악과를 먹은 자는 아담의 아내만이 아니었다. 아내가 먹지 말라는 선악과를 먹고, 곧바로 남편에게 주니, 아담도 곧바로 받아먹었다.

그런 의미에서 다시 한번 에덴동산의 현장을 찾아가 보기로 한다. 창세기 3장에서 하나님께서 "선악과를 먹지 말라! 먹으면 정녕 죽으리라" 하셨던 그 선악과에 대해 간교한 뱀이 여자에게 어떻게 접근했는가? 여자에게 "하나님이 참으로 너희더러 동산 모든 나무의 실과를 먹지 말라 하시더냐?" 뱀은 하나님께서 하신 말을 바꾸어 "동산 나무의 실과는 먹어라!" 하셨는데, 오히려 "모든 나무의 실과를 먹지 말라 하시더냐" 하며, 하나님을 감히 들먹거리고, 거짓말을 하면서 여자를 유혹하였다.

뱀의 말을 들은 아담의 아내는 "동산 나무의 실과를 우리가 먹을 수 있으나, 동산 중앙에 있는 실과는 하나님의 말씀에 너희는 먹지도 말고 만지지도 말라 너희가 죽을까 하노라."고 말했다. 그녀는 하나님의 말씀에 더하고 빼고 횡설수설 뱀에게 고했던 것이다. 이 상황에서 마치 야구 시합에서 홈런을 친 것같이, 이 유혹의 고수인 뱀이 "거짓 홈런"을 날렸다.

"[4]...너희가 결코 죽지 않으리라! [5]너희가 그것을 먹는 날에는 너희 눈이 밝아 하나님과 같이 되어 선악을 알 줄을 하나님이 아심이니라." (창 3:4-5)

뱀은 하나님의 말씀을 오히려 거꾸로 말하고, "그것을 먹으면 너희 눈이 밝아진다."고 하나님의 말씀에 더하여 거짓말을 하였다. 여자가 뱀의 말을 듣고 그 나무를 쳐다보니, 아! 그녀의 눈에 '오호라!' "먹음직도 하고 보암직도 하고 지혜롭게 할 만큼 탐스럽기도 한 나무인지라" 여자가 그 실과를 따먹고 남편에게 주니, 그도 아무렇지 않게 받아먹었다. "선악과를 먹지 말라"는 말씀을 완전히 잊어버렸던 것이다. 그 이후에 어떤 일이 발생했는가?

아담 내외가 눈이 밝아져 자기들의 몸이 벗은 줄을 알고 무화과 나뭇잎을 엮어 치마를 해 입었다. 아마 태어나서 처음으로 가리지 않던 곳을 가리는 일을 한 것이다. 그런데 저녁 즈음에 여호와 하나님의 음성을 듣고 아담 내외가 하나님의 낯을 피하여 동산 나무 사이에 숨어버렸다. 참 이상한 일들이 일어나고 있다. 왜 이들이 숨어버린 것일까?

이때 여호와 하나님은 그들이 어디에 있는 줄 아시면서도 시침을 떼시고, "아담아 네가 어디에 있느냐?"고 물으셨다. 아담은 동산에서 하나님의 소리를 듣고 '벗었으므로' 두려워 숨었다고 대답했다. 이때 하나님께서 어떤 감지(感知)를 하셨는지 "누가 너의 벗었음을 네게 고하였느냐? 내가 너더러 먹지 말라 명한 그 나무 실과를 네가 먹었느냐?"고 물으셨다. 전지전능한 하나님께서 마치 술래잡기라도 하듯, 오가는 대화에서 우리는 무엇을 감지할 수 있을까?

그런데 이때, 아담 입에서 다음과 같은 말이 툭 튀어나왔다. "하나님이 주셔서 나와 함께한 여자가 그 나무 실과를 내게 주므로 내가 먹었나이다!" 아담이 자기 아내를 핑계 삼았던 것이다. 하나님께서 아담의 아내에게 "어찌하여 이렇게 하였느냐?"고 물으시니, 아담의 아내는 "뱀이 꾀어서 먹었다."라고 대답하였다. 그러자 하나님은 뱀에게 저주하셨다.

"¹⁴네가 이렇게 하였으니 네가 모든 육축과 들의 모든 짐승보다 더욱 저주를 받아 배로 다니고 종신토록 흙을 먹을지니라! ¹⁵내가 너로 여자와 원수가 되게 하고 너의 후손도 여자의 후손과 원수가 되게 하리니 여자의 후손은 네 머리를 상하게 할 것이요 너는 그의 발꿈치를 상하게 할 것이니라." (창 3:14-15)

이후에 하나님은 다시 여자와 남자에게 다음과 같이 말씀하셨다.

"¹⁶또 여자에게 이르시되 내가 네게 잉태하는 고통을 크게 더하리니 네가 수고하고 자식을 낳을 것이며 너는 남편을 사모하고 남편은 너를 다스릴 것이니라 하시고 ¹⁷아담에게 이르시되 네가 네 아내의 말을 듣고 내가 너더러 먹지말라 한 나무 실과를 먹었은즉 땅은 너로 인하여 저주를 받고 너는 종신토록 수고하여야 그 소산을 먹으리라 ¹⁸땅이 네게 가시덤불과 엉겅퀴를 낼 것이라 너의 먹을 것은 밭의 채소인즉 ¹⁹네가 얼굴에 땀이 흘려야 식물을 먹고 필경은 흙으로 돌아 가리니 그 속에서 네가 취함을 입었음이라 너는 흙이니 흙으로 돌아갈 것이니라 하시니라." (창3:16-19)

아담의 아내 여자에게는?
첫째: 잉태하는 고통을 크게 더하고 수고하고 자식을 낳을 것이다!
둘째: 너는 남편을 사모하고
셋째: 남편은 너를 다스릴 것이다!

남편 아담에게는?
첫째: 네 아내의 말을 듣고 먹지 말라 한 선악과를 먹었은즉, 땅은

너로 인하여 저주를 맞을 것이다!

둘째: 종신토록 수고하여야 그 소산을 먹으리라!

셋째: 땅이 네게 가시덤불과 엉겅퀴를 낼 것이라!

넷째: 너의 먹을 것은 밭의 채소이다!

다섯째: 네가 얼굴에 땀이 흘러야 식물을 먹고,

여섯째: 너는 흙이니 흙으로 돌아갈 것이니라!

그런데 "성경의 독자들 대부분"이 사단에게 속은 것을 "아담의 아내 하와"라고 말한다. 오호라! 절대로 아니다! 성경을 자세히 살펴보면, 여자만 선악과를 먹은 것이 아니라, 여자가 먹고 남편에게 주니, 남편 아담도 같이 받아먹었다는 것이다.

> "여자가 그 나무를 본즉 먹음직도 하고 보암직도 하고 지혜롭게 할 만큼 탐스럽기도 한 나무인지라 여자가 그 실과를 따먹고 <u>자기와 함께한 남편에게도 주매 그도 먹은지라</u>." (창 3:6)

그런 의미에서 우리는 '하와'란 이름에 대해 다시 한번 자세히 살펴보아야 한다. 여자만 '하와'가 아니라는 사실을 깨달았기 때문이다. '아담'이란 뜻은 살아 있는 자들의 총칭이다. 따라서 육적인 남자, 육적인 여자 모두가 선악과를 먹음으로 영적으로는 '하와'로 되어서, 육적 여자와 육적 남자 역시 "영적 임신과 해산의 고통"이 각기 주어지는 것이다. 그런 연유로 이 세상에 사는 남자들도 하와과가 되어 신랑 예수를 만난다는 사실을 잊지 마시길 바란다! 창세기 3장 16-21절에서 하나님은 다음과 같이 말씀하셨다.

"[16]또 여자에게 이르시되 내가 네게 잉태하는 고통을 크게 더하리니 네가 수고하고 자식을 낳을 것이며 너는 남편을 사모하고 남편은 너를 다스릴

것이니라 하시고 [17]아담에게 이르시되 네가 네 아내의 말을 듣고 내가 너더러 먹지 말라 한 나무 실과를 먹었은즉 땅은 너로 인하여 저주를 받고 너는 종신토록 수고하여야 그 소산을 먹으리라 [18]땅이 네게 가시덤불과 엉겅퀴를 낼 것이라 너의 먹을 것은 밭의 채소인즉 [19]네가 얼굴에 땀이 흘러야 식물을 먹고 필경은 흙으로 돌아가리니 그 속에서 네가 취함을 입었음이라 너는 흙이니 흙으로 돌아갈 것이니라 하시니라 [20]아담이 그 아내를 하와라 이름하였으니 그는 모든 산 자의 어미가 됨이더라 [21]여호와 하나님이 아담과 그 아내를 위하여 가죽옷을 지어 입히시니라." (창 3:16-21)

그런 의미에서 임신과 해산의 영적 의미는?
• 누구든지 불과 성령으로 거듭나야 한다는 것이요,
• 불과 성령으로 거듭났으면, 열매 맺는 삶을 살아야 한다는 것이다!

이 열매 맺는 삶을 "임신과 해산"이란 비유로 주님은 말씀하셨다. 그런 의미에서 이 세상 모든 사람들이 '남편'이신 주님의 다스림을 받고 그를 사모하고 살아야 한다! 그리고 이 세상의 "남자"도 일생을 살면서 잉태하는 고통을 통해 임신과 해산을 해야 하는 것이다. 위의 말씀을 고린도전서에 나오는 말씀과 비유하여 보면 다음과 같다.

"[45]기록된 바 첫 사람 아담은 '산 영'이 되었다 함과 같이 마지막 아담은 '살려 주는 영'이 되었나니 [46]그러나 먼저는 신령한 자가 아니요 육 있는 자요 그 다음에 신령한 자니라 [47]첫 사람은 땅에서 났으니 흙에 속한 자이거니와 둘째 사람은 하늘에서 나셨느니라 [48]무릇 흙에 속한 자는 저 흙에 속한 자들과 같고 무릇 하늘에 속한 자는 저 하늘에 속한 자들과 같으니 [49]우리가 흙에 속한 자의 형상을 입은 것같이 또한 하늘에 속한 자의 형상을 입으리라." (고전 15:45-49)

첫 사람 아담은 산 영	마지막 아담은 살리는 영
첫 사람 아담은 땅에서 난 자	둘째 아담은 하늘에 속한 자
흙에 속한 자	하늘에 속한 자
육 있는 자	아담은 신령한 자

열 처녀의 비유에서 신랑을 맞으러 나간 열 처녀의 이야기에 대해 어떻게 생각하는가? 신랑은 예수 한 분이시다. 열 등을 가진 처녀의 이야기를 어떻게 해석하셨는가?

세 단계의 방향 전환

하나님은 생명나무를 지키시기 위해서 에덴동산에서 이들을 내쫓아 내셨다. 그런 의미에서 이 부분에서 우리가 새로운 진리를 깨닫게 되는데, 더불어 세 단계의 방향 전환이 필요하다.

첫째: 선악과를 먹은 인생들은 누구나 할 것 없이 자기 자신의 눈이 밝아져 하나님처럼 선악을 분별할 수 있는 능력이 있다고 생각한다는 점이다.

둘째: 생명과를 먹으면 영생한다는 점이다. 여호와 하나님이 말씀하신다.

"²²보라 이 사람이 선악을 아는 일에 우리 중 하나같이 되었으니 그가 그 손을 들어 생명나무 실과도 따먹고 영생할까 하노라 하시고, ²³여호와 하나님이 에덴동산에서 그 사람을 내어 보내어 그의 근본 된 토지를 갈게 하시니라." (창 3:22-23)

우리는 이 부분에서 만약 우리가 '선악과'를 먹을 경우 생명과를 먹을 수 있는 기회를 박탈당한다는 중대한 사실을 깨닫게 된다. 이런 이유로 우리는 신앙의 삶을 사는 데 있어서 다음과 같은 "세 단계의 방향 전환"이 필요하다.

첫째 단계: 선악과를 먹지 않기 위해 최선을 다해야 한다.

아마 이것은 자신과의 싸움이 될 것이다. 선악과를 먹는 입이 다른 사람이 아닌 바로 "우리 자신의 입"이기 때문이다. 누구를 막론하고 우리는 오랫동안 이 선악과의 과실을 먹음에 있어서 익숙해 왔다. 그런 연고로 아무리 마음의 의지를 갖는다 해도, "세 살 버릇이 여든까지 간다."고 했듯이, 선악과를 먹는 습관이 생각처럼 쉽게 고쳐지지 않는다는 사실이다.

이 선악과는 우리 인생이 보기에 늘 "먹음직하고, 보암직하고, 지혜롭게 할 만큼 탐스럽게" 보였기 때문이다. 그런 의미에서 이 선악과를 계속 먹으려고 유혹하는 사단과 결투를 해야 한다. 그리고 선악과가 눈에 먹음직스럽게 보이는 자신과도 싸워야 한다.

사단은 우리 인생에게 이 선악과로 유혹하여 먹이니, 하나님의 진노를 사게 하는 데 있어 이미 6천 년간의 노하우를 갖고 있다. 얼마만큼 뱀의 밥이 된 사람이 많았는가? 선악과를 먹어대던 자들이 얼마나 많았으면, 뱀이 ⇨ 용(龍)으로 변하였겠는가?

하나님께서 "뱀이 용이 된 장면"을 계시록 12장에서 보여주신 것은? 바로 이런 사실을 드러내시기 위해 실상 계시를 보여주신 것이다. 사단은 "우리 인생이 선악과 앞에서 얼마나 미약한가?"에 대해 노하우를 알고 있는 베테랑이다. 그런 이유로 우리 모두는?

첫째: 왜 내가 선악과를 먹지 말아야 하는가? 그 이유와 원리뿐만 아니라, 그 결과도 분명히 알아야 한다.

둘째: 내가 선악과를 먹을 경우, 어떤 손실이 직접적으로 자신에게 임하는가? 그 종목 종목을 마음과 생각에 기록해 놓아야 한다. 그래야 스스로 자기를 자제하게 되지, 그렇지 않으면 "식은 죽 먹기보다 더 쉽게 선악과"를 먹을 수 있다. 워낙 오랜 습관과 살아온 만큼 늘 먹어왔기 때문에, 먹는 것에 익숙해 있다는 사실이다.

셋째: 하나님이 아담 내외가 먹지 말라는 선악과를 먹었을 때, 어떤 진노와 저주를 내리셨는가? 그 결과에 대해 환히 알게 되면, 선악과 먹기에 주저할 것이요, 만약 먹었다고 해도 즉각 회개하는 데에 지체하지 않을 것이다.

필자가 볼 때, "선악과를 먹느냐? 먹지 않느냐?"는 우리가 하나님 자녀로서의 "신앙의 삶에 성공하느냐? 실패하느냐?"에 대한 해답의 근거가 될 만큼 그 중요성이 지대하다.

따라서 "이제부터 나는 선악과를 절대로 먹지 않겠다!"고 자기 자신과 사단에게 선전포고를 하고, 기도하면서 하나님의 도우심을 구해야 한다. 선악과는 "먹지 못할 때"와 "먹을 수 있는 때"가 있기 때문이다!

둘째 단계: 선악과를 먹지 않는 입이 된다면, 하나님은 생명과를 더 많이 먹을 수 있는 기회를 허락하신다.

생명과는 선악과를 먹지 않은 사람이 먹을 수 있는 "최고의 양식"이다. 이것이 생명과를 먹을 수 있는 조건에 속하기도 한다. 얼마나 새로운 진리인가! 이 말씀은 나중에 계시록에서 결론적으로 다시 한번 더 증거해 주셨다.

선악과를 먹지 않고, 선악과를 통해서 "자기의 죄와 허물을 씻어나가는 사람"에게 하나님은 생명과를 먹을 수 있는 더 많은 기회를 주실 것을 약속하셨다. "선악과와 생명과 사이에 상관관계"를 갖고 있기 때문이다. 아담 내외는 선악과를 먹었기에 생명과를 먹을 수 있는 기회를 하나님으로부터 박탈당했다. 이런 연관성에 얼마나 놀랍고 당황스러운지!

에덴에서 이들 부부가 쫓겨난 것은?

단순히 살 터전을 잃은 것에서 끝나는 것이 아니었다! 생명과를 먹을 수 있는 기회를 박탈당한 실로 영생의 기회를 잃은 인생으로서는 최대의 비극이 아닐 수 없었다. 이 생명과를 먹어야 영생할 수 있는데, "먹지 말라! 먹으면 죽는다!" 하신 선악과를 먹어서 영생의 기회마저 박탈당한 것이다.

그런데 우리는 이 사실을 깊이 깨닫지 못해, 지금 이 순간에도 무수히 선악나무의 열매를 탐해 먹고 또 먹어 얼마나 많은 하나님의 백성들이 멸망의 길을 가고 있는가! 이들 역시 "영생을 추구"한다고 하면서도 이런 사실을 알지 못해, 자기도 모르게 죽어가고 있는 것이다.

에덴에서 쫓겨나간 아담 내외는 두 가지를 감당해야 했다.
• 남자는 밭을 개간해야 했고,
• 여자는 임신과 해산의 고통과 함께 남편을 사모하고 그의 다스림을 받는 것이었다.

이 말씀은 율법하에서 고통받으며, 예수 신랑을 사모하라는 의미이지만, 율법은 지키지 않으면 곧바로 저주를 받는 법이다. 그런 이유로 율법은 "예수님이 이 땅에 오시기 전까지 필요로 했던 법"이었다.

하나님은 자기의 죄성을 깨달은 자들에게는 "내가 사람의 줄, 사랑의 줄로 그 목에서 멍에를 벗기고, 저희 앞에 먹을 것을 두셨다."라고 하셨는데 그것이 바로 '생명과' 즉 '복음'이다.

> "내가 사람의 줄 곧 사랑의 줄로 저희를 이끌었고 저희에게 대하여 그 목에서 멍에를 벗기는 자같이 되었으며 저희 앞에 먹을 것을 두었노라."
> (호 11:4)

이런 진리가 존재함에도 불구하고, 우리는 늘 하나님의 자리에 앉아 선악을 분별하는 것처럼 착각했다는 사실이다. 그리고 오랜 연륜만 쌓았지, 생명과를 먹을 수 없어 그렇게 신앙이 자라지 않았던 것도 스스로 몰랐다. 또한 교회에 연륜을 갖고 있었음에도 신앙이 자라지 않았다면, 그 원인은 선악과를 먹는 자신의 입에 있지 않았을까? 만약 "아니라!"는 생각이 있다면, 나서서 입으로 정죄하고 비판하지는 않았지만, 내심 속으로는 했다고 인정하실 수 있을 것이다.

셋째 단계: 이런 사람은 생명과가 있는 에덴동산으로 하나님이 인도하신다.

에덴은 '기쁘고 즐겁다'란 뜻을 지니고 있다. "먹지 말라"고 한 선악과를 먹지 않아 생명과를 먹을 수 있는 자격이 있는 사람에게는, 하나님이 직접 생명과를 먹을 수 있는 에덴동산으로 인도해 주신다. 놀랍지 않은가! 이 에덴은 창세기에만 존재했던 곳이 아니라, 지금 이 시대에도 존재하고 있다. 어디든지 '생명과'가 있는 곳이 바로 에덴이요, 생명과가 있는 곳은 언제나 기쁘고 즐거운 일이 벌어진다.

성경은 산에서 시작해서 ⇨ 산에서 끝난다. 이 사실을 혹 알고 있었는가? 출발은 에덴동산이었고 종착역은 영적 에덴인 '시온산'이라는 곳이다. 시온은 '높다', '장성하다'라는 뜻을 지니고 있다. 그러므로 "에덴이 기쁘고 즐겁다"란 이름을 가진 것은, 그곳에 하나님이 계시고 생명과와 선악과와 각종 과일나무가 있기 때문이다. 성경에서 제시하시는 '시온산'은 하나님이 거하시고, 생명과와 선악과가 있고, 그곳은 좋은 꼴과 맑은 물이 있는 "좋은 우리"라 제시하시니, 이름은 다르지만 영적 맥은 하나이다.

히브리서 기자는 우리가 이르러야 할 곳으로 '시온산'을 제시하였는데, 이 사실을 깨달은 목회자와 성도가 과연 얼마나 될까?

"²²너희가 이른 곳은 시온산과 살아계신 하나님의 도성인 하늘의 예루살렘과 천만 천사와 ²³하늘에 기록한 장자들의 총회와 교회와 만민의 심판자이신 하나님과 및 온전케 된 의인의 영들과 ²⁴새 언약의 중보이신 예수와 및 아벨의 피보다 더 낫게 말하는 뿌린 피니라." (히 12:22-24)

우리는 선악과가 '상징'하는바, 아니 그 '의미'도 제대로 알지 못해 먹지 말아야 할 선악과를 무수히 먹으며 죄를 쌓고 살아왔다. 그리고 그런 사실조차도 인식하지도 못했다는 사실이다. 그런데 정말 통곡할 일은? 성경이 계속 제시하는 이 한 산(山)의 의미도 알지 못해, 성경이 제시하는 이 산의 정체도 파악하지 못한 채, 신앙의 길을 걸어왔다는 사실을 깨닫고 얼마나 마음이 아팠는지!

그런 의미에서 "선악과를 먹는다는 것이 어떤 의미였는가?"라는 사실에도 경악했는데, 이 산의 정체를 알고 나면, 그동안 교회에 다니면서 과연 나는? 우리는? 도대체 무엇을 배웠는가? 정말 알아야 할 성경적 중요 주제는 하나도 모른 채, 교회 마당만 밟은 자신을 발견하며 얼마나 부끄러웠는지 모른다!

4. 하나님과의 관계 변화

하나님께서 "먹지 말라!"는 선악과를 먹고 나서 아담과 하와는 어떤 행동을 하였는가?

① 하나님을 피하여 숨어버렸으며,
② 하나님 자신도 인간에게 진노하셔서 형벌과 저주를 선포하심으로
③ 하나님과 인간과의 사이에 막힌 담이 생겼다.

그런데 이 담을 헐어 주신 분이 누구이신가? 여호와 하나님이시다. 아담 시대 이후, 우리 시대는 예수님의 십자가 사건으로 하나님과 인간과의 막혔던 담이 허물어져, 인간이 하나님 앞으로 나아갈 수 있는 터가 놓이게 되었다. 창세기 3장 8절에서 "먹지 말라!"는 선악과를 먹은 아담 내외가 동산에 거니시는 여호와 하나님의 음성을 듣고, 여호와 하나님의 낯을 피하여 동산 나무 사이에 숨어버렸다.

사도 요한은 이런 행위를 하는 자들을 향해, "악을 행하는 자마다 빛을 미워하여 빛으로 오지 아니하나니 이는 그 행위가 드러날까 함이요 진리를 좇는 자는 빛으로 오나니 이는 그 행위가 하나님 안에서

행한 것임을 나타내려 함이라."(요 3:20)라고 말했다. 하나님은 선악과를 먹은 여자 즉 '하와과'에게 "세 가지 고통"을 더하셨다. 그런 의미에서 우리는 "세 가지 고통의 비밀"을 알되 제대로 알아야 할 것이다.

'하와과'에게 주신 고통 세 가지

첫째: 잉태하는 고통이다.

"또 여자에게 이르시되 내가 네게 잉태하는 고통을 크게 더하리니 네가 수고하고 자식을 낳을 것이며 너는 남편을 사모하고 남편은 너를 다스릴 것이니라." (창 3:16)

여기서 말하는 "잉태의 고통"이란?

하와가 아들을 낳는 그 잉태의 고통을 제시한 것만은 아니다. 하와는 아담과 더불어 가인과 아벨과 셋을 잉태하였다. 그런데 아담과 가인이 낳은 세 아들을 보면서 우리는 아담 부부가 에덴에서 내쫓긴 후, "그들의 영성이 어떻게 변화되었는가?"를 그들이 낳은 세 아들을 통해서 알 수 있다.

에덴에서 쫓겨나와 제일 먼저 낳은 아들이 '가인'이요, 그다음 제사 사건으로 인해 가인으로부터 쳐 죽임을 당한 '아벨'이요, 마지막으로 낳은 셋째 아들은 '셋'이다. 이들 "세 아들"을 통해서 우리는 아담 내외의 영성이 어떻게 달라졌나를 알 수 있었다.

그런 의미에서 창세기 3장 16절 말씀의 "육적 잉태"를 통해서 ⇨ "영적 잉태"의 고통에 대한 '예고'이기도 하다. 우리는 누구나 육으로 이 세상에 태어났다. 그러나 "불과 성령"으로 다시 거듭 태어나야 하는 것이 성경이 제시하는 새로운 삶이다. 성경은 이것을 "거듭남"이라고 말한다.

예수님은 당신을 찾아온 그 시대의 랍비인 니고데모에게 "사람이 거듭나지 않으면 하나님의 나라를 볼 수 없고 들어갈 수도 없느니라." 고 말씀하셨다. 이는 육적으로 태어난 인간들이 다시 한번 영적으로 거듭나야 할 것을 강조하신 말씀이셨다.

여기에서 말하는 "잉태의 고통"은? 아이를 낳을 때 받는 그런 고통처럼, 우리가 거듭나서 그 후에 해야 할 영적 사명, 즉 이 땅 위에 많은 영적 아들들을 배출해야 할 것을 제시하신 것이다.

"남편을 사모하고 남편이 너를 다스릴 것이라."고 하신 이 말씀은? 이 시대 모든 '하와과들'이 예수님의 다스림을 받아야 한다는 의미이다. 구약의 하나님은 그의 "친 백성"에게 "내가 너의 남편이라."고 말씀하셨다. 놀랍지 않은가? 주님이 우리의 남편이 되신다니!

> "이는 너를 지으신 자는 네 남편이시라 그 이름은 만군의 여호와시며 네 구속자는 이스라엘의 거룩한 자시라 온 세상의 하나님이라 칭함을 받으실 것이며…" (사 54:5)

> "여호와께서 이르시되 그날에 네가 나를 내 남편이라 일컫고 다시는 내 바알이라 일컫지 아니하리라." (호 2:16)

신약에서도 혼인잔치 비유와 계시록 21장의 신부를 맞으러 오실 예수님의 이야기가 다 이런 내용의 결말이다.

둘째: 남편을 사모하는 고통이다.

하나님은 뱀의 유혹을 받아 선악과를 먹고 그 남편에게도 먹게 한 장본인인 아내에게, 일평생 남편을 사모해야 하는 고통을 더하셨다.

여기에서 "남편을 사모해야 한다."는 것은?

선악과를 먹은 모든 인생들이 이 땅에 오실 '예수님'을 사모해야 할 것에 대한 예언적이요, 예표적인 말씀이 아닌가 생각한다. 이는 주님만이 "죄와 사망에서 구원해 주실 유일한 구원의 방편"임을 제시한 것이다. 남편을 사모해야 하는 것을 고통이라고 표현한 것은? 선악과를 먹은 인생의 생각과 주님의 생각이 다르고, 인생의 길과 주님의 길은 하늘과 땅 차이이기 때문이다. 그러므로 말씀을 따라 살기까지 자기의 생각을 버려야 하는 그 과정을 '인간적인 고통'이라고 말하는 것이다.

셋째: 남편의 다스림을 받아야 하는 고통이다.

이 "남편의 다스림"의 고통도 남편을 사모해야 하는 고통과 같은 맥이다. 자기의 생각과 자기의 뜻으로 마음대로 살던 사람들이, 주님을 만나 그분의 생각과 그분의 뜻으로 다스림을 받고자 할 때, 인생으로서는 자기의 뜻을 버리는 아픔과 고통을 겪어야 한다.

주님을 영접하여 하나님의 자녀로 새롭게 살려면, 옛날의 자기는 십자가에 못 박고 새롭게 말씀을 붙잡고 새 삶으로 거듭나야 하기 때문이다.

아담 내외가 '셋'을 낳은 배경

그 후에 다시 "아담과 아내 하와가 동침하매 그가 아들을 낳아 그 이름을 '셋'이라."라고 하였다.

"이는 하나님이 가인이 죽인 아벨 대신에 '다른 씨'를 주셨다 함이며…"
(창 4:25)

아담 내외가 에덴동산에서 쫓겨난 후에, 어떤 일이 일어났는가? 드디어 '세 번째' 아들을 낳고, 이름을 '셋'이라 지었다. '셋'이란 이름의 뜻은? '정해진 자', '안정된 자'로 아담 내외가 하나님께서 원하시는 영성을 회복, 하나님께서 기뻐할 '아들'을 낳은 것이다. 그런 의미에서 "가인이 죽인 아벨 대신에 '다른 씨'를 주셨다."라고 하신 것은? 아담 부부가 그동안 회개하며 변화를 받았기에 '셋'이란 아들을 낳았다는 사실을 친히 증거해 주신 말씀이다.

좋은 땅에 좋은 씨를 뿌리면 좋은 열매가 나오는 것은 당연한 이치이다. 그동안 아담 부부가 변화를 받아 그들로부터 '다른 씨'인 '셋'을 출생하였다는 것은 아담 부부의 인간 승리가 아니겠는가?

하나님께서 아담 내외를 에덴에서 내치시고, 그 가운데 세 번째로 '셋'을 낳게 하신 이 말씀에서 우리가 깨달아야 할 것은 무엇인가?

필자는 우리의 근본 된 토지, 즉 "선악과를 먹지 말라!" 하신 그 이유를 반드시 깨달아야 한다고 생각했다. 하나님께서 왜 선악과를 에덴동산에 두시고 "선악과는 먹지 말라."고 경고하셨을까?

이 책을 쓴 이유가 바로 그것을 알지 못하고 신앙생활을 하는 모든 분에게, 우리가 늘 붙잡고 살아야 할 말씀이 바로 이 말씀임을 밝히기 위해서이다.

예레미야는 이 세상에 두 종류의 사람이 있는데, '<u>사람의 씨</u>'와 '<u>짐승의 씨</u>'가 있다고 하였다. 이는 성경만이 갖는 독특한 표현인데, 얼마나 놀라운 깨달음을 주시는 것인지! 또 다른 말로 영적으로 얼마나 당황스러운 말씀인지?

"²⁷여호와께서 가라사대 보라 내가 <u>사람의 씨</u>와 <u>짐승의 씨</u>를 이스라엘 집과 유다 집에 뿌릴 날이 이르리니 ²⁸내가 경성하여 그들을 뽑으며 훼파하며 전복하며 멸하며 곤란케 하던 것같이 경성하여 그들을 세우며 심으리라 여호와의 말이니라." (렘 31:27-28)

이 말씀은 성경적으로나 영적으로 정확한 단어를 제시해 주신 말씀이었다. 그렇다면 누가 사람의 씨인가? 누가 짐승의 씨인가? "사람의 씨"란? 흙 차원에서 생기 즉 하나님의 말씀을 받은 자들이요, "짐승의 씨"란? 흙 차원에서 생기 즉 하나님의 말씀을 받지 못한 자들을 말한다.

그런데 교회를 수십 년 오가면서도 이런 내용을 모르고 허울만 좋게 다니는 분들이 얼마나 많은지 모른다. 그러나 하나님 나라는 그저 말씀 받는 일에 상관없이 교회만 오가면, 하나님은 이들을 가리켜 "짐승의 씨"라 하셨다. 다시 한번 강조하지만, 짐승과 사람의 차이는 육은 같지만, 다음과 같은 데서 드러난다. "하나님 말씀의 생기"를 먹었는가, 먹지 않았는가? 누가 하나님의 말씀을 먹되 제대로 먹었는가? 짐승 차원인가? 산 영 차원인가? 아니면 살리는 영의 차원인가?

하나님은 인간을 세 차원으로 분류하셨다. 그런 의미에서 '목사'라 칭함을 받은 분들이나, '장로'라 칭함을 받은 분들이나, '권사'로 칭함을 받은 분들도 성경적으로는 위에서 제시한바, 이 차원에 미치지 못하면 "짐승의 씨"가 될 수 있다. 하나님 말씀의 생기를 받되 제대로 받아먹지 못한 자들을 하나님께서 "짐승의 씨"로 정의하셨기 때문이다.

필자가 성경에서 "주제별 총론"을 만들어 나가면서 깨달은 것은? 성경의 낱말 하나하나 그 어느 것 하나 빠짐없이 제대로 사용되었다는 점이다. 하나님은 우리가 신앙생활을 하는 데 있어, 산 영 차원에서 다시 ⇨ 살리는 차원으로 변화 받아 '상급'을 받으라 하셨다.

우리 앞에 기다리고 있는 상급은 "세상 어디에서도 감히 비교할 수 없는 최고 최상의 하나님으로부터 받는 상급"이기 때문이다!

하나님께서 가인이 죽인 아벨 대신에 ⇨ 아담 내외에게 '**다른 씨**'를 주셨다는 것은, 에덴에서 쫓겨난 아담 내외가 "먹지 말라는 선악과"를 먹은 죄를 회개하되, 제대로 하였기 때문으로 보인다.

이들은 참된 회개를 하여 아내는 ⇨ 좋은 밭으로,
남편은 ⇨ 좋은 씨로 변화 받았기에,
다른 씨인 '셋'을 낳을 수 있었다.

이것은 수학 공식처럼 정확하다. 하나님은 '아벨'을 대신하여 '셋'을 주셨는데, '셋'의 이름의 의미는 "안정된 자", "정해진 자"이다. 그의 이름을 통해 '셋'이 어떤 영성을 가진 자인가를 가늠하기에 좋은 이름을 주셨을 뿐만 아니라, 아담 내외의 영성까지도 우리로 하여금 알게 하여 주셨다. 우리도 이 아담 내외의 영성을 본받아 '셋' 같은 아들을 낳기를 주님의 이름으로 기도한다!

'셋'이 아들을 낳고 그 이름을 '에노스'라 하였다. 그런데 '에노스'를 낳고부터 사람들이 비로소 "여호와의 이름"을 부르기 시작하였다는 것이다. 할렐루야! 주님을 찬양한다!

왜냐하면 아담 내외가 '셋'을 낳은 것은 두 내외가 말씀에 바로 섰다는 사인(sign)이요, '셋'이란 "정해진 자"란 의미의 이름을 통해 셋이 '에노스'를 낳았으니, 이제 그들 세대로부터 당시 "여호와의 이름" 을 부르는 "하나님의 아들들"이 생겼음을 의미한다.

창세기 5장에서 모세는 아담에서 노아까지의 족보를 제시하여 주었 다. 모세는 창세기 5장 1-3절에서 '산 영 차원'의 인간이 "먹지 말라"는 선악과를 먹고 타락하였지만, 아담의 계보에 대해 다음과 같이 정리하여 기록하였다.

아담에서 ⇨ 셋 ⇨ 에노스

하나님께서 아담을 에덴동산에서 내쫓으시고 그의 근본 된 마음의
토지를 갈게 하셨기 때문에, 그 결과 아담 부부가 '셋'을 낳을 수
있었다. 그리고 '셋'에서 다시 ⇨ '에노스' 때에 비로소 "여호와의
이름"을 부르는 새 시대가 찾아왔던 것이다.

이를 통해서 우리는 아담 내외가 영성을 되찾았다는 기쁜 소식을
듣게 된다. 아담 내외처럼 우리도 하나님께서 주시는 말씀의 영성을
되찾기를 기도하지 않을 수 없다!

"¹아담 자손의 계보가 이러하니라 하나님이 사람을 창조하실 때에 하나님
의 형상대로 지으시되 ²남자와 여자를 창조하셨고 그들이 창조되던 날에
하나님이 그들에게 복을 주시고 그들의 이름을 사람이라 일컬으셨더라."
(창 5:1-2)

5. 자연과의 관계 변화

인간의 타락으로 인한 자연계의 영향

인간의 타락은 자연계에도 그 영향을 깊이 있게 끼쳤다. "먹지 말라"는 선악과를 먹고 나니 어떤 일이 발생하였는가? 하나님께서 아담에게 이렇게 말씀하셨다.

> "¹⁷네가 네 아내의 말을 듣고 내가 너더러 먹지 말라 한 나무 실과를 먹었은즉 땅은 너로 인하여 저주를 받고 너는 종신토록 수고하여야 그 소산을 먹으리라 ¹⁸땅이 네게 가시덤불과 엉겅퀴를 낼 것이라 너의 먹을 것은 밭의 채소라." (창 3:17-18)

선악과를 먹은 이후에 인생은 하나님의 진노를 일으켰다는 것이다.

첫째: 땅이 저주받고 "가시덤불과 엉겅퀴"를 내게 되었다.
둘째: 이로 인해 자연계는 썩어짐의 종노릇하게 되었다는 것이다.
셋째: "모든 피조물이 하나님의 아들들이 나타나는 것을 얼마나

고대하고 있는가!" 얼마나 마음이 싸한 말씀인가! 그러므로
넷째: 이들에게 먹을 것은 "밭의 채소"라 하셨다.

밭의 채소란 ⇨ "율법을 의미"한다.

"여호와 하나님이 땅에 비를 내리지 아니하셨고, 경작할 사람도 없었으므로 들에는 초목이 아직 없었고 밭에는 채소가 나지 아니하였으므로." (창 2:5)

"땅이 네게 가시덤불과 엉겅퀴를 낼 것이라 너의 먹을 것은 밭의 채소라." 창 3:18)

"봄비 때에 여호와 곧 번개를 내는 여호와께 비를 구하라 우리에게 소낙비를 내려서 밭의 채소를 각 사람에게 주리라." (슥 10:1)

"땅이 그 위에 자주 내리는 비를 흡수하여 밭 가는 자들의 쓰기에 합당한 채소를 내면 하나님께 복을 받고." (히 6:7)

"선악과를 먹은 자들"에게 필요한 것이 무엇이겠는가? 밭의 채소인 율법하에 살게 되었던 것이다. 하나님의 마음을 깨달은 사도 바울이 다음과 같은 말씀을 기록하였다.

"[19]피조물의 고대 하는 바는 하나님의 아들들의 나타나는 것이니 [20]피조물이 허무한데 굴복하는 것은 자기 뜻이 아니요 오직 굴복케 하시는 이로 말미암음이라 [21]그 바라는 것은 피조물도 썩어짐의 종노릇 한데서 해방되어 하나님의 자녀들의 영광의 자유에 이르는 것이니라 [22]피조물이 다 이제까지 함께 탄식하며 함께 고통하는 것을 우리가 아나니 [23]이뿐 아니라 또한 우리 곧 성령의 처음 익은 열매를 받은 우리까지도 속으로 탄식하여 양자 될 것 곧 우리 몸의 구속을 기다리느니라." (롬 8:19-23)

그런데 말이 "하나님의 아들들이라, 하나님의 딸들이라."고 하지만, 이들은 이미 고인 물이 되어버린 인생이 아닌가? "살았다 하는 이름을 가졌으나 죽은 자들"인 인생에게 피조물들은 굴복하기 싫다고 탄식하며, 썩어짐의 종노릇한 데서 해방되기를 원한다는 것이다.

우리가 영적인 눈으로 만물을 보아야 할 또 하나의 이유가 되겠다. 그런 의미에서 하나님의 자녀들이 하나님의 말씀을 불순종하면, 이런 사람들은 장차 바다에서 올라온 짐승이나 땅에서 올라온 짐승이 나타나 삼킬 것이라고 계시록 13장에서 경고하셨다.

바다와 땅에서 올라온 짐승들

바다에서 올라온 짐승은 적그리스도

바다에서 올라온 이 짐승이 바로 장래 마지막에 나타날 '적그리스도'이다. 그런데 이스라엘은 그 시대 애굽에서부터 시작하여 바벨론에 이르기까지 얼마나 많은 인간 짐승들이 쳐들어왔는지 모른다.

애굽 ⇨ 앗수르 ⇨ 바벨론 ⇨ 페르시아 ⇨ 로마 등등

"일곱 머리 열 뿔 가진 짐승"은 이 시대 맨 마지막으로 출연할 타자 적그리스도이다! 사도 요한은 장래 마지막에 나타날 '적그리스도'를 보고 다음과 같이 기록하였다.

"[1]내가 보니 바다에서 한 짐승이 나오는데 뿔이 열이요 머리가 일곱이라 그 뿔에는 열 면류관이 있고 그 머리들에는 참람한 이름들이 있더라 [2]내가 본 짐승은 표범과 비슷하고 그 발은 곰의 발 같고 그 입은 사자의 입 같은데 용이 자기의 능력과 보좌와 큰 권세를 그에게 주었더라 [3]그의 머리 하나가

상하여 죽게 된 것 같더니 그 죽게 되었던 상처가 나으매 온 땅이 이상히 여겨 짐승을 따르고 ⁴용이 짐승에게 권세를 주므로 용에게 경배하며 짐승에게 경배하여 가로되 누가 이 짐승과 같으뇨 누가 능히 이로 더불어 싸우리요 하더라 ⁵또 짐승이 큰 말과 참람된 말하는 입을 받고 또 마흔 두달 일할 권세를 받으니라 ⁶짐승이 입을 벌려 하나님을 향하여 훼방하되 그의 이름과 그의 장막 곧 하늘에 거하는 자들을 훼방하더라 ⁷또 권세를 받아 성도들과 싸워 이기게 되고 각 족속과 백성과 방언과 나라를 다스리는 권세를 받으니 ⁸죽임을 당한 어린 양의 생명책에 창세 이후로 녹명되지 못하고 이 땅에 사는 자들은 다 짐승에게 경배하리라 ⁹누구든지 귀가 있거든 들을찌어다 ¹⁰사로잡는 자는 사로잡힐 것이요 칼에 죽이는 자는 자기도 마땅히 칼에 죽으리니 성도들의 인내와 믿음이 여기 있느니라." (계 13:1-10)

땅에서 올라온 짐승은 거짓 선지자들

장래 땅에서 올라온 짐승은 적그리스도 시녀처럼 역사할 거짓 선지자들이라 하셨다. 그런데 과거 이스라엘 역사에서도 수많은 거짓 선지자들이 세대를 이어가며 오늘날까지 아니 미래까지도 역사할 것을 성경이 증거하고 있다.

"¹¹내가 보매 또 다른 짐승이 땅에서 올라오니 새끼양 같이 두 뿔이 있고 용처럼 말하더라 ¹²저가 먼저 나온 짐승의 모든 권세를 그 앞에서 행하고 땅과 땅에 거하는 자들로 처음 짐승에게 경배하게 하니 곧 죽게 되었던 상처가 나은 자라 ¹³큰 이적을 행하되 삼지어 사람들 앞에서 불이 하늘로부터 땅에 내려오게 하고 ¹⁴짐승 앞에서 받은바 이적을 행함으로 땅에 거하는 자들을 미혹하며 땅에 거하는 자들에게 이르기를 칼에 상하였다가 살아난 짐승을 위하여 우상을 만들라 하더라 ¹⁵저가 권세를 받아 그 짐승의 우상에게 생기를 주어 그 짐승의 우상으로 말하게 하고 또 짐승의 우상에게 경배하지 아니하는 자는 몇이든지 다 죽이게 하더라 ¹⁶저가 모든 자 곧 작은 자나 큰 자나 부자나 빈궁한 자나 자유한 자나 종들로 그 오른손에나 이마에 표를 받게 하고 [17]누구든지 이 표를 가진 자 외에는 매매를 못하게 하니 이 표는 곧 짐승의 이름이나 그 이름의 수라 [18]지혜가 여기 있으니 총명 있는 자는 그 짐승의 수를 세어 보라 그 수는 사람의 수니 육백육십육이니라.”

(계 13:11-18)

하나님의 백성이라 하면서도 하나님의 말씀대로 살지 않는 모든 “흙 차원들,” “하와과 차원”의 이런 인본주의자들은 이제 장래 “바다에서 올라온 일곱 머리 열 뿔 가진 짐승”과 “땅에서 올라온 짐승들”에 의해서 삼킬 바가 될 것을 사도 요한이 계시록 13장에서 선포하였다. 그러나 “하나님의 자녀들”에게는 절대로 짐승들이 함부로 군림할 수 없다. 하나님의 창조원리가 사람은 짐승을 다스리게 되어 있기 때문이요, 사단은 오직 불순종의 영들에게만 역사할 수 있다.

하나님 나라의 창조 질서는 다음과 같다.

하나님 ⇨ 예수 그리스도 ⇨ 남자 ⇨ 여자 ⇨ 동물 ⇨ 식물

하나님 나라의 창조 질서는 위의 내용에 의해 돌아가고 있다는 사실을 잊지 말아야 한다.

제5부

선악과 의미를 밝혀주신 주님

"비판을 받지 아니하려거든 비판하지 말라

너희의 비판하는 그것으로 너희가 비판을 받을 것이요 너희의 헤아리는

그 헤아림으로 너희가 헤아림을 받을 것이니라

어찌하여 형제의 눈 속에 있는 티는 보고 네 눈 속에 있는 들보는 깨닫지

못하느냐 보라 네 눈 속에 들보가 있는데 어찌하여 형제에게 말하기를

나로 네 눈 속에 있는 티를 빼게 하려느냐

외식하는 자여 먼저 네 눈 속에서 들보를 빼어라

그 후에야 밝히 보고 형제의 눈 속에서 티를 빼리라."

(마 7:1-5)

1. 선악과는 율법을 의미

사도 요한은 '율법'은 모세로부터, '은혜와 진리'는 예수 그리스도로 말미암아 왔다고 선포하였다. 그러나 사실 엄밀히 말하면 '율법'은 이미 에덴동산에도 있었다.

선악과는 ⇨ 율법을 상징하였고, 생명과는 ⇨ 예수님을 통해 주신 화평의 복음을 상징한 것이다.

"율법은 모세로 말미암아 주신 것이요, 은혜와 진리는 예수 그리스도로 말미암아 온 것이라." (요 1:17)

"만유의 주되신 예수 그리스도로 말미암아 화평의 복음을 전하사…" (행 10:36)

율법은 하나님 말씀의 씨, 즉 복음을 전하기 전에 강퍅한 우리 인생의 마음의 밭을 기경하시기 위해 주신 법이다. 다시 말해 율법은 우리 인생의 죄를 깨닫게 하기 위해 주신 법인 것이다. 이 '율법'을 일명 '이른 비'라고도 한다.

광야지역인 '팔레스틴'은 건기 지역으로, 땅이 단단해서 씨를 뿌릴 수가 없었다. 그런데 '이른 비'가 오고 나면, 그 비가 땅을 촉촉이 적셔주어, 비로소 단단한 흙을 파서 씨를 뿌릴 수 있게 되었다고 한다. 그런 연유로 "복음이란 말씀의 씨앗"을 뿌리기 전에, 우리 마음속에 쌓이고 쌓여 단단해진 "죄의 덩어리"를 율법을 통해 죄가 무엇인지 깨닫게 하는 과정이 필요했다. 이 과정을 지나야 그 죄에서 구원해줄 예수님을 소개하는 "복음의 씨"를 심을 수 있기 때문이다. 그런 의미에서 율법은 우리 인생이 죄에서 벗어나기 위해 반드시 필요한 교과서임을 잊지 말기 바란다.

죄인에게 율법을 주신 여섯 가지 이유

선악과를 에덴동산에 두신 이유와 연관된다. 하나님께서 율법을 주신 목적은 선악과 사건 이후에 우리 인생은 죄와 허물 속에서 죽어가야 했기에, 율법을 통해서 죄를 깨달아 우리 마음에 "엉겅퀴와 가시와 자갈"을 골라내라고 주셨다.

땅이 "가시덤불과 엉겅퀴"를 낼 것의 의미는? 선악과를 먹은 후에 더 많은 죄를 가속적으로 짓게 되니, 아담과 그 아내의 후예들에게 필요한 것이 바로 그 죄를 깨달을 수 있는 "율법"을 주신 것이다. 그러므로 율법을 주신 목적을 분명히 알아야, 복음을 주신 의미도 더 깊이 있게 깨달을 수 있다.

> "너희가 자기를 위하여 의를 심고 긍휼을 거두라 지금이 곧 여호와를 찾을 때니 너희 묵은 땅을 기경하라 마침내 여호와께서 임하사 의를 비처럼 너희에게 내리시리라." (호 10:12)

왜냐하면 아담과 그 아내는 흙 차원에서 죄가 무엇인지조차 모르고 살았기 때문이다. 그런데 아직 법이 없으니 죄가 무엇인지? 허물이 무엇인지? 그런 내용을 모르는 채 짐승처럼 살았던 것이다. 하나님은 선악을 알게 하는 나무를 통해 즉 율법을 통해서 자기의 죄가 무엇인지? 자기의 허물이 무엇인지? 죄와 허물을 깨달아 알아야 했기 때문에 '선악과'로 표현하신 율법을 에덴에 두셨던 것이다.

'선악과'는 하나님이 당신의 백성을 교육시키기 위해 필요에 의해 두신 교육 자재였다.

첫째: 율법은 죄를 깨달으라고 주신 법이다.

"그러므로 율법의 행위로 그의 앞에 의롭다 하심을 얻을 육체가 없나니 율법으로는 죄를 깨달음이니라." (롬 3:20)

율법은 '하라!'와 "하지 말라!"로 되어 있다. '하라!'는 것을 하지 않는 것이 '죄'요, "하지 말라!"는 것을 한 것을 '허물'이라고 정의해 주셨다. 따라서 이 율법이 없으면, 인간은 "죄가 무엇인지? 허물이 무엇인지?"를 알 수가 없었다. 많은 경우 사람들은 그저 "죄짓지 않고 정직하게 살면 된다!"라고 말한다. 어떤 분은 그렇게 유난스럽게 "예수 안 믿어도 된다"라고, 이제 주님 모시고 잘 믿어 보려고 애쓰는 사람보고 오히려 점잖게 권면하기도 한다.

그런데 이런 말은 세상에서는 사용될 수 있지만, 성경 말씀에 비추어 보면 얼마나 무지하고 착각된 말인가! 다시 한번 강조하면, 하나님이 "하라!"는 것을 하지 않는 것이 '죄'요, 하나님이 "하지 말라!"는 것을 하는 것이 '허물'이다.

그런데 하나님이 '하라!'는 것이 무엇인지 모르는 사람이 어떻게 죄를 알고, 어떻게 그 죄를 인식하겠는가? 하나님이 "하지 말라!"는 것을 알지 못한 채, 어떻게 자신의 허물을 스스로 인식할 수 있겠는가?

이런 말씀을 통하여 성경이 제시하는 이 "죄와 허물"에 대해서 우리 마음의 상자 속에는 얼마나 다양한 "죄의 뿌리"와 "허물의 뿌리"가 서로 엉키어 자라고 있을까? 우리는 그 뿌리덩이를 말씀을 통해 발견하고 뿌리의 근원을 긁어내야 할 것이다.

그런데 하나님께 가까이 나가면 나갈수록, 과거에 인식하지 못했던 죄와 허물이 더 많이 발견되곤 한다. 그리고 그것을 뽑으려 하면 어떤 것은 뿌리가 얼마나 깊이 내려앉았는지, "아! 같은 죄를 반복하고 살았구나!"라는 점도 느낄 수 있었다.

그런 의미에서 선악과를 통해서 '하라!'는 것을 하지 않고, 오히려 "하지 말라!"는 것을 하여 죄와 허물 속에 뒹굴고 살아온 우리의 자화상을 찾되 제대로 찾아 나가야 한다. 이런 '한때'를 만나야, 우리 안에 뿌리 깊은 죄성을 꺼내 씻을 수 있기 때문이다.

주님의 천국 비유인 "일만 달란트"의 비유 속에 담긴 우리 자신의 존재와 가치는 어떤 모습일까? 어떤 임금에게 일만 달란트 빚진 종의 이야기가 생각난다.

"[24]회계할 때에 일만 달란트 빚진 자 하나를 데려오매 [25]갚을 것이 없는지라 주인이 명하여 그 몸과 처와 자식들과 모든 소유를 다 팔아 갚게 하라 한대 [26]그 종이 엎드리어 절하며 가로되 내게 참으소서 다 갚으리이다 하거늘 [27]그 종의 주인이 불쌍히 여겨 놓아 보내며 그 빚을 탕감하여 주었더니 [28]그 종이 나가서 제게 백 데나리온 빚진 동관 하나를 만나 붙들어 목을 잡고 가로되 빚을 갚으라 하매 [29]그 동관이 엎드리어 간구하여 가로되 나를 참아 주소서 갚으리이다 하되 [30]허락하지 아니하고 이에 가서 저가 빚을 갚도록 옥에 가두거늘 [31]그 동관들이 그것을 보고 심히 민망하여 주인에게 가서 그 일을 다 고하니 [32]이에 주인이 저를 불러다가 말하되 악한 종아 네가

빌기에 내가 네 빚을 전부 탕감하여 주었거늘 ³³내가 너를 불쌍히 여김과
같이 너도 네 동관을 불쌍히 여김이 마땅치 아니하냐 하고 ³⁴주인이 노하여
그 빚을 다 갚도록 저를 옥졸들에게 붙이니라 ³⁵너희가 각각 중심으로 형제를
용서하지 아니하면 내 천부께서도 너희에게 이와 같이 하시리라.” (마
18:24-35)

이런 비유의 말씀을 통하여 성경이 제시하는 이 “죄와 허물”에
대해서 우리의 마음의 상자 속에 얼마나 다양한 “죄의 뿌리”와 “허물의
뿌리”가 서로 엉키어 자라고 있을까? 우리는 이제라도 그 죄와 허물의
뿌리덩이를 발견할 수 있어야 한다.

그런데 하나님께 가까이 나가면 나갈수록, 과거에 인식하지 못했던
죄와 허물이 더 많이 발견될 것이다. 그리고 그것을 뽑으려 하면 어떤
것은 뿌리가 얼마나 깊이 내렸는지, 같은 죄를 반복하고 살았다는
점도 깨닫게 된다.

살아온 나이만큼, 성경에서 제시하신 “일만 달란트라는 죄의 값”을
이미 선고받았으니, 이제는 그 죄의 값을 하나하나 씻어나가는 것이
우리의 신앙의 삶이 되어야 하는 것이다. 죄를 지었어도 감옥에 들어가
지 않고, 하나님 앞에 나가 토설하여 죄씻음 받으니 얼마나 감사하고
또 감사한가!

그런데 그 당시 이스라엘이 ⇨ 로마제국에 낸 나라 전체 세금이
800달란트였다고 한다. 그리고 다윗 왕이 하나님께 지어 바치고자
했던 성전을 위하여 전쟁을 하며 모은 금(金)이 그 당시 3,000달란트라
고 한다. 그런 이유로 이 ‘일만 달란트’라는 금액은 한 사람 개인이,
더군다나 한 나라의 왕을 상대로 질 수 있는 빚이 될 수 없다는 사실이다.
나라 전체가 빚을 져도 이보다 적은 그런 액수를, 어떻게 한 개인이
더군다나 임금을 상대로 빚질 수 있겠는가? 그런데 이 말씀은 비유였다.

"왕"은 ⇨ "하나님"을,

"빚진 한 사람"은 ⇨ 모든 인생을 대표한 예표의 사람

성경은 이 "일만 달란트"를 우리의 '죄의 양'으로 제시하셨다. 아담 조상 때부터 시작하여 마치 눈사람처럼 불려 내려온 내 원죄, 유전죄, 자범죄의 양이 이와 같이 "천문학적 숫자"라는 것이다!

그런데 이 '일만 달란트'는 아무리 자신의 몸을 혹사해서 일을 해도, "처와 자식들과 모든 소유"를 다 판다 할지라도, 죽을 때까지 노력해도, 임금이 사해 주지 않으면 결코 갚을 수 없는 어마어마한 액수라 한다. 그렇다면, 영원히 감옥에서 살 수밖에 없는 신세가 되지 않겠는가? 이것이 바로 선악과 이후의 우리 모든 인생의 "죄의 양, 죄의 값"이라는 것이다. 그런데 이 주제에 대해서 어떤 생각을 하고, 하나님께 나아가 어떤 기도를 하였는가?

> "25갚을 것이 없는지라 주인이 명하여 그 몸과 처와 자식들과 모든 소유를 다 팔아 갚게 하라 한대 26그 종이 엎드리어 절하며 가로되 내게 참으소서 다 갚으리이다 하거늘." (마 18:25-26)

필자가 예수님의 이 비유에서 받은 **'충격'**은 대단하였다.

① 우리의 죄의 값이 일만 달란트라 하는데, 그 일만 달란트를 현시세로 환원해 보니 기하학적인 숫자였다. 그런 의미에서 하늘에서 우리의 죄를 이렇게 무섭고 무겁게 선고하셨다는 사실에 놀라움을 금할 수 없었다.

② 도저히 어떤 방법을 동원해도 이 죄의 값은 결코 우리 자신이 스스로 해결할 수 없는 우리 능력 밖이라는 사실에 놀랐다! 그런데

그보다 더 충격적이었던 것은?

③ 그 "일만 달란트"는 자기와 가족 그리고 모든 소유를 다 팔아도 결코 갚을 수 없는 기하학적인 숫자였다는 것이다. 그러므로 그냥 무릎 꿇고 앉아 몇 날, 몇 주, 아니 몇 해, 자기의 삶을 다할 때까지 용서를 구해도 갚을 수 없는 금액이었다는 것이다.

그런데 "다 갚겠다!"라고 말하는 이 종의 천연덕스러움과 뻔뻔함 앞에 더 놀라고 당황하였다. 필자는 이 "일만 달란트 비유"라는 말씀을 통해 이 '종'이 정말 우리 인생을 대표하는 한 사람이 아닌가 하는 생각이 들었다. 이 '뻔뻔함'과 이 '무지함'과 이 '착각' 속에서 우리가 살아왔다는 생각이 들었기 때문이다. 이것이 나와 여러분의 모습은 아닌지!

우리도 이런 모습으로 감사를 모른 채, 갚을 수 있다고 그렇게 뻔뻔한 모습으로 살고 있는 것은 아닌가? 부끄러운 우리의 모습을 본 듯해서 쥐구멍이라도 있으면 들어가고 싶었다.

그 고통스런 치욕의 십자가상에서도 자기의 죄를 깨닫지 못해 우리 주님을 조롱하는 좌편 강도의 모습은 바로 그런 우리 인생의 모습을 대표한 장면이 아닐까? 이런 생각이 드는 그 순간! "아! 왜 오른편과 왼편에 두 강도가 구별되는 고백을 했는가?" 그 고백의 배경이 깨달아졌다. 오른쪽 강도와 왼쪽 강도는 각각 믿는 자와 믿지 않는 자의 예표의 사람이었다. 그리고 두 사람 다 강도였다는 사실에서 순간 이런 생각이 가슴에 들어왔다. "아버지! 빈손으로 세상에 나온 저희들! 정말 강도처럼 살았군요!"

스스로 처음으로 하늘을 통해서 보았던 필자는 필자와 같은 사람들인 우리의 현주소를 인정할 수 있었다. 그나마 지금이라도 필자의 존재와 가치를 깨달았다는 것은 축복이 아니겠는가!

그런데 아직도 이런 사실을 몰라 의인의 자리에 서서, 끝없이 남을 정죄하고 비판하고 헤아려서, 자기도 헤아림을 당해 고통당하며 사는 분들이 얼마나 많은지 모른다. 자기가 사랑하는 사람들조차 고통의 구렁텅이로 빠트리는 현대적 하와를 볼 때, 죄인의 자리에 서서 그 죄에서 구원해 주실 예수님을 만나 뵐 수 있었다는 것은 전적으로 하나님의 은혜요 그분의 긍휼이었다!

바울 사도는 이 사실을 다음과 같이 말한다.

> "그런즉 선한 것이 내게 사망이 되었느뇨 그럴 수 없느니라 오직 죄가 죄로 드러나기 위하여 선한 그것으로 말미암아 나를 죽게 만들었으니 이는 계명으로 말미암아 죄로 심히 죄 되게 하려 함이니라." (롬 7:13)

율법의 거울 앞에 서야만 우리의 죄가 그대로 드러나게 된다는 것이다. 따라서 우리는 하나님께서 "율법"이란 법을 제정하셔서, 어떤 것이 죄인지? 어떤 죄가 중범죄인지? 또 어떤 죄가 경범죄인지? 자기 속에 들어 있는 내적 죄까지 다 깨달을 수 있게 하셨는데, 이것은 바로 우리에게 주신 율법의 역할로 인해서 가능해졌다. 만약 이런 율법이 없었다면, 우리는 무엇이 죄인지조차 깨닫지 못하고 죄 속에서 살았을 것이다!

> "죄가 율법 있기 전에도 세상에 있었으나 율법이 없을 때에는 죄를 죄로 여기지 아니하느니라." (롬 5:13)

하나님께서 에덴동산에 "선악과를 먹지 말라! 먹으면 정녕 죽으리라."는 법을 두신 것은? 이 법을 지키지 않을 사람을 위하여 세우신 것이다. 하나님께서 우리에게 율법을 주신 것은? 율법은 옳은 사람을 위하여 세운 것이 아니요, 오직 불법한 자들을 위해 세운 법이었던 것이다.

"[9]알 것은 이것이니 법은 옳은 사람을 위하여 세운 것이 아니요 오직 불법한 자와, 복종치 아니하는 자며, 경건치 아니한 자와, "죄인이며, 거룩하지 아니한 자와, 망령된 자며, 아비를 치는 자와, 어미를 치는 자며, 살인하는 자며 [10]음행하는 자며 남색하는 자며 사람을 탈취하는 자며 거짓말하는자며 거짓 맹세하는 자와 기타 바른 교훈을 거스리는 자를 위함이니…" (딤전 1:9-10)

그런 의미에서 이같이 율법이 있음으로써 이 율법 앞에 질서가 세워질 수 있는 것이다. 죄를 지으면 그 죄에 합당한 벌을 받기 때문에 '율법'은 인생으로 하여금 죄를 깨닫게 할 뿐 아니라, 죄를 짓지 않게 미리 방지하는 역할도 하였던 것이다.

둘째: 율법은 우리에게 의로운 삶의 기준을 제시해 주었다.

율법이 없으면 사람들은 어떤 기준이 없음으로 인해서 다 각기 제 길로 향하기 때문에, 하나님은 하나님 나라의 질서를 유지하시기 위해서 이 율법을 주셨던 것이다. 그런 면에서 율법은 "우리의 삶에 기준을 제시하신 법"이요, 율법은 우리 육신이 짓는 죄와 허물을 비추어 주는 "거울과도 같은 법"이었다. 호세아 선지자는 하나님께서 "내가 저를 위하여 내 율법을 만 가지로 기록하였으나 저희가 관계없는 것으로 여기는도다."라고 하였다.

호세아 선지자 시대에도 만 가지 율법 앞에서 백성들은 율법에 비추어 자기 자신의 죄성을 되돌아보지 않고 하나님을 무시했던 것이다. 하나님은 우리에게 "만 가지" 율법을 주셨다고 선포하였다. 이 "만 가지 율법"을 통해 하나님 자녀의 삶에서 '하라!'와 '하지 말라!'를 통해 어떻게 살아야 할 것인가에 대한 그 기준(基準)을 주신 것이다.

또한 바울은 이전에 율법학자였기에, 율법과 복음에 대한 내용을 얼마나 잘 정리하여 주었는지! 만인 앞에, 아니 장래 태어날 모든 이들에게도 율법과 복음의 차원에 대한 비유와 그 '격차'까지도 모두 대조해 주었다.

그러나 다메섹에서 주님을 만나기 이전에 그는 어떤 삶을 살았는가? 주님을 만나기 전 그의 이름은 '사울'이었다. '사울'이란 이름은 '큰 자'란 뜻이다. 그런데 마가는 사울이 주의 제자들을 향하여 위협과 살기가 등등해서 도(道)를 좇는 사람을 만나면 남녀불문하고 결박하여 예루살렘으로 잡아들였다.

> "이로 보건대 율법도 거룩하며 계명도 거룩하며 의로우며 선하도다."
> (롬 7:12)

> "그러나 사람이 율법을 법 있게 쓰면 율법은 선한 것인 줄 우리는 아노라."
> (딤전 1:8)

> "[1]사울이 주의 제자들을 대하여 여전히 위협과 살기가 등등하여 대제사장에게 가서 [2]다메섹 여러 회당에 갈 공문을 청하니 이는 만일 그 도를 좇는 사람을 만나면 무론남녀하고 결박하여 예루살렘으로 잡아 오려 함이라."
> (행 9:1-2)

셋째: 율법은 그것을 지키지 않으면 심판이 온다는 것을 알리기 위한 것이다.

하나님은 "선악과를 먹지 말라! 먹으면 정녕 죽으리라" 말씀하셨는데, 이는 하나님의 사람들은 자기의 자유의사에 대한 책임을 지게 하시려는 뜻이 있었기 때문이다.

그래서 선하신 하나님의 법을 신뢰함으로써 따르는 사람에게는 축복을, 그렇지 않고 불순종하는 사람에게는 저주의 심판을 내리셨다. 이는 하나님의 말씀을 더욱 능동적으로 지키게 하시려는 하나님의 뜻이 함께하신 것이다.

"<u>율법은 진노를 이루게 하나니 율법이 없는 곳에는 범함도 없느니라.</u>" (롬 4:15)

"무릇 율법 행위에 속한 자들은 저주 아래 있나니 기록된바 누구든지 율법 책에 기록된 대로 온갖 일을 항상 행하지 아니하는 자는 저주 아래 있는 자라 하였음이라." (갈 3:10)

아담과 그 아내는 선악과를 먹으면 죽는다는 말씀을 가볍게 여겨 불순종함으로써 먹지 말라는 것을 먹었다. 그 결과, 영적 죽음과 함께 육적 죽음도 맞는데, 그것은 불순종하는 자에게 내리신 하나님의 진노요, 심판이었다. 이는 아담 내외로 하여금 자신이 지은 죄에 대한 책임을 깨닫게 하시기 위한 하나님의 공의로운 조처였다.

넷째: 율법은 예수님에게로 인도하는 몽학선생의 역할을 한다.

바울 사도는 "율법을 몽학선생으로 비유"하기도 하였다. 이 율법은 우리 조상 대대로 물려받은 죄의 엉겅퀴와 자갈돌을 골라내지 않고서는 결코 하나님 말씀의 씨를 뿌릴 수가 없기 때문에 씨를 심기 전에 꼭 필요로 하는 과정이었다. 하나님께서 모세를 통해서 율법을 우리에게 주셨고, 성경은 이 율법을 또 다른 표현으로 '이른 비'라고 칭하였다.

성경에서 제시하는 '비'는 하나님의 말씀을 가리켰기 때문이다.

"[1]하늘이여 귀를 기울이라 내가 말하리라 땅은 내 입의 말을 들을 지어다 [2]나의 교훈은 내리는 비요 나의 말은 맺히는 이슬이요 연한 풀 위에 가는 비요 채소 위에 단비로다." (신 32:1-2)

이 이른 비가 내려야 마를 대로 마르고 딱딱해진 땅을 기경하여 말씀의 씨를 심을 수 있기 때문이다. 그러므로 율법은 복음의 씨를 뿌리기 전까지 필요한 이른 비요, 법이요, 모세가 선포한 율법이었기에 모세의 노래라고도 한다.

선악과	율법	이른 비	모세의 노래

"저희는 눈물 골짜기로 통행할 때에 그곳으로 많은 샘의 곳이 되게 하며 이른 비도 은택을 입히나이다." (시 84:6)

"또 너희 마음으로 우리에게 이른 비와 늦은 비를 때를 따라 주시며 우리를 위하여 추수 기한을 정하시는 우리 하나님 여호와를 경외하자 말하지도 아니하니." (렘 5:24)

"시온의 자녀들아 너희는 너희 하나님 여호와로 인하여 기뻐하며 즐거워할 지어다 그가 너희를 위하여 비를 내리시되 이른 비와 늦은 비가 전과 같을 것이라." (욜 2:23)

"그러므로 형제들아 주의 강림 하시기까지 길이 참으라 보라 농부가 땅에서 나는 귀한 열매를 바라고 길이 참아 이른 비와 늦은 비를 기다리나니." (약 5:7)

"그런즉 율법은 무엇이냐 ? 범법함을 인하여 더한 것이라 천사들로 말미암아 중보의 손을 빌어 베푸신 것인데 <u>약속하신 자손이 오시기까지 있을 것이라.</u>"
(갈 3:19)

"<u>율법과 선지자는 요한의 때까지요</u> 그 후부터는 하나님 나라의 복음이
전파되어 사람마다 그리로 침입하느니라." (눅 16:16)

야곱이 라헬을 사모하였어도 그가 라헬을 가질 수 없었던 것은,
죄를 지은 인간에게는 먼저 순서적으로 율법이 필요했기 때문에, 율법
으로 상징된 레아를 먼저 만나야 했다.

"이스라엘에서는 동생을 먼저 주는 법이 없다."라고 매몰차게 사랑하
지 않은 레아를 먼저 주었지만, 그것은 성경의 근본 원리를 제시하신
것이다. 이 이야기는 이제 막 생기 먹고 태어난 젖먹이는 율법의 눈으로
남을 판단할 수 있는 상태가 아니기 때문에, "선악과를 먹지 말라!"고
경고하신 이유와 한 맥을 이룬다.

이후에 야곱이 라헬을 취하기 위해 다시 7년을 더 일해야 했는데,
라헬을 다시 얻기 위해 일한 이 7년의 기간은? 말씀을 통하여 마음의
밭을 기경, 돌과 엉겅퀴를 골라내는 중요한 영적 준비 기간이었다.
이런 준비 기간이 있을 때, 복음을 상징한 라헬을 만나 행복하게 살
수 있는 것이다.

성경은 얼마나 오묘한가! 이 율법을 통하여 자기의 죄성을 깨달아야
만 그 죄에서 자기를 구원해 주실 예수님을 영접할 간절한 마음이
생기기 때문이다.

다섯째: 율법은 죄를 깨닫게 해주되 구원의 방편이 될 수 없다.

율법은 죄를 깨닫게 해주는 역할이지, 율법 자체는 구원할 능력이
없다. 구원은 "오직 예수 그리스도를 믿는 믿음"으로만이 가능하다.

오직 복음만이 우리를 죄에서 구원해 주시는 하나님의 능력이 되기 때문이다.

> "내가 복음을 부끄러워하지 아니하노니 이 복음은 모든 믿는 자에게 구원을 주시는 하나님의 능력이 됨이라 첫째는 유대인에게요 또한 헬라인에게로다."(롬 1:16)

이 율법을 통해서 자기의 죄성을 깨달은 자만이, 그 죄에서 자기를 구원해줄 구원자의 절대성을 믿게 되는 것이다. 주님을 만나기 전 죄인인 우리에게 필요한 것이 "율법이란 교과서"였다.

자기 자신을 죄인이라고 생각하지 않은 사람이 어떻게 예수님을 구원자로 영접할 수 있겠는가? 자기의 힘으로는 도저히 갚을 수 없는 '일만 달란트'의 죄의 값! 오직 주님만이 그 죄의 값을 대속해 주실 수 있는 유일의 길임을 깨닫는 자만이 주님을 갈망하며, 그분을 믿고 영접할 수 있는 것이다.

> "사람이 의롭게 되는 것은 율법의 행위에서 난 것이 아니요 오직 예수 그리스도를 믿음으로 말미암는 줄 아는고로 우리도 그리스도 예수를 믿나니 이는 우리가 율법의 행위에서 아니고 그리스도를 믿음으로써 의롭다 함을 얻으려 함이라 율법의 행위로서는 의롭다 함을 얻을 육체가 없느니라."(갈 2:16)

> "내가 하나님의 은혜를 폐하지 아니하노니 만일 의롭게 되는 것이 율법으로 말미암으면 그리스도께서 헛되이 죽으셨느니라."(갈 2:21)

> "[19]우리가 알거니와 무릇 율법이 말하는 바는 율법 아래 있는 자들에게 말하는 것이니 이는 모든 입을 막고 온 세상으로 하나님의 심판 아래 있게 하려 함이니라 [20]그러므로 율법의 행위로 그의 앞에 의롭다 하심을 얻을 육체가 없나니 율법으로는 죄를 깨달음이니라."(롬 3:19-20)

여섯째: 믿음의 법을 떠난 율법은 죄의 사슬이 된다.

바울이 되기 전의 사울은 율법주의자였다. 율법은 자기의 죄와 허물을 깨달을 수 있는 거울로 주신 법이다. 그런데 사울은 이 율법이란 거울로 다른 사람들을 비추고 정죄하는 일에 열심을 내었던 인물이다.

성경은 "**의인은 없나니 하나도 없다!**"고 우리 인생의 현주소를 드러내 주셨는데, 그는 이 사실을 깨닫지 못하였다. 아니 오히려 그 자신이 의로운 줄 알고, 하나님의 사람들을 정죄하고 죽이는 데 앞장섰다. 이 당시 사울의 모습을 성경은 "여전히 제자들을 위협하며 살기가 등등하였다!"라고 증거하지 않았는가?

이런 모습은 누구라도 고개를 돌리고 싶은 인물이다. 그러므로 자칭 "하나님의 사람"이라고 하는 사람의 모습에서 "살기가 등등하다"는 것은 이미 하나님의 사람이 아님을 스스로 인정한 것이다. 사울은 이 율법이란 거울 앞에서 자기의 죄성을 바라보고 그 더러움을 씻어야 했다. 그런데 사울은 오히려 타인을 바라보고 그의 더러움을 밝혀내니 늘 살기가 등등하지 않을 수 없었던 것이다.

이런 이유로 하나님께서 아담과 그 아내에게 "**선악과를 먹지 말라!**"라고 첫 경고를 하셨던 것이다. 복음을 깨닫기 전에 율법주의자가 되면, 이렇게 살기가 등등하고, 남을 죽이고 싶어질 만큼, 오히려 죄 가운데 산다는 사실을 하나님은 사울을 통해서 밝혀주셨다.

> "사울이 주의 제자들을 대하여 여전히 위협과 살기가 등등하여 대제사장에게 가서…" (행 9:1)

사울의 이런 '살기'의 모습이 사라진 것은, 다메섹 도상에서 주님을 만나고, 무명의 아나니아를 통해 복음을 전해 듣고 난 후였다. "예수 그리스도 안에 있는 자에게는 정죄함이 없나니!"

사울은 비로소 자기에게 선악을 판별할 능력이 없었음에도 불구하고 "들보 있는 눈"으로 다른 사람의 "눈의 티"를 뽑으려 했다는 사실을 깨닫게 되었다. 후에 '바울'은 자신이 "**죄인 중의 괴수**"였음을 고백하였는데, 이것이 바로 사울의 유명한 다메섹 도상에서의 회심사건이다.

이 다메섹 도상 이후, 사울의 이름은 ⇨ 바울로 바뀐다. 그 이름 속에서 그의 인격이 변했음을 우리는 깨달을 수 있다! '**사울**'이란 이름은 '**큰 자**'라는 뜻이요, '**바울**'이란 이름은 '**작은 자**'라는 뜻이다. 그가 사울이란 이름을 가졌을 때, 사울은 자기 자신의 눈 속에 들보가 있는 줄을 몰라, 스스로를 의인으로 착각했던 것이다.

그러나 예수님을 다메섹 도상에서 만난 사울은 이제 자기 자신의 현주소를 알았기에, 더 이상 자신을 '큰 자'로 여길 수가 없었다. 아니 오히려 보통 사람보다도 더 "악한 죄성"을 소유하고 있는 "**죄인 중의 괴수**"임을 깨닫게 된 것이다.

또한 그는 무명의 '**아나니아**'를 통해 자신이 새 생명을 얻게 되었다는 사실 앞에서, 그는 "율법의 한계"와 "복음"을 대조할 수 있는 심령이 되었다. 그리고 또 하나! 율법의 한계를 처음으로 깨닫게 되었다.

바울의 이 같은 회심 과정은?

모든 하나님의 자녀에게 있어 신앙의 필수 코스인데, 대다수의 하나님의 자녀들이 이 과정을 거치지 않은 채, 신앙의 삶을 살고 있는 것이다. 그러므로 선악과가 무엇을 상징하고 있는 것인가를 알지 못한 채, 신앙생활을 하고, 회심의 검증 없이 직분들을 받기 때문에, 장래 대다수의 교회가 큰 성 바벨론으로 전락되어 심판을 받게 된다는 것이다.

따라서 우리 자신은 스스로의 상태와 상황을 제대로 깨닫지 못해서, 들보 있는 눈으로 얼마나 남을 정죄하고 판단하고 헤아리며 살아왔는지! 이런 사실을 깨달은 자만이 비로소 신앙의 새로운 출발이 다시 시작될 것임은 자명한 일이다.

율법은 자기 자신의 죄와 허물을 깨달을 수 있도록 "법 있게 쓰면 선한 것"이지만, 이것을 이용하여 "**남을 정죄하고 판단하는 일**"에 쓰면, 오히려 "죄의 쇠사슬"이 되어버리기 때문에 이 율법에 대한 바른 인식이 필요하다. 그러나 인생 대다수는 이 율법으로 자기의 죄를 깨닫고 씻어내기보다는, 율법의 잣대로 남을 헤아리고 판단하고 정죄하는 일에 빨랐다는 것이다. 이스라엘 백성들은 율법을 범하면 진노를 이루기 때문에, 그 심판이 두려워 억지로 "눈 가리고 아웅!" 하는 행동을 하였다.

하나님은 이 율법을 "세례 요한을 분기점"으로 마치려 하셨다. 그것은 율법은 죄를 깨닫게 해주시기 위하여 주셨지, 이 율법하에서 하나님의 백성들이 종살이하는 것으로 주시지 않았기 때문이다. 이렇게 하는 것은 하나님의 뜻이 아니었다!

"복음에는 하나님의 의가 나타나서 믿음으로 믿음에 이르게 하나니 기록된 바 오직 의인은 믿음으로 말미암아 살리라 함과 같으니라." (롬 1:17)

"14우리가 율법은 신령한 줄 알거니와 나는 육신에 속하여 죄 아래 팔렸도다 15나의 행하는 것을 내가 알지 못하노니 곧 원하는 이것은 행하지 아니하고 도리어 미워하는 그것을 함이라 16만일 내 가 원치 아니하는 그것을 하면 내가 이로 율법의 선한 것을 시인하노니 17이제는 이것을 행하는 자가 내가 아니요 내 속에 거하는 죄니라 18내 속 곧 내 육신에 선한 것이 거하지 아니하는 줄을 아노니 원함은 내게 있으나 선을 행하는 것은 없노라 19내가 원하는 바 선은 하지 아니하고 도리어 원치 아니하는 바 악은 행하는도다 20만일 내가 원치 아니하는 그것을 하면 이를 행하는 자가 내가 아니요 내 속에 거하는 죄니라.”(롬 7:14-20)

에덴동산에서도 이 선악과를 먹고 나서, 아담은 그 아내를 정죄했고, 그 아내는 뱀을 정죄했다. 어느 누구도 자신이 죄를 지은 장본인이라고 고백하지 않았다. 아담도, 그 아내도 사울의 다메섹과 같은 사건이 없었으므로 죄의 고백이 없었던 것이다. 만약 이들이 이 사실을 깨닫고 자신의 죄와 허물을 고백했다면, 주님이 이들을 어떻게 다스리셨을까? 아마 “나를 따르라 너의 집에 구원이 이르렀다!”라고 하셨을 것이다.

“예수께서 들으시고 저희에게 이르시되 건강한 자에게는 의원이 쓸데없고 병든 자에게라야 쓸 데 있느니라 내가 의원을 부르러 온 것이 아니요 죄인을 부르러 왔노라.”(막 2:17)

“8시몬 베드로가 이를 보고 예수의 무릎 아래 엎드려 가로되 주여 나를 떠나소서 나는 죄인이로소이다 하니 9이는 자기와 및 함께 있는 모든 사람이 고기 잡힌 것을 인하여 놀라고 10세베대의 아들로서 시몬의 동업자인 야고보와 요한도 놀랐음이라 예수께서 시몬에게 일러 가라사대 무서워 말라 이제 후로는 네가 사람을 취하리라 하시니.”(눅 5:8-10)

“7내가 너희에게 이르노니 이와 같이 죄인 하나가 회개하면 하늘에서는 회개할 것 없는 의인 아흔아홉을 인하여 기뻐하는 것보다 더하리라… 10내가 너희에게 이르노니 이와 같이 죄인 하나가 회개하면 하나님의 사자들 앞에 기쁨이 되느니라.”(눅 15:7, 10)

“13세리는 멀리 서서 감히 눈을 들어 하늘을 우러러보지도 못하고 다만 가슴을 치며 가로되 하나님이여 불쌍히 여기옵소서 나는 죄인이로소이다 하였느니라 14내가 너희에게 이르노니 이 사람이 저보다 의롭다 하심을 받고 집에 내려갔느니라.”(눅 18:13-14)

계시록 18장의 큰 성 바벨론이 멸망하게 된 근본적인 원인도 바로 여기에 있었다. 세상을 바라보기 바란다! 세상 어느 곳에도 "아! 제가 잘못해서 이런 일이 일어났습니다!"라고 고백하는 사람들이 얼마나 드문가? 정치계에도, 경제계에도, 문화계에도, 하다못해 교계에도. 어디서도 자기 자신의 죄와 허물을 고백하고 회개하는 자들이 극히 드물다는 것이다. 오히려 자기는 옳고 남이 잘못되었음을 정죄해서 인생이 거하는 곳이면, 어디든지 서로를 정죄하고 서로를 비판하는 이런 일이 난무하는 것이다.

2. 생명과는 화평의 복음

선악과는 율법을 의미했으므로, 이 율법을 통해서 자기의 죄를 깨달은 사람만이, 그다음의 교육 코스인 복음 시대의 "화평의 복음"이란 교과서로 가르침을 받을 수 있다. "예수 그리스도께서 우리의 죄를 대속해 주셨다. 누구든지 그의 이름을 영접하는 자에게는 하나님의 자녀가 되는 권세를 주신다!"

하나님은 '율법'을 통해 자신의 죄를 깨닫는 사람에게, '복음'이란 또 다른 교제를 통해 구원을 선물하실 계획을 갖고 계셨다. 그것이 바로 에덴동산에 있었던 '생명과'이다.

복음의 의미는? 기쁜 소식이라는 뜻이다. '일만 달란트'의 죄의 빚을 갚을 수 없어 옥에서 영영 죽을 사람들을, 그 빚 때문에 한시도 평안히 지낼 수 없는 사람에게 "그 죄에서 구원해 주시겠다!"라는 하나님의 의지가 바로 화평의 복음의 내용이다. "화평의 복음"은 하나님과 인간 사이에 가로막힌 죄의 담을 한마디로 제하여 주셔서, 언제고 하나님 앞에 나갈 수 있게 그 문을 열어 주신 것이다.

하나님은 당신 백성의 죄를 대속하기 위해 당신의 독생자를 내어 주셨으며, 그 독생자 되신 예수님은 이 땅에 오셔서 선악과 이후에 먹지 못한 생명과를 풍성히 먹이시고, 십자가를 지심으로써 우리의 갚을 수 없는 죄의 빚을 다 갚아 주셨다는 것이다.

복음은? 바로 "너희의 빚이 다 갚아졌으니, 이제 너희는 더 이상 죄인이 아니다! 그러니 회개하여 정죄하는 사단의 참소에서 벗어나 예수 그리스도를 영접함으로 구원을 얻어 영생의 길로 나아가라!" 는 것이 하나님의 메시지였다. 그러므로 율법으로 죄를 깨달은 자가 예수께로 나아와 그분을 영접하여야 한다. 그리고 주님이 주시는 생명의 말씀을 통하여 "물과 성령"으로 거듭나, 그로부터 매일 말씀을 받아 자기의 더러움을 씻어나가는 것이 우리의 신앙의 삶이다.

복음의 핵심은 바로 우리의 허물과 죄로 죽을 수밖에 없었던 우리를 살려 주신다는 내용이다.

　　"너희의 허물과 죄로 죽었던 너희를 살리셨도다." (엡 2:1)

이 복음을 통하여 우리는 "하나님의 의"를 깨닫게 되고, 우리도 의인으로 변화 받아야 하는 것이다.

　　"[16]내가 복음을 부끄러워하지 아니하노니 이 복음은 모든 믿는 자에게 구원을 주시는 하나님의 능력이 됨이라 첫째는 유대인에게요 또한 헬라인에게로다 [17]복음에는 하나님의 의가 나타나서 믿음으로 믿음에 이르게 하나니 기록된바 오직 의인은 믿음으로 말미암아 살리라 함과 같으니라." (롬 1:16-17)

그런 의미에서 에덴동산의 생명과는 선악과를 통해서 생명과의 필요성을 깨달은 자가 먹어야 할 양식의 예표요, 생명과는 이 땅에 오신 주님을 상징하는 예표였다. 주님은 에덴에서 선악과 사건으로 먹지 못했던 생명과를 먹으려 친히 이 땅에 오신 분이시다. 하나님은 선악과를 먹은 아담과 그 아내를 에덴동산에서 더 이상 살게 하지 않으시고, 쫓아내셨다. 그리고 에덴동산의 길을 "두루 도는 화염검"과 "그룹들"로 지키게 하셨다.

그런데 먹을 수 없었던 그 '생명과'를 먹이시려 주님께서 다시 이 세상에 오신 것이다. 주님께서 "내가 너희에게 이른 말이 영이요 생명이라." 하시며, "내가 바로 그 '생명과'이니 내 피와 내 살을 먹으라!" 하신 것이다.

> "예수께서 가라사대 `내가 곧 생명의 떡이니 내게 오는 자는 결코 주리지 아니할 터이요 나를 믿는 자는 영원히 목마르지 아니하리라." (요 6:35)

성경은 또한 "지혜가 생명나무요, 의인의 열매가 생명나무"라고 하였다. 그리고 "온량한 혀"가 곧 생명나무라 하셨다. 그래서 우리가 하나님 말씀을 가지면 우리도 생명나무가 되는 것이다. 이 생명나무는 예수 그리스도의 표상이자, 우리의 미래의 표상이다.

> "지혜는 그 얻은 자에게 생명나무라 지혜를 가진 자는 복되도다." (잠 3:18)
>
> "의인의 열매는 생명나무라 지혜로운 자는 사람을 얻느니라." (잠 11:30)
>
> "소망이 더디 이루게 되면 그것이 마음을 상하게 하나니 소원이 이루는 것은 곧 생명나무니라." (잠 13:12)
>
> "온량한 혀는 곧 생명나무라도 패려한 혀는 마음을 상하게 하느니라." (잠 15:4)

이러한 성경의 제시를 깨닫고, 성경의 오묘함은 물론, 죽은 가지인 우리를 당신의 능력으로 소생시켜 다시 생명나무로 세우시는 하나님의 크신 뜻을 우리는 깨닫고 감사함을 느껴야 할 것이다!

● 이사야 선지자는 하나님이 장차 한 산, 즉 그 산의 이름을 시온산이라 제시하신다고 했는데, 이곳에서 당신의 백성을 "율법과 말씀"으로 가르치실 것을 예고하였다.

이 예고는 "두루 도는 화염검"과 '그룹들'로 그 길을 막으셨던 에덴동산의 문을 다시 열어 "생명과와 선악과"로 교육을 받을 수 있는 기회를 허락하신다는 메시지이기 때문에, 그것을 깨달은 자는 모두들 이 산을 향해서 올라가게 되는 것이다. 이 산(山)은 그 옛날 에덴동산처럼 "선악과와 생명과"가 있는 곳이다. 필자가 '예언서'를 "하나님 나라의 금광"이라고 말한 것이 바로 이러한 내용에서 기인한 것이다. 이 예언서 안에 모든 내용이 다 들어있기 때문이다.

"세상의 모든 거민, 지상에 거하는 너희여 산들 위에 기호를 세우거든 너희는 보고 나팔을 불거든 너희는 들을찌어다!" (사 18:3)

그러므로 이 시온산 교회에 기호를 세워 사람들이 그곳으로 도피하게 하셨다.

"¹아모스의 아들 이사야가 받은바 유다와 예루살렘에 관한 말씀이라 ²말일에 여호와의 전의 산이 모든 산 꼭대기에 굳게 설 것이요 모든 작은 산 위에 뛰어나리니 만방이 그리로 모여들 것이라 ³많은 백성이 가며 이르기를 오라 우리가 여호와의 산에 오르며 야곱의 하나님의 전에 이르자 그가 그 도로 우리에게 가르치실 것이라 우리가 그 길로 행하리라 하리니 이는 율법이

시온에서부터 나올 것이요 여호와의 말씀이 예루살렘에서부터 나올 것임이니라." (사 2:1-3)

● 예레미야 선지자도 다음과 같이 선포하였다.

"시온을 향하여 기호를 세우라, 도피하라, 지체하지 말라 내가 북방에서 재앙과 큰 멸망으로 이르게 할 것임이니라." (렘 4:6)

여기가 바로 시온산이요, 여기가 바로 촛대 교회인 것이다.

● 미가 선지자도 예비된 한 산에서, 율법과 말씀으로 하나님의 백성을 교육할 것을 예고하였다.

"곧 많은 이방사람들이 가며 이르기를 오라 우리가 여호와의 산에 올라가서 <u>야곱의 하나님의 전</u>에 이르자 그가 그의 도를 가지고 우리에게 가르치실 것이나라 우리가 그의 길로 행하리라 하리니." (미 4:2)

이는 율법이 시온에서부터 나올 것이요 여호와의 말씀이 예루살렘에서부터 나올 것임을 시사한 것이다. (시온과 예루살렘은 같은 의미)

● 에스겔 선지자도 이제 이스라엘 높은 한 산에 '우리'를 만들어 거기서 하나님이 당신의 선택된 백성들을 모아 좋은 꼴, 살진 꼴을 먹일 날이 있을 것을 예고하였다.

"¹³내가 그것들을 만민 중에서 끌어내며 열방 중에서 모아 그 본토로 데리고 가서 이스라엘 산 위에와 시냇가에와 그 땅 모든 거주지에서 먹이되

¹⁴좋은 꼴로 먹이고 그 우리를 이스라엘 높은 산 위에 두리니 그것들이 거기서 좋은 우리에 누워 있으며 이스라엘 산 위에서 살진 꼴을 먹으리라." (겔 34:13-14)

따라서 에덴동산에서의 아담과 그 아내는 이제 막 생기를 먹고 산 영이 되었다고 하지만, 아직은 갓 태어난 젖 먹는 차원에 불과하였기 때문에, 선악과는 절대적으로 그들의 교육상 필요한 교재였다.

"곧 요한이 그 세례를 반포한 후에 갈릴리에서 시작되어 온 유대에 두루 전파된 그것을 너희도 알거니와…" (행 10:37)

선악과는 자기 자신의 죄와 허물을 깨닫기 위한 교재, 깨닫게 하기 위한 거울로 주셨지, 그것으로 남을 정죄하고 헤아리고 판단하라고 주신 것이 아니었다.

율법은 마치 몽학선생으로 죄인에게 필요한 교육 교재인 것이다. 율법은 범법함으로 인하여 더해 주신 것이기 때문에, 아직 아담과 그 아내는 생령 차원이라, 선악과를 통해 자기들의 씻어야 할 육적 죄와 육적 허물이 무엇인지 깨달아 알 필요가 있었다. 율법은 약속한 자손이 오시기까지 필요한 교육 교재였기 때문이다.

복음을 상징한 생명과가 두 가지로 갈라진 것은? 이 복음의 기쁜 소식을 접하여 "화평의 복음"을 듣고, 곧 두루 전파하게 되었던 것이다.

"³⁶만유의 주 되신 예수 그리스도로 말미암아 화평의 복음을 전하사 이스라엘 자손들에게 보내신 말씀 ³⁷곧 요한이 그 세례를 반포한 후에 갈릴리에서 시작되어 온 유대에 두루 전파된 그것을 너희도 알거니와…" (행 10:36-37)

사도 요한이 밧모라 하는 섬에서 성령에 감동하여 제시한 계시록을 통해 "영원한 복음"을 선포하였던 것이다. 할렐루야! 주님을 찬양!

"또 보니 다른 천사가 공중에 날아가는데 땅에 거하는 자들 곧 여러 나라와 족속과 방언과 백성에게 전할 영원한 복음을 가졌더라." (계 14:6)

제6부

성경 전체가 제시하는 선악과 총론

"우리가 다 하나님의 아들을 믿는 것과
아는 일에 하나가 되어 온전한 사람을 이루어
그리스도의 장성한 분량이 충만한 데까지 이르리니."

(엡 4:13)

1. 선악은 삼위일체 하나님만 분별하신다!

성경을 읽으면서 놀라운 것은 '선악과'가 성경 전체에 차지하는 중요성과 영향력, 그리고 선악과에 대한 전개 과정에 대한 내용의 진전에 대해, 우리 모두가 너무나 '함량 미달'이었다는 사실을 깨닫게 되었다.

"선악과 주제"는 "창세기"에서 제시한 '선악과'에서 끝난 것이 아니었다. 마지막 장래 될 일을 기록한 계시록에서 "선악과를 탐하는 큰 성 바벨론"을 보면서, "아! 성경 전체가 제시하는 진정한 선악과 총론을 알아야겠고, 이 세상에 사는 온 성도에게 알려야겠다!"라는 생각을 하게 되었다. 왜냐하면 에덴동산에서 일어난 "선악과 사건"은 창세기 시대에서 끝난 것이 아니었기 때문이다. 이 '선악과 사건'은 모세가 창세기에서 기록했던 내용이, 지금도 계속되고, 장래에도 더하면 더했지, 덜하지는 않을 것이다. 계시록 17장뿐만 아니라, 계시록 18장 1-6절에서도 선악과 사건이 일어나리라는 것을 사도 요한이 다음과 같이 증거하고 있기 때문이다.

"이 일 후에 다른 천사가 하늘에서 내려오는 것을 보니 큰 권세를 가졌는데 그의 영광으로 땅이 환하여지더라! [2]힘센 음성으로 외쳐 가로되 무너졌도다!
무너졌도다! 큰 성 바벨론이여! 귀신의 처소와 각종 더러운 영의 모이는
곳과 각종 더럽고 가증한 새의 모이는 곳이 되었도다! [3]그 음행의 진노의
포도주를 인하여 만국이 무너졌으며, 또 땅의 왕들이 그로 더불어 음행하였으
며, 땅의 상고들도 그 사치의 세력을 인하여 치부하였더라 하더라! [4]또 내가
들으니 하늘로서 다른 음성이 나서 가로되 내 백성아! 거기서 나와 그의
죄에 참예하지 말고 그의 받을 재앙들을 받지 말라! [5]그 죄는 하늘에 사무쳤으
며, 하나님은 그의 불의한 일을 기억하신지라! [6]그가 준 그대로 그에게 주고
그의 행위대로 갑절을 갚아 주고 그의 섞은 잔에도 갑절이나 섞어 그에게
주라!" (계 18:1-6)

계시록 18장은 장래 일어날 일로, 교회가 '바벨'이란 이름의 꼬리표를
받을 것을 예고하였다. 아니 하나님의 교회가 '바벨' 즉 혼잡이란 내용의
꼬리표뿐만 아니라, 그보다 더 부끄럽고 수치스러운 '음녀'란 꼬리표를
하나 더 달았다고 '다른 천사'가 외쳤다. 그런 의미에서 이제 좀 늦은
감이 있지만, 이제부터라도 성경 전체가 제시하는 "선악과 총론"에
대해 무엇보다도 올바로! 제대로! 알아야 신앙의 삶에 성공할 수 있으리
라고 확신한다.
　이 시대에 사는 하나님의 자녀들은 "선과 악"은 삼위일체 하나님만이
분별하신다는 사실을 우리 가슴에 새겨야 한다. 우리 인생 어느 누구도
"선과 악"을 판단할 수 있는 능력이 없기 때문이다. 그러므로 "의인은
없나니 하나도 없다" 이것이 우리 인생에 대한 하나님의 판정이었다.
그런데, 그럼에도 불구하고 하나님께서 "선악을 알게 하는 나무"를
에덴동산에 두신 것은? 하나님만이 선과 악을 판별하시는 "공의의
하나님"이심을 '산 영 차원'의 남자와 여자에게 알려 주시기 위함이었으
리라.

그리고 "인생의 모든 행위와 모든 은밀한 일을 선악 간에 판단하시는 하나님의 말씀을 준수하라! 그러면 후에 너희도 하나님의 지혜의 말씀을 깨달아 선악을 판단하게 되니, 그때까지 선악과를 먹지 말고 생명과를 먹어라!" 이것이 산 영 차원의 첫 사람들에게 알리는 하나님의 진심이었으며, 그분의 의중(意中)이었다.

그런데 어떤 일이 발생했는가?

그렇게 "선악과를 먹지 말라"고 명령하셨음에도 불구하고, 이제 막 생기를 먹은 '젖먹이 차원' 아담의 아내가 뱀의 유혹으로 선악과를 먹어버렸다! 그리고 저만 먹은 것이 아니라, 먹지 말라는 선악과의 열매를 남편에게 주니 그도 아무 생각 없이 받아먹었다. 참으로 어찌 이렇게 둘 다 똑같을까?

"여자가 그 나무를 본즉 먹음직도 하고 보암직도 하고 지혜롭게 할 만큼 탐스럽기도 한 나무인지라 여자가 그 실과를 따먹고 자기와 함께한 남편에게도 주매 그도 먹은지라." (창 3:6)

아담 내외는 "먹지 말라!"는 선악과를 먹고 난 후에, 감히 선과 악을 판단하려 나서니, 하나님께서 어떤 조치를 취하셨던가? 하나님은 "이 선악을 아는 일에 우리 중 하나같이 되었다"(창 3:22)라고 말씀하셨다. 이 말씀을 통해 "선악을 아는 일은 삼위일체 하나님만 아신다!"라는 사실을 강조하신 하나님의 의중을 우리는 깨달을 수 있다.

"하나님은 모든 행위와 모든 은밀한 일을 선악 간에 심판하시리라." (전 12:14)

"이는 우리가 다 반드시 그리스도의 심판대 앞에 드러나 각각 선악 간에 그 몸으로 행한 것을 따라 받으려 함이라." (고후 5:10)

그런데 "삼위일체 하나님"만이 아시는 '선과 악'을 이제 막 말씀의
생기를 먹은 '젖먹이들'이 감히 선악을 안다고 나섰으니, 어떤 일이
벌어지겠는가? 하나님은 이제 "생명나무 실과도 따 먹고 영생"할까
봐 하나님께서 우려가 되셨던 것이다. 이 일 후에 하나님은 두 가지
조치를 취하셨다.

하나는 아담 내외를 '에덴동산'에서 내어 쫓으시고, 그의 근본 된
토지를 갈게 하시고, 또 다른 하나는 다시는 에덴동산에 들어가지
못하도록 '그룹'과 "두루 도는 화염검"으로 에덴동산을 지키게 하신
것이다.

아! 말씀대로 "먹지 말라!"는 선악과를 먹지 않고, 에덴동산에서
지냈다면 어떤 미래가 열렸을까? 이 부분에서 필자는 가슴이 멍해졌다!
"만약 하나님의 말씀을 지켰다면 어떤 삶이 우리에게 펼쳐졌을까?"

마음에 새겨야 할 단어 5가지(창 3:22-24)

"²²…그가 그 손을 들어 ① 생명나무 실과도 먹고 ② 영생할까 하노라
하시고 ²³여호와 하나님이 에덴동산에서 그 사람을 내어 보내어 그의 근본
된 토지를 갈게 하시니라 ²⁴이같이 하나님이 그 사람을 쫓아내시고 에덴동산
동편에 ③ 그룹들과 ④ 두루 도는 화염검을 두어 ⑤ 생명나무의 길을 지키게
하시니라." (창 3:22-24)

① '생명나무 실과'란 단어의 중요성

우리는 "생명나무 실과"란 단어의 중요성을 알되, 제대로 알아야
한다. 왜냐하면 "생명나무 실과를 먹으면 영원히 영생을 누릴 수 있다."
라고 하셨기 때문이다. 그런데 "먹지 말라!"는 '선악과'를 먹은 아담

내외가 "생명나무의 실과"를 따먹었으니 어떤 상황이 발생하였겠는가? "죄를 지은 자들"이 생명과를 먹고 영생을 누리고 계속 자녀를 낳으면, 이 세상에 어떤 일이 일어나겠는가? 이런 이유로 공의의 하나님께서 불순종한 아담 내외를 에덴에서 내치셨던 것이다.

이 당시 "하나님의 마음"을 우리는 모두 느낄 수 있어야 한다. 하나님의 말씀대로 제대로 따랐다면, 아담 내외에게 어떤 새로운 세계가 펼쳐졌을까? 우리가 알지 못하는 얼마나 멋진 행복을 누렸을까? 그런데 아담 내외가 "먹지 말라" 하시는 선악과를 먹었듯이, 우리도 선악과를 "먹지 말라!"는 모세의 기록을 보았으면서도, 늘 선악과를 탐내어 먹고 또 먹어 진행형이 되고 있지는 않은가?

그런 상황에서도 때때로 생명과를 먹는 우리 자신의 "죄 된 모습"을 발견할 수 있었다. 얼마나 안타깝고, 죄송스럽고, 부끄러운 모습인지! 그런데 이런 죄송한 마음도 없이 살고 있다면, 하나님이 보시기에 얼마나 민망하실까?

② '영생'이란 단어의 중요성

'영생'이란 단어는 인간 수준에서는 상상도 할 수 없는 내용의 단어라고 생각했다. 그런 의미에서 이 세상 사람들이 좋은 음식을 찾아 먹고, 좋은 약들을 찾으며, 건강하게 오래 살려고 얼마나 발버둥을 치는지? 그러나 "인생의 연한이 칠십이요, 강건하면 팔십이라" 하셨다. 지금은 의학과 과학 등, 모든 것이 발달해서 100세 이상 사는 사람들이 점점 늘어나고 있다.

"우리의 연수가 칠십이요 강건하면 팔십이라도 그 연수의 자랑은 수고와 슬픔뿐이요 신속히 가니 우리가 날아가나이다." (시 90:10)

그런데 만약 "아담 내외"가 먹지 말라는 선악과를 먹지 않고, 하나님께서 제시하신 대로 살았다면, 그들은 '영생'을 누릴 수 있었을 것이다. 마치 계시록에 제시된 천년왕국에서처럼! 그런데, "오호라 통재라!" "먹지 말라!"는 선악과를 먹고 에덴동산에서 그만 쫓겨났다는 것이다.

사도 요한은 요한복음을 기록하면서 우리가 어떻게 하면 '영생'을 얻을 수 있는가? 감사하게도 "영생을 얻는 방법 세 단계"를 깨닫고, 다음과 같이 선포하여 주었다. 사도 요한답지 않은가? 왜냐하면 에덴동산에서 아담 내외가 먹지 말라는 '선악과'를 따 먹지 않고 '생명과'를 먹었다면, 그때부터 아담 자손들이 영생을 누릴 수 있었기 때문이다.

사도 요한이 제시한 "영생 세 단계"를 찾고 얼마나 기뻐했는지! 그래서 필자는 "영생 총론"을 만들어 교우들에게 나누어 드렸다. 사도 요한을 통해 우리는 영생하는 방법을 깨닫되 제대로 깨달아야 한다. 우리의 신앙의 삶에서 이 세 단계의 삶을 살아 영생하는 여러분과 필자가 되기를 주님의 이름으로 축원한다!

- ● 영생의 세 단계

첫째 단계: 예수를 믿는 믿음으로 시작하다!

> "하나님이 세상을 이처럼 사랑하사 독생자를 주셨으니 이는 저를 믿는 자마다 멸망치 않고 영생을 얻게 하려 하심이니라." (요 3:16)

영생은 우리가 무엇을 해서 얻는 것이 아니다. 영생은 하나님께서 우리에게 주신 선물이라는 것이다. 사도 요한은 영생을 얻을 수 있는 비결 '세 단계'를 깨닫고, 그 비밀을 요한복음에서 기록하였다.

영생의 출발 첫 단계는?

첫째: 이 세상에 보내심을 받은 하나님의 독생자를 "믿으라!" 하시니 '아멘'으로 받아 믿으며,

둘째: 그분을 믿으면 영생을 얻는다고 하시니, 바랄 수 없는 것을 바라고,

셋째: 예수님이 전하는 말씀은 하나님의 말씀이니, 반드시 성취할 것을 마음에 기록하는 것이다.

하나님의 자녀는 이 세상에 보내주신 예수 그리스도를 믿는 믿음에서부터 출발한다.

> "내가 저희에게 영생을 주노니 영원히 멸망치 아니할 터이요 또 저희를 내 손에서 빼앗을 자가 없느니라." (요 10:28)

> "또 증거는 이것이니 하나님이 우리에게 영생을 주신 것과 이 생명이 그의 아들 안에 있는 그것이니라." (요일 5:11)

하나님께서 독생자를 이 세상에 보내셨다는 것 자체가 우리를 구원하시기 위한 하나님의 의중이요, 은혜요, 사랑이었다. 그러므로 이 세상에 보내신 하나님의 아들을 믿는 것이 "영생할 수 있는 축복의 첫 단계이다.

둘째 단계: 믿음으로 시작해서 하나님과 예수님을 알아 나가다!

> "영생은 곧 유일하신 참 하나님과 그의 보내신 자 예수 그리스도를 아는 것이니이다." (요 12:3)

하나님의 자녀로서 이 세상에 보내주신 하나님의 아들 예수님을 통해 어떻게 영생을 얻는가? 영생은 그의 보내신 자 예수 그리스도와

예수님을 통해 유일하고도 참이신 하나님을 알아 나가는 것이 영생의 두 번째 단계라는 것이다.

"유일하신 참 하나님"이란? 하나님만이 가지실 수 있는 '유일성'과 참, 즉 '진실성'으로 하나님만이 지니실 수 있는 속성이다. 영생의 첫 단계를 알았으니, 이제부터는 유일하신 참 하나님과 그의 보내신 자 예수 그리스도를 알아가며 장성한 자가 되어가는 것이 영생의 두 번째 단계이다.

셋째 단계: 하나님과 예수님의 명령을 지키다!

> "나는 그의 명령이 영생인 줄 아노라 그러므로 나의 이르는 것은 내 아버지께서 내게 말씀하신 그대로 이르노라 하시니라." (요 12:50)

예수님을 영접하여 우리의 구주로 믿고, 예수님을 통해 하나님을 알되 제대로 알아 나가며 장성한 자가 되어 그의 말씀과 주신 명령을 온전히 지켜야 한다.

이 세 단계를 거쳐야 우리는 비로소 "죽어도 다시 사는 영원한 삶"을 누릴 수 있다. 하나님을 믿는 자들에게 영생이란 귀한 선물을 주시는 하나님과 예수님을 우리는 찬양하지 않을 수 없다.

③ 그룹들

이 그룹은 하나님에 의해 창조된 천상의 영적 존재이다. 그리고 이 그룹은 하나님의 임재를 상징하는 성물이나 처소에 형상화되어 늘 등장한다.

"¹⁸금으로 그룹 둘을 속죄소 두 끝에 쳐서 만들되 ¹⁹한 그룹은 이 끝에, 한 그룹은 저 끝에 곧 속죄소 두 끝에 속죄소와 한 덩이로 연하게 할지며 ²⁰그룹들은 그 날개를 높이 펴서 그 날개로 속죄소를 덮으며 그 얼굴을 서로 대하여 속죄소를 향하게 하고…" (출 25:18-20)

그룹의 형상은 날개를 가진 사람이나 사자, 소, 독수리의 모양으로 묘사되었다. 이 그룹들은 하나님의 영광을 선포하고, 하나님의 거룩함을 수호하는 천사군(天使群)을 가리킨다.

"¹⁴그룹들은 각기 네 면이 있는데 첫 면은 그룹의 얼굴이요 둘째 면은 사람의 얼굴이요 셋째는 사자의 얼굴이요 넷째는 독수리의 얼굴이더라 ¹⁵그룹들이 올라가니 그들은 내가 그발 강가에서 보던 생물이라." (겔 10:14-15)

하나님은 그룹 사이에 좌정하시고, 이동하신다고 하였다.

"그룹을 타고 날으심이여 바람 날개로 높이 뜨셨도다." (시 18:10)

"요셉을 양떼같이 인도하시는 이스라엘의 목자여 귀를 기울이소서 그룹 사이에 좌정하신 자여 빛을 비취소서." (시 80:1)

그런데 그룹 가운데 범죄한 이 그룹을 "하나님의 산"에서 쫓아내셨다고 한다. 이 '그룹'이 바로 마귀라고 하고 사단이라고도 하는 요물이 아니겠는가?

"¹⁴너는 기름 부음을 받은 덮는 그룹임이여 내가 너를 세우매 네가 하나님의 성산에 있어서 화광석 사이에 왕래하였었도다… ¹⁶네 무역이 풍성하므로 네 가운데 강포가 가득하여 네가 범죄하였도다 너 덮는 그룹아 그러므로

내가 너를 더럽게 여겨 하나님의 산에서 쫓아 었고 화광석 사이에서 멸하였도다." (겔 28:14, 16)

④ '두루 도는 화염검'

이 검은 자체적으로 회전하는 '불 칼'로, 두루 돌아가며, 하나님의 위엄을 상징한다.

⑤ '생명나무의 길'

에덴동산에 있는 생명나무의 길은 이처럼 여호와의 "수호천사들"과 "화염검" 즉 두루 도는 불 칼에 의해 철저히 봉쇄되어 더 이상 인간이 근접할 수 없게 되었다.

이렇게 다섯 가지 중요한 단어를 여러분의 마음에 기록해 놓기 바란다! 이 "다섯 가지 단어"는 이제 막 흙 차원에서 ⇨ 산 영 차원이 된 인간이 "먹지 말라!"는 선악과를 먹고 쫓겨나 들어갈 수 없는 곳을 표현한 것이다. 그런데 우리는 이 '다섯 가지'를 지닌 곳이 바로 "3층 하늘"의 모형임을 깨달을 수 있었고, 3층 하늘의 모형을 통해서 무엇이 실체인가를 깨닫게 되었다.

성경은 선과 악은 "삼위일체 하나님"만이 판단하신다고 하셨다. 하나님만이 인생의 모든 행위와 모든 은밀한 일을 선악 간에 심판하신다는 것이 성경 전체의 핵심 요지요, 핵심 주제이다. 그런 의미에서 우리는 모두 언젠가, 반드시, 그리스도의 심판대 앞에 서야 한다. 그리고 각각 선악 간에 마음과 몸으로 행한 모든 것에 대해 하나님의 심판을 받는다.

유다는 아담의 칠세 손 에녹이 수많은 거룩한 천사들과 함께 주님이 재림하셔서 심판하시는 장래 일을 보고 다음과 같이 경고하였다.

"[14]보라 주께서 그 수만의 거룩한 자와 함께 임하셨나니 [15]이는 뭇사람을 심판하사 모든 경건치 않은 자의 경건치 않게 행한 모든 경건치 않은 일과 또 경건치 않은 죄인의 주께 거스려 한 모든 강퍅한 말을 인하여 저희를 정죄하려 하심이라 하였느니라 [16]이 사람들은 원망하는 자며 불만을 토하는 자며 그 정욕대로 행하는 자라 그 입으로 자랑하는 말을 내며 이를 위하여 아첨하느니라." (유 1:14-16)

이는 오직 삼위일체 하나님만이 선악을 분별하고 판단하신다는 사실을 다시 한번 강조하신 것이다. 또한 천년왕국 이후, 하나님께서 행하실 최후의 "백 보좌 심판"에 관해서도 사도 요한이 직접 보고 '흰 보좌' 즉 "백 보좌 심판"이라고 표현하였다.

그런데 이때 "백 보좌 심판"에는 '죽은 자들'이 무론 대소하고 다 일어나 그 보좌 앞에 서고, 죽은 자들이 자기 행위를 따라 책들에 기록된 대로 심판받는다고 하였다. 하나님만이 모든 행위와 모든 은밀한 일을 선악 간에 심판하실 수 있었기 때문이다.

"하나님은 모든 행위와 모든 은밀한 일을 선악 간에 심판하시리라." (전 12:14)

"이는 우리가 다 반드시 그리스도의 심판대 앞에 드러나 각각 선악 간에 그 몸으로 행한 것을 따라 받으려 함이라." (고후 5:10)

"[11]또 내가 크고 흰 보좌와 그 위에 앉으신 자를 보니 땅과 하늘이 그 앞에서 피하여 간데 없더라 [12]내가 보니 죽은 자들이 무론대소하고 그 보좌 앞에 섰는데 책들이 펴 있고 또 다른 책이 펴졌으니 곧 생명책이라 죽은 자들이 자기 행위를 따라 책들에 기록된 대로 심판을 받으니 ¹³바다가 그 가운데서 죽은 자들을 내어주고 또 사망과 음부도 그 가운데서 죽은 자들을 내어주매 각 사람이 자기의 행위대로 심판을 받고 ¹⁴사망과 음부도 불 못에 던지우니 이것은 둘째 사망 곧 불못이라 ¹⁵누구든지 생명책에 기록되지 못한 자는 불못에 던지우더라." (계 20:11-15)

2. 우리 인생은 선악 간에 말할 수 없다!

　하나님은 선악과를 따먹은 아담과 그 아내를 서둘러 에덴에서 쫓아내셨다. 그토록 그들을 지으시고 심히 기뻐하신 하나님이셨지만, 먹지 말라는 선악과를 먹었으므로 에덴에서 쫓아내셨던 것이다. 그리고 에덴동산을 ① 그룹들과 ② 두루 도는 화염검으로 ③ 생명나무의 길을 지키게 하셨다.

　　"바람으로 자기 사자를 삼으시며 화염으로 자기 사역자를 삼으시며…"
　(시 104:4)

　왜냐하면 선악과를 먹은 인생에게 다시 생명과를 먹게 하여 영원히 살 수 있도록 할 수 없기 때문이다. 선악과를 먹은 인생이 생명과를 먹고 죽지 않고 살면, 얼마나 더 많은 죄의 씨가 번성하겠는가? 그런 의미에서 우리는 이 시점에서 다시 한번 더 유의해 보아야 할 것이 있다.
　선악과를 아담의 아내가 먼저 먹고, 그것을 남편에게 주었는데, 아담이 어떤 생각과 사고(思考)도 없이 우유부단하게 그냥 받아먹었다.

얼마나 우유부단하고 경솔한 모습인가? 그런데 두 내외가 선악과를 먹은 그 이후에 꼬리를 물고 일어난 사건은 무엇이었는가?

첫째: 아담은 아내를 향해, 아내는 뱀을 향해, 서로 정죄의 칼을 들이댔다는 것이다.

둘째: 가인과 아벨 두 형제가 하나님께 예물을 드렸는데, 아벨 것만 받으셨다는 이유로, 가인은 동생 아벨을 정죄해 어떻게 죽였는가? 세상에 하나밖에 없는 동생을 쳐 죽였다.

이 "선악과 사건" 이후로 우리 인생들은 이렇게 **"정죄의 칼"**을 사랑하는 자들에게 들이대는 못된 버릇들이 생겼다. 그 원인은 바로 사단에게 먹혀 사단의 속성을 지니게 되었기 때문이다. 사단은 부지런히 참소할 사람을 찾으려고 우는 사자처럼 여기저기 헤매고 다닌다. 이것이 사단의 성정이요, 특기이다. 욥기에서 여기저기 두루 헤매다가 하나님 보좌 앞에 나아가 흠 없는 욥을 정죄하는 모습이 바로 사단의 참모습이었다. 욥의 세 친구들은 욥이 당한 아픈 소식을 듣고 그 먼 길을 찾아왔음에도 불구하고, 정직한 욥을 정죄하였다. 사단의 유혹을 받아 세 친구들도 선악과를 먹었기 때문이다.

> "또 세 친구에게 노를 발함은 그들이 능히 대답지는 못하여도 욥을 정죄함 이라." (욥 32:3)

욥의 아내는 또 어떤 모습으로 남편을 대했는가? 사단이 욥을 쳐서 욥의 발바닥에서부터 정수리까지 악창이 나서 고통하며, '재' 가운데 앉아서 기와 조각을 가져다가 긁을 만큼 괴로워하였다. 그런데 그런 상황의 남편을 향해 욥의 아내는 "당신이 그래도 자기의 순전을 굳게 지키느뇨? 하나님을 욕하고 죽어라"고 하면서, 차마 입에 담지 못할 말을 서슴없이 해댔다. 사단이 욥의 아내를 유혹했기 때문에 벌어진 일이다!

후에 하나님은 욥의 '세 친구'들에게 욥보다 정당하지 못했음을 고하셨고, 이들을 욥에게 부치셨다. 그런데 욥은 그의 성정대로 세 친구들을 위하여 하나님께 빌었다. 하나님은 그런 욥을 보시고, 그들의 곤경을 돌이키시어 모년에 두 배의 축복을 받게 하셨다!

사단은 합법적으로 정죄하는 영

우리는 마귀라고도 하고 사단이라고도 하는 이 마귀 사단의 정체를 알되 제대로 알아야 한다.

루시퍼 천사장이 ⇒ 마귀 사단으로 전락

마귀는 본래 천사, 즉 루시퍼 천사가 '사단', '마귀'가 되었다. 천사는 본래 육체가 없는 존재이기 때문에 마귀 또한 육체가 없다. 만약 우리에게 천사가 있다면, 그 천사들은 우리의 주위에 와서 그 환경을 지배하고 도와줄 수는 있어도, 육체 안에 들어오지는 못한다.

그런데 '사단'이라고도 하고 '마귀'라고도 하는 이 '영적 존재'는 마귀의 휘하에서 사람을 직접 괴롭히는 것은 "미혹의 영"과 '귀신'으로, "미혹의 영은 몸 바깥에서", "귀신은 몸 안에서" 역사하며, 둘 다 마귀의 조종을 받는 존재들이다. 하나님께서 사단에게 "어디서 왔느냐?"고 물으셨을 때, "땅에 두루 돌아 여기저기 다녀왔다"(욥 1:7)라고 대답하는 것을 볼 때, 사단 마귀는 동시에 여기저기 나타날 수 없음을 우리는 알 수 있다.

하나님은 하나님을 대적하고 반역하고 천사들을 유혹하여 하나님을 이간한 이 더러운 존재를 하나님 나라에 청소도구로 쓰기로 작정하셨다. 그런 의미에서 하나님은 불순종하는 인생들을 관할할 수 있는 권세를 그에게 허락해 주셨던 것이다.

하나님은 이 더러운 반역자를 "**세상 임금의 자리**"에 앉히시고 "**공중의 권세**"를 주셨으며, "**어둠의 권세자**"로 삼으셨다. 이 세 가지는 신약에서의 새로운 "사단의 공식적 직함"이라 할 수 있다. 그런 면에서 이 또한 그동안 감추어졌던 "하나님 나라의 비밀"에 속한다. 그런데 사단은 감히 하나님을 모방하여 "불순종의 영들"을 규합하여 사단의 왕국을 성취하려 애를 쓰고, 사단의 자녀들을 통해 하나님의 자녀들을 유혹하고 쓰러트리려 한다.

하나님께서 이 더러운 것을 하나님 나라에 "청소도구"로 사용하시는 것은 하나님의 모략이셨다. 이런 하나님의 뜻을 다 이루시고 나면, 사단 마귀는 "불 못"에 들어갈 것이 장래 예정되어 있고, 천년왕국 이후에는 마지막까지 불신자를 청소하는 것이 그의 임무였다.

사단이 지닌 특성 7가지

첫째: 원수, 반역자

"예수께서 돌이키시며 베드로에게 이르시되 사단아 내 뒤로 물러가라. 네가 나를 넘어지게 하는 자로다. 네가 하나님이 일을 생각지 아니하고 도리어 사람의 일을 생각하는도다." (마 16:23)

'사단'의 히브리어 원어는 '원수, 반역자'로 "하나님을 반역했다."라고 해서 '사단'이라고 부른다. 사단은 언제나 "하나님의 일"을 반역하는 일을 그의 일을 주로 삼고 있기 때문이다. 그러나 그럼에도 불구하고 사단은 하나님의 주권하에 있다는 사실을 잊지 말아야 한다!

사단과 마귀는 사단의 특성으로 이름을 지었고, 동일한 존재로 하나이나, 신분은 두 가지로 표현되었다. 위로 향한 신분은 '사단'이고, '아래'로 향한 신분은 마귀로 칭한다고 한다. 그런 의미에서 "마귀를 대적하라!"는 표현은 있어도 "사단을 대적하라!"는 말씀은 성경에 없다고 한다. 이는 우리가 부모에게는 자녀가 되지만, 자녀에게는 부모가 되듯이 사단과 마귀를 비교하기 때문이다.

"마귀의 궤계를 능히 대적하기 위하여 하나님의 전신갑주를 입으라." (엡 6:11)

"그런즉 너희는 하나님께 순복할찌어다 마귀를 대적하라 그리하면 너희를 피하리라." (약 4:7)

"근신하라 깨어라 너희 대적 마귀가 우는 사자같이 두루 다니며 삼킬 자를 찾나니." (벧전 5:8)

둘째: 거짓의 아비

"너희는 너희 아비 마귀에게서 났으니 너희 아비의 욕심을 너희도 행하고자 하느니라 저는 처음부터 살인한 자요 진리가 그 속에 없으므로 진리에 서지 못하고 거짓을 말할 때마다 제 것으로 말하나니 이는 저가 거짓말쟁이요 거짓의 아비가 되었음이니라." (요 8:44)

이 마귀 사단은 세 가지 특성이 있다. 필자는 이 마귀 사단에 대해 ① 거짓말의 명수요, ② 가장(假裝)의 명수요, ③ 더럽게 부지런한 면을 지니고 있음을 보았다. 그런데 귀신은 주님 앞에서는 거짓말을 하지 못하는 장면이 성경에 제시되었다. 빛 앞에는 어두움이 다 드러나듯, 거짓 것이 다 드러나 감출 것이 없다는 사실을 다시 한번 깨닫게 된다.

셋째: 사망의 세력을 잡은 살인자

> "¹⁴자녀들은 혈육에 함께 속하였으매 그도 또한 한 모양으로 혈육에 함께 속하심은 사망으로 말미암아 사망의 세력을 잡은 자 곧 마귀를 없이 하시며 ¹⁵또 죽기를 무서워하므로 일생에 매여 종노릇하는 모든 자들을 놓아주려 하심이니." (히 2:14-15)

예수를 믿는 자의 영혼은 구원을 받을 수 있지만, 그러나 그 육신은 사단에게 내어주어 멸하게 하시는 것이 하나님의 뜻이다! 마귀는 육신을 죽일 수 있는 권세가 있지만, 그러나 몸은 죽여도 영혼은 능히 죽이지 못하게 하셨다.

욥기에서 하나님이 "그의 생명을 건들지 말라!"고 하셨기 때문에 건들지 못하였지, 만약 그 명령을 주시지 않았다면 욥의 생명까지도 사단은 파멸시켰을 것이다. 주님은 "몸은 죽어도 영혼은 능히 죽이지 못하는 자들을 두려워하지 말고 오직 몸과 영혼을 능히 지옥에 멸하시는 자를 두려워하라!"(마 10:28)라고 선포하셨다.

아멘! 그렇다!

우리의 육신은 죽지만, 주님을 자신의 구원자로 삼은 하나님의 자녀들은 주님이 재림하실 때, 신령한 몸으로 다시 일어나 천년왕국에서 주님과 천년을 함께 산다고 하셨다. 그런 의미에서 우리는 천년왕국에 대해 희망을 품고 신앙의 삶을 살아야 한다.

"¹⁴자녀들은 혈육에 함께 속하였으매 그도 또한 한 모양으로 혈육에 함께 속하심은 사망으로 말미암아 사망의 세력을 잡은 자 곧 마귀를 없이 하시며 ¹⁵또 죽기를 무서워하므로 일생에 매여 종노릇 하는 모든 자들을 놓아주려 하심이니." (히 2:14-15)

"이런 자를 사단에게 내어주었으니 이는 육신은 멸하고 영은 주 예수의 날에 구원을 얻게 하려 함이라." (고전 5:5)

넷째: 이간자(離間者)

마귀는 헬라어 '디아볼로스'로 '이간자'라는 뜻을 갖고 있다. 마귀는 최초로 타락한 자요, 최초로 사람을 속인 자요, 최초로 사람을 죽인 자이다. 마귀가 사람의 육체와 영혼을 이간시키면, 사람의 육체는 죽는다. 육체는 영혼과 함께 있기 때문에 존재하는 것이지, 영혼과 분리되면 곧 죽기 때문이다.

이 마귀, 사단은 하나님과 사람과의 사이를 떼어놓고, 이간시키기 위해 물질적인 시련, 가정적인 시련, 신체적인 시련 등 각종 수단과 방법을 가리지 않고 행하는 아주 더러운 영이다. 그렇다면 이 마귀 사단의 정체는 무엇인가?

① 가장 더러운 거짓말의 명수요,
② 가장(假裝)의 명수요,
③ 더럽게 부지런한 자요,
④ 이간자요,
⑤ 살인자요,
⑥ 끝까지 "인생을 어떻게 하면 죽일까?" 하는 지독히도 '악한 영(靈)'
이다.

"하루는 하나님의 아들들이 와서 여호와 앞에 섰고 사단도 그들 가운데 왔는지라." (욥 1:6)

'욥기'에서 사단은 하나님과 욥을 이간시키려 물질을 빼앗고, 자식을 죽이고, 아내로 하여금 그 남편을 정죄하게 하고, 친구도, 건강도, 모두 빼앗았다. 그러나 욥의 결국은 승리로 끝났는데, 그는 말씀을 세 끼 양식보다 더 중히 여기는 "말씀 신앙의 소유자"였기 때문이다.

욥은 그 시대의 하나님 말씀을 전하고 가르쳐준 신실한 목자였음을 깨닫게 되었다. 그러니 사단이 그를 그냥 내버려 두었겠는가?

욥이 말한 이 내용을 들어보라!

"11귀가 들은즉 나를 위하여 축복하고 눈이 본즉 나를 위하여 증거 하였었나니 12이는 내가 부르짖는 빈민과 도와줄 자 없는 고아를 건졌음이라 13망하게 된 자도 나를 위하여 복을 빌었으며 과부의 마음이 나로 인하여 기뻐 노래하였었느니라 14내가 의로 옷을 삼아 입었으며 나의 공의는 도포와 면류관 같았었느니라 15나는 소경의 눈도 되고 절뚝발이의 발도 되고 16빈궁한 자의 아비도 되며 생소한 자의 일을 사실하여 주었으며 17불의한 자의 어금니를 꺾고 그 잇사이에서 겁탈한 물건을 빼어 내었었느니라 18내가 스스로 말하기를 나는 내 보금자리에서 선종하리라 나의 날은 모래 같이 많을 것이라 19내 뿌리는 물로 뻗어나가고 내 가지는 밤이 맞도록 이슬에 젖으며 20내 영광은 내게 새로와지고 내 '활'은 내 손에서 날로 강하여지느니라 하였었노라 21무리는 내 말을 들으며 나의 가르치기를 잠잠히 기다리다가 22내가 말한 후에 그들이 말을 내지 못하였었나니 나의 말이 그들에게 이슬같이 됨이니라 23그들이 나 바라기를 비 같이 하였으며 입을 벌리기를 늦은 비 기다리듯 하였으므로 24그들이 의지 없을 때에 내가 함소하여 동정하면 그들이 나의 얼굴 빛을 무색하게 아니하였었느니라." (욥 29:11-24)

- 욥은 부르짖는 빈민과 도와줄 자 없는 고아를 건져내었다!
- 욥은 망하게 된 자도 욥을 위하여 복을 빌었으며 과부의 마음이 욥으로 인하여 기뻐 노래하였다고 한다.
- 욥은 소경의 눈도 되고 절뚝발이의 발도 되고 빈궁한 자의 아비도 되며 생소한 자의 일을 사실하여 주었다 하였다.
- 그것뿐만이 아니었다. 욥은 불의한 자의 어금니를 꺾고 그 이 사이에서 겁탈한 물건을 빼어내었다 하였다.
- 무리는 욥의 말을 들으며 욥의 말이 그들에게 이슬같이 되었고, 그들이 욥 바라기를 비같이 하였으며 입을 벌리기를 늦은 비 기다리듯 하였다고 하였다. 욥은 그 시대를 인도하는 하나님의 사역자였던 것이다. 그러니 사단이 그를 가만두었겠는가?

그런데 하나님께서 욥에게 어떤 복을 주셨는가?

"[12]여호와께서 욥의 모년에 복을 주사 처음 복보다 더하게 하시니 그가 양 일만 사천과 약대 육천과 소 일천 겨리와 암나귀 일천을 두었고, [13]또 아들 일곱과 딸 셋을 낳았으며, [14]그가 첫째 딸은 여미나라 이름 하였고, 둘째 딸은 긋시아라 이름 하였고, 셋째 딸은 게렌합북이라 이름하였으며 [15]전국 중에 욥의 딸들처럼 아리따운 여자가 없었더라 그 아비가 그들에게 그 오라비처럼 산업을 주었더라 [16]그 후에 욥이 일백 사십년을 살며 아들과 손자 사대를 보았고 [17]나이 늙고 기한이 차서 죽었더라!" (욥 42:12-17)

다섯째: 세상 공중 권세를 잡고 하늘의 악한 영들을 지휘

성경은 이 '세상 임금'이 된 원수 마귀를 이길 수 있는 분은 오직 '예수님'이심을 제시하였다. 마귀는 이 세상에서는 절대적인 존재이나, 하나님의 권세 앞에서는 비참하리만큼 무기력한 존재라는 사실을 우리는 명심해야 한다. 그런 의미에서 예수님의 생각과 능력과 이름을 확실히 인정하지 않으면, 세상 임금인 이 마귀를 이겨낼 재간이 없다는 것이다. 그러나 이 더러운 사단 마귀와 전쟁을 하려면 오직 예수님의 이름 즉 "나사렛 예수의 이름으로 물러가라!"란 믿음을 갖고 물리칠 수 있다는 사실을 반드시 기억해야 한다!

> "그 때에 너희가 그 가운데서 행하여 이 세상 풍속을 좇고 공중의 권세 잡은 자를 따랐으니 곧 지금 불순종의 아들들 가운데서 역사하는 영(靈)이라." (엡 2:2)

주님께서 마귀를 '세상 임금'이라고 하셨고, 하나님도 그 사단의 권세를 인정하시어 "음부의 권세", "어둠의 권세"라고 표현하신 것은 하나님의 말씀을 믿는 자와 믿지 않는 자를 가르시기 위해서였다.

> "또 내가 네게 이르노니 너는 베드로라 내가 이 반석 위에 내 교회를 세우리니 음부의 권세가 이기지 못하리라." (마 16:18)

> "내가 날마다 너희와 함께 성전에 있을 때에 내게 손을 대지 아니하였도다 그러나 이제는 너희 때요 어둠의 권세로다 하시더라." (눅 22:53)

> "이제 이 세상의 심판이 이르렀으니 이 세상 임금이 쫓겨나리라." (요 12:31)

> "이 후에는 내가 너희와 말을 많이 하지 아니하리니 이 세상 임금이 오겠음이라 그러나 저는 내게 관계할 것이 없으니." (요 14:30)

> "심판에 대하여라 함은 이 세상 임금이 심판을 받았음이니라." (요 16:11)

여섯째: 사단은 하나님 나라의 청소도구

하나님은 거룩하시기 때문에, 더럽고 패악하고 불순종하는 사람들을 불순종의 영에게 부치셔서 심판하는 분이다. 대다수의 사람들은 그런 사실을 몰라 하나님은 "사랑의 하나님이시라"며 왜 마귀를 그대로 두시냐고 반문한다. 그러나 하나님은 "공의의 하나님"이시기도 하다. 그런 연고로 당신의 말씀에 불순종하는 사람들은 마귀를 통해 심판하시겠다고 작정하셨다.

우리가 구약성경에서 늘 느끼는 것은?

과거 이스라엘도 하나님께 불순종하고 패역할 때, 늘 이방국가를 들어 심판하시지 않으셨는가? 우리는 "악한 자는 악한 자의 손에 의해 처리"하게 하시는 "하나님의 공의"를 잊어서는 안 될 것이다!

"그 때에 너희가 그 가운데서 행하여 이 세상 풍속을 좇고 공중의 권세 잡은 자를 따랐으니 곧 지금 불순종의 아들들 가운데서 역사하는 영(靈)이라." (엡 2:2)

"우리의 씨름은 혈과 육에 대한 것이 아니요 정사와 권세와 이 어두움의 세상 주관자들과 하늘에 있는 악의 영들에게 대함이라." (엡 6:12)

"그가 우리를 흑암의 권세에서 건져내사 그의 사랑의 아들의 나라로 옮기셨으니." (골 1:13)

"정사와 권세를 벗어버려 밝히 드러내시고 십자가로 승리하셨느니라." (골 2:15)

일곱째: 사단은 종신토록 흙을 먹는 영(靈)

"여호와 하나님이 뱀에게 이르시되 네가 이렇게 하였으니 네가 모든 육축과

들의 모든 짐승보다 더욱 저주를 받아 배로 다니고 종신토록 흙을 먹을지니라." (창 3:14)

사단은 '흙 차원의 사람들'을 먹을 수 있도록 합법적으로 하나님께 인가(認可)를 받은 권세자이다. 또한 하나님은 사단을 '세상 임금'으로 공인해 주셨다. 그런 의미에서 성경의 첫 관문인 에덴동산에 '사단'이 있었다는 사실을 우리는 반드시 기억해야 한다! 이런 내용을 알지 못하면 "하나님은 왜 에덴동산에 사단 마귀의 임재를 허락하셨는가?"라고 의문들을 갖기 쉽다. 그런데 하나님께서 "에덴동산을 다스리고 지키라!"고 명령하신 것은? 침입자가 있음을 미리 경고하셨던 것이다. 그 '침입자'를 쫓아내지 않으신 것은 그 존재를 하나님께서 인정하셨다는 것이다.

'루시퍼'가 하나님을 배역한 것이 하나님의 뜻이 아니었지만, 하나님은 그렇게 배역한 사단조차 하나님의 주권하에서 사용하셨다는 것을 우리는 발견할 수 있다.

"각 사람은 위에 있는 권세들에게 굴복하라 권세는 하나님께로 나지 않음이 없나니 모든 권세는 다 하나님의 정하신 바라." (롬 13:1)

이 말씀은 사도 바울이 '사단의 권세'가 하나님으로부터 나왔음을 깨닫고 기록한 말씀이었다. 이제부터는 우리가 사단보다 더 높으신 예수님의 이름으로 이 사단 마귀를 물리칠 수 있어야 한다. 예수의 이름 앞에서 사단은 '에그그' 그 힘을 발휘하지 못하기 때문이다. 그런 이유로 마태복음 4장에 예수님과 마귀와의 결전을 기록하였던 것이다.

• 이 내용을 자세히 읽고 마음에 기록하기 바란다!

"¹그때에 예수께서 성령에게 이끌리어 마귀에게 시험을 받으러 광야로 가사 ²사십 일을 밤낮으로 금식하신 후에 주리신지라 ³시험하는 자가 예수께 나아와서 가로되 네가 만일 하나님의 아들이어든 명하여 이 돌들이 떡덩이가 되게 하라 ⁴예수께서 대답하여 가라사대 기록되었으되 사람이 떡으로만 살것이 아니요 하나님의 입으로 나오는 모든 말씀으로 살 것이라 하였느니라 하시니 ⁵이에 마귀가 예수를 거룩한 성으로 데려다가 성전 꼭대기에 세우고 ⁶가로되 네가 만일 하나님의 아들이어든 뛰어내리라 기록하였으되 저가 너를 위하여 그 사자들을 명하시리니 저희가 손으로 너를 받들어 발이 돌에 부딪히지 않게 하리로다 하였느니라 ⁷예수께서 이르시되 또 기록되었으되 주 너의 하나님을 시험치 말라 하였느니라 하신대 ⁸마귀가 또 그를 데리고 지극히 높은 산으로 가서 천하 만국과 그 영광을 보여 ⁹가로되 만일 내게 엎드려 경배하면 이 모든 것을 네게 주리라 ¹⁰이에 예수께서 말씀하시되 사단아 물러가라 기록되었으되 주 너의 하나님께 경배하고 다만 그를 섬기라 하였느니라 ¹¹이에 마귀는 예수를 떠나고 천사들이 나아와서 수종드니라." (마 4:1-11)

"내가 세상에 사망도 주었고, 저주도 주었고 생명도 복도 주었다." (신 30:15)

위 세 구절은 악이 ⇨ 악을 지배할 수 있도록, 악이 활동하여 ⇨ 악을 제패할 수 있도록 허락하셨다는 말씀이다. 다시 말해 하나님이 허락하셨다는 뜻이지, 하나님이 그렇게 되도록 역사하셨다는 뜻이 아니다. 하나님은 생명과 구원과 은혜를 베푸시는 의롭고 좋으신 하나님이다!

그런 의미에서 "모든 저주는 마귀로부터 발생하였다."라는 사실을 우리는 마음속에 새겨야 한다. 다시 말해서 우리는 우리 자신의 생각을 먼저 점검해야 한다. 왜 이 병이 나에게 생겼는가? 이 병이 하나님께로부터 오지 않았다는 사실 앞에서, 그 근원을 먼저 추적하고, 그다음 회개하며 기도해야 한다.

그런데 사단이 어떻게 하나님 앞에 감히 나설 수 있을까? 그가 감히 하나님 앞에서 욥을 정죄하고, 그런 정죄를 하나님께서 왜 막지 않으셨을까? 막지 않으신 것은, 하나님께서 친히 이 불순종하는 자 '사단'에게 "정죄의 직분"을 맡기셨기 때문이다. 따라서 사단은 합법적으로 하나님의 사람들을 유혹할 수 있는 권한을 지니고 있었던 것이다. 하나님은 우리 인간에게 '자유의지'를 주셨고, "하라!", "하지 말라!"는 내용을 성경을 통해 모두 제시하여 주셨다.

그러한 이유로 에덴동산에 사단이 존재할 수 있었고, 하나님은 사단으로부터 유혹을 당하지 않도록 미리 "선악과를 먹지 말라! 먹으면 정녕 죽으리라!"고 경고해 주셨던 것이다.

이 말씀의 거울 앞에서 우리는 우리 자신의 일상의 삶을 점검해 보아야 한다. "하나님의 형상"을 가진 인생이 ⇨ "사단의 형상"으로 변해 버린 그 원인은 어디에서부터 시작되었을까?

바로 사단의 유혹을 받아 "선악과를 먹지 말라! 먹으면 죽는다!"는 선악과를 먹고, 자기 마음대로 선과 악을 판단해서 썩어질 사람으로 전환이 되었던 것이다.

> "썩어지지 아니하는 하나님의 영광을 썩어질 사람과 금수와 버러지 형상의 우상으로 바꾸었느니라." (롬 1:23)

필자가 가슴을 친 것은?

우리는 "인간 수준"으로 ⇨ 하나님을 바라보았고, 인간 수준으로 ⇨ 사단도 바라보았다는 것이다.

그러므로 이제부터라도 우리는 "성경적 수준"으로 사단의 정체에 대해 바로 알고 바라보고, 예수님이 어떤 분이신가를 바로 알고 예수의 이름으로 사단을 물리쳐야 한다. 예수의 이름 앞에서는 사단이 그의 능력을 발휘하지 못하기 때문이다.

사단의 형상이란?

짐승적인 차원으로 내세(來世)가 아니라 현세(現世), 지금 내 육이 원하는 정욕과 이생의 자랑과, 육적으로, 혼적으로, 극히 짐승적인 사고방식을 소유한 것을 말한다. "사단의 생각"이라 하니까, 뭐 아주 이상하고 고약하고 야릇한 것이 아니다. 하나님을 알기 전, 극히 인간적인 생각이 대다수 사단의 생각이었다는 것이다. 그것을 깨닫고 나니, 예수님을 알기 전에는 사단적인 생각을 많이 갖고 있었음을 느끼게 되었다. 극히 인간적인 생각이 사단의 생각과 겹치는 부분이 꽤 있었다는 사실이다.

3. 마귀의 일을 멸하러 오신 주님

"죄를 짓는 자는 마귀에게 속하나니 마귀는 처음부터 범죄함이라 하나님의 아들이 나타나신 것은 마귀의 일을 멸하려 하심이니라." (요일 3:8)

예수님이 이 땅에 오신 여러 가지 목적이 있으셨지만, 특별히 "마귀를 멸하러 오셨다."라는 사실을 잊지 마시기 바란다. 대다수의 사람들은 주님이 "우리 인생을 구원하러 오셨다."라고 생각한다. 그러나 멸망의 길로 파괴시키는 그 근원적인 사단을 멸해야 그때부터 우리 인생에게는 고통과 괴로움이 사라지는 것이다.

주님은 "하나님의 일"을 생각지 않고, "사람의 일"을 생각하는 것이 바로 "사단의 생각"이라 제시하셨다. 얼마나 충격적인 말씀인가! "하나님의 일"을 알지 못해 "사람의 일"만 생각하는 것 자체가 사단의 생각이요, 사단의 속성이라는 것이다. "오호라! 통재라!"

그런데 우리는 하루에도 "수십 번" 사단의 생각을 받아들이고, 그 생각 자체가 사단의 생각인지조차 모르고 살아왔다 해도 과언이 아닐 것이다.

구약에 예언된 예수님을 잘 알아야 초림 예수님을 만날 수 있고, 신약에 오신 예수님을 잘 알아야, 다시 오실 재림 예수님을 만날 수 있다. 초림 예수님을 통해 우리가 이 땅에서 해야 할 일을 다시 한번 점검하여 부족한 점이 없이 나름대로 준비해야 할 것이다.

예수님이 이 땅에 오신 열한 가지 목적

첫째: 죄로부터 구원하시기 위해서 오셨다.

"인자의 온 것은 잃어버린 자를 찾아 구원하려 함이니라." (눅 29:10)

'예수'란 뜻은 '자기 백성을 저희 죄에서 구원할 자'란 의미이다. 그래서 예수님이 이 땅에 오셔서 삭개오도 찾아가셨고, 베드로도 찾아가셨고, 우물가의 여인도 찾아가셨고, 죄인이었던 여러분과 필자에게도 찾아오셨던 것이다. 주님은 늘 "잃어버린 자기 백성"을 찾아가시는 분이시다. 이것이 세상 종교와의 차이이다!

"예수께서 들으시고 저희에게 이르시되 건강한 자에게는 의원이 쓸데없고 병든 자에게라야 쓸 데 있느니라 내가 의인을 부르러 온것이 아니요 죄인을 부르러 왔노라 하시니라." (막 2:17)

이사야 51장 2절에는 "너희 조상 아브라함과 너희를 생산한 사라를 생각하여 보라 아브라함이 혈혈단신으로 있을 때에 내가 부르고 그에게 복을 주어 창성케 하였느니라."라고 기록되어 있다.

하나님은 전능자이심에도 불구하고, '갈대아 우르'에 혈혈단신으로 자식 하나 없이 조카를 자식 삼아 살고 있는 볼품없는 늙은 아브라함을 찾아가셨다. 그로부터 모든 민족의 조상으로 창성케 하신 분이 하나님이시다. 필자는 아브라함을 볼 때마다, "하나님 아버지의 작품이다! 나도 하나님의 손에서 이런 작품이 되었으면 좋겠다는 사모함"을 늘 갖고 있다.

"예수 그리스도의 오심"은 그저 한 아기가 세상에 태어난 것이 아니다. 한 개인으로서 오신 것이 아니라, 바로 마귀인 세상 임금에 대한 "하나님 나라의 진격"을 의미했다.

세례 요한이 "천국이 가까웠다"라고 외친 것은? 바로 "예수님 자체가 천국"이셨기 때문에 "천국이 가까이 왔다!"라고 소개한 것이다.

예수님이 이 땅에 오시기 전 세상은 마귀의 무법천지였다. 사단은 율법이 정죄된 부분을 갖고 왕노릇하였고, 그 율법하에서 온전할 수 없었던 우리 인생은 늘 사단이 휘두르는 정죄와 심판 속에서 병들어 신음하고 죽어가고 있었다.

주님께서 베다니에 '나사로'를 찾으신 것은, 바로 이 고통의 집, 무덤과도 같은 세상에 당신이 우리를 구원하려고 오신 "구원의 주"이심을 드러내기 위해서였다.

하나님께서 그의 백성에게 율법을 주신 목적이 무엇이었겠는가? '죄'가 무엇인지 깨닫게 하려고 한 것이지, 사단에게 날개를 달아 주시기 위한 것이 아니었다. 이 율법은 하나님의 경륜 안에서 "약속한 자손이 오시기까지"만 한정적으로 허락하신 법이었다.

그런 연유로 때가 되매 '세례 요한'을 통해 율법을 마감시키시고, ⇒ 예수님을 통해 은혜의 시대, 말씀의 시대를 개막하시려는 것이 하나님의 뜻이었다.

그렇기에 '죄'가 무엇인지 율법을 통해 깨닫고 있다가, 이제 예수님이 오시면 "주님! 저는 죄인입니다. 이 죄인을 그 죄에서 구원하여 주시옵소서!"라고 자기 죄를 주께 고백해야 한다. 그리고 예수님을 구원의 주로 영접하면, 예수님은 그 백성을 자기 죄에서 구원하여 주실 자의 자리에 서시는 것이다.

"¹⁶하나님이 세상을 이처럼 사랑하사 독생자를 주셨으니, 이는 저를 믿는 자마다 멸망치 않고 영생을 얻게 하려 하심이니라 ¹⁷하나님이 그 아들을 세상에 보내신 것은 세상을 심판하려 하심이 아니요 저로 말미암아 세상이 구원을 받게 하려 하심이라." (요 3:16-17)

그런데 그것이 제대로 이루어지지 않아 주님은 십자가를 지셨다. 지금도 마찬가지이다. 이 사실을 믿고 주님 앞에 나아가 '죄사함'을 얻으면, 거룩함을 입어 영생을 얻고 멸망치 않게 된다. 하지만 대다수의 사람들은 주 앞에 나오지 않고, '죄사함'도 받지 않기 때문에 "사단의 밥"이 되었던 것이다. 사단은 '검사'라는 자리를 합법적으로 이용해, 그동안 우리에게 얼마나 엄청난 형량을 선고해 왔는지 모른다. 그러나 사단보다 더 지혜로우시고 변호사이신 우리 예수님의 변호로 우리는 자유자가 될 수 있다는 것이다. 주님은 합법적으로 우리의 "죄의 값"을 치러주셨기 때문에, 우리는 합법적인 자유자가 된 것이다.

그런데 문제는 그 사실에 대한 내용을 깨닫지 못해, 아직도 율법 속에서 정죄당하고 신음하며 사단의 불법적인 선고를 받는 분들이 대다수라는 사실이다. 왜냐하면 성경이 제시하시는 율법과 복음, 이 두 책에 대해 제대로 배우지 못한 것이 그 원인이 되었기 때문이다. 우리 인생이 저지르는 '죄'는 하나님 나라에선 하나님도 죽으셔야 할 만큼 하나님께서 싫어하시는 것이다.

그러므로 내 죄만큼은, '하나님은 사랑이 많으신 분이니까 이해해 주실 거야.'라고 아직도 이렇게 생각하시는 분이 계시다면, 그러한 착각에서 즉시 깨어나야 한다! 하나님은 거룩하신 분이시다. 자기의 독생자를 내어 죽기까지 이 '죄 문제'를 해결하라고 우리에게 당부하셨던 분이시다.

"깨끗이 씻어라! 나의 뜻은 내가 거룩하니 너희도 거룩하게 되는 것이다." '죄사함'을 받는 사람만이, "말씀의 피 뿌린 옷을 입은 사람"만이, 오실 예수님을 맞이할 수 있다는 사실을 이제부터라도 기억하고 성경의 핵심 내용을 알기 위해서 시간을 투자해야 한다.

둘째: 전도하시기 위해 오셨다.

> "이르시되 우리가 다른 가까운 마을들로 가자 거기서도 <u>전도하리니</u> 내가 이를 위하여 왔노라 하시고." (막 1:38)

이 땅에 오신 예수님은 세례 요한이 옥에 갇힌 것을 보시고는, 세례 요한의 자리에 서서 "회개하라! 천국이 가까웠다!"라고 외치시곤, 서둘러 열두 제자들을 선택하셨다.

① 주님은 외모가 아니라 갈급한 심령을 보셨고,
② 그 영혼의 갈급을 채우기 위해 얼마큼 자신을 버릴 수 있는가를 보셨고,
③ 곧 즉시 모든 것을 버려두고 예수님을 신뢰하고 따를 수 있는가?
④ 그 열정을 보시고, 당신이 원하는 자 열두 명을 선택하셔서, 3년 반 동안 하나님의 말씀을 중점적으로 가르치셨다.

이들은 장차 주님의 교회의 초석이 될 '복음 전달자'로서 예비 된 것이다. 그리고 주님은 이들을 "천국의 서기관"으로 임명하셨다. 요한복음 15장의 포도나무 비유는 바로 이 "제자의 삶의 원리"를 가르쳐주신 말씀이다.

> "나는 포도나무요 너희는 가지니 저가 내 안에 내가 저 안에 있으면, 이 사람은 과실을 많이 맺나니, 나를 떠나서는 너희가 아무것도 할 수 없음이라." (요 15:5)

주님 안에 있는 자는 과실을 많이 맺는 자이다. 그래서 전도하지 않는 삶은 아직 그분 안에 살지 않는 삶이라는 사실을 증거해 주셨다. 만약 우리가 그분 안에 있으면, 저절로 과실을 많이 맺게 되고, "천국의 서기관 된 제자"의 삶을 사는 자만이 다시 오실 예수님을 만날 수 있다는 사실을 명심하기 바란다.

셋째: 율법과 선지자를 완전케 하려고 오셨다!

> "내가 율법이나 선지자나 폐하러 온 줄로 생각지 말라 폐하러 온 것이 아니요 완전케 하려 함이로다." (마 5:17)

율법은 "살인하지 말라!"고 말했으나, 예수님은 "형제에게 노하는 자마다 심판을 받게 되고 형제를 대하여 라가라 하는 자는 공회에 잡히게 되고 미련한 놈이라 하는 자는 지옥 불에 들어가게 되리라."고 하셨다. 그리고 그 차원에서 한 걸음 더 나아가 더욱 완전한 복음을 주셨다.

율법은 "간음하지 말라" 하였으나, 예수님은 여자를 보고 "음욕을 품은 자마다 마음에 이미 간음하였다 할 것이니…"라고 말씀하셨다. 그리고 그 차원에서 한 걸음 더 나아가 더욱 마음을 거룩하게 할 것을 가르치셨다.

율법은 "이웃을 사랑하고 네 원수를 미워하라."고 말하였으나, 예수님은 "너희 원수를 사랑하며 너희를 핍박하는 자를 위하여 기도하라."고 한 차원 더 높은 말씀을 주셨다.

예수님을 만난 '삭개오'는 죄사함 받은 기쁨에 자기가 소유하고 있는 물질의 절반을 가난한 자들에게 내어 주고, 만일 뉘 것을 토색한 일이 있다면 사 배나 갚겠다고 고백하였다. 복음에는 이렇게 하나님의 능력이 나타나 할 수 없었던 것을 할 수 있게 하는 능력과 함께 도덕성을 회복하게 하는 힘이 있다. 이렇게 잃어버린 하나님의 형상을 찾은 자는 "의와 거룩함"의 옷을 입게 되는 것이다.

주님은 이 '율법'을 더욱 보충해서 완전하게 하시려고, 어찌하든지 그리스도의 초보를 버리고 장성한 자가 되게 하기 위해서 이 세상에 오셨다. 그런데 이스라엘 백성의 지도자들 태반이 주의 말씀을 받지 않아서 십자가를 지실 수밖에 없었던 것이다. 그러므로 이 "의문에 속한 율법"을 십자가에서 당신의 몸으로 폐하셨는데, 모든 사람을 용서해 주시는 사랑으로 오히려 율법을 완성시키셨던 것이다.

"사랑은 이웃에게 악을 행치 아니하나니 그러므로 사랑은 율법의 완성이니라." (롬 13:10)

그런 의미에서 초림 예수님을 만난 사람들은 율법의 터 위에 + 화평의 복음을 쌓고 ⇨ 그 화평의 터 위에 + 영원한 복음을 우리 마음속에 새겨놓아야 한다.

초림 예수님을 영접한 사람은 어제보다 오늘이, 오늘보다는 내일이 도덕적으로나 영적으로나 지적으로나 전인격적으로 다듬어져 더욱 온전해갈 수 있어야 한다. 이렇게 다듬어져 가는 사람만이 재림 예수님을 만날 수 있다는 사실을 잊지 말아야 한다.

넷째: 생명을 주고 풍성히 얻게 해주시기 위해 오셨다.

"도적이 오는 것은 도적질하고 죽이고 멸망시키려는 것뿐이요 내가 온 것은 양으로 생명을 얻게 하고 더 풍성히 얻게 하려는 것이라." (요 10:10)

세상 임금인 사단 마귀는 하나님의 것을 도적질하고 파괴시키고 멸망시키는 것 외에는 할 수 없는 "저주받은 영"이다. 그러나 예수님이 이 세상에 오신 것은 "생명을 주시고 풍성히 얻게 해주시기 위해" 오셨다! 우리는 몸이 심하게 아프다가 낫기만 해도 덩실덩실 춤을 출 판인데, 하물며 죽었다가 살아난 것만큼 기쁜 일이 이 세상에 또 어디에 있겠는가? 아니 70~80년 만의 생명도 귀한 일이거늘, "영원한 생명"을 얻는다는 것만큼 기쁜 일이 도대체 이 세상 어디에 있겠는가?

자녀들이 좋은 대학에 입학하거나 남편이 승진하면, 이것을 말하고 싶어 입에 좀이 쑤시고, 좋은 물건을 구매해도 자랑하고 싶어 입이 간질간질하다고 한다.

그런데 왜 이런 내용은 자랑하지 않는가? 여기에 또 하나, 그 영원한 생명을 얻는 것만 해도 수지맞았는데, 더 나아가 "풍성히 얻게 해주시기 위해서" 오셨다는 사실이다.

"너는 무엇을 원하느냐?" 하고 물으시니, "저는 하나님의 지혜를 구하나이다!"라고 대답하여 구하지 않았던 "부와 재물과 장수"도 풍성히 얻었던 솔로몬을 기억하는가?

우리는 구하지도 않았고, 구할 줄도 몰랐는데 하나님은 우리를 풍성히 해주시기 위해서 그 아들을 이 땅에 보내셨다니, 이 말씀이 눈물겹도록 고마우며 감사하지 않은가? 그러면 주시겠다는 이 '풍성'은 어떤 풍성을 의미하는가?

① 이 '풍성'은 결코 부족함이 없는 '풍성'이다.
② 결코 변함이 없는 '풍성'이다.
③ 결코 중단됨이 없는 영원한 '풍성'이다.

예수님은 부요하신 자로서 우리를 부요하게 하시려고 친히 가난하게 되신 분이다. 그런 의미에서 우리는 이 부요를 누려야 한다. 그것이 그분의 은혜를 갚는 일인지도 모르겠다.

"너희 목마른 자들아 물로 나아오라! 돈 없는 자도 오라! 너희는 와서 사 먹되 돈 없이 값없이 와서 포도주와 젖을 사라!" (사 55:1)

누구를 막론하고 인생 모두가 마음껏 먹을 수 있도록, 아니 마음껏 먹는 것뿐만 아니라 남에게도 나누어 줄 수 있도록 그렇게 풍성하게 준비하여 주신다고 하는데, 왜 그까짓 '쥐엄 열매'를 놓지 못하고, 그 아까운 시간을 소비하고 꾸무럭거리고 있는가!
하나님 손안에 있었던 아브라함의 변모를 기억하는가? 주님의 손안에 있던 제자들의 그 놀라운 변모를 기억하는가? 필자는 늘 이렇게 말한다.

"저는 목사 이전에 비즈니스를 했던 사람입니다. 주판알을 튕길 줄 알았던 사람이었지요. 그런데 성경을 통해서 눈으로 보고, 만지고, 들으니 게임이 되지 않았습니다! 만약 보지 않고 이렇게 생각한다면, 그건 신비에 빠져 그렇다고 할 수 있겠지만, 저는 돌다리를 두드리듯이 그렇게 성경 말씀을 확인하고 또 확인하여, 주님의 부르심을 감사히 받았습니다. 그러니 목사의 사명을 온전히 다하려 합니다!"

그런 연고로 이젠 누구 앞에서도 담대하게 말할 수 있다. 눈으로 보이지 않는 이 사실이 더 실제적이고 현실이라는 것을 보았기에, 이제는 이 영적인 부요, 말씀의 부요의 넉넉함을 누리고 살아야 한다고 외칠 수 있는 것이다.

우리가 이 세상에서 지닐 수 있는 시간은 70~80년, 아니 100살의 시간을 누리는 것이 아니라 영원한 시간을 누릴 수 있어야 한다. 지식도 땅의 차원을 넘어 하늘의 지식을 소유하고, 70~80년을 위한 이 땅에 물질을 쌓을 것이 아니라, 영원한 행복을 위해 하늘에 보화를 쌓는 그런 지혜롭고 풍요로운 사람이 되어야 한다.

주님께서 "내가 세상 끝날까지 너희와 함께하리라"고 말씀하셨다. 이것처럼 우리에게 위로가 되고 소망이 되는 말씀이 어디에 있겠는가? 이것처럼 든든한 백이 하늘과 땅 아래 어디 있겠는가? 그런데 누구나 다가 아니라, 이런 사람에 한해서! "내가 너희에게 분부한 모든 것을 가르쳐 지키게 하는 자"만이라는 주님의 말씀을 꼭 기억하기 바란다.

다섯째: 불을 땅에 던지러 오셨다.

"내가 불을 땅에 던지러 왔노니 이 불이 이미 붙었으면 내가 무엇을 원하리요." (눅 12:49)

그런데 주님의 원처럼 땅에 불이 붙지 않았다. 이 '땅'과 이 '불'의 의미는 무엇인가? 땅은 우리 인생의 마음이요, 불은 하나님의 말씀을 의미하였다.

- 마태복음 13장의 길가 밭, 돌짝 밭, 가시덤불 밭, 좋은 밭

"하나님은 소멸하는 불이시라." (히 12:29)

"내 말이 불같지 아니하냐?" (렘 23:29)

"이제 하늘과 땅은 그 동일한 말씀으로 불사르기 위하여 간수하신바 되어 경건치 아니한 사람들의 심판과 멸망의 날까지 보존하여 두신 것이니라." (벧후 3:7)

"그러므로 만군의 여호와가 이같이 말하노라 그들이 이 말을 하였은즉 볼지어다 내가 네 입에 있는 <u>나의 말로 불이 되게 하고</u> 이 백성으로 나무가 되게 하리니 그 불이 그들을 사르리라." (렘 5:14)

성경은 "하나님의 말씀"을 '불'에 비유하였다. 그런 의미에서 이 세상에 사는 모든 인생들이 예수님의 말씀을 받아 말씀의 흥황이 불일 듯 일어나야 했다! 그런데 대체적으로 대다수가 바닷물에 빠져 있어서 그 불을 받기는커녕 불이 그만 꺼졌다는 것이다. 하지만 이제라도 늦지 않았다! 우리는 하나님 말씀의 불로 우리의 더러움이 태워져야 하고, 이 말씀의 불로 우리 마음이 소독되어야 할 것이다!

계시록 8장에 "큰 산들이 불이 붙어 바다에 빠지는 장면"이 나온다. 이 '산'은 ⇨ '교회'를 비유한 말씀으로, 마지막 때 교회가 하나님의 말씀대로 사명을 감당하지 못하고 "바벨 교회"가 되어 하나님의 심판, 즉 불이 붙어 바다에 빠진다는 것이다. 얼마나 가슴이 아픈 일인지!

우리는 우리의 신앙의 삶에서 우리 각자가 무엇을 쌓고 왔는가? 사도 바울이 우리의 이 의문에 어떻게 답해 주었는가?

"그날 공력이 나타나면, 그 불이 각 사람의 공력이 어떠한 것을 시험할 것이라. 누구든지 그 위에 세운 공력이 그대로 있으면 상을 타고, 공력이 불타면 해를 받으리라." (고전 3:13)

우리 자신은 "육의 성분이 바로 물"이라 해도 과언이 아닐 것이다. 선악과 이후 우리는 불과 상극인 더러운 구정물이 되어 있었다. 그러나 그런 더러운 물에도 불구하고, 주님의 보혈로 수혈할 수 있다고 하셨다. 성령의 기름이 한 방울 한 방울 우리에게 적셔지면, 그 구정물도 말씀의 불이 붙을 수 있다고 성경이 제시하였다.

성령의 기름 부으심을 받으면, 맹물 같은 우리 인생도 예수님의 인격을 배우고 변화될 수 있다는 사실을 믿기 바란다! 우리는, 이 시대 교회는, 모두 다 "말씀의 불"을 받아야 한다. 이 말씀의 불을 받는 사람만이 이제 그날 재림의 주님을 맞이할 수 있기 때문이다.

"나를 저버리고 내 말을 받지 아니하는 자를 심판할 이가 있으니 곧 나의 한 그 말이 마지막 날에 저를 심판하리라." (요 12:48)

여섯째: "본다고 하는 자들"을 소경 되게 하러 오셨다.

"예수께서 가라사대 내가 심판하러 이 세상에 왔으니 보지 못하는 자들은 보게 하고 보는 자들은 소경 되게 하려 함이라 하시니." (요 9:39)

요한복음 9장 본문의 내용은 "날 때부터 소경"인 자를 만났을 때, 나누던 대화의 내용이다. 제자들이 감히 "이 사람이 소경으로 난 것이 뉘 죄로 인함입니까? 자기입니까? 그 부모의 죄로 인해서입니까?" 여쭈며, 감히 '죄'에 대해 논할 때, 이 사건의 내용의 결론으로 주신 주님의 말씀이셨다.

"날 때부터 소경된 자는 바로 우리 인생의 현주소를 영적으로 제시한 비유"였다. 그런데 제자들은 이 소경을 보고 "누구의 죄냐? 자신의 죄냐, 부모의 죄냐?"라고, 감히 죄인들이 죄에 대해 예수님 앞에서 논(論)한 것이다.

주님은 마태복음 7장 1-5절에서 죄인으로 태어난 인생은 선악과 사건으로 인해, 모두 눈에 들보가 있는 눈이 되어 남의 눈의 티를 뽑을 수 없는 상태이면서도, "나로 네 눈 속에 있는 **티를 빼게 하라.**"고 나선다는 영적 상황을 처음으로 지적해 주셨다.

> "**¹**비판을 받지 아니하려거든 비판하지 말라 **²**너희의 비판하는 그 비판으로 너희가 비판을 받을 것이요 너희의 헤아리는 그 헤아림으로 너희가 헤아림을 받을 것이니라 **³**어찌하여 형제의 눈 속에 있는 티는 보고 네 눈 속에 있는 들보는 깨닫지 못하느냐 **⁴**보라 네 눈 속에 들보가 있는데 어찌하여 형제에게 말하기를 나로 네 눈 속에 있는 티를 **빼게 하라** 하겠느냐 **⁵**외식하는 자여 먼저 네 눈 속에서 들보를 **빼어라** 그 후에야 밝히 보고 형제의 눈 속에서 티를 **빼리라.**" (마 7:1-5)

주님은 누구도 몰랐던 이런 사실을 예리하게 드러내 주셨다. 이는 선악과를 먹고 나서 눈이 밝아졌는데, 어떻게 눈이 밝아졌는가? "남을 정죄하는 눈"이 밝아졌다는 것이다. 그러니 감히 자기 눈에 들보가 있는 것은 모르고 남의 눈의 티를 뽑겠다고 나선다는 것이다.

예수님은 그의 백성에게 "내가 죄인을 만나러 왔다!"라고 말씀하셨다. 그러나 하나님의 백성을 바르게 인도하지 못했던 종교 지도자들에게는 어떤 말씀을 하셨는가? "화 있을진저! 화 있을진저! 이 독사의 자식들아!" 자그마치 일곱 번을 분노하시며 책망하셨다. 재림 예수님만이 장래 심판하러 오시는 것이 아니라, 초림 예수님도 심판하러 오셨기 때문이다.

> "¹³화 있을진저! 이 외식하는 서기관들과 바리새인들아! 너희는 천국문을 사람들 앞에서 닫고 너희도 들어가지 않고 들어가려 하는 자도 들어가지 못하게 하는구나!… ¹⁵화 있을진저! 이 외식하는 서기관들과 바리새인들아! 너희는 교인 하나를 얻기 위하여 바다와 육지를 두루 다니다가 생기면 너희보다 배나 더 지옥 자식이 되게 하는도다!" (마 23:13, 15)

예수님은 종교 지도자들을 심판하시고, 천국의 서기관으로 제자들을 선택하여 그 자리를 내어 주셨다. 예수님 당시 이렇게 종교 지도자의 타락이 극에 달해 모두들 수족이 동여매지고 얼굴에 수건이 덮였는데, 성경은 우리 시대가 또 그렇다고 예언하셨다. 그래서 배나 지옥 자식을 만드는 그곳에서 "죄에 참여하지 말고 나오라! 곧 불이 붙을 것이니 나오라!"고 계시록 18장 4절에서 천사가 외쳤던 것이다.

> "또 내가 들으니 하늘로서 다른 음성이 나서 가로되 내 백성아 거기서 나와 그의 죄에 참예하지 말고 그의 받을 재앙들을 받지 말라 그 죄는 하늘에 사무쳤으며 하나님은 그의 불의한 일을 기억하신지라." (계 18:4)

이제 다시 오실 재림의 주님을 만날 사람들은 세상에 대하여 "심판의 말씀"을 외치는 자들이다. 초림 예수님을 만나 이 심판의 기준을 알고 천국의 제자가 되어 옛것과 새것을 제 마음대로 꺼내어 집주인 노릇을 잘 감당하면 재림의 그 날, 최고 최대의 상급을 주님으로부터 받을 것이다.

일곱째: 검을 주러 오셨고, 식구끼리 불화하게 하려고 오셨다.

"내가 세상에 화평을 주러 온 줄로 생각지 말라 화평이 아니요 검을 주러 왔노라 내가 온 것은 사람이 그 아비와 딸이 어미와 며느리가 시어미와 불화하게 하려 함이니 사람의 원수가 자기 집안 식구라." (마 10:34)

위의 말씀은 예수님은 화평을 주시는 분이시고, 막힌 담을 허시고, 갈라진 것을 합하시는 분으로 알고 있는데, 도대체 "검을 주러 오셨다." 니 참으로 오해의 여지가 있는 말씀이다. 그런데 만약 자신은 예수님을 믿어 교회를 다니는데, 여러분의 배우자가 '예수님'을 믿지 않는다고 가정을 해보자. 분명 여러분의 남편이요, 아내요, "여보, 당신" 하는 사이지만, 모든 것을 바라보는 시각이 같을 수가 없으니 여러 가지 격차가 일어날 것이다. 그 이유는 소속된 나라가 다르기 때문이다. 정말 어중간하지 않은 회색지대의 사람이 아니고, 흰색지대의 신령한 하나님의 자녀라면, 가치관부터 다르기에, 눈에 보이지 않는 영적 전쟁을 치러야 할 것이다.

'리브가'가 쌍둥이를 임신하였는데, 하나님께서는 이 쌍둥이를 가리켜 "두 민족"이라고 말씀하셨다. 같은 아비와 어미 사이에서 쌍둥이로 태어났지만, 그 예언대로 그 후손은 아직도 싸우고 있듯이 태 속에서도 싸우고 있었다는 것이다. 하나님께서 그들 후손의 미래가 영적으로 갈라질 것을 미리 내다보셨기 때문이다.

주님은 "화평이 아니라 검을 주러 오셨다."라고 말씀하셨다. 이 말씀은 비유이다. 검은 자르거나 쪼개거나 나누는 것에 사용된다. 하나님은 "하나님의 말씀"을 검으로 비유하셨다.

"하나님의 말씀은 살았고 운동력이 있어 좌우에 날 선 어떤 검보다도

예리여 혼과 영과 및 관절과 골수를 쪼개기까지 하며…" (히 4:12)

"구원의 투구와 성령의 검 곧 하나님의 말씀을 가지라." (엡 6:7)

"그의 입에서 이한 검이 나오니 그것으로 만국을 치겠고…" (계 19:15)

그런데 하나님의 은혜를 받으면, 사단은 늘 가장 가까운 사람에게 역사하여 받은바 그 은혜를 빼앗으려고 우는 사자처럼 날뛴다. 그리고 가족은 핏줄인 고로 하나님보다 더 사랑할 수 있기 때문에, 그 "원수가 집안 식구"라고 하셨다. 그런 의미에서 우리가 인간적으로는 가족이나 모든 사람과 화평해야 하지만, 그러나 영적으로는 늘 세상적인 사람하고는 긴장하고 구별되라 하는 것이 하나님의 말씀이요, 명령이셨다.

"세상과 벗된 것이 간음"이라 하지 않았는가?

그런 의미에서 정상적인 신앙인이라면, "영적으로 이것이 누구로부터 오는 말과 행동인가?"에 대해 '영 분별'을 할 수 있어야 한다.

아담이 그의 아내로 말미암아 선악과를 먹었다. 아브라함이 사라의 말을 듣고 하갈의 방에 들어가 이스마엘을 낳게 되었다.

"아!" 왜 이런 일이 일어났을까?

가족에게는 영적 경계를 풀기 때문에 그런 면을 사단이 이용하기 때문이다. 이런 내용을 늘 마음에 두고 마귀의 간계에 넘어가지 않길 주님의 이름으로 축원한다!

여덟째: 주님은 섬김을 받지 않으시고, 목숨을 대속물로 주려고 오셨다.

"인자의 온 것은 섬김을 받으려 함이 아니라 도리어 섬기려 하고 자기 목숨을 많은 사람의 대속물로 주려 함이니라." (막 10:45)

예수님이 이 땅에 오신 목적은 살리고 생명을 주기 위함이었는데, 생명의 말씀을 받지 않으니, 십자가를 지시는 마지막 선택을 하셔야 했다. 천지를 지으신 창조주 하나님이 자기 백성에게 오셨는데, 그 백성에게 죽임을 당하셔야 하는 이 처절한 아픈 고백을 통해서, 우리 인생이 얼마나 참람하고 무지하고 오만하고 강팍한가를 깨달아야 한다!

언제든지 발등에 불이 떨어지면 "하나님 도와 달라!"고 울고 빌다가, 조금만 편해지면 수없이 배도하는 것이 우리 인생의 현주소라는 생각을 하니 마음이 몹시 아팠다. 그러나 주님은 당신을 '대속물'로 주시기 위해서 십자가를 지셨다는 것이다. 주님은 십자가에서 "일곱 말씀"을 남기셨고, 그 말씀을 깨닫고 행하는 자에게 "하나님의 능력"이 나타나게 하셨다.

그런데 대다수 하나님의 자녀들이 이 말씀을 붙잡지 못하였다는 것이다. 기독교 역사에서 "주님이 십자가에서 돌아가셨다!"라는 말씀 앞에서 주님이 마치 퇴장하신 것이라고 생각하는 분들이 얼마나 많은지 모른다. 그러나 사도 바울은 달랐다! 그는 십자가에서 남기신 "일곱 말씀의 유언"을 깨닫고 무엇이라고 선포하였는가?

> "십자가의 도(道)가 멸망하는 자에게는 미련하게 보이고, 구원을 얻은 우리에게는 하나님의 능력이라." (고전 1:18)

이제 다시 오실 재림의 주님은 "죄와 상관없이 자기를 기다리는 자"들에게 두 번째 나타나시고, 불순종하는 자들에게는 심판의 주로 오실 것이다.

아홉째: 마귀의 일을 멸하러 오셨다.

"죄를 짓는 자는 마귀에게 속하나니 마귀는 처음부터 범죄함이니라 하나님의 아들이 나타나신 것은 마귀의 일을 멸하려 하심이니라." (요일 3:8)

예수님께서 이 땅에 오신 목적의 가장 구체적이고도 현실적이었던 것은, 바로 이 "사단 마귀의 일을 멸하는 것"이었다. 그런데 "마귀의 일"이 무엇인가? 선악과를 먹여서 다른 사람을 정죄하게 만드는 것이요, 정죄당한 자 역시 또다시 정죄하게 만들어 두 쪽 다 자기 소속을 만들어 버리는 것이 마귀의 일이요, 사명인 것이다. 이로 인해 이 사단 마귀가 율법하에서 죄와 사망의 권세자로서 그 힘을 휘둘렀고, 하나님의 백성들은 그 권세에 종노릇을 해야 했다.

하나님은 사단에게 흙 차원의 인생들을 다루시게 하셨지만, 이 사단의 권세를 합법적으로 거두실 수 있었던 것은, 당신의 아들 예수 그리스도로 하여금 모든 인생의 죗값을 대신 치르게 하셨기 때문이다. 주님은 우리의 모든 죄를 대속해서 죽으셨지만, 그의 죄없음으로 다시 부활하셔서 사망의 권세를 깨실 수 있었다! 할렐루야!

예수님께서 당신의 육체로 율법을 폐하셨기에, 정죄할 아무것도 마귀는 갖고 있지 않다. 다만 이 사실을 모르는 죄의 종들에게만 불법자로서 그 권세를 휘두를 수 있는 것이다.

"[1]그러므로 이제 그리스도 예수 안에 있는 자에게는 결코 정죄함이 없나니 [2]이는 그리스도 예수 안에 있는 생명의 성령의 법이 죄와 사망의 법에서 너를 해방하였음이라 [3]율법이 육신으로 말미암아 연약하여 할 수 없는 그것을 하나님은 하시나니 곧 죄를 인하여 자기 아들을 죄 있는 육신의 모양으로 보내어 육신에 죄를 정하사 [4]육신을 좇지 않고 그 영을 좇아 행하는 우리에게

율법의 요구를 이루어지게 하려 하심이니라.”(롬 8:1-4)

그런 의미에서 재림의 주를 기다리는 자는 마지막 종말에 이 마귀가 주님의 교회에서 저지르는 참상을 알고 깨어 기도하면서 비진리의 거짓 선지자들과 “예수님의 이름으로” 싸우는 자들이다.

열째: 참소하던 사단을 땅으로 내치셨다.

주님께서 그리스도의 권세를 십자가에서 이루신 이후에 사단은 더 이상 하늘에 거하지 못하고, 더 이상 하나님의 보좌 옆에서 참소하고 정죄할 수 없는 자로서 이 세상으로 쫓겨났다. 예수께서 십자가에서 “다 이루었다!”라고 외치신 것은, 특별히 이런 마귀의 일을 멸하신 사실을 선포하신 것이다.

“죄를 짓는 자는 마귀에게 속하나니 마귀는 처음부터 범죄함이라 하나님의 아들이 나타나신 것은 마귀의 일을 멸하려 하심이라.” (요일 3:8)

“⁷하늘에 전쟁이 있으니 미가엘과 그의 사자들이 용으로 더불어 싸울쌔 용과 그의 사자들도 싸우나 ⁸이기지 못하여 다시 하늘에서 저희의 있을 곳을 얻지 못한지라 ⁹큰 용이 내어쫓기니 옛 뱀 곧 마귀라고도 하고 사단이라고도 하는 온 천하를 꾀는 자라 땅으로 내어쫓기니 그의 사자들도 저와 함께 내어 쫓기니라 ¹⁰내가 또 들으니 하늘에 큰 음성이 있어 가로되 이제 우리 하나님의 구원과 능력과 나라와 또 그의 그리스도의 권세가 이루었으니 우리 형제들을 참소하던 자 곧 우리 하나님 앞에서 밤낮 참소하던 자가 쫓겨났고 ¹¹또 여러 형제가 어린 양의 피와 자기의 증거하는 말을 인하여 저를 이기었으니 그들은 죽기까지 자기 생명을 아끼지 아니하였도다 ¹²그러므로 하늘과 그 가운데 거하는 자들은 즐거워하라 그러나 땅과 바다는 화있을진저

이는 마귀가 자기의 때가 얼마 못된 줄을 알므로 크게 분 내어 너희에게 내려갔음이라 하더라." (계 12:7-12)

십자가 사건 이전의 사단 마귀는 하나님의 보좌와 지구를 오가며 "온 천하를 꾀는 자"로서 자기 사명을 다하고, 하나님의 보좌 앞에서 종일토록 성도들을 참소하는 것이 그의 일과였다. 그러나 주님의 십자가의 공로로 하늘의 전쟁에서 "미가엘과 그의 사자들"이 "용과 그 사자"를 이겼으므로 용과 그의 사자들이 하나님의 보좌 앞에서 "**더 이상 참소하지 못하고 지구로 쫓겨나게 된 것**"이다(계 12장). 할렐루야! 주님을 찬양한다!

이 사실을 제대로 몰랐을 때는 어떤 일이 있었는가?

베드로는 두려워서 사랑하는 주님을 세 번이나 부인하였고, 한 번은 저주까지 했다. 그리고 주님을 3년 반 따라다녔던 '제자들'까지도 이런 행동을 하였던 것은, 예수님처럼 잡혀서 죽임을 당할까 봐 두려워서였다. 그런데 주님의 부활을 목격하고 나니, 제자들의 생각이 달라졌다. 그렇게 되고 나서 이들이 어떤 반격을 하기 시작했는가? 죽음을 두려워하지 않고 '두 증인'의 삶을 살게 되었다. 이 '두 증인'이 죽기까지 자기 생명을 아끼지 않을 수 있었던 비결? 계시록 12장 1-12절에서 그 답이 주어졌다.

"또 여러 형제가 어린 양의 피와 자기의 증거하는 말을 인하여 저를 이기었으니 그들은 죽기까지 자기 생명을 아끼지 아니하였도다." (계 12:11)

이들 주님의 제자들이 부활하신 예수님을 통하여 무엇을 알게 되었을까? 주님의 제자들은 예수를 믿으면 죽어도 사는 역사가 일어나는 것을 보았다. 그것도 주님을 통해서 경험하고 나니, 하나님의 말씀과 예수의 증거를 위해서는 타협하지 않고 죽기까지 생명을 아끼지 않았던 것이다! 그리고 주님께서 살아 계실 때, 제자들에게 미리 이 말씀을 경고해 주신 것을 기억하였기 때문이다.

"몸은 죽여도 영혼은 능히 죽이지 못하는 자들을 두려워하지 말고 오직 몸과 영혼을 능히 지옥에 멸하시는 자를 두려워하라." (마 10:28)

우리도 이 말씀을 가슴에 두어야 두 증인의 삶을 살 수 있다.

"나는 부활이요 생명이니 나를 믿는 자는 죽어도 살겠고, 무릇 살아서 나를 믿는 자는 영원히 죽지 아니하리니 이것을 네가 믿느냐?" (요 11:25)

열한째: 주님은 하나님의 오른손에 있는 책을 취하여 일곱 인봉을 떼셨다.

"¹내가 보매 보좌에 앉으신 이의 오른손에 책이 있으니 안팎으로 썼고 일곱 인으로 봉하였더라 ²또 보매 힘 있는 천사가 큰 음성으로 외치기를 누가 책을 펴며 그 인을 떼기에 합당하냐 하니 ³하늘 위에나 땅 위에나 땅 아래에 능히 책을 펴거나 보거나 할 이가 없더라 ⁴이 책을 펴거나 보거나 하기에 합당한 자가 보이지 않기로 내가 크게 울었더니 ⁵장로 중에 하나가 내게 말하되 울지 말라 유대 지파의 사자 다윗의 뿌리가 이기었으니 이 책과 그 일곱인을 떼시리라 하더라 ⁶내가 또 보니 보좌와 네 생물과 장로들 사이에 어린 양이 섰는데 일찍 죽임을 당한것 같더라 일곱 뿔과 일곱 눈이 있으니 이 눈은 온 땅에 보내심을 입은 하나님의 일곱 영이더라 ⁷어린 양이 나아와서 보좌에 앉으신 이의 오른손에서 책을 취하시니라." (계 5:1-7)

우리가 오늘날 "장래 될 일"을 미리 볼 수 있었던 것은?

주님의 "십자가의 공로"에 연루되었다. 주님은 십자가에서 사망의 권세를 이기시고, 그리스도의 권세를 완전히 회복하셨으므로, "인봉된 책의 일곱 인"을 떼실 자격이 있으셨다.

여기서 "일찍 죽임을 당한 어린양"이란 묘사가 매우 중요한 것은?

일찍 죽임을 당한 그 "피의 공로"로 인류를 구원하신 구속행위가 하나님의 계시의 책의 인봉을 뗄 수 있는 자격자가 되셨기 때문이다. 이 "십자가의 공로"는 장차 "재림의 주로서 심판의 권세"도 가지실 수 있는, 세상 끝날까지 모든 이들에게 영원히 찬양의 대상이 되어야 할 공로였다. 그런 의미에서 우리는 주님의 피로 값 주고 사신 귀한 존재이다. 그리고 만고의 비밀을 우리를 위해서 주께서 열어 주시고 공개해 주셨다. 이제 우리는 하나님의 만고의 비밀이 모두 밝히 드러나는 날, 의롭고 충성된 자로 하나님 앞에 설 준비가 남은 것이다. 그러니 우리가 어찌 이런 주님을 찬양하지 않을 수 있겠는가?

4. 말씀을 소유하여 선악을 분별하라!

에서와 야곱의 영성의 차이

창세기 25장은 에서와 야곱이 태어난 내용에 대해 제시하고 있다. 아브라함이 사라와의 사이에 낳은 이삭은 '사십 세'에 리브가와 결혼하여 쌍둥이 '에서'와 '야곱'을 낳았다. 리브가는 이삭과 혼인을 하고 나서 한동안 아이를 낳지 못했다. 그런데 리브가가 잉태하지 못하니, 이삭이 아내를 위하여 하나님께 간구하여 드디어 리브가가 잉태하였다. 그런데 뱃속에서 두 아이가 서로 싸우는지라, 리브가가 여호와 하나님께 여쭈었더니, 여호와 하나님께서 어떤 말씀으로 응답하셨는가? "두 국민이 네 태중에 있구나! 두 민족이 네 복중에서부터 나누이리라!"(23절) 그런데 문제는 "큰 자는 어린 자를 섬기리라."고 예고해 주셨다는 것이다. 그런 연유로 리브가는 "큰 자가 어린 자를 섬기리라."는 이 말씀을 늘 마음에 유념하였다.

창세기 27장에 이삭이 "에서와 야곱" 쌍둥이 둘 중에서 큰아들 '에서'에게 축복을 줄 때가 왔다고 생각하였다. 그래서 아비 이삭은 에서를 불러 사냥하여 '별미(別味)'를 해오면 축복하겠노라고 은밀히

에서에게 말했다. 그런데 리브가가 우연히 남편과 아들 에서와의 오가는 소리를 듣고는 어떤 은밀한 일을 행하였는가? 그 이후에 어떤 일이 벌어졌는가?

시간이 흘러 에서와 야곱이 장성해지니, 에서는 '사냥꾼'이 되어 들사람이 되었고, 야곱은 조용한 성격으로 '장막'에 거하였다. 그런데 에서와 야곱이 같은 어미 배에서 태어났는데, 어디에서부터 구별되기 시작되었는가?

첫째: 낳기 전부터 어미 리브가가 기도할 때에 여호와 하나님께서 "두 국민, 두 민족이 복중에서 나누이리라!"는 말씀을 들었다.

둘째: "큰 자는 어린 자를 섬기리라!"는 말씀에 유의하였다.

셋째: 낳고 보니, 먼저 나온 '에서'는 붉고 전신이 털옷 같아서 이름을 '에서'라 하였고, 후에 나온 '아우'는 에서의 "발꿈치를 잡았다."고 해서 그 이름을 '야곱'이라 지었다.

넷째: 쌍둥이가 자라면서 '에서'는 사냥꾼이 되어 ⇨ 들사람이 되었고, 야곱은 조용한 사람인 고로 ⇨ 장막에 거하였다고 한다.

그런데 하나님께서 "두 민족이 복중에서 나누이리라!"고 리브가에게 말씀하셨고, 먼저 나온 에서가 후에 나온 야곱을 "섬기게 될 것"을 예고하셨다니, 어찌 그런 일이 벌어질 수 있을까?

우리는 하나님의 의중에 대해서 아버지 이삭과 어머니 리브가 사이에 낳은 아들들이 "왜 이렇게 나누이나?" 하는 이 부분에 대해서 한번 깊이 있게 생각해 보아야 한다. 우리도 교회에서 같은 예배를 드리고, 같이 교회생활을 하는데, 왜 그렇게 각기 영성이 달라지는가? 그 내용이 여기에 다 속하고 있다. 그런데 이삭과 리브가 부부 사이에서 어떻게 이렇게 전혀 성정이 다른 쌍둥이가 태어났을까? 에서와 야곱이 한 뱃속에서 났는데, 어떻게 이렇게 서로 다를 수 있느냐는 것이다.

그 시대 '이삭'이란 훌륭한 아버지와 '리브가'란 현명한 어머니 사이에서 태어난 쌍둥이가 아닌가? 그것이 필자에게는 마치 엉킨 실타래처럼 풀리지 않았다. 더욱이 "두 민족이 복중에서 나누이리라!"는 이 말씀도 참으로 이해가 되지 않았다. 한 배에서 태어났는데, 왜 두 민족으로 나뉘게 되었는가?

그런데 쌍둥이 형제가 어느덧 장성하니, 에서는 사냥꾼이 되어 '들사람'이 되었고, 야곱은 조용한 사람인 고로 '장막'에 거하였다. 필자는 같은 아비와 어미 사이에서 쌍둥이가 태어났음에도 불구하고, 이들이 커가면서 영성의 차이가 엄청나게 달라졌음을 깨닫게 되었다. 야곱이 종용한(=조용한) 사람인 고로 장막에 거하였다는 이 말씀에서, "왜 두 국민, 두 민족이 복중에서 나누이리라!" 하셨을까? "왜 큰 자가 어린 자를 섬긴다!"라고 하셨을까? 이러한 의문에 대한 해답은 그들이 커 가면서 삶의 모습이 전혀 달라졌다는 데서 찾게 된다.

이 부분에서 쌍둥이의 삶이 달라진 것은?

에서는 ⇨ '들사람'이 된 것이요,

야곱은 ⇨ '장막'에 거하였다는 것이다.

그런데 그 장막에 누가 함께하셨을까? 아비 이삭과 이삭의 아비 아브라함 즉 야곱의 할아버지가 얼마간 야곱과 함께 장막에 함께하셨다는 사실이다. 이 내용은 지금은 고인이 되셨지만, "창세기의 족보"를 쓰신 박윤식 목사님께서 족장들의 연대기 표를 만드신 것을 보고서야 것을 알게 되었다. '아브라함'은 주전 2166년에 출생 175년을 살았고, 야곱은 주전 2108년도에 출생 147년을 살아 장막에 계신 할아버지 아브라함과 대략 15년을 함께 살았다는 것을 족보를 통해 알 수 있었다.

야곱이 "믿음의 조상"이라 불리는 할아버지 곁에서 얼마나 많은 영성을 할아버지와 아비 이삭으로부터 배웠겠는가? 그런 연유로 야곱이 '이스라엘'이란 새 이름을 여호와 하나님으로부터 받을 수 있지 않았을까?

- "두 쌍둥이가 복중에서 두 민족으로 나누인다." 하였고,
- "큰 자인 에서가 저보다 어린 자인 야곱을 섬긴다." 하였고,
- "에서는 사냥꾼이 되고, 야곱은 장막에 거하였다." 하였고,

이 세 말씀 자체에서 야곱과 에서가 갈라질 수밖에 없는 요인이 내재되어 있었다는 사실을 알게 되었다.

에서는 사냥꾼이 되어 짐승을 잡으러 이곳저곳을 다니는 들사람이요, 야곱은 아비 이삭과 함께 "조부이신 할아버지 아브라함"과 함께하였다는 것이다. 아브라함이 이때에도 살아계셨다는 것이다. 그러니 야곱이 믿음의 조상이 되신 할아버지 아브라함과 아비 이삭을 통해 얼마나 깊은 신앙의 실제를 배우고, 단단한 신앙을 체험할 수 있었겠는가? 창세기의 저자 모세는 야곱과 에서의 성장에 대해서 다음과 같이 비교하여 기록하였다.

"27그 아이들이 장성하매 에서는 익숙한 사냥꾼인 고로 들사람이 되고, 야곱은 종용한 사람인 고로 장막에 거하니 28이삭은 에서의 사냥한 고기를 좋아하므로 그를 사랑하고, 리브가는 야곱을 사랑하였더라." (창 25:27-28)

이후에 야곱이 에서를 피해 외삼촌 라반의 집에 갔는데, 거기서도 참으로 놀라운 사실이 있었다. 하나님은 야곱의 외삼촌 라반에게 밤에 현몽하셔서 "너는 삼가 야곱에게 선악간 말하지 말라!"라고 경고하셨던 것이다.

"²⁴밤에 하나님이 아람 사람 라반에게 현몽하여 가라사대 너는 삼가 야곱에게 선악간 말하지 말라 하셨더라… ²⁹너를 해할만한 능력이 내 손에 있으나 너희 아버지의 하나님이 어제밤에 내게 말씀하시기를 너는 삼가 야곱에게 선악간 말하지 말라 하셨느니라." (창 31:24, 29)

야곱이 부지중에 외삼촌 라반을 찾아가니, 명색이 외삼촌이면서 야곱이 사랑하는 라헬을 연모하니 라헬 대신 레아를 주고, 또다시 라헬을 얻기 위해 자그마치 십사 년을 무료봉사로 일을 시킨 사람이 바로 외삼촌이었다. 그 이후에도 야곱의 말에 의하면, 외삼촌의 양치기를 하고 여러 가지 일을 하였는데도 "품값을 열 번도 더 변혁"하였다고 하였다. 그런 외삼촌이 야곱 가족이 없어졌으니, 야곱과 그 가족을 잡으러 나온 것이었다. 이런 내용은 인간사에서 매일 일어나는 사건이 아닐까?

그러한 가운데 누가 하나님 앞에서 현명한 삶을 살았는가? 라반이 아니고 야곱이었다! 그들의 운명은 세상에서 끝나는 것이 아니라, 운명 이후에 더 영원한 삶의 세계가 기다린다는 사실을 아는가? 모르는가? 그것이 우리의 삶의 영적 실제요 실체가 되겠다.

그런 의미에서 이 시대의 우리 모두는 이스마일과인가? 야곱과인가? 성경의 말씀을 통해서 우리 자신의 정체성을 뒤돌아볼 필요가 있다. 우리는 에서와 야곱의 삶에서 "어떤 삶을 살아야 하는가?"에 대해서 "한 수(手) 배울 수 있었다!"

하나님 나라의 지도자상은 선지자상 ①

대다수 성도들은 구약에만 선지자가 등장하는 것으로 알고 있다. 그러나 하나님은 "성경 전체 목자상" ⇨ '선지자상'으로 제시하셨다.

왜냐하면 하나님 나라의 지도자상은 "장래 될 일을 미리 보고 선포하는 목회자들"이 '선지자'이기 때문이다.

성경의 결론인 계시록에서 두 증인을 '두 감람나무', '두 선지자'라 한 것은 이들의 사명을 단어로 나타내셨기 때문이다. 두 증인이란? 하나님의 말씀의 증인을 가리키는데, 이를 '두 촛대'라고도 표현하신 것은, 이들이 움직이는 교회라는 의미에서였다.

> "³내가 나의 두 증인에게 권세를 주리니 저희가 굵은 베옷을 입고 일천 이백육십 일을 예언하리라 ⁴이는 이 땅의 주 앞에 섰는 두 감람나무와 두 촛대니… ¹⁰이 두 선지자가 땅에 거하는 자들을 괴롭게 한고로 땅에 거하는 자들이 저희의 죽음을 즐거워하고 기뻐하여서로 예물을 보내리라 하더라." (계 11:3-4, 10)

하나님 나라의 지도자상이 왜 '선지자상'이 되었을까? 이는 하나님 나라는 세상 나라와 달리, 인간이 다스리는 나라가 아니요, 천지의 주재이시요, 창조주이시고, 전지전능하신 "하나님께서 다스리시는 특별한 나라"이기 때문이다. 더욱이 하나님은 영(靈)이시므로 그분을 인간이 알아 뵐 수 없기에, 인생들은 하나님을 형이상학적으로 자기 마음대로 생각하였다. 그래서 신(神)이 있다고 생각하였기 때문에 산을 향하여 소원을 빌기도 하였고, 하늘을 쳐다보고 빌기도 하였으며, 어떤 이들은 소나무 같은 큰 나무 앞에서 소원을 빌기도 하였다.

하나님은 보이지 않는 하나님을 믿게 할 수 있는 방법이 필요하셨다. 또한 하나님은 죄의 그림자도 없으신 거룩하신 분이시므로 그 앞에 설 인간이 살 자가 없었으므로, 인간 앞에 나설 "신적 대리자"가 필요하셨다. 그 대리자가 바로 구약에는 '여호와 사자'로 나타나셨고, 구약시대에는 선지자를 세우셨고, 신약시대에는 육신을 입고 예수 그리스도가 오셨고, 지금 우리 시대는 성령 하나님이 오셔서 주관하시되 교회 목회자들을 통해서 말씀으로 인도하고 계시다.

> "¹⁸모세가 가로되 원컨대 주의 영광을 내게 보이소서 ¹⁹여호와께서 가라사대 내가 나의 모든 선한 형상을 네 앞으로 지나게 하고 여호와의 이름을 네 앞에 반포하리라 나는 은혜 줄자에게 은혜를 주고 긍휼히 여길 자에게 긍휼을 베푸느니라 ²⁰또 가라사대 네가 내 얼굴을 보지 못하리니 나를 보고 살 자가 없음이니라 ²¹여호와께서 가라사대 보라 내 곁에 한 곳이 있으니 너는 그 반석위에 섰으라 ²²내 영광이 지날 때에 내가 너를 반석 틈에 두고 내가 지나도록 내 손으로 너를 덮었다가 ²³손을 거두리니 네가 내 등을 볼 것이요 얼굴은 보지 못하리라." (출 33:18-23)

그런 의미에서 하나님의 나라는 "세상적 차원"이 아니라 "신적 차원", 즉 "하나님의 차원"인 신령한 방법으로 당신의 나라를 다스리는 나라이다. 그러므로 각 시대마다 "신적 대리자" 앞에 설 "인간 대리자"도 세우셨다. 왜냐하면 하나님의 인도하심의 구체적인 증거는 바로 "생명의 말씀"이었기 때문이다. 그리고 하나님은 항상 장래 될 일을 예고하시고, 세우신 신적 대리자, 즉 '선지자'의 말씀에 따르게 하셨다.

우리 인생은 내일 일도 알지 못하며 예측 없이 살아가고 있다. 그러나 하나님은 전지하시고 전능하시므로 그의 인도하심은 생명의 말씀에 근거하고, 하나님의 말씀은 반드시 "성취함과 증험함"이 있다는 사실을 드러내 주셨다. 따라서 하나님은 당신의 택함을 입은 자들에게 전할 말씀과 함께 신(神=Spirit)을 주시고, 장래 일어날 일에 대해 백성에게 고하게 하셨다. 백성은 그로부터 들은 말씀이 그대로 성취되는 것을 통해서, 그가 하나님께서 세우신 종으로 믿게 하셨다. 그리고 그들 뒤에 역사하시는 하나님을 간접적으로 깨닫게 하셨다(겔 2-3장

참고). 할렐루야! 주님을 찬양한다!

신명기 18장 15-22절에서 하나님은 '선지자 제도의 필요성과 그 원리'에 대해 처음으로 그 시대 이스라엘 백성들이 이해할 수 있도록 제시하여 주셨다. 모세가 하나님께서 제시하신 이 말씀을 다시 강조한 이유는 신명기 5장 22-27절 말씀에 기인되었고, 또 신명기의 이 말씀은 출애굽기 20장 18-21절 말씀에서 기인되었기 때문이다.

> "¹⁸뭇 백성이 우뢰와 번개와 나팔소리와 산의 연기를 본지라 그들이 볼 때에 떨며 멀리 서서 ¹⁹모세에게 이르되 당신이 우리에게 말씀하소서 우리가 들으리이다 하나님이 우리에게 말씀하시지 말게 하소서 우리가 죽을까 하나이다 ²⁰모세가 백성에게 이르되 두려워 말라 하나님이 강림하심은 너희를 시험하고 너희로 경외하여 범죄치 않게 하려 하심이니라 ²¹백성은 멀리 섰고 모세는 하나님의 계신 암흑으로 가까이 가니라." (출 20:18-21)

위 내용은 이스라엘 백성들이 모세에게 하나님과 자신들과의 사이에 중보자가 되어 줄 것을 요청한 사유를 제시한 장면이다.

> "²²여호와께서 이 모든 말씀을 산 위 불 가운데, 구름 가운데, 흑암 가운데서, 큰 음성으로 너희 총회에 이르신 후에 더 말씀하지 아니하시고 그것을 두 돌판에 써서 내게 주셨느니라 ²³산이 불에 타며 캄캄한 가운데서 나오는 그 소리를 너희가 듣고 너희 지파의 두령과 장로들이 내게 나아와 ²⁴말하되 우리 하나님 여호와께서 그 영광과 위엄을 우리에게 보이시매 불 가운데서 나오는 음성을 우리가 들었고 하나님이 사람과 말씀하시되 그 사람이 생존하는 것을 오늘날 우리가 보았나이다 ²⁵이제 우리가 죽을 까닭이 무엇이니이까 이 큰불이 우리를 삼킬 것이요 우리가 우리 하나님 여호와의 음성을 다시 들으면 죽을 것이라 ²⁶무릇 육신을 가진 자가 우리처럼 사시는 하나님의 음성이 불 가운데서 발함을 듣고 생존한 자가 누구니이까 ²⁷당신은 가까이

나아가서 우리 하나님 여호와의 하시는 말씀을 다 듣고 우리 하나님 여호와의 당신에게 이르시는 것을 다 우리에게 전하소서 우리가 듣고 행하겠나이다 하였느니라." (신 5:22-27)

위 말씀은 하나님께서 모세를 불러 이스라엘에게 율법을 수여하실 때, "모세의 신적 권위"와 그것이 수여되었던 광경을 회상하며, 그날 있었던 사건에 대해 다시 한번 회고한 내용이다. 그날 하나님께서 임재하실 때에 영광과 위엄으로 나타나셨는데, 마치 산에 불이 붙어 타는 듯했으며, 캄캄한 가운데서 나오는 큰 음성이 백성들에게는 두려움 그 자체였다는 것이다.

그런 연유로 백성의 리더가 나와서 모세에게 하는 말이 "우리가 죽을 까닭이 무엇인가? 우리가 그 앞에 서면 큰불이 우리를 사를 것이요, 우리가 다시 하나님의 음성을 들을 시 우리는 다 죽을 것이다! 그러니 당신이 하나님께 나아가 그 말씀을 듣고 우리에게 전해주면, 우리가 다 듣고 행하겠다!"

백성들의 대표가 모세에게 나아와 하나님과 백성들의 사이에서 '중재자'가 되어 달라고 부탁한 요청을 하나님께서 들으시고, 하나님께서 모세에게 'ok' 사인(sign)을 주셨다.

"...[28]내가 들은 즉 그의 말이 다 옳도다! [29]다만 그들이 항상 이 같은 마음을 품어 나를 경외하며 나의 모든 명령을 지켜서 그들과 그 자손이 영원히 복 받기를 원하노라." (신 5:28-29)

모세가 이를 듣고 "중보자의 직임"을 정식으로 맡았다. 이날 모세에게 한 말처럼 백성들은 "다 듣고 행하겠다."라는 약속을 지키지 못했는데, 실제 다 지키겠다는 것은 누구라도 쉽게 할 수 있는 결단은 아니었다고 본다.

이 일 후에 모세는 다시 이날을 회상하며, 신명기 18장 15-22절에서 "선지자 직분의 원리"를 제시하였다. 이 말씀에서 왜 "선지자를 하나님 나라의 목자상(牧者像)"으로 제시하셨는가를 우리는 제대로 깨달을 수 있어야 한다.

대다수가 구약에서나 선지자들이 인도하는 줄 알았는데, 하나님 나라의 목자상은 바로 '선지자상'이었다. 왜냐하면 하나님은 지정하신 '선지자'에게 늘 장래 될 일을 미리 가르쳐주시고, 백성에게 고하게 하시어, 그 일이 성취되면 백성들이 그를 참 선지자인 줄 알게 하시기 위해서였다.

"¹⁵네 하나님 여호와께서 너의 중 네 형제 중에서 나와 같은 선지자 하나를 너를 위하여 일으키시리니 너희는 그를 들을지니라 ¹⁶이것이 곧 네가 총회의 날에 호렙산에서 너의 하나님 여호와께 구한 것이라 곧 네가 말하기를 나로 다시는 나의 하나님 여호와의 음성을 듣지 않게 하시고 다시는 이 큰 불을 보지 않게 하소서 두렵건대 내가 죽을까 하나이다 하매 ¹⁷여호와께서 이르시되 그들의 말이 옳도다 ¹⁸내가 그들의 형제 중에 너와 같은 선지자 하나를 그들을 위하여 일으키고 내 말을 그 입에 두리니 내가 그에게 명하는 것을 그가 무리에게 다 고하리라 ¹⁹무릇 그가 내 이름으로 고하는 내 말을 듣지 아니하는 자는 내게 벌을 받을 것이요 ²⁰내가 고하라고 명하지 아니한 말을 어떤 선지자가 만일 방자히 내 이름으로 고하든지 다른 신들의 이름으로 말하면 그 선지자는 죽임을 당하리라 하셨느니라 ²¹네가 혹시 심중에 이르기를 그 말이 여호와의 이르신 말씀인지 우리가 어떻게 알리요 하리라 ²²만일 선지자가 있어서 여호와의 이름으로 말한 일에 증험도 없고 성취함도 없으면 이는 여호와의 말씀하신 것이 아니요 그 선지자가 방자히 한 말이니 너는 그를 두려워 말지니라." (신 18:15-22)

첫째: "너의 중 네 형제 중에서 나와 같은 선지자 하나를 너희를 위하여 일으키시리니…"

여기서 "선지자 하나"는? 여자의 후손, 다윗의 자손, 여호와의 종, 인자 등 많은 표현이 있으나, 하나님과 이스라엘 백성 사이에 한 사람, 백성 편에서는 형제 중 하나를 하나님께서 택하시고 세우실 것을, 그리고 그가 바로 모세임을 제시하셨다.

그리고 모세 이후에도 선지자를 세우실 것을 제시하셨으므로 "하나님 나라의 지도자상은 선지자상(先知者像)"이다. 그러므로 이 말씀에는 "장차 이 세상에 오실 온전하신 선지자 예수 그리스도"도 예언적으로 포함되었다.

> "이스라엘 자손을 대하여 하나님이 너희 형제 가운데서 나와 같은 선지자를 세우리라 하던 자가 곧 이 모세라." (행 7:37)

둘째: "내가 세운 선지자의 입에 내 말을 두고, 내가 명하면 명한 대로 백성에게 다 고하게 할 것이니, 백성들은 반드시 그 말을 듣고 순종하라!"

셋째: "그가 내 이름으로 고하는 내 말을 듣지 않는 자는 내게 벌을 받을 것이로다!"

넷째: "내가 고하라고 명하지 아니한 말을 어떤 선지자가 방자히 내 이름으로 고하든지 다른 신들의 이름으로 말하면, 그 선지자는 죽임을 당할 것이다!"

그런데 21절에서 백성들이 이런 질문을 하였다. "그 말이 여호와의 이르신 말씀인지 아닌지 우리가 어떻게 압니까?" 하나님은 그 질문에 이의가 있다고 생각하셨다. 그러므로 마지막 결론의 말씀을 주셨는데, 우리는 이 말씀을 통해 누가 하나님께서 보내신 선지자인지를 깨닫게 된다.

다섯째: "만일 선지자가 있어서 여호와의 이름으로 말한 일에 증험도 없고 성취함도 없으면, 이는 여호와가 말씀하신 것이 아니요, 그 선지자가 방자히 한 말이니 너는 그를 두려워하지 말라." 이런 자들이 거짓 선지자들이다!

위의 내용은 "선지자를 세우신 하나님 나라의 원리와 목적"이기도 하다. 실제 이날 이전에도 하나님은 아브라함을 '선지자'라 칭하셨고, 모세 이후에 '다윗'도 구약에서는 '선지자'란 칭함이 없었는데, 사도행전 2장에서 누가는 "다윗을 선지자"라 칭하였다.

"²⁹형제들아 내가 조상 다윗에 대하여 담대히 말할 수 있노니 다윗이 죽어 장사되어 그 묘가 오늘까지 우리 중에 있도다 ³⁰그는 선지자라 하나님이 이미 맹세하사 그 자손 중에서 한 사람을 그 위에 앉게 하시라 하심을 알고…" (행 2:29-30)

이는 '누가'가 성령의 역사로 성경 전체 하나님 나라의 목자상은 하나님 나라의 특성상 "선지자상"이라는 것을 깨달았음을 보여준다. 다시 한번 강조하지만, "누가 하나님께서 보내신 선지자인가"를 백성 측에서 어떻게 알 수 있는가 하는 것을 하나님께서 한 번에 해결해 주셨다는 사실이다. 그리고 백성도 그로 인해 "누가 선지자인가?"를 알게 하셨다.

그런데 문제 중의 문제는? 대다수 기독교인들이 "하나님 나라의 지도자상이 이 '선지자상'인 줄 모르고 있다는 사실이다. 아니 목회자 자신도 자신이 이 시대의 '선지자'가 되어야 한다고 아는 분이 매우 소수라는 것이다.

'선지자'라고 하면 "구약의 선지자"를 생각하지만, 신약에도 하나님 나라의 지도자상이 "선지자상임"을 깨닫게 해주셨다. 사도 요한은 계시록을 기록하면서 11장 1-11절에 하나님 나라의 지도자상에 대해 다음과 같이 "네 가지 단어"로 기록해 놓았다.

"¹또 내게 지팡이 같은 갈대를 주며 말하기를 일어나서 하나님의 성전과 제단과 그 안에서 경배하는 자들을 척량하되 ²성전 밖 마당은 척량하지 말고 그냥 두라 이것을 이방인에게 주었은즉 저희가 거룩한 성을 마흔 두 달 동안 짓밟으리라 ³내가 나의 '두 증인'에게 권세를 주리니 저희가 굵은 베옷을 입고 일천 이백 육십 일을 예언하리라 ⁴이는 이 땅의 주 앞에 섰는 '두 감람나무'와 '두 촛대'니 ⁵만일 누구든지 저희를 해하고자 한즉 저희 입에서 불이 나서 그 원수를 소멸할지니 누구든지 해하려하면 반드시 이와같 이 죽임을 당하리라 ⁶저희가 권세를 가지고 하늘을 닫아 그 예언을 하는 날 동안 비오지 못하게 하고 또 권세를 가지고 물을 변하여 피되게 하고 아무 때든지 원하는 대로 여러 가지 재앙으로 땅을 치리로다 ⁷저희가 그 증거를 마칠 때에 무저갱으로부터 올라오는 짐승이 저희로 더불어 전쟁을 일으켜 저희를 이기고 저희를 죽일 터인즉 ⁸저희 시체가 큰 성 길에 있으리니 그 성은 영적으로 하면 소돔이라고도 하고 애굽이라고도 하니 곧 저희 주께서 십자가에 못 박히신 곳이니라 ⁹백성들과 족속과 방언과 나라 중에서 사람들이 그 시체를 사흘 반 동안을 목도하며 무덤에 장사하지 못하게 하리로다 ¹⁰이 두 선지자가 땅에 거하는 자들을 괴롭게 한고로 땅에 거하는 자들이 저희의 죽음을 즐거워하고 기뻐하여 서로 예물을 보내리라 하더라 ¹¹삼일 반 후에 하나님께로부터 생기가 저희 속에 들어가매 저희 발로 일어서니

구경하는 자들이 크게 두려워하더라."(계 11:1-11)

첫째: 두 증인(the two witnesses)
둘째: 두 감람나무(the two olive trees)

"그 등대 곁에 두 감람나무가 있는데 하나는 그 주발 우편에 있고 하나는
그 좌편에 있나이다 하고…"(슥 4:3)

셋째: 두 촛대(the two lamp stands)
넷째: 두 선지자(the two prophets)

이 "네 가지 단어"는 하나님 나라의 지도상을 의미한다. 구약에서부
터 신약에 이르기까지, 아니 예수님의 재림하실 때까지 이 네 가지
단어는 하나님의 나라 지도자상임을 늘 기억하기 바란다!

"일곱째 천사가 소리 내는 날 그 나팔을 불게 될 때에 하나님의 비밀이
그 종 선지자들에게 전하신 복음과 같이 이루리라."(계 10:7)

"이 두 선지자가 땅에 거하는 자들을 괴롭게 한고로 땅에 거하는 자들이
저희의 죽음을 즐거워하고 기뻐하여 서로 예물을 보내리라 하더라."(계
11:10)

"이방들이 분노하매 주의 진노가 임하여 죽은 자를 심판하시며 종 선지자들
과 성도들과 또 무론대소하고 주의 이름을 경외하는 자들에게 상 주시며
또 땅을 망하게 하는 자들을 멸망시키실 때로소이다 하더라."(계 11:18)

"저가 내게 말하기를 나는 너와 네 형제 선지자들과 또 이 책의 말을
지키는 자들과 함께 된 종이니 그리하지 말고 오직 하나님께 경배하라 하더라."
(계 22:9)

에스겔 선지자가 밝힌 선지자 원리

"¹그가 내게 이르시되 인자야 일어서라 내가 네게 말하리라 하시며 ²말씀하실 때에 그 신이 내게 임하사 나를 일으켜 세우시기로 내가 그 말씀하시는 자의 소리를 들으니 ³내게 이르시되 인자야 내가 너를 이스라엘 자손 곧 패역한 백성 나를 배반하는 자에게 보내노라 그들과 그 열조가 내게 범죄하여 오늘날까지 이르렀나니 ⁴이 자손은 얼굴이 뻔뻔하고 마음이 강팍한 자니라 내가 너를 그들에게 보내노니 너는 그들에게 이르기를 주 여호와의 말씀이 이러하시다 하라 ⁵그들은 패역한 족속이라 듣든지 아니 듣든지 그들 가운데 선지자 있은 줄은 알지니라 ⁶인자야 너는 비록 가시와 찔레와 함께 처하며 전갈 가운데 거할지라도 그들을 두려워 말고 그 말을 두려워 말지어다 그들은 패역한 족속이라도 그 말을 두려워 말며 그 얼굴을 무서워 말지어다 ⁷그들은 심히 패역한 자라 듣든지 아니 듣든지 너는 내 말로 고할지어다 ⁸인자야 내가 네게 이르는 말을 듣고 그 패역한 족속같이 패역하지 말고 네 입을 벌리고 내가 네게 주는 것을 먹으라 하시기로 ⁹내가 보니 한 손이 나를 향하여 펴지고 그 손에 두루마리 책이 있더라 ¹⁰그가 그것을 내 앞에 펴시니 그 안팎에 글이 있는데 애가와 애곡과 재앙의 말이 기록되었더라." (겔 2:1-10)

"¹그가 또 내게 이르시되 인자야 너는 받는 것을 먹으라 너는 이 두루마리를 먹고 가서 이스라엘 족속에게 고하라 하시기로 ²내가 입을 벌리니 그가 그 두루마리를 내게 먹이시며 ³내게 이르시되 인자야 내가 네게 주는 이 두루마리로 네 배에 넣으며 네 창자에 채우라 하시기에 내가 먹으니 그것이 내 입에서 달기가 꿀 같더라 ⁴그가 또 내게 이르시되 인자야 이스라엘 족속에게 가서 내 말로 그들에게 고하라." (겔 3:1-4)

하나님께서 백성들에게 보내신 자들은 한결같이 다음과 같다.
① 그를 택하여 불러내신 사람에게 한하며,
② 그의 신(神)을 주시고,

③ 그의 입에 할 말을 주시고,

④ 듣든지 아니 듣든지 강퍅한 백성들에게 보내시고,

⑤ 백성들에게 선지자가 있음을 알게 하시고,

⑥ 누구든지 그 선지자의 말을 듣고도 행치 않는 자는 심판의 대상이 되게 하셨다.

하나님 나라의 지도자상은 선지자상 ②

신약에서 주님은 요한복음 13장에서 "내가 진실로 진실로 너희에게 이르노니 '나의 보낸 자'를 영접하는 자는 나를 영접하는 것이요 나를 영접하는 자는 나를 보내신 이를 영접하는 것이니라"(20절)고 말씀하셨다. 이는 '구약'에서는 하나님께서 택하시어 보내셨고, '신약'에서는 주께서 택하여 보내신 자가 결국은 같은 맥임을 깨닫게 된다. 그리고 계시록 1장에서 "일곱 별의 비밀"과 "일곱 촛대의 비밀"을 제시하셨는데, 이 '일곱 별'에 대한 내용이 "성경 전체 주제"임을 우리는 다시 한번 깨닫게 된다.

영(靈)이신 "하나님의 영"이 함께 하여 하나님을 대신한 '영적 대리자', 그러므로 '선지자'는 보이지 않는 "하나님의 대리자"였다. 따라서 구약에 하나님께 물을 게 있으면 백성들은 선지자를 찾아갔다.

> "옛적 이스라엘에 사람이 하나님께 가서 물으려 하면 말하기를 선견자에게로 가자 하였으니 지금 선지자라 하는 자를 옛적에는 선견자라 일컬었더라."
> (삼상 9:9)

'신약'에서도 '고넬료' 가정에 베드로가 찾아갔을 때, 고넬료가 무엇을 고백하였는가?

"우리는 주께서 당신에게 명하신 모든 것을 듣고자 하여 다 하나님 앞에 있나이다." (행전 10:33)

지금 이 시대도 마찬가지이다! 성도가 목자가 전하는 내용을 "사람의 말"로 듣지 아니하고, "하나님의 말씀"으로 들을 때, 믿는 자 속에서 역사하시는 하나님을 만날 수 있다. 하나님은 당신이 세우신 '선지자'를 대적하면, "하나님을 대적"하는 것으로 간주하셨다.

아론과 미리암이 모세가 취한 구스 여인을 핑계로 모세의 영권에 도전하며 비방하였다. 그때 하나님께서 즉각 개입하시어, "모세는 여호와의 형상을 보는 사람이라! 모세를 대적하는 것은 곧 나를 대적하는 것이라."고 하시면서, 노하셔서 미리암에게 문둥병을 내리심으로써 그녀로 하여금 다시는 모세의 영권에 도전하지 못하게 하셨다.

"이르기를 나의 기름 부은 자를 만지지 말며 나의 선지자를 상하지 말라." (대상 16:22)

"만군의 여호와께서 이같이 말씀하시되 너희를 노략한 열국으로 영광을 위하여 나를 보내셨나니 무릇 너희를 범하는 자는 그의 눈동자를 범하는 것이라." (슥 2:8=시 105:15)

"여호사밧이 서서 가로되 유다와 예루살렘 거민들아 내 말을 들을지어다! 너희는 너희 하나님 여호와를 신뢰하라! 그리하면 견고히 서리라 그 선지자를 신뢰하라! 그리하면 형통하리라 하고…" (대하 20:20)

이 '논리'는 예수님 재림 때까지 계속된다. 이 시대 '목회자'는 성경에서 제시하는 이런 선지자가 되기를 사모하여야 하고, 성도들은 이런 "선지자적 목회자" 만나기를 사모해야 한다.

첫째: 선지자는 이미 복중에서부터 구별되었다.

"내가 너를 복중에 짓기 전에 너를 알았고 네가 태에서 나오기 전에 너를 구별하였고 너를 열방의 선지자로 세웠노라." (렘 1:5)

선지자는 하나님께서 주시는 장래에 대한 말씀을 듣고 그대로 증거하는 그 시대의 '두증인'이었다. 부활 승천하신 예수님이 제자들에게 "너희는 땅끝까지 가서 내 증인이 되어라."라고 말씀하신 바로 그 증인이요, 계시록 10장에서 "작은 책을 먹은 자들은 다시 백성과 방언과 나라와 임금들에게 예언하라."라고 하신 하나님의 말씀과 예수의 증거를 가지고 다시 예언하는 자들이다.

둘째: 선지자는 고하고 하나님께 돌아오게 권면하는 자이다.

선지자는 하나님의 말씀을 받아 하나님의 이름으로 성도들에게 고하고, 하나님을 떠난 자들이 다시 돌아올 수 있게 권면하고 경계시키는 역할을 하였다.

"선지자들 곧 선지자 학개와 잇도의 손자 스가랴가 <u>이스라엘 하나님의 이름을 받들어</u> 유다와 예루살렘에 거하는 유다 사람들에게 예언하였더니." (스 5:1)

⇒ 그 근원이 하나님으로부터

하나님은 당신의 백성을 인도하시고 보호하시려 선지자를 보내셨다. 그러므로 백성은 하나님의 말씀을 듣고 고하는 선지자들의 말을 듣고 순종하면 "축복의 주인공"이 될 수 있었다. 불순종했던 백성들도 선지자들의 말을 듣고 그것을 경계 삼아 회개하고 돌아오면 되었는데, 이스라엘 백성이나 영적 이스라엘 백성들이 말을 듣지 않고 불순종하였던 것이다.

그런 의미에서 장래 "불순종한 자들"을 먹으려고 바다로부터, 땅으로부터, 짐승들, 즉 말씀의 생기를 먹지 않는 자들이 나타날 것이다. 이렇게 짐승이라고 표현된 자들이 교회에 나타나는 것 자체가 하나님의 심판이요, 선지자는 하나님으로 인도하는 사람의 줄, 사랑의 줄 역할을 감당해야 했다.

> "네 하나님 여호와께서 너의 중 네 형제 중에서 나와 같은 선지자 하나를 너를 위하여 일으키시리니 너희는 그를 들을지니라." (신 18:15)
>
> "그러나 여호와께서 선지자를 저에게 보내사 다시 자기에게로 돌아오게 하려 하시매 선지자들이 저에게 경계하나 듣지 아니하니라." (대하 24:19)
>
> "여호와께서는 선지자로 이스라엘을 애굽에서 인도하여 내시며 선지자로 저를 보호하셨거늘…" (호 12:13)
>
> ⇒ 이것이 하나님의 초월하지 않으시는 당신의 백성을 인도하시는 방법이다.

셋째: 천국 비밀의 비유를 베풀어 주는 자이다.

특별히 하나님은 '선지자'에게 '천국 비밀의 비유'를 베풀어 주도록 권세를 주심으로써 비유의 해석을 미리 알게 하셨다.

> "내가 여러 선지자에게 말하였고 이상을 많이 보였으며 선지자들을 빙자하여 비유를 베풀었노라." (호 12:10)

"내가 가로되 오호라 주 여호와여 그들이 나를 가리켜 말하기를 <u>그는 비유로 말하는 자가 아니냐</u> 하나이다 하니라."(겔 20:49)

"[34]예수께서 이 모든 것을 무리에게 비유로 말씀하시고 비유가 아니면 아무 것도 말씀하지 아니하셨으니 [35]이는 선지자로 말씀하신바 내가 입을 열어 비유로 말하고 창세부터 감추인 것들을 드러내리라 함을 이루려 하심이니라."(마 13:34-35)

"이 예언의 말씀을 읽는 자와 듣는 자들과 그 가운데 기록한 것을 지키는 자들이 복이 있나니 때가 가까움이라."(계 1:3)

넷째: 참 선지자에게는 장래 일을 미리 다 예고하여 주셨다.

"주 여호와께서는 자기의 비밀을 그 종 선지자들에게 보이지 아니하시고는 결코 행하심이 없으시리라."(암 3:7)

참 선지자들은 모두 다 장래에 일어날 일을 미리 본 자들이다.

"바벨론 왕 느부갓네살이 와서 <u>애굽 땅을 칠 일에 대하여</u> 선지자 예레미야에게 이르신 여호와의 말씀이라."(렘 46:13)

"바로가 가사를 치기 전에 <u>블레셋 사람에 대하여</u> 선지자 예레미야에게 임한 여호와의 말씀이라."(렘 47:1)

"여호와께서 선지자 예레미야로 <u>바벨론과 갈대아인의 땅에 대하여</u> 하신 말씀이라."(렘 50:1)

다섯째: 참 선지자의 예언은 하나님의 말씀을 대언, 반드시 이루어졌다.

"내가 종말을 처음부터 고하며 아직 이루지 아니한 일을 옛적부터 보이고

이르기를 나의 모략이 설 것이니 내가 나의 모든 기뻐하는 것을 이루리라 하였노라.”(사 46:10)

이 사실을 볼 때, 점점 더 “예언서의 중요성”이 인식되고 있다. 예전에는 ‘예언서’가 ⇨ “이스라엘의 역사”로 받아들여졌는데, 종말론을 연구하는 자들에게 있어서 이 “예언서의 중요성과 그 비중”은 말할 수 없이 중요하였다. 하나님의 말씀은 어제와 오늘과 미래가 동일하게 이루어진다는 사실에서 옛날에 있었던 일이 장래에도 이루어지고, 하나님께서 종말을 처음부터 고하셨기 때문에, 계시록의 짝은 거의가 다 구약의 예언서에 있다고 해도 과언이 아니다.

‘선지자’란 단어를 찾으면서, 구약에만 많이 나올 줄 알았더니 신약에도 많이 제시된 것을 알 수 있었다. 그 이유는 구약에서 어떤 선지자가 말한 것이 신약에서 어떻게 성취되었는지를 보여주는 구절이 많기 때문이다. “얼마큼 중요한 내용들인가?”가 이런 증거로 완전하게 드러났다는 사실이다.

“이 모든 일의 된 것은 주께서 선지자로 하신 말씀을 이루려 하심이니 가라사대…”(마 1:22)

“그러나 이렇게 된 것은 다 선지자들의 글을 이루려 함이니라 하시더라 이에 제자들이 다 예수를 버리고 도망하니라.”(마 26:56)

“이 복음은 하나님이 선지자들로 말미암아 그의 아들에 관하여 성경에 미리 약속하신 것이라.”(롬 1:2)

“이에 선지자 예레미야로 하신 말씀이 이루었나니 일렀으되 저희가 그 정가된 자 곧 이스라엘 자손 중에서 정가한 자의 가격 곧 은 삼십을 가지고…”(마 27:9)

"예수께서 열두 제자를 데리시고 이르시되 보라, 우리가 예루살렘으로 올라가노니 선지자들로 기록된 모든 것이 인자에게 응하리라." (눅 18:31)

"이에 모세와 및 모든 선지의 글로 시작하여 모든 성경에 쓴바 자기에 관한 것을 자세히 설명하시니라." (눅 24:27)

"일곱째 천사가 소리내는 날 그 나팔을 불게 될 때에 <u>하나님의 비밀이 그 종 선지자들에게 전하신 복음과 같이 이루리라.</u>" (계 10:7)

여섯째: 선지자는 왕에게 기름 부어 주는 권한을 받았다.

'사무엘'이 ⇨ '사울'에게 기름 부어 왕을 삼고, '나단'이 ⇨ '솔로몬'에게 기름을 부어 왕으로 세웠는데, 이것이 하나님의 사람 선지자에게 주신 권한이었다.

"제사장 사독과 <u>선지자 나단이 기혼에서 기름을 부어 왕을 삼고</u> 무리가 그곳에서 올라오며 즐거워하므로 성중이 진동하였나니 당신들에게 들린 소리가 이것이라." (왕상 1:45)

일곱째: 참 선지자들의 기도는 역사하는 힘이 컸는데, 이는 하나님이 중보 기도권을 하사하셨기 때문이다.

"여호와께서 가라사대 내가 진실로 너를 강하게 할 것이요 너로 복을 얻게 할 것이며 내가 진실로 네 대적으로 재앙과 환난의 때에 간구하게 하리라." (렘 15:11)

선지자의 삶은 고난과 핍박의 연속이었지만, 그러나 늘 하나님께서 위로자가 되시며, 강하게 하시고, 하늘에 속한 신령한 복을 주셨다.

그러므로 대적들이 핍박하다가도 재앙과 환란이 막상 닥치면 "너의 하나님께 구해 달라!"고 간청할 만큼, 역사하는 힘이 커서 능력의 사람임이 입증되게 하셨다.

계시록 11장의 '두 증인'이 굵은 베옷을 입고, '다니엘'이 굵은 베옷을 입고 기도하였다. 아브라함 역시 그 좋은 예인데, 아비멜렉에게 아내를 누이라 속여 빼앗길 뻔했지만, 하나님께서 개입하셔서 그 위기를 막아 주셨다. 그리고 아브라함의 기도를 통해서 아비멜렉의 집의 태를 열어 주신 것은, 바로 아브라함이 그 시대 "하나님 마음에 합한 선지자"라는 사실을 하나님께서 직접 입증해 주신 것이다.

사실 아비멜렉 집의 모든 태를 닫아 주시고, 그 태를 열어 주신 것은 하나님이시나, 굳이 아브라함의 기도를 통해서 연 것처럼 해주신 것은, 바로 "네 대적으로 재앙과 환난의 때에 간구하게 하리라."는 이 말이 성취되어야 하기 때문이다.

야곱이 "애굽 왕을 안수 기도"해 준 것도, 야곱이 그 시대의 선지자라는 사실을 제시하신 '한 예'라 할 수 있다.

"이제 그 사람의 아내를 돌려보내라 <u>그는 선지자라 그가 너를 위하여 기도하리니</u> 네가 살려니와 네가 돌려보내지 않으면 너와 네게 속한 자가 다 정녕 죽을 줄 알지니라." (창 20:7)

"시드기야 왕이 셀레먀의 아들 여후갈과 마아세야의 아들 제사장 스바냐를 선지자 예레미야에게 보내어 청하되 너는 우리를 위하여 우리 하나님 여호와께 기도하라 하였으니." (렘 37:3)

"선지자 이사야가 여호와께 간구하매 아하스의 일영표 위에 나아갔던 해 그림자로 십도를 물러가게 하셨더라." (왕하 20:11)

"선지자 예레미야에게 이르되 당신은 우리의 간구를 들으시고 이 남아 있는 모든 자를 위하여 당신의 하나님 여호와께 기도하소서 당신이 목도하시거니와 우리는 많은 중에서 조금만 남았사오니." (렘 42:2)

여덟째: 선지자를 세움에 있어 남녀 구별이 없었다.

하나님 나라는 영적 남녀의 구별은 있지만, 육적 남녀의 구별이 없는 것은, 하나님께서 흙으로 사람을 지어 그에게 생기를 넣어 지은 산 영 상태의 남자와 여자를 축복하시고 그들의 이름을 '사람'이라 지으셨기 때문이다.

"아론의 누이 선지자 미리암이 손에 소고를 잡으매 모든 여인도 그를 따라 나오며 소고를 잡고 춤추니." (출 15:20)

"또 아셀 지파 바누엘의 딸 안나라 하는 선지자가 있어 나이 매우 늙었더라 그가 출가한 후 일곱 해 동안 남편과 함께 살다가…" (눅 2:36)

"그곳에 여호와의 선지자가 있는데 이름은 오뎃이라 저가 사마리아로 돌아오는 군대를 영접하고 저희에게 이르되 `너희 열조의 하나님 여호와께서 유다를 진노하신 고로 너희 손에 붙이셨거늘 너희 노기가 충천하여 살육하고…" (대하 28:9)

"유다와 실라도 선지자라 여러말로 형제를 권면하여 굳게 하고…" (행 15:32)

"내 하나님이여, 도비야와 산발랏과 여선지 노아댜와, 그 남은 선지자들 무릇 나를 두렵게 하고자 한 자의 소위를 기억하옵소서 ! 하였노라." (느 6:14)

"너 인자야 너의 백성 중 자기 마음에서 나는대로 예언하는 부녀들을 대면하여 쳐서 예언하여…" (겔 13:17)

아홉째: '선지자'는 하나님께서 당신의 뜻을 나타내시는 세 가지 도구 중의 하나였다.

구약에 영이신 하나님이 당신의 생각을 나타나시는 방법은 세 가지, 즉 ① 꿈이나 이상으로 ② 우림으로 ③ 선지자로였다. 그러나 이제는 성경으로 모두 완성되었다.

> "사울이 여호와께 묻자오되 여호와께서 꿈으로도, 우림으로도, 선지자로도 그에게 대답지 아니하시므로…" (삼상 28:6)
>
> "이르시되 내 말을 들으라 너희 중에 선지자가 있으면 나 여호와가 이상으로 나를 그에게 알리기도 하고 꿈으로 그와 말하기도 하거니와…" (민 12:6)
>
> "내가 여러 선지자에게 말하였고 이상을 많이 보였으며 선지자들을 통하여 비유를 베풀었노라." (호 12:10)

열째: 하나님은 선지자를 통해 당신의 백성을 인도하시기 위해 부지런히 보내셨는데, 백성들은 그 말을 듣지 않고 그들을 모두 죽여 버리는 참람함을 저질렀다.

예레미야서에서만 모두 "선지자들을 부지런히 보냈다."라는 말씀이 5번 반복 강조되었다. 이는 하나님 나라 전 시대 참 선지자가 대접받은 자가 거의 없을 정도로 많은 핍박과 고난을 겪어, 하나님은 이 핏값을 갑절로 갚아 주신다고 약속하셨고, 장래 반드시 이루실 것임을 나타낸 것이다.

> "너희 열조가 애굽 땅에서 나온 날부터 오늘까지 내가 내 종 선지자들을 너희에게 보내었으되 부지런히 보내었으나…" (렘 7:25)

"여호와께서 그 모든 종 선지자를 너희에게 보내시되 부지런히 보내셨으나 너희가 듣지 아니하였으며 귀를 기울여 들으려고도 아니하였도다." (렘 25:4)

"이는 내가 내 종 선지자들을 그들에게 보내되 부지런히 보내었으나 그들이 나 여호와의 말을 듣지 아니하며 듣지 아니함이니라 여호와의 말이니라." (렘 29:19)

"나도 내 종 모든 선지자를 너희에게 보내고 부지런히 보내며 이르기를 너희는 이제 각기 악한 길에서 돌이켜 행위를 고치고 다른 신을 좇아 그를 섬기지 말라 그리하면 너희가 나의 너희와 너희 선조에게 준 이 땅에 거하리라 하여도 너희가 귀를 기울이지 아니하며 나를 듣지 아니하였느니라." (렘 35:15)

"내가 나의 모든 종 선지자들을 그들에게 보내되 부지런히 보내어 이르기를 너희는 나의 미워하는 이 가증한 일을 행치 말라 하였어도…" (렘 44:4)

"이러므로 하나님의 지혜가 일렀으되 내가 선지자와 사도들을 저희에게 보내리니 그중에 더러는 죽이며 또 핍박하리라 하였으니…" (눅 11:49)

"너희 조상들은 선지자 중에 누구를 핍박지 아니하였느냐? 의인이 오시리라 예고한 자들을 저희가 죽였고 이제 너희는 그 의인을 잡아준 자요 살인한 자가 되나니…" (행 7:52)

열한째: 선지자는 그 시대 왕의 행적을 기록하여 남기는 역할도 감당하였다.

한 시대의 왕의 행적을 기록하여 남기는 일은 권위가 없어서는 할 수 없는 일이었다. 계시록 11장에서는 선지자가 하나님의 성전과 제단과 그 안에 경배하는 자를 척량하라는 척량권을 지닌 자로, 그 시대를 판단할 수 있는 사람으로 인정받는 특권을 지니고 있엇다.

"아비야의 남은 사적과 그 행위와 그 말은 선지자 잇도의 주석책에 기록되니라." (대하 13:22)

"르호보암의 시종 행적은 선지자 스마야와 선견자 잇도의 족보책에 기록되지 아니하였느냐 르호보암과 여로보암 사이에 항상 전쟁이 있으니라." (대하 12:15)

"이 외에 웃시야의 시종 행적은 아모스의 아들 선지자 이사야가 기록하였더라." (대하 26:22)

"히스기야의 남은 행적과 그 모든 선한 일이 아모스의 아들 선지자 이사야의 묵시책과 유다와 이스라엘 열왕기에 기록되니라." (대하 32:32)

열두째: 선지자나 율법의 강령의 '근본정신'은 '하나님의 사랑'이다.

하나님은 "사랑의 하나님"이시요, 우리가 아직 죄인 되었을 때에 그리스도를 이 땅에 보내시고, 우리를 위하여 십자가에 죽게 하심으로 우리에게 대한 당신의 사랑을 확증하신 분이다. 이 하나님의 말씀을 선포하는 선지자들 역시 사랑이 충만하여 그 마음 중심에 영혼을 살리고자 하는 열정이 넘치게 하심으로써 그 일을 감당하게 하셨다.

"이 두 계명이 온 율법과 선지자의 강령이니라." (마 22:40)

"내가 율법이나 선지자나 폐하러 온 줄로 생각지 말라 폐하러 온 것이 아니요 완전케하려 함이로다." (마 5:17)

"그러므로 무엇이든지 남에게 대접을 받고자 하는대로 너희도 남을 대접하라 이것이 율법이요 선지자니라." (마 7:12)

열셋째: 성경에 머리와 꼬리 이야기가 많이 나오는데, 머리는 선지자

요, 목자요, 존귀한 자요, 거짓 선지자는 꼬리라 하셨다.

"머리는 곧 장로와 존귀한 자요 꼬리는 곧 거짓말을 가르치는 선지자라."
(사 9:15)

종말에는 이 "영적 머리"를 잘 만나야지, 이런 머리를 잡지 않고 "꼬리 즉 거짓 목자"를 만나면, 짐승의 표를 받고, 불 못까지 따라가게 된다고 성경 전체가 경고하였다. 이런 이유 때문에 종말에 증인들이 일어나 "영 분별을 하라!"는 말씀을 강조하시고 외치게 하시는 것이다.

사도 요한은 요한일서에 이 영 분별에 대한 말씀으로 가득 채웠는데, 마지막 종말에 될 일을 다 목격했기 때문이다. 계시록의 말씀을 통해 종말을 본 자들은 증인의 삶을 살고 싶어 사모함을 갖는데, 이 계시의 내용이 '이론'이 아니라 '실상'이기 때문이다.

열넷째: 선지자는 자기 고향과 자기 집 외에서는 존경을 받지 않음이 없었다.

이것이 선지자의 징크스로 이 말씀은 구약뿐만 아니라 신약에 세 번이나 반복되어 증거되고 있을 정도이다. 선지자가 대접받지 못하는 원인은? 장래 될 일을 말씀으로 전하니, 육적인 사람들은 이해하기가 쉽지 않았을 것이요, 대부분 백성들이 말씀을 불순종할 때, 장래 이방 짐승의 매로 징계받을 일을 증거하니, 백성들 마음에 받아들여지지 않았을 것이다.

그러나 우리는 그 입에서 나오는 말씀으로 구분해야 하며, 그런 면에서 "성경적으로 가장 인정받기가 힘들었을 분이 바로 그 당시 목수란 직업을 가진 예수님"이었을 것이다.

그리고 '세례 요한' 역시 이 "예수님을 메시아"라고 인정하기가 쉽지 않았을 것이다. 왜냐하면 6개월 먼저 태어났고, 친척 간이요, 예수님은 가난한 목수 집의 맏아들이요, 더욱이 동생뻘이니 얼마나 믿기가 어려웠겠는가?

이런 이유로 목회자의 가족들이 말씀의 은혜를 덜 받고, 부흥 목사님 교회에서는 별 이적이 일어나지 않는다고 하는 것이 모두 이와 같은 이치에서 비롯되는 것이 아닐까 생각해 보았다.

> "예수를 배척한지라 예수께서 저희에게 말씀하시되 선지자가 자기 고향과 자기 집 외에서는 존경을 받지 않음이 없느니라 하시고…" (마 13:57, 참조. 막 6:24, 눅 4:24)

> "예수의 친속들이 듣고 붙들러 나오니 이는 그가 미쳤다 함일러라." (막 3:21)

열다섯째: 참 선지자들에게 늘 많은 생도들이 따랐다.

참 선지자는 계시록 1장 3절의 '읽는 자'에 해당되는 자들이요, 참 선지자는 '두 증인', '두 촛대', '두 감람나무'와 같아 그 시대의 말씀을 사모하고 갈한 자들이 늘 따라다녔다. 이런 참 선지자가 있는 곳이 바로 '촛대 교회'요, '시온산'으로 늘 영적으로 갈급한 자들이 모여든다. 구약에서도 생도들이 엘리사와 엘리야를 따라다녔는데, 이는 그와 같은 이유에서였다.

> "벧엘에 있는 선지자의 생도들이 엘리사에게로 나아와 이르되 여호와께서 오늘날 당신의 선생을 당신의 머리 위로 취하실 줄을 아나이까 가로되 나도

아노니 너희는 잠잠하라." (왕하 2:3)

"<u>여리고에 있는 선지자의 생도들</u>이 엘리사에게 나아와 이르되." (왕하 2:5)

"<u>선지자의 생도 오십인</u>이 가서 멀리 서서 바라보매 그 두사람이 요단강가에 섰더니…" (왕하 2:7)

"<u>엘리사가 다시 길갈</u>에 이르니 그 땅에 흉년이 들었는데 <u>선지자의 생도</u>가 엘리사 의 앞에 앉은지라 엘리사가 자기 사환에게 이르되 큰 솥을 걸고 선지자의 생도들을 위하여 국을 끓이라 하매." (왕하 4:38)

열여섯째: 역사적으로 볼 때, '참 선지자'는 그 수가 적되, 거짓 선지자는 늘 수(數)가 많아 소수인 참 선지자가 다수인 거짓 선지자들로 부터 많은 핍박과 고난을 받아야 했다.

그런 연고로 선지자들은 '고생의 물', '환난의 떡'을 먹었지만, 하나님 께서 친히 스승의 자리에서 인도해 주시고, 이들을 "주 앞에 모셔 선 자"로 칭하여 주셨다는 사실이다.

"[19]그런즉 보내어 온 이스라엘과 이세벨의 상에서 먹는 바알의 선지자 사백 오십인 과 아세라의 선지자 사백인을 갈멜 산으로 모아 내게로 나오게 하소서… [25]엘리야가 바알의 선지자들에게 이르되 <u>너희는 많</u>으니 먼저 한 송아지를 택하여 잡고 너희 신의 이름을 부르라 그러나 불을 놓지 말라." (왕상 18:19, 25)

"주께서 너희에게 <u>환난의 떡</u>과 <u>고생의 물</u>을 주시나 네 스승은 다시 숨기지 아니하시리니 네 눈이 네 스승을 볼 것이며…" (사 30:20)

"거짓 선지자가 많이 일어나 많은 사람을 미혹하게 하겠으며…" (마 24:11)

"사랑하는 자들아! 영을 다 믿지 말고 오직 영들이 하나님께 속하였나 시험하라 많은 거짓 선지자가 세상에 나왔음이니라."(요일 4:1)

열일곱째: 엘리야 선지자가 갈멜산에서 모든 바알 선지자 아세라 선지자를 모이게 해서 죽이는 장면은 장래 심판의 예표였다.

계시록 19장에는 장차 두 증인들이 예수님과 함께 이 모든 거짓 선지자들을 잡은 실상을 미리 공개하셨다.

"¹이 일 후에 내가 들으니 하늘에 허다한 무리의 큰 음성 같은 것이 있어 가로되 할렐루야 구원과 영광과 능력이 우리 하나님께 있도다 ²그의 심판은 참되고 의로운지라 음행으로 땅을 더럽게 한 큰 음녀를 심판하사 자기 종들의 피를 그의 손에 갚으셨도다 하고…"(계 19:1-2)

"엘리야가 저희에게 이르되 바알의 선지자를 잡되 하나도 도망하지 못하게 하라 하매 곧 잡은지라 엘리야가 저희를 기손 시내로 내려다가 거기서 죽이니라."(왕상 18:40)

열여덟째: 선지자들은 핍박을 당하고 고난과 죽임을 당했으나, 그들은 상급뿐만 아니라, 첫째 부활에 참예, 천년왕국에서 왕권 성도가 될 자들이다.

하나님은 종말에도 시대적 선지자들을 통해 마지막 '늦은 비'를 내리시기를 원하신다. 이른 비는 율법을 말하고, 복된 장맛비는 화평의 복음, 즉 신약을 말하고, 늦은 비는 계시록을 말하였다.

"⁷그러므로 형제들아 주의 강림하시기까지 길이 참으라 보라 농부가 땅에서 나는 귀한 열매를 바라고 길이 참아 이른 비와 늦은 비를 기다리나니 [8]너희도 길이 참고 마음을 굳게 하라 주의 강림이 가까우니라." (약 5:7-8)

엘리야는 우리와 같은 성정의 사람이라도, 비 오지 않기를 간절히 기도하니, "3년 6개월" 동안 땅에 비가 오지 않았고, 다시 기도하니 하늘이 비를 주시고 땅이 열매를 내었다.

"이방들이 분노하매 주의 진노가 임하여 죽은 자를 심판하시며 그 종 선지자들과 성도들과 또 무론대소하고 주의 이름을 경외하는 자들에게 상주시며 또 땅을 망하게 하는 자들을 멸망시키실 때로소이다 하더라." (계 11:18)

"[12]성도들의 인내가 여기 있나니 저희는 하나님의 계명과 예수 믿음을 지키는 자니라 [13]또 내가 들으니 하늘에서 음성이 나서 가로되 '기록하라 지금 이 후로 주 안에서 죽는 자들은 복이 있도다' 하시매 성령이 가라사대 '그러하다 저희 수고를 그치고 쉬리니 이는 저희의 행한 일이 따름이라' 하시더라." (계 14:12-13)

"[10]이 두 선지자가 땅에 거하는 자들을 <u>괴롭게 한 고로</u> 땅에 거하는 자들이 저희의 죽음을 즐거워하고 기뻐하여 서로 예물을 보내리라 하더라 [11]삼일 반 후에 하나님께로부터 생기가 저희 속에 들어가매 저희 발로 일어서니 구경하는 자들이 크게 두려워하더라 [12]하늘로부터 큰 음성이 있어 이리로 올라오라 함을 저희가 듣고 구름을 타고 하늘로 올라가니 저희 원수들도 구경하더라." (계11:10-12)

이런 의미에서 우리가 알아야 할 것은, "죄인을 미혹한 길에서 돌아서게 하는 자가 그 영혼을 사망에서 구원하며 허다한 죄를 덮을 것이니라"는 말씀처럼, 부디 이 시대의 두 증인, 두 촛대, 두 감람나무, 두 선지자의 대열에 서는 자가 되기를 주님의 이름으로 축원한다!

5. 장성한 자가 되어 선악을 분별하라!

바울은 히브리서 5장 11-14절 말씀을 통해 다음과 같이 선포하였다.

"[11]멜기세덱에 관하여는 우리가 할 말이 많으나 너희의 듣는 것이 둔하므로 해석하기 어려우니라 [12]때가 오래므로 너희가 마땅히 선생이 될 터인데 너희가 다시 하나님의 말씀의 초보가 무엇인지 누구에게 가르침을 받아야 할 것이니 젖이나 먹고 단단한 식물을 못 먹을 자가 되었도다 [13]대저 젖을 먹는 자마다 어린아이니 의의 말씀을 경험하지 못한 자요 [14]단단한 식물은 장성한 자의 것이니 저희는 지각을 사용하므로 연단을 받아 선악을 분변하는 자들이니라."

바울 사도는 하나님께서 에덴동산에서 "왜 선악과를 먹지 말라"고 하셨는가에 대한 의미를 깊이 깨닫게 되었다. 창세기 2장에서 아담과 그 아내는 이제 막 생기를 먹고 흙 차원에서 ⇨ 생령 차원이 된, 말하자면 "젖먹이 신앙"이었다. 이들은 아직은 선악을 분별할 수 있는 능력이 없었기 때문에, 하나님께서 "선악과를 먹지 말라, 먹으면 죽는다!"라고 하셨던 것이다.

그런 이유로 그들을 위하여 하나님은 "동산 각종 나무의 실과는 네가 임의로 먹되, 선악을 알게 하는 나무의 실과는 먹지 말라 네가 먹는 날에는 정녕 죽으리라!"라고 조금은 강경하게 명령을 내리셨던 것이다!

그런 의미에서 '선악과'를 먹지 말고 '생명과'를 먹고 장성해지면, 무엇이 선(善)인지, 무엇이 악(惡)인지 저절로 선과 악을 분별할 수 있는 능력을 지닐 수 있다. 그러므로 하나님은 그런 차원이 되기 전까지는 절대로 "선악과를 먹어서는 안 된다!"라고 경고하셨던 것이다. 이 영적 수준에서는 무엇이 선이고 무엇이 악인 줄 아직 제대로 판단하지 못하기 때문이다.

세 가지 중요한 사실

우리는 이 말씀에서 '세 가지' 중요한 사실을 발견할 수 있다.

첫째: 우리 인생이 선악을 분별할 수 없지만, 하나님의 지혜의 말씀을 소유하여, 그 분량이 장성한 자의 차원에 이르면 "선악을 분별"할 수 있다고 하셨다.

그런 의미에서 "말씀의 기초"가 튼튼하여야 한다.

- 하나님께서는 왜 죄지은 인간에게 '율법'을 주셨는가?
- 이 세상에 말씀이 육신이 되어 오신 예수님께서는 왜 "화평의 복음"을 주셨는가?
- 마지막으로 장래 될 일을 미리 예언하여 기록하여 주신 "영원한 복음인 계시록"을 왜 사도 요한을 통해 주셨는가?

이 세 가지 내용을 순차적으로 바로 알아야 우리는 "세 가지 양식"을 먹은 자로 거듭나 "장성한 차원"이 될 수 있다.

둘째: 솔로몬이 "선악을 분별할 수 있는 지혜를 달라고 기도"하는 것을 하나님이 기뻐하셨다는 사실이다.

솔로몬이 여호와 하나님을 사랑하여 백성들과 함께 단에 일천 번 제를 드렸다. 하나님께서 솔로몬이 하도 신통방통하여서 솔로몬의 꿈에 나타나 "내가 네게 무엇을 줄꼬?"라고 물으면서 원하는 바를 말하라 하셨다. 이때 솔로몬이 정말 솔로몬답게 이런 말씀을 드렸다.

> "⁶주의 종 내 아비 다윗이 성실과 공의와 정직한 마음으로 주와 함께 주의 앞에서 행하므로 주께서 저에게 큰 은혜를 베푸셨고 주께서 또 저를 위하여 이 큰 은혜를 예비하시고 오늘날과 같이 저의 위(位)에 앉을 아들을 저에게 주셨나이다 ⁷나의 하나님 여호와여 주께서 '종'으로 종의 아비 다윗을 대신하여 왕이 되게 하셨사오나 '종은 작은 아이라' 출입할 줄을 알지 못하고 ⁸'주의 빼신 백성' 가운데 있나이다 저희는 큰 백성이라 수효가 많아서 셀 수도 없고 기록할 수도 없사오니 ⁹누가 주의 이 많은 백성을 재판할 수 있사오리까? 지혜로운 마음을 종에게 주사 주의 백성을 재판하여 선악을 분별하게 하옵소서." (왕상 3:6-9)

솔로몬은 하나님 앞에서 자신을 낮추어 '종이라', '작은 아이라' 하였으나 하나님의 백성은 "주님의 빼신 백성"으로 칭하였다. 솔로몬의 기도를 들으신 하나님께서 "너의 기도가 내 마음에 꼭 맞다."라고 말씀하셨다.

우리는 "솔로몬의 기도"에서, 그 기도를 들으신 "하나님의 말씀"에서, 우리도 각기 "지혜로운 마음을 제게 주셔서 이 세상을 살아갈 때에 선악을 분별하게 하옵소서! 그리고 하나님의 말씀을 열심히 마음에 심어 장성한 자가 되게 하옵소서!"라는 기도를 줄기차게 부르짖어 기도해야 한다. 그러면 하나님께서 얼마나 기뻐하시겠는가!

우리는 여기서 무엇이 '선'이고 무엇이 '악'인지를 분별할 줄 알아야 한다. 선(善)은? 하나님께서 '하라'는 것을 행하고, "하지 말라"는 것을 하지 않는 것이 선이다. 악(惡)은? '하라!'는 것을 하지 않고, "하지 말라"는 것을 하는 것이 악이다. 그러므로 우리는 하나님께서 '하라'는 것을 하고, "하지 말라!"는 것을 하지 않는 자가 되어야 한다.

그런데 말씀의 거울에 비춰 우리 자신을 한번 살펴보자는 것이다. 필자는 나름대로 하나님의 말씀에 맞춰 사는 것같이 착각한 나 자신을 말씀의 거울을 통해 발견할 수 있었다. "아차!" 하는 순간에 하나님께서 원하지 않는 짓을 얼마든지 하고 살 수 있는 우리들과, 솔로몬의 그 충직하고 자신을 낮추는 모습을 비교할 때, 그가 얼마나 아름다워 보이는지!

셋째: 하나님은 우리 인생이 선악을 분별할 수 있을 때, 즉 선악과를 먹을 수 있는 때가 오기를 오히려 기다리고 계신다는 것이다.

"선악과를 먹는다."라는 것은?

선과 악을 아는 것을 의미한다! 그런데 에덴동산에서 방금 하나님의 생기를 먹은 아담 내외가 어찌 선과 악을 바로 알 수 있겠는가? 그러므로 장성한 자가 되기까지는 선악과를 먹어선 아니되는 "금지 품목"이었던 것이다.

이런 사실을 통해, 우리는 하나님께서 왜 '율법'을 주셨는가를 알 수 있다. 인간 스스로 죄(罪)의 기준이 무엇인가를 몰랐기에 율법을 주신 것이다. 그러므로 하나님께서 '하라'는 것을 하고, "하지 말라"는 것을 하지 말아야 하는데, 거꾸로 '하라' 하는 것을 하지 않고, "하지 말라"는 것을 하는 비이성적인 삶을 살아왔다는 것이다.

성경은 '하라'는 것을 하지 않는 것이 '죄'요, "하지 말라"는 것을 하는 것이 '허물'이라 하셨다. 우리는 늘 "죄와 허물"로 영적으로 죽었던 자들이다. 그러므로 이 말씀 안에서 선악과는 먹을 때가 있고, 먹지 못할 때가 있음을 우리는 마음 깊이 새겨놓아야 한다!

> "¹너희의 허물과 죄로 죽었던 너희를 살리셨도다 ²그때에 너희가 그 가운데서 행하여 이 세상 풍속을 좇고 공중의 권세 잡은 자를 따랐으니 곧 지금 불순종의 아들들 가운데서 역사하는 영이라." (엡 2:1-2)

하나님께서 왜 '화평의 복음'을 주셨을까? '화평의 복음'을 주신 것은? 주님을 영접하고 순종할 때에 '영생'이 있다는 사실을 알려 주시기 위해서였다.

또한 "영원한 복음"인 계시록을 왜 주셨을까? 하나님은 우리 모두에게 장래 될 일까지 미리 보고 깨달아, 살아 있는 동안 하나님의 나라를 위해 "자신을 투자하라! 그리고 장래 될 일을 미리 예비하라!"고 성경을 주셨던 것이다.

그런데 이 세상에 이런 내용을 알려 줄 자가 누구인가? 하나님께서 모세를 통해, 선지자들을 통해, 신약의 예수님을 통해, 예수님의 제자들을 통해, 그리고 하나님께서 택하신 종들을 통해 알리도록 하셨다.

구약에서부터 신약에 이르기까지, 아니 장래 일어날 일까지 미리 다 기록해 놓으셨다. 그리고 그 시대마다 선지자를 통해서 하나님의 말씀을 성도들에게 전하게 하셨다.

6. 시온산에 선 144,000 선악을 분별하는 자들

계시록 14장은 13장의 "짐승의 시대"를 끝내려고, 주님의 재림과 주와 함께 온 '십사만 사천' 인의 모습을 보여주신 장면이다. 창세기 1장에 어두움과 빛을 나누신 그 결말의 실체인 빛의 아들들과 재림하신 주님을 미리 보여주신 장면이니 얼마나 부럽고 아름다운 모습인지!

"¹또 내가 보니 어린 양이 시온산에 섰고 그와 함께 십사만 사천이 섰는데 그 이마에 어린 양의 이름과 그 아버지의 이름을 쓴 것이 있도다 ²내가 하늘에서 나는 소리를 들으니 많은 물소리도 같고 큰 뇌성도 같은데 내게 들리는 소리는 거문고 타는 자들의 그 거문고 타는 것 같더라 ³저희가 보좌와 네 생물과 장로들 앞에서 새 노래를 부르니 땅에서 구속함을 얻은 십사만 사천 인밖에는 능히 이 노래를 배울 자가 없더라 ⁴이 사람들은 여자로 더불어 더럽히지 아니하고 정절이 있는 자라 어린 양이 어디로 인도하든지 따라가는 자며 사람 가운데서 구속을 받아 처음 익은 열매로 하나님과 어린 양에게 속한 자들이니 ⁵그 입에 거짓말이 없고 흠이 없는 자들이더라." (계 14:1-5)

- 위 내용과 연결되는 구절들

"맥추절을 지키라! 이는 네가 수고하여 밭에 뿌린 것의 첫 열매를 거둠이니라 수장절을 지키라! 이는 네가 수고하여 이룬 것을 연종에 밭에서부터 거두어 저장함이니라." (출 23:16)

"여호와의 이름을 시온에서, 그 영예를 예루살렘에서 선포케 하려 하심이라." (시 102:21)

"그 때에 강들이 흘러 나누인 나라의 장대하고 준수하며 시초부터 두려움이 되며 강성하여 대적을 밟는 백성에게서 만군의 여호와께 드릴 예물을 가지고 만군의 여호와의 이름을 두신 곳 시온산에 이르리라." (사 18:7)

"나 주 여호와가 말하노라 이스라엘 온 족속이 그 땅에 있어서 내 거룩한 산 곧 이스라엘의 높은 산에서 다 나를 섬기리니 거기서 내가 그들을 기쁘게 받을지라 거기서 너희 예물과 너희 천신하는 첫 열매와 너희 모든 성물을 요구하리라." (겔 20:40)

↳ 회계의 시간
"이러므로 천국은 그 종들과 회계하려 하던 어떤 임금과 같으니…" (마 18:23)

이 시대 '만물'에 대한 정의가 사라지다!

하나님께서 구약의 절기를 통해 주신 "만물을 바치는 의미"를 신약교회는 제자들을 통해 이루었다. 그러나 이 시대는 한 해 지은 영혼의 농사를 '추수감사절'을 통해 실상으로 드리지는 못했다.

더욱이 현대교회는 "교회 직분자들"을 배출하는 선에서 멈추어 있다고 해도 과언이 아니다. 또한 미국 한인 교민 사회는 추수감사절에 예배를 드리고, 교회적으로 터키를 구워 한 상 차려 먹는 날로 생각하는 것이 일반적인 교회의 실상이다. 주께서 핏값으로 사신 교회에서조차 부지런히 일해 '만물'을 하나님께 바치지 못한다면, 얼마나 가슴이 아픈 일인가!

　그 원인은 "시온(ZION)의 의미"를 제대로 파악하지 못하고, 시온산에서 만물을 받으시겠다는 하나님의 뜻을 깊이 있게 깨닫지 못해서이다. 성경 전체에 드러나고 있는 하나님 나라의 비밀인 '시온산'의 존재를 전혀 의식하지 못한 결과, 성도의 신앙생활에 구멍이 뚫렸던 것이다.

　'시온산'은 예루살렘에 있는 유대인이 신성시하는 산이다. 하나님께서 '시온산'에 바치시길 원하시는 이 '만물'은 하나님 앞에 온전히 돌아와 하나님의 뜻 가운데 사는 자들을 지칭하였다.

　그런데 성경 전체가 창세기부터 계시록까지 이 '만물' 즉 '장자'에 대한 주제로 이어갔음에도 불구하고, 이 중요 주제에 대한 내용이 "하나님 나라의 비밀"이었다는 사실은 참으로 놀라운 일이요, 충격이 아닐 수 없다.

● 성경이 제시하는 장자의 도(道)

　이 시대 교회가 성경이 제시하는 "장자의 도"에 대해 성도들에게 반드시 알게 해야 한다. 그 이유는 '장자의 도'를 바로 알 때, 우리의 신앙의 삶에 큰 영향과 변혁이 일어날 수 있기 때문이다.

　어머니 뱃속에서 나올 때엔 운명적으로 나온다고 할지라도, 교회에서만큼은 성경에서 제시하는 "장자(長子)가 어떤 자인가?"에 대해 올바로 가르쳐주어야 한다. 그 결과, 이 시대를 살아나가면서 자신이 "영적 장자"가 되길 마음에 품을 수 있도록 그 길을 인도해 주어야 하는 것이 교회의 사명이다.

　필자는 "장자의 도맥(道脈)"에 관해 성도에게 제대로 가르쳐주어 우리의 신앙의 삶에서 이 "장자의 도맥"이 얼마나 중요한지를 드러내 알려주어야겠다고 생각했다. 다시 말해서 성경적으로 구약에서 ⇨ 신약으로, 신약에서 ⇨ 이 시대로 "장자의 맥"이 전승되어 ⇨ 주님이 재림하시기까지 연결되어야 하기 때문이다.

● 구약에서 제시한 장자에 대한 증거를 보면, 장자는 혈통을 잇는 시작이요, 가계와 종족 계승의 중심이 되었다.

"르우벤아 너는 내 장자요 나의 능력이요 나의 기력의 시작이라 위광이 초등하고 권능이 탁월하도다마는…" (창 49:3)

● 장자는 아비의 축복을 이어받을 '특권'을 누리게 된다.

"²이삭이 가로되 내가 이제 늙어 어느 날 죽을는지 알지 못하노니 ³그런즉 네 기구 곧 전통과 활을 가지고 들에 가서 나를 위하여 사냥하여 ⁴나의 즐기는 별미를 만들어 내게로 가져다가 먹게 하여 나로 죽기 전에 내 마음껏 네게 축복하게 하라." (창 27:2-4)

● 장자는 유산 상속에 있어 두 몫의 기업을 받는다.

"요셉의 자손 므낫세와 에브라임이 그 기업을 얻었더라." (수 16:4)

● 장자권과 그 혜택은 상실하거나 이전될 수 있었다.
● 에서의 경우 장자권을 팥죽 한 그릇에 팔았다.

"³²에서가 가로되 내가 죽게 되었으니 이 장자의 명분이 내게 무엇이 유익하리요 ³³야곱이 가로되 오늘 내게 맹세하라 에서가 맹세하고 장자의 명분을 야곱에게 판지라 ³⁴야곱이 떡과 팥죽을 에서에게 주매 에서가 먹으며 마시고 일어나서 갔으니 에서가 장자의 명분을 경홀히 여김이었더라." (창 25:32-34)

● 르우벤의 경우 서모를 범해 그 장자권이 요셉에게로 돌아갔다.

"¹이스라엘의 장자 르우벤의 아들들은 이러하니라 르우벤은 장자라도 그 아비의 침상을 더럽게 하였으므로 장자의 명분이 이스라엘의 아들 요셉의 자손에게로 돌아갔으나 족보에는 장자의 명분대로 기록할 것이 아니니라 ²유다는 형제보다 뛰어나고 주권자가 유다로 말미암아 났을지라도 장자의 명분은 요셉에게 있으니라." (대상 5:1-2)

● 아버지의 뜻에 의해

야곱이 요셉의 아들 므낫세와 에브라임 중에서 에브라임을 장자로 삼았다. 이는 야곱이 늙었어도 그의 영성으로 에브라임을 선택하였던 것이다.

"이스라엘이 우수를 펴서 차자 에브라임의 머리에 얹고 좌수를 펴서 므낫세의 머리에 얹으니 므낫세는 장자라도 팔을 어긋 맞겨 얹었더라." (창 48:14)

그런 의미에서 구약에는 장자로 태어났더라도 자기의 자리를 지키지 못하는 자가 있는가 하면, 뒤늦게 났더라도 하나님 나라에서는 장자의 위(位)가 바뀌는 경우가 있었다.
'에서'는 장자로 태어났지만, 팥죽 한 그릇에 장자의 자리를 팔고 뒤늦게 후회하며 엉엉 울었다. 배가 고프니 장자 자리와 '팥죽'을 바꾸어 먹었고, 그 후에 엉엉 운들, 이미 장자 자리는 아우 야곱에게 이전되었기 때문이다.

필자는 칠 남매 중 막내로 태어났다. 그러나 영적 세계인 하나님 나라에서는 우리가 태어난 것과 상관없이 장자가 될 수 있다. "우리의 신앙의 삶은 어떠한가?"에 대해서는 하늘에서 하나님 아버지께서 다 내려다보시기에 "인간의 측정"이 아닌, "하늘 아버지의 측정"으로 장자 의 맥이 이어져 왔다.

그런 의미에서 이 주제에 대해 바로 알고 신앙의 삶을 산다면, 누구라도 이 장자의 맥에 들어갈 수 있다는 사실을 잊지 말고, 장자에 대한 꿈을 한 번 꾸어보라. 장자라고 하니 아들만 되는 것이 아니다. 딸도 장자의 자리에 들어갈 수 있다. 하나님의 나라는 남녀의 구별이 없다.

"장자의 도(道)"는 성경의 핵심 주제이다. 이 장자의 도를 제대로 깨달아야 "십자가의 도(道)"를 깨닫고, '새 계명'을 행하며, "장자의 삶"을 온 마음과 뜻을 다해 살아갈 수 있다.

> "하나님이 미리 아신 자들로 또한 그 아들의 형상을 본받게 하기 위하여 미리 정하셨으니 이는 그로 많은 형제 중에서 <u>맏아들</u>이 되게 하려 하심이니라." (롬 8:29)

성경에 제시된 시온산에 바칠 맏물의 영적 의미는? "영적 장자"를 의미한다. 그런 의미에서 시온산에 '맏물'로 바쳐졌다는 것은? 이제 '젖먹이'가 아니라 ⇨ "장성한 자"로, 마치 부모를 도와 동생들을 잘 인도하는 "장자의 역할을 감당하게 될 자"라는 의미이다.

만물로 준비시킬 곳(하나님의 이름을 두실 거처)

시온산을 일명 헤르몬산이라고도 하는데, 성경에서 제시하는 시온
산은?
첫째: 하나님께서 택하시고,
둘째: 영원히 자기 거처를 삼고,
셋째: 이곳에서 영원히 쉴 곳으로 제시된 장소이다.

그런 의미에서 "시온(Zion)의 의미"[3]는 예루살렘 전체 혹은 그 성읍
거민을 뜻하기도 하나, 본래 예루살렘 남동쪽에 위치한 '구릉'을 가리킨
다. 이곳은 과거 '여부스족'의 산성이 있었는데, 다윗이 이곳을 빼앗은
후에 '다윗성'이라고 명명했다. 그 후에 다윗은 하나님의 언약궤를
안치하였는데, 예루살렘 성전으로 옮겨지기까지 그곳에 계속 안치되어
있었다.

성경이 제시하는 시온에 대한 중요 구절

"그 얻은 땅은 아르논 골짜기 가의 아로엘에서부터 시온산 곧 헤르몬산까
지요." (신 4:48)

"남은 자는 예루살렘에서부터 나올 것이요 피하는 자는 시온산에서부터
나오리니 여호와의 열심이 이 일을 이루리라 하셨나이다." (왕하 19:31)

"여브스 토인이 다윗에게 이르기를 네가 이리로 들어오지 못하리라 하나
다윗이 시온산 성을 빼앗았으니 이는 다윗성이더라." (대상 11:5)

"이에 솔로몬이 여호와의 언약궤를 다윗성 곧 시온에서 메어 올리고자

---

3) 그랜드 종합주석 6권, 왕상 8장, p. 158.

하여 이스라엘 장로들과 모든 지파의 두목 곧 이스라엘 자손의 족장들을 다 예루살렘으로 소집하니…"(대하 5:2)

"여호와의 이름을 시온에서, 그 영예를 예루살렘에서 선포케 하려 하심이라."(시 102:21)

"¹³여호와께서 시온을 택하시고 자기 거처를 삼고자 하여 이르시기를 ¹⁴이는 내가 영원히 쉴 곳이라 내가 여기 거주할 것은 이를 원하였음이로다."(시 132:13-14)

"그 때에 강들이 흘러 나누인 나라의 장대하고 준수하며 시초부터 두려움이 되며 강성하여 대적을 밟는 백성에게서 만군의 여호와께 드릴 예물을 가지고 만군의 여호와의 이름을 두신 곳 시온산에 이르리라."(사 18:7)

"너를 괴롭게 하던 자의 자손이 몸을 굽혀 네게 나아오며 너를 멸시하던 모든 자가 네 발아래 엎드리어 너를 일컬어 여호와의 성읍이라 이스라엘의 거룩한 자의 시온이라 하리라."(사 60:14)

나는 시온의 공의가 빛같이, 예루살렘의 구원이 횃불같이 나타나도록 시온을 위하여 잠잠하지 아니하며 예루살렘을 위하여 쉬지 아니할 것인즉…"(사 62:1)

"딸 내 백성의 심히 먼 땅에서 부르짖는 소리로다 이르기를 여호와께서 시온에 계시지 아니한가, 그 왕이 그중에 계시지 아니한가 그러나 여호와께서는 이르시기를 그들이 어찌하여 그 조각한 신상과 이방의 헛된 것들로 나를 격노케 하였는고 하시니…"(렘 8:19)

"시온에서 나팔을 불며 나의 성산에서 호각을 불어 이 땅 거민으로 다 떨게 할찌니 이는 여호와의 날이 이르게 됨이니라 이제 임박하였으니…"(욜 2:1)

"구원자들이 시온산에 올라와서 에서의 산을 심판하리니 나라가 여호와께 속하리라."(옵 1:21)

"시온의 딸아 노래할지어다 이스라엘아 기쁘게 부를지어다 예루살렘 딸아 전심으로 기뻐하며 즐거워할지어다." (습 3:14)

"내게 말하는 천사가 내게 이르되 너는 외쳐 이르기를 만군의 여호와의 말씀에 내가 예루살렘을 위하여 시온을 위하여 크게 질투하며…" (슥 1:14)

"이는 기록된바 시온 딸아 두려워 말라 보라 너의 왕이 나귀 새끼를 타고 오신다 함과 같더라." (요 12:15)

"기록된바 보라 내가 부딪히는 돌과 거치는 반석을 시온에 두노니 저를 믿는 자는 부끄러움을 당치 아니하리라 함과 같으니라." (롬 9:33)

"그리하여 온 이스라엘이 구원을 얻으리라 기록된바 구원자가 시온에서 오사 야곱에게서 경건치 않은 것을 돌이키시겠고…" (롬 11:26)

"그러나 너희가 이른 곳은 시온산과 살아계신 하나님의 도성인 하늘의 예루살렘과 천만 천사와…" (히 12:22)

"경에 기록하였으되 보라 내가 택한 보배롭고 요긴한 모퉁이 돌을 시온에 두노니 저를 믿는 자는 부끄러움을 당치 아니하리라 하였으니…" (벧전 2:6)

"또 내가 보니 어린 양이 시온산에 섰고 그와 함께 십사만 사천이 섰는데 그 이마에 어린 양의 이름과 그 아버지의 이름을 쓴 것이 있도다." (계 14:1)

● 때를 따라 양식을 먹이실 장소 시온산

하나님은 택하신 주의 종들로 하여금 시온산에 **"이른 비와 복된 장맛비와 늦은 비"**를 내리심으로 이 기업의 산에 풍성한 열매를 맺을 수 있도록 역사하셨다. 이 말씀은 다시 말해 이곳 시온산에 올라가면?
'모세의 노래' ⇨ '율법'과 '어린양의 노래' ⇨ '화평의 복음'과 '새 노래' ⇨ '영원한 복음인 계시록'까지를 다 알도록 준비해 놓으신 곳이 바로 시온산이다.

> "이뿐 아니라 또한 우리 곧 성령의 처음 익은 열매를 받은 우리까지도 속으로 탄식하여 양자 될 것 곧 우리 몸의 구속을 기다리느니라." (롬 8:23)
>
> "또 저의 교회에게도 문안하라 나의 사랑하는 에배네도에게 문안하라 저는 아시아에서 그리스도께 처음 익은 열매니라." (롬 16:5)
>
> "이 사람들은 여자로 더불어 더럽히지 아니하고 정절이 있는 자라 어린 양이 어디로 인도하든지 따라가는 자며 사람 가운데서 구속을 받아 처음 익은 열매로 하나님과 어린 양에게 속한 자들이니…" (계14:4)

하나님은 '화평의 복음'과 '새 노래'인 '영원한 복음인 계시록'의 양식을 먹을 수 있도록 예비하셨던 것이다. 또한 이곳에 "알곡 될 만한 자들"을 불러 "등과 뿔"을 준비하게 하시겠다는 뜻을 미리 예고하셨다. 특별히 시온산에서 다윗에게 '뿔'이 나게 하실 것이 제시되었고, 다윗과 같이 "등과 뿔"을 준비할 수 있는 자들을 세우실 계획을 갖고 계셨던 것이다.

그런 의미에서 이 시대 성도들도 촛대 교회를 찾아가 "살진 꼴"을 먹고, "뿔과 등"을 예비해야 한다. 여기에서 '뿔'은 장래 짐승들 즉 하나님의 백성이 아닌 자들을 성경에선 '짐승'이라 칭한다.

그러므로 장래 일어날 일의 기록인 계시록 13장에서 바다에서 "일곱 머리 열 뿔 가진 짐승"이 나올 것이요, 땅에서는 또 다른 짐승이 땅에서 올라오니 "새끼 양같이 두 뿔이 있고 용"처럼 말하였다. 그런 의미에서 우리 하나님의 자녀들도 "등과 뿔"을 준비하라 하신 것이다.

> "내가 야곱 중에서 씨를 내며 유다 중에서 나의 산들을 기업으로 얻을 자를 내리니 나의 택한 자가 이를 기업으로 얻을 것이요 나의 종들이 거기

거할 것이라." (사 65:9)

"좋은 꼴로 먹이고 그 우리를 이스라엘 높은 산 위에 두리니 그것들이
거기서 좋은 우리에 누워 있으며 이스라엘 산 위에서 살진 꼴을 먹으리라."
(겔 34:14)

"내가 거기서 다윗에게 뿔이 나게 할 것이라 내가 내 기름 부은 자를 위하여
등을 예비하였도다." (시 132:17)

하나님은 이곳 시온에 오른 자들로 하여금 인간을 창조하신 목적이
무엇인가를 알게 하셨다. 주님의 영광을 위하여 창조됨을 분명히 깨닫
게 하심으로써, 새 시대의 '왕권 성도'로, '두 증인'으로, 거듭나게
할 계획을 진행해 오셨다. 그리고 연이어 지금 이 시대에도, 아니
장래까지 진행하시기 때문에 '십사만 사천'은 모두 "시온산 출신"임을
말할 여지가 없다.

"시온에 대하여 말하기를 이 사람, 저 사람이 거기서 났나니 지존자가
친히 시온을 세우리라 하리로다." (시 87:5)

성경에서 제시하는 '뿔'

성경이 제시하는 '뿔' 중에서도 "높이 들린 뿔"이 최강의 뿔로 꼽힌다.
그러므로 한나가 아들 낳기를 기도하고 나서 "내 뿔이 여호와를 인하여
높아졌다."라고 기뻐하였으며, 다윗은 주께서 자신의 뿔을 '들소의
뿔' 같이 높이셨다고 자랑하였다.
한나의 뿔이 "높이 들린 뿔"이라 말한 것은, 그녀가 '사무엘'이라는
그 시대의 선지자를 낳았기 때문이다. 뿔은 '힘'을 의미하고, 종말에
열 뿔 즉 열 왕이 나타날 것을 사도 요한이 예고하였는데, 우리는

이에 맞서 더 '높이 들린 뿔'을 준비하고 예수의 이름으로 이들 '열 뿔'을 물리칠 수 있는 '영권'을 단단히 준비해야 할 것이다.

"한나가 기도하여 가로되 내 마음이 여호와를 인하여 즐거워하며 내 뿔이 여호와를 인하여 높아졌으며 내 입이 내 원수들을 향하여 크게 열렸으니 이는 내가 주의 구원을 인하여 기뻐함이니이다." (삼상 2:1)

"또 악인의 뿔을 다 베고 <u>의인의 뿔은 높이 들리로다.</u>" (시 75:10)

"나의 성실함과 인자함이 저와 함께 하리니 내 이름을 인하여 그 뿔이 높아지리로다." (시 89:24)

"그러나 주께서 내 뿔을 들소의 뿔같이 높이셨으며 내게 신선한 기름으로 부으셨나이다." (시 92:10)

"저가 <u>그 백성의 뿔을 높이셨으니</u> 저는 모든 성도 곧 저를 친근히하는 이스라엘 자손의 찬양거리로다 할렐루야." (시 148:14)

"여호와께서 이미 정하신 일을 행하시고 옛날에 명하신 말씀을 다 이루셨음이여 긍휼히 여기지 아니하시고 훼파하사 원수로 너를 인하여 즐거워하게 하며 <u>너의 대적의 뿔로 높이 들리게 하셨도다.</u>" (애 2:17)

"네가 보던 <u>열 뿔은 열 왕이니</u> 아직 나라를 얻지 못하였으나 다만 짐승으로 더불어 임금처럼 권세를 일시동안 받으리라." (계 17:12)

주님께서 종말에 올라가라 하신 산

마태복음 24장에서 "멸망의 가증한 것이 거룩한 곳에 선 곳을 보거든 너희는 산으로 올라가라"고 하셨는데, 이는 성경 전체 비밀인 시온산에 올라가서 "장자의 도맥(道脈)"을 이어받으라는 명령이셨던 것이다. 얼마나 비밀스런 장소인지! 그러나 아는 사람들은 이곳이 어디인가?

를 알고 깨달아 그곳을 찾게 된다.

"내가 내 말을 네 입에 두고 내 손 그늘로 너를 덮었나니 이는 내가 하늘을 펴며 땅의 기초를 정하며 시온에게 이르기를 너는 내 백성이라 하려 하였음이니라."(사 51:16)

"시온이여 깰지어다 깰지어다 네 힘을 입을지어다, 거룩한 성 예루살렘이여 네 아름다운 옷을 입을지어다, 이제부터 할례 받지 않은 자와 부정한 자가 다시는 네게로 들어옴이 없을 것이라."(사 52:1)

"그 저는 자로 남은 백성이 되게 하며 멀리 쫓겨 났던 자로 강한 나라가 되게 하고 나 여호와가 시온산에서 이제부터 영원까지 그들을 치리하리라 하셨나니…"(미 4:7)

"내가 들으니 보좌에서 큰 음성이 나서 가로되 보라 하나님의 장막이 사람들과 함께 있으매 하나님이 저희와 함께 거하시리니 저희는 하나님의 백성이 되고 하나님은 친히 저희와 함께 계셔서…"(계 21:3)

"무엇이든지 속된 것이나 가증한 일 또는 거짓말하는 자는 결코 그리로 들어오지 못하되 오직 어린양의 생명책에 기록된 자들 뿐이라."(계 21:27)

히브리서 기자도 하나님의 자녀가 장래 마지막으로 이르러야 할 곳으로 '시온산'을 제시하였다. 이는 구약에 '만물'을 바치는 시온산을 장자들로 거듭 태어날 사람들이 훈련받는 곳으로, 장차 장자 총회가 열릴 곳으로 제시하셨던 곳이다. 그런 의미에서 이 시온산에 대한 성경의 전반적인 내용을 알게 되면, 이 산에 오르고 싶은 사모함이 생긴다. 왜냐하면 이 시온산이 바로 "장자들의 총회와 교회와 하나님과 하나님 나라를 위해 죽임을 당한 모든 이들이 함께 모일 곳"이기 때문이다. 이 시대의 '시온산'은 계시록 1장에서 제시하신 "일곱 별"

즉 하나님께서 택하신 주의 종들이 있는 "일곱 촛대 교회"를 의미한다.

> "22너희가 이른 곳은 시온산과 살아계신 하나님의 도성인 하늘의 예루살렘과 천만 천사와 23하늘에 기록한 장자들의 총회와 교회와 만민의 심판자이신 하나님과 및 온전케 된 의인의 영들과 24새 언약의 중보이신 예수와 및 아벨의 피보다 더 낫게 말하는 뿌린 피니라." (히 12:22-24)

모세 역시 일찍이 하나님께서 한 산을 예비하시고, 이곳이 바로 주의 기업의 산이요, 주의 '처소'를 삼으시려고 예비하신 곳이며, 이곳이 주의 손으로 세우신 '성소'라 하였다. 그리고 이곳 이름을 '시온'이라 칭하였다.

> "주께서 백성을 인도하사 그들을 주의 기업의 산에 심으시리이다 여호와여! 이는 주의 처소를 삼으시려고 예비하신 것이라 주여! 이것이 주의 손으로 세우신 성소로소이다." (출 15:17)

이곳 시온산은 곧 "만물을 받으시겠다고 제시하신 곳"이요, 이곳이 바로 주의 처소로 삼으시려고 예비하신 시온산이다. 그리고 이곳에서 주의 처소가 될 뿐만 아니라, 움직이는 성소, 즉 하나님의 말씀으로 증인의 삶을 사는 자로 변신하는 축복의 주인공이 될 것을 예고하셨다.

> "네 하나님 여호와께서 네게 주시는 땅에서 그 토지 모든 소산의 만물을 거둔 후에 그것을 취하여 광주리에 담고 네 하나님 여호와께서 그 이름을 두시려고 택하신 곳으로 그것을 가지고 가서…" (신 26:2)

> "해마다 우리 토지 소산의 만물과 각종 과목의 첫 열매를 여호와의 전에 드리기로 하였고…" (느 10:35)

"나 주 여호와가 말하노라 이스라엘 온 족속이 그 땅에 있어서 내 거룩한 산 곧 이스라엘의 높은 산에서 다 나를 섬기리니 거기서 내가 그들을 기쁘게 받을 지라 거기서 너희 예물과 너희 천신하는 첫 열매와 너희 모든 성물을 요구하리라." (겔 20:20)

첫째: 육신의 장자

육신의 장자는 어머니의 문에서 처음 그 머리를 세상 밖으로 나온 사람이 장자이다. 주님은 육신적으로는 마리아의 배에서 잉태되셨고, 요셉의 가정에서 장자가 되셨다.

둘째: 영적 장자가 되는 비결은?

로마서 8장 29절에 우리가 어떻게 하면 '장자'가 될 수 있을까에 대한 그 근본 원리가 숨어 있다.

"하나님이 미리 아신 자들로 또한 그 아들의 형상을 본받게 하기 위하여 미리 정하셨으니 이는 그로 많은 형제 중에서 맏아들이 되게 하려 하심이니라." (롬 8:29)

여기에서 "미리 아신 자들"이란 의미는? 하나님의 전지하심으로 미리 아신 자들을 말한다. 하나님은 그 아들의 형상을 본받게 하시기 위해, 그로 많은 형제 중에 맏아들이 되게 하셨다. 그러므로 우리가 하나님 나라의 장자가 될 수 있는 비결은 주님의 형상을 본받아 예수의 심령이 되면 '장자권'을 위로부터 받을 수 있다.

셋째: 예수님은 온 인류의 머리요, 교회의 머리요, 정사와 권세의 머리이시다.

사도 바울은 주님은 한 가정에 처음 머리를 내민 육적 장자가 아니라, 온 인류의 머리가 되시고, 교회의 머리, 만물의 머리, 모든 정사와 권세의 머리가 되신 분으로 소개하였다. 우리는 예수님 즉 머리이신 예수님의 지체가 되어야 예수 그 이름하에서 충만하게 살 수 있다.

"²²또 만물을 그 발 아래 복종하게 하시고 그를 만물 위에 교회의 머리로 주셨느니라 ²³교회는 그의 몸이니 만물 안에서 만물을 충만케 하시는 자의 충만이니라." (엡 1:22-23)

"그는 몸인 교회의 머리라 그가 근본이요 죽은 자들 가운데서 먼저 나신 자니 이는 친히 만물의 으뜸이 되려 하심이요." (골 1:18)

"⁹그 안에는 신성의 모든 충만이 육체로 거하시고 ¹⁰너희도 그 안에서 충만하여졌으니 그는 모든 정사와 권세의 머리시라." (골 2:9-10)

"오직 사랑 안에서 참된 것을 하여 범사에 그에게까지 자랄지라 그는 머리니 곧 그리스도라." (엡 4:15)

"머리를 붙들지 아니하는지라 온 몸이 머리로 말미암아 마디와 힘줄로 공급함을 얻고 연합하여 하나님이 자라게 하심으로 자라느니라." (골 2:19)

● 머리 있는 자와 머리 없는 자

좀 이상하고 희귀한 표현이지만, 성경에는 "머리가 있는 자"가 있고, "머리가 없는 자"가 있다고 제시하셨다.

첫째: 머리의 영적 의미

장자는 머리 같은 존재요, 차자는 지체 같은 존재이다. 성경에서 제시하는 '머리'는 육신의 머리가 아니라, 머리를 비유로 '왕권'과 '장자권'을 의미하였다. 이사야 선지자와 사도 요한이 머리에 대해 다음과 같은 비유로 영적 해석을 제시하였다.

"머리는 곧 장로와 존귀한 자요, 꼬리는 곧 거짓말을 가르치는 선지자라."
(사 9:15)

그런데 사도 요한은 계시록 17장에서 "지혜 있는 뜻이 여기 있으니 그 일곱 <u>머리</u>는 여자가 앉은 일곱 <u>산</u>이요 또 일곱 <u>왕</u>이라"(계 17:9-10)고 기록, '머리'를 ⇨ 산과 왕으로 비유하였다.

위 두 구절을 통해 볼 때, '머리'와 꼬리는 무엇을 비유하였는가? 이사야 선지자는 머리는 ⇨ "장로와 존귀한 자"라 하였으며, 꼬리는 ⇨ "거짓말을 가르치는 '선지자'"라 하였다.

사도 요한은 계시록 17장에서 '일곱 머리'는 '일곱 산'이요 '일곱 왕'이라고 하였다. 그런 의미에서 성경은 "장자는 머리 같은 존재"요, "차자는 지체 같은 존재"라 제시하신다. 따라서 머리 되신 예수님을 붙잡지 않고는 타락한 지체가 될 수밖에 없다는 사실을 깨닫게 된다. 머리 되시는 말씀이 없을 때, 지체는 육신의 소욕이 지배되는 인간이 되어버리기 때문이다.

둘째: 성경적 머리는 주님이 머리요, 우리는 그의 지체이다.

사도 바울은 우리가 머리이신 예수님을 붙잡지 않으면, 그의 지체가 될 수 없다고 하셨다. 왜냐하면 머리이신 주님을 붙잡아야 온몸이 머리로 말미암아 마디와 힘줄로 공급함을 얻을 수 있고, 우리의 머리이신 예수님을 붙잡아야, 지체로서의 사명을 다할 수 있기 때문이다.

그런 의미에서 우리는 항상 "주님이 나의 머리시요, 나는 그의 지체"라는 생각을 마음에 품어야 지체로서의 삶을 제대로 행할 수 있다.

> "18누구든지 일부러 겸손함과 천사 숭배함을 인하여 너희 상을 빼앗지 못하게 하라 저가 그 본 것을 의자하여 그 육체의 마음을 좇아 헛되이 과장하고 19머리를 붙들지 아니하는지라 온 몸이 머리로 말미암아 마디와 힘줄로 공급함을 얻고 연합하여 하나님이 자라게 하심으로 자라느니라." (골 2:18-19)

사도 바울은 고린도전서 12장 12-27절 말씀을 통해 우리가 "주님의 지체"가 될 것을 다음과 같은 비유로 자세히 제시하여 주셨다. 이 말씀을 읽으면, 우리 자신이 어떤 사람인가 하는 자신의 정체를 알 수 있다.

예수님을 영접한 자가 그의 지체

> "12몸은 하나인데 많은 지체가 있고 몸의 지체가 많으나 한 몸임과 같이 그리스도도 그러하니라 13우리가 유대인이나 헬라인이나 종이나 자유자나 다 한 성령으로 세례를 받아 한 몸이 되었고 또 다 한 성령을 마시게 하셨느니라 14몸은 한 지체뿐 아니요 여럿이니 15만일 발이 이르되 나는 손이 아니니 몸에 붙지 아니하였다 할지라도 이로 인하여 몸에 붙지 아니한 것이 아니요 16또 귀가 이르되 나는 눈이 아니니 몸에 붙지 아니하였다 할지라도 이로 인하여 몸에 붙지 아니한 것이 아니니 17만일 온 몸이 눈이면 듣는

곳은 어디며 온 몸이 듣는 곳이면 냄새 맡는 곳은 어디뇨 ¹⁸그러나 이제 하나님이 그 원하시는 대로 지체를 각각 몸에 두셨으니 ¹⁹만일 다 한 지체 뿐이면 몸은 어디뇨 ²⁰이제 지체는 많으나 몸은 하나라 ²¹눈이 손더러 내가 너를 쓸데없다 하거나 또한 머리가 발더러 내가 너를 쓸데없다 하거나 하지 못하리라 ²²이뿐 아니라 몸의 더 약하게 보이는 지체가 도리어 요긴하고 ²³우리가 몸의 덜 귀히 여기는 그것들을 더욱 귀한 것들로 입혀 주며 우리의 아름답지 못한 지체는 더욱 아름다운 것을 얻고 ²⁴우리의 아름다운 지체는 요구할 것이 없으니 오직 하나님이 몸을 고르게 하여 부족한 지체에게 존귀를 더하사 ²⁵몸 가운데서 분쟁이 없고 오직 여러 지체가 서로 같이하여 돌아보게 하셨으니 ²⁶만일 한 지체가 고통을 받으면 모든 지체도 함께 고통을 받고 한 지체가 영광을 얻으면 모든 지체도 함께 즐거워하나니 ²⁷너희는 그리스도의 몸이요 지체의 각 부분이라." (고전 12:12-27)

다시 한번 강조하지만, 우리의 머리는 주님이시요, 우리는 그분의 지체임을 가슴으로 느끼는 삶을 살아야 한다. 머리가 없는 사람들을 상상해 보라! 성경은 "머리 없는 자"를 사람이라 하지 않는다. 이들을 가리켜 "살았다 하는 이름은 가졌으나 죽은 자"라고 표현하셨다! 그런 의미에서 세상은 영적으로 "머리 있는 자"와 "머리 없는 자들"로 나누어져 있다.

"이와 같이 우리 많은 사람이 그리스도 안에서 한 몸이 되어 서로 지체가 되었느니라"(롬 12:5)라는 말씀을 듣지 못했고, 듣지 못할 뿐만 아니라 주님이 우리의 머리 되심을 지키지 않아서였다.

머리와 장자권의 관계

성경에 '머리'란 단어가 많이 등장하는데, 머리는 육신의 머리만을 가리키지 않는다. 머리란 단어 속에 '장자권'에 대한 영적 진리가 숨어 있다. 성경에 "쌍태에 대한 이야기"가 두 번 제시되었는데, 하나님은 "쌍태 해산"을 통해 우리가 얼마큼 "장자권을 사모해야 하는가?"를 '머리'라는 단어를 통해 제시하여 주셨다.

쌍태에 얽힌 이야기는 '장자권'에 대한 이야기요, 영적 '머리'에 대한 이야기이다.

다시 한번 강조하지만, 성경적 의미의 "장자의 도"란? 말씀의 도(道), 즉 말씀을 붙잡고 영적 동생들을 돌보는 사명을 감당하는 자들을 말한다. 과거 레위 지파는 제사장 지파요, 장자를 대신한 장자의 총회, 거룩한 조직의 머리에 해당하는 자들이었다. 이들은 하나님과 대면하여 제사장 지파가 될 수 있었다.

그런데 구약시대의 이 "레위의 맥"을 누구에게 잇게 하셨는가? 하나님께서 택하신 "하나님의 종들"을 통해 이어받게 하심으로써 "거룩한 조직의 머리"가 되게 하셨다. 그런 연유로 성경이 제시하는 하나님의 '다림줄 말씀'을 가진 택하신 목회자들은 새 시대를 준비할 거룩한 조직의 머리들이 될 수 있었다.

성경은 신학대학교, 신학대학원을 나왔다고 이들 모두를 목회자로 인정하지 않는다. 주님께서 이 주제에 대해 어떤 말씀을 주셨는가? 주의 제자들 앞에서 다음과 같은 말씀을 선포하셨다.

"내가 너희를 다 가리켜 말하는 것이 아니라 내가 '나의 택한 자'들이 누구인지 앎이라 그러나 내 떡을 먹는 자가 내게 발꿈치를 들었다 한 성경을 응하게 하려는 것이니라." (요 13:18)

주께서 택하신 주의 종들

하나님의 나라는 수많은 주의 종들 중, 그중에서 택하여 사용하시는 나라이다. 특별히 주님께서 이 면에 대해 얼마나 많이 강조하여 주셨는지! 따라서 이 시대 목회자들은 자신이 주님으로부터 "택하심을 입었는가?"에 대한 실제적인 증거가 있어야 하며, 자기 나름의 확신이 있어야 한다.

주님은 제자들에게 "너희가 나를 택한 것이 아니요, 내가 너희를 택하여 세웠다! 이는 너희로 가서 과실을 맺게 하고 또 너희 과실이 항상 있게 하여 내 이름으로 아버지께 무엇을 구하든지 다 받게 하려 함이라"(요 15:16)고 말씀하셨다.

그런 의미에서 "주님으로부터 택하심을 받은 목회자들"로부터 과실이 맺어진다는 사실을 이 시대 목회자들은 마음에 새겨야 한다. 아니 성도들도 이에 대하여 심중(心中)에 새겨야 할 것이다.

그냥 교회의 목회자요, 성도가 아니다. 반드시 목회를 하는 동안, 교회 생활을 하는 동안 "하늘에서 주시는 택하심을 받아야 한다."라는 사실을 목회자는 명심해야 할 것이다.

또한 주님은 "보라 나의 택한 종 곧 내 마음에 기뻐하는바 나의 사랑하는 자로다! 내가 내 성령을 줄 터이니 그가 심판을 이방에 알게 하리라"(마 12:18)고 증거하여 주셨다. 그런데 주께서 제자들을 선택하셨지만, 사실 주님의 직계 제자들도 모든 것을 다 뒤로 하고 주님을 선택하였다는 사실이다. 다시 말하면 서로 '맞선택'을 한 것이다.

이런 경우 성령 하나님께서 함께하신 것이 아닌가 생각해 보았다. '가룟 유다'를 제외하고는 이심전심이 된 것이다! 이렇게 세상 것을 모두 버리고 주의 말씀을 좇아 사는 분들이 이 시대 "택함을 받은 자들"이다!

"²⁸베드로가 여짜와 가로되 보소서 우리가 모든 것을 버리고 주를 좇았나이다 ²⁹예수께서 가라사대 내가 진실로 너희에게 이르노니 나와 및 복음을 위하여 집이나 형제나 자매나 어미나 아비나 자식이나 전토를 버린 자는 ³⁰금세에 있어 집과 형제와 자매와 모친과 자식과 전토를 백배나 받되 핍박을 겸하여 받고 내세 에 영생을 받지 못할 자가 없느니라 ³¹그러나 먼저 된 자로서 나중 되고 나중 된 자로서 먼저 될 자가 많으니라." (막 10:28-31)

"²⁸베드로가 여짜오되 보옵소서 우리가 우리의 것을 다 버리고 주를 좇았나이다 ²⁹이르시되 내가 진실로 너희에게 이르노니 하나님의 나라를 위하여 집이나 아내나 형제나 부모나 자녀를 버린 자는 ³⁰금세에 있어 여러 배를 받고 내세에 영생을 받지 못할 자가 없느니라 하시니라." (눅 18:28-30)

하나님 나라에서 항상 함께 제시하시는 것은 바로 "주님의 택하심"과 "그의 택하심을 받은 자들의 온전한 순종"에 대한 내용이다. 필자가 놀라고 또 놀란 것은 누가복음 9장 35-36절 말씀이었다.

"³⁵구름 속에서 소리가 나서 가로되 이는 나의 아들 곧 택함을 받은 자니 너희는 저의 말을 들으라" 하고 ³⁶소리가 그치매 오직 예수만 보이시더라 제자들이 잠잠하여 그 본 것을 무엇이든지 그때에는 아무에게도 이르지 아니 하니라." (눅 9:35-36)

"구름 속에서 소리가 나서 가로되 이는 나의 아들 곧 택함을 받은 자니 너희는 저의 말을 들으라." (마 22:14)

하나님은 그의 아들 예수님도 택함을 받은 자니, "주의 말씀을 들으라."고 명하셨다. 하나님의 나라는 이렇게 친히 택하신 자들을 그의 나라에서 사용하신다는 사실이다. 또한 "청함을 받은 자는 많되 택함을 입은 자는 적다."라고 하셨다(눅 9:35). 이 말씀을 우리는 마음에 두고 길이 간직해야 한다.

교회를 나갔다고 해서 "하나님의 자녀"가 되는 것이 아니다! 신학교를 다녔다고 해서 "주의 종"이 되는 것도 아니다! 이런 말씀을 제대로 알고, "주의 택하심을 받은 자"라야 하나님의 나라에서 인정해 주시는 목자가 되고 성도가 되는 것이다!

"⁴⁰바울은 실라를 택한 후에 형제들에게 주의 은혜에 부탁함을 받고 떠나 ⁴¹수리아와 길리기아로 다녀가며 교회들을 굳게 하니라." (행 15:40-41)

"청함을 받은 사람들의 상좌 택함을 보시고 저희에게 비유로 말씀하여 가라사대…" (눅 14:7)

"너희가 세상에 속하였으면 세상이 자기의 것을 사랑할 터이나 너희는 세상에 속한 자가 아니요 도리어 세상에서 나의 택함을 입은 자인 고로 세상이 너희를 미워하느니라." (요 15:19)

"이뿐 아니라 저는 동일한 주의 영광과 우리의 원을 나타내기 위하여 여러 교회의 택함을 입어 우리의 맡은 은혜의 일로 우리와 동행하는 자라." (고후 8:19)

7. '십사만 사천'에 대한 총론

사도 요한은 시온산에 '십사만 사천' 하나님의 장자들이 선 모습을 실상으로 보고 다음과 같이 증거하였다.

하나님의 종들의 이마에 인치는 모습

"¹이 일 후에 내가 네 천사가 땅 네 모퉁이에 선 것을 보니 땅의 사방의 바람을 붙잡아 바람으로 하여금 땅에나 바다에나 각종 나무에 불지 못하게 하더라 ²또 보매 다른 천사가 살아 계신 하나님의 인을 가지고 해 돋는 데로부터 올라와서 땅과 바다를 해롭게 할 권세를 얻은 네 천사를 향하여 큰 소리로 외쳐 ³가로되 우리가 우리 하나님의 종들의 이마에 인치기까지 땅이나 바다나 나무나 해하지 말라 하더라 ⁴내가 인 맞은 자의 수를 들으니 이스라엘 자손의 각 지파 중에서 인 맞은 자들이 십사만 사천이니 ⁵유다 지파 중에 인 맞은 자가 일만 이천이요 르우벤 지파 중에 일만 이천이요 갓 지파 중에 일만 이천이요 ⁶아셀 지파 중에 일만 이천이요 납달리 지파 중에 일만 이천이요 므낫세 지파 중에 일만 이천이요 ⁷시므온 지파 중에 일만 이천이요 레위 지파 중에 일만 이천이요 잇사갈 지파 중에 일만 이천이요 ⁸스불론 지파 중에 일만 이천이요 요셉 지파 중에 일만 이천이요 베냐민 지파 중에 인 맞은 자가 일만 이천이라 [9]이 일 후에 내가 보니 각 나라와 족속과 백성과 방언에서 아무라도 능히 셀 수 없는 큰 무리가 흰옷을 입고 손에 종려 가지를 들고 보좌 앞과 어린 양 앞에 서서 [10]큰 소리로 외쳐 가로되 구원하심이 보좌에 앉으신 우리 하나님과 어린 양에게 있도다 하니 [11]모든 천사가 보좌와 장로들과 네 생물의 주위에 섰다가 보좌 앞에 엎드려 얼굴을 대고 하나님께 경배하여 [12]가로되 아멘 찬송과 영광과 지혜와 감사와 존귀와 능력과 힘이 우리 하나님께 세세토록 있을지로다 아멘 하더라 [13]장로 중에 하나가 응답하여 내게 이르되 이 흰 옷 입은 자들이 누구며 또 어디서 왔느뇨 [14]내가 가로되 내 주여 당신이 알리이다 하니 그가 나더러 이르되 이는 큰 환난에서 나오는 자들인데 어린 양의 피에 그 옷을 씻어 희게 하였느니라." (계 7:1-14)

계시록 7장에서 제시하신 '**십사만 사천**'은 하나님 나라의 '장자'에 해당하는 자들이다. '장자'에 대한 주제는 창세기 아담으로부터 시작, 장차 주님께서 재림하시고 계시록 21장까지 계속될 내용이다. 그런데 "하나님의 자녀"라고 하면서, 이 "장자와 차자의 맥"을 알지 못하면, 그런 사람들을 '젖먹이 신앙'이라 하신다.

히브리서 기자는 "그러므로 우리가 '그리스도 도(道)'의 초보를 버리고 죽은 행실을 회개함과 하나님께 대한 신앙과 세례들과 안수와 죽은 자의 부활과 영원한 심판에 관한 교훈의 터를 다시 닦지 말고 완전한 데 나아갈지니라 하나님께서 허락하시면 우리가 이것을 하리라."(히 6:1-3)고 제시하였다.

또한 하나님께서 다니엘 때, 마지막 일어날 사건을 보여주시고 기록하게 하시면서, "이 말을 마지막 때까지 간수하고 봉함하라!" 하셨다. 이제 때가 이르면 이 비밀들을 '일곱 별', 즉 주님이 "오른손으로 붙잡아 주시는 종들"을 통해 촛대 교회에서 그들의 정체를 알려주신다 하셨다. 그러므로 이 시대 하나님의 종들은 "계시록을 알려야 할 사명"이 남아 있다. 또한 성도 역시 그런 '종'을 만나, 계시의 내용을 듣고 장래의 일에 대해 준비해야 한다.

그런데 모든 성도의 표상이 되어야 할 이 '주제'가 아직도 대다수에게는 전혀 듣도 보도 못한 내용으로 남아 있다는 것이다. 이는 교계(敎界)의 목회자들과 성도의 아픔이 아닐까 생각한다.

'계시록'은 성경 전체의 결론에 해당되는 부분이요, 장래에 일어날 일을 미리 예고하신 참으로 귀한 내용이다. 내일 일도 알지 못하는 우리가 장래 일을 미리 알고 그날을 준비할 수 있다니! 이제 목회자나 성도 모두 장성한 단계에 올라가려면, 장래 일어날 일에 대한 계시를 미리 보고 알아, 그날을 준비할 수 있도록 선포해야 한다.

하나님은 이 사실을 안타까이 여기시면서, 이 계시의 말씀을 통째로 먹은 목회자들을 통해 그 입을 '나팔'처럼 외쳐 선포하라고 명령하셨다!

"크게 외치라 아끼지 말라 네 목소리를 나팔같이 날려 내 백성에게 허물을, 야곱 집에 그 죄를 고하라." (사 58:1)

하나님은 계시록의 전달 과정을 사도 요한을 통해 다음과 같이 지시하여 주셨다. 하나님이 ⇨ 예수님에게 ⇨ 예수님이 천사에게 ⇨ 천사가 사도 요한에게 ⇨ 사도 요한이 이 시대 목회자들에게 ⇨ 목회자들이 이 시대 성도들에게!

계시의 말씀을 읽고 지키는 자들에게 주신 축복

"²요한은 하나님의 말씀과 예수 그리스도의 증거 곧 자기의 본 것을 다 증거하였느니라 ³이 예언의 말씀을 읽는 자와 듣는 자들과 그 가운데 기록한 것을 지키는 자들이 복이 있나니 때가 가까움이라." (계 1:2-3)

이 "십사만 사천 하나님 나라 장자"에 대한 주제를 연구하면서, 이 대열에 들어가기를 사모하시기 바란다! 무엇보다 성경 전체가 완전히 이 '십사만 사천'이란 한 주제로 모두 연결되어 있는 감격을 맛볼 수 있기 때문이다.

그런 의미에서 적어도 목회자라면, 아니 일생 동안 주님의 자녀라고 믿고 살았다면, 장래 일어날 일의 청사진을 미리 알고 그때를 준비해야 한다. 하나님께서 사도 요한을 통해 이 "계시록을 기록하라!" 하신 것은, 장래 일어날 일에 대해 미리 깨닫고 그날을 준비하여, 그런 내용을 알지 못한 이웃에게 전해주라고 주신 것이다. 그러니 그 사명을 인식해야 한다. 이 144,000 성도의 표상에 대해 이번 기회에 열심히 정리하여, 자신이 그 대열에 들어가도록 해야 한다.

144,000에 대해 알아야 할 내용 세 가지

첫째: 이들 144,000 장자들은 과연 어떤 인물들인가?

성경은 이들에 대해 아주 다양한 표현으로, "어떤 사람들이 이 대열에 들어갔는가?"를 지면이 허락하는 한 자세히 제시해 주셨다. 그러므로 필자는 표현된 단어를 보면서 "아! 이분이 144,000 대열에 들어가는 영광을 입으셨구나!" 하며 부러워하기도 하였다. 그런데 이런 사실들을 몰라서 해석들이 갈리었으니, 이번 기회에 '십사만 사천'을 표현하셨던 문장들을 정리하면서 성경책을 읽으시면, 이제 그런 사실들이 눈으로, 마음으로 보일 것이다!

• 이들 144,000은 육적 이스라엘 12지파 중 인 맞은 자들인가?

- 육적 이스라엘과 영적 이스라엘을 합한 전 시대 하나님 백성 중 인 맞은 하나님 마음에 합한 종들인가?
- 종말의 추수의 종들인가?

이 주제에 대해 의견이 아주 분분하다. 그런데 창세기 2장에서 하나님께서 흙으로 사람을 지어 생기를 불어넣으심으로써 산 영이 되게 하셨다. 하나님은 처음으로 말씀을 주신 아담 시대부터 시작하여 주님 재림하실 그때까지 하나님 나라 전 시대 하나님 마음에 합한 종의 수가 '십사만 사천'이라고 제시하셨다. 왜 그렇게 해석하였나를 하나씩 추적하면 정확한 답은 오직 하나일 것이다.

둘째: '십사만 사천'은 상징의 수인가? 실제의 수인가?

'십사만 사천'은 하나님께서 이 세상에 하나님의 나라를 건설하신 그 기간 동안 당신의 마음에 합하여, "잘했다!"고 칭찬받은 종들의 수(數)이다. 그런데 하나님께서 사명을 주신 것에 대해 열심히 잘 한 사람들의 상(償)은 늘 그 수가 정해져 있다. 그런 연유로 그 상을 타고 싶어 서로들 선한 경쟁을 하는 것이다.

사도 바울은 썩을 면류관을 위해서, 작은 금덩이 메달 하나를 올림픽에서 타려고 수많은 사람들이 피 터지게 훈련한다고 하는데, 필자는 이 수가 "실제의 수"라고 해석하는 사람 중의 하나이다. 이 수(數)가 실제의 수임을 성경 전체가 제시하고 있다.

예를 들어 누구의 장자는 누구라고 정확히 그 이름들을 기록하셨고, 그 장자에 오르는 것을 남자는 좋은 씨, 여자는 좋은 밭으로 표현하셨을 뿐만 아니라, "누가 좋은 씨였다! 누가 좋은 밭이었다!"라고까지 분명하

게 성경에 기록하셨기 때문이다. 그러므로 우리는 보다 정확한 해석을
하기 위해서 이사야 선지자의 예고에 귀를 기울여야 할 것이다.

> "너희는 여호와의 책을 자세히 읽어보라 이것들이 하나도 빠진 것이 없고
> 하나도 그 짝이 없는 것이 없으리니 이는 여호와의 입이 이를 명하셨고
> 그의 신이 이것들을 모으셨음이라." (사 34:16)

성경은 다른 책들에 비해 우리 마음대로 해석하는 책이 아니다.
결국은
　① **누가** 성경을 더 자세히 읽어보고,
　② **누가** 더 빠진 것이 없이 그 짝 구절을 찾아보는가
에 따라서 정확한 해석이 드러날 것이다.
　앞으로 우리가 찾는 구절은 모두 이 세 가지를 충족하기 위한 구절들
이다. 다시 한번 강조하지만, 성경 해석은 우리 마음대로 하는 것이
아니라, 하나님께서 성경 자체에 "말씀의 짝"을 미리 기록해 놓으셨다는
것이다. 그런 의미에서 "인간의 이해"와 "인간의 해석"이 아닌, 누룩이
들어가지 않은 "무교병의 말씀"을 전하는 교회를 "촛대 교회"라 칭하셨
던 것이다.
　이 시대 목회자들은 "무교병의 말씀"을 전하는 촛대 교회로 변하기
위해 성도들과 힘을 합해 부르짖어 기도해야 한다. 그러므로 힘을
합해 하나님의 보시기에 좋으신 "촛대 교회"를 세워나가야 한다!
　계시록 7장과 14장에서 제시하신 '십사만 사천'은 성경 전체의 최고
의 믿음의 장성한 사람들의 수(數)요, 하나님 나라의 핵심 상급자들의
숫자이다. '십사만 사천'의 존재와 그 숫자에 대해 직접적으로 제시하는
성경 구절은 계시록 7장과 14장, 오바댜 1장 21절이 있다. 나머지는
다 간접적으로 제시해 주셨다.

셋째: "계시록 7장과 14장"에서 밝히는 십사만 사천의 정체

'십사만 사천'이란 단어는 성경 전체에 단 두 곳에서만 제시되었다. 그러나 우리는 이 '십사만 사천'이란 주제에 대해 알되 제대로 알아야 한다. 하나님 나라에서 이들은 최고 최대의 장성한 신앙의 주인공들이기 때문이다. 그런 면에서 "계시록 7장"은 아주 중요한 장으로, 먼저 서너 가지 '십사만 사천' 존재에 대해서 알아야 할 사항을 제시하여 주셨다.

① 계시록 7장에서 이 '십사만 사천'이란 숫자는 이스라엘의 열두 지파 중에서, "하나님으로부터 인침 받은 하나님의 종들"임을 깨닫게 된다. 왜냐하면 "흰옷 입은 많은 무리"는 이 "하나님의 종들"을 통해 예수를 알게 된 자들이기 때문이다.

그런데 이 말씀에서 이스라엘의 열두 지파만 해당된 것이 아니다. 사도 바울은 "표면적 유대인"이 있고, "이면적 유대인"이 있다고 하였다. 그런 의미에서 '십사만 사천'은 하나님의 나라가 시작되고 ⇨ 주님 재림하실 때까지의 기간 중에 특별히 택하심을 받은 자들을 말한다.

> "³우리가 우리 하나님의 종들의 이마에 인치기까지 땅이나 바다나 나무나 해하지 말라 하더라 ⁴내가 인 맞은 자의 수를 들으니 이스라엘 자손의 각 지파 중에서 인 맞은 자들이 십사만 사천이니…" (계 7:3-4)

② 이들은 1-2절 말씀처럼 "네 천사"가 땅의 사방의 바람을 붙잡아 바람으로 하여금 땅에나 바다에나 각종 나무에 "환란의 바람"이 불지 못하게 먼저 조치한 후에, 이들의 이마에 인을 쳤다. 이 구절은 아주 심오한 말씀으로 "하나님의 진노의 심판"을 받기 전에, 먼저 구하심을

입은 자들로 생각한다.

③ 9-14절 말씀은 "아무라도 능히 셀 수 없는 큰 무리가 어린 양의 피에 그 옷을 씻어 희게 된 옷을 입고, 보좌 앞과 어린 양 앞으로 나아오는데…"라고 되어 있다. 이들을 구원으로 인도한 사람들이 바로 십사만 사천이다.

하나님은 15절에 "이들 위에 장막을 치신다."고 하셨으니, 여기가 바로 천년왕국이다. 천년왕국은 십사만 사천과 + 하나님 나라에서 십사만 사천이 구원한 셀 수 없는 "흰옷 입은 많은 무리"가 들어가는 곳이다. 이들 "흰옷 입은 무리"가 천년왕국에 들어갈 수 있는 것은? 주께서 살아생전에 하신 말씀으로 인해서이다.

주님은 당신이 하신 말씀을 반드시 이루어 주시는 분이다. 하나님 나라가 시작한 시기부터 주님 재림하실 때까지, 하나님께서 택하신 종들을 영접하는 것이 주님을 영접하는 것이라 하셨다. 얼마나 놀라운 반전인가?

선지자를 영접하면 "선지자 상"을 받고, 의인을 영접하는 자는 "의인의 상"을 받을 것이라고 말씀하셨다. 감사한 것은 제자의 이름으로 소자 중 하나에게 냉수 한 그릇이라도 주는 자는 결단코 상을 잃지 않겠다고 약속하셨다는 사실이다.

"[40]너희를 영접하는 자는 나를 영접하는 것이요 나를 영접하는 자는 나 보내신 이를 영접하는 것이니라 [41]선지자의 이름으로 선지자를 영접하는 자는 선지자의 상을 받을 것이요 의인의 이름으로 의인을 영접하는 자는 의인의 상을 받을 것이요 [42]또 누구든지 제자의 이름으로 이 소자 중 하나에게 냉수 한 그릇이라도 주는 자는 내가 진실로 너희에게 이르노니 그 사람이 결단코 상을 잃지 아니하리라 하시니라." (마 10:40-42)

우리는 계시록 7장을 통해서 하나님 나라에서 이 '십사만 사천'이 어떤 부류인지에 대해 아주 중요한 내용을 깨닫게 된다.

144,000이 하나님의 인을 받은 것의 이해

계시록은 성경의 결론에 해당되는 말씀이다. 이스라엘의 12지파는 육적 이스라엘과 그 육적 이스라엘의 맥을 이어 영적 이스라엘이 나왔다. 사도 바울은 "표면적 유대인이 유대인이 아니요 이면적 유대인"이라 하였고, 이스라엘의 12지파의 혈통이 무너진 것은 아주 오래 전이다.

> "그러므로 후사가 되는 이것이 은혜에 속하기 위하여 믿음으로 되나니 이는 그 약속을 그 모든 후손에게 굳게 하려 하심이라 율법에 속한 자에게 뿐 아니라 아브라함의 믿음에 속한 자에게 도니 아브라함은 하나님 앞에서 우리 모든 사람의 조상이라." (롬 4:16)

주님은 동생들과 모친이 당신을 찾으러 왔을 때, "누가 형제요 자매요 모친이냐? 누구든지 하나님의 뜻대로 하는 자는 내 형제요 자매요 모친이니라."고 말씀하셨다. 이제는 헬라인이나 유대인이나 다 주 안에서 하나인 것이다. 그런 의미에서 이스라엘 12지파 중에서 "하나님의 인"을 쳤다는 것은? 육적 이스라엘과 영적 이스라엘, 전 시대 하나님의 백성 중에서 인 쳤다는 의미로 해석해야 한다. 그래야 창세기 38장의 "인장 사건 이야기"가 다 여기에 해당하는 것으로 생각할 수 있다.

> "유다가 가로되 무슨 약조물을 네게 주랴 그가 가로되 당신의 도장과 그 끈과 당신의 손에 있는 지팡이로 하라 유다가 그것들을 그에게 주고

그에게로 들어갔더니 그가 유다로 말미암아 잉태하였더라." (창 38:18)

"하나님으로부터 인침 받는다."라는 것의 의미

하나님의 인침 받는 것과 성령의 인침을 받는 것은 같은 의미인가 다른 의미인가? 같은 의미이다. 하나님의 영은 일곱 영, 일곱 등불, 일곱 눈이라 하셨다.

죄인으로서 '예수님'을 영접하고 회개하여 하나님의 아들이 될 때, 성령께서 친히 우리 영으로 더불어 하나님의 자녀인 것을 증거하여 주셨다. 그리고 '아들'은 하나님의 후사요, '그리스도'의 후사 즉 동생들이기 때문에 "예수로 인한 고난"을 함께 받는다고 하셨다. 하나님께서 아들 된 자들에게 인치시고 보증으로 성령을 주신다 하셨기 때문에, 하나님의 인침이나 성령의 인침은 같은 것이다.

다음의 중요한 내용의 네 구절을 읽으면 같은 마음이 될 것이다.

"¹⁵너희는 다시 무서워하는 종의 영을 받지 아니하였고 양자의 영을 받았으므로 아바 아버지라 부르짖느니라 ¹⁶성령이 친히 우리 영으로 더불어 우리가 하나님의 자녀인 것을 증거하시나니 ¹⁷자녀이면 또한 후사 곧 하나님의 후사요 그리스도와 함께한 후사니 우리가 그와 함께 영광을 받기 위하여 고난도 함께 받아야 될 것이니라." (롬 8:15-17)

"그 안에서 너희도 진리의 말씀 곧 너희의 구원의 복음을 듣고 그 안에서 또한 믿어 약속의 성령으로 인치심을 받았으니." (엡 1:13)

"저가 또한 우리에게 인치시고 보증으로 성령을 우리 마음에 주셨느니라." (고후 1:22)

"곧 이것을 우리에게 이루게 하시고 보증으로 성령을 우리에게 주신 이는 하나님이시니라." (고후 5:5)

해 돋는 곳으로부터 다른 천사가 올라와 "살아계신 하나님의 인"을 가지고 "우리가 우리 하나님의 종들의 이마에 인치기까지 바다나 땅이나 해치지 말라"고 한 것을 보면, 진노의 날이 이루기 전에 "하나님의 특별한 인침"이 있을 것이라는 것을 예상할 수 있다.

그런데 살아계신 하나님의 인(印)은 회개하고 돌아온 사람 중에서 특별히 하나님의 종으로 택하심을 입은 사람들에게 치시는 인(印)이다. 각 시대에 심판에서 살아남은 종이 되려면, 은혜시대의 종으로서 다시 영원한 복음의 말씀을 깨닫고 무장해야 한다는 뜻이 그 안에 들어 있다.

십사만 사천은 많은 무리들을 바벨성에서 끌어낸 사명자들

문서에 도장을 찍으면, 이제부터 그것의 소유주는 도장 찍은 사람의 것이다. 내가 찍었으면 '내 것'이란 의미이다. 그러므로 하나님의 인을 맞으니, 하나님의 소유가 되었다는 의미이다.

> "나 만군의 여호와가 말하노라 그날에 내가 너를 취하고 너로 인을 삼으리니 이는 내가 너를 택하였음이라 만군의 여호와의 말이니라" (학 2:23)
>
> "너는 나를 인같이 마음에 품고 도장같이 팔에 두라 사랑은 죽음 같이 강하고 투기는 음부같이 잔혹하며 불같이 일어나니 그 기세가 여호와의 불과 같으니라." (아 8:6)
>
> "아버지는 종들에게 이르되 제일 좋은 옷을 내어다가 입히고 손에 가락지를 끼우고 발에 신을 신기라." (눅 15:22)
>
> "만군의 여호와가 이르노라 내가 나의 정한 날에 그들로 나의 특별한 소유를 삼을 것이요 또 사람이 자기를 섬기는 아들을 아낌 같이 내가 그들을 아끼리니…" (말 3:17)

물건을 살 때, 정식 도장이 찍혀 있으면, 이것은 정부가 그 품질을 인정하는 제품이다. 그런 의미에서 하나님의 도장이 찍히면 "내가 이 사람을 인정하고 보증한다."라는 의미가 들어 있는 것이다.

하나님은 이렇게 당신이 보증하고 인정하는 자들을 당신의 '눈동자'로 여기시고, 그런 자를 건드리면 "내 눈동자를 건드렸다! 누가 내 눈을 촉범하느냐?"라고 진노하셨다.

> "예루살렘이 멸망하였고 유다가 엎드러졌음은 그들의 언어와 행위가 여호와를 거스려서 그 영광의 눈을 촉범하였음이라." (사 3:8)

> "만군의 여호와께서 이같이 말씀하시되 너희를 노략한 열국으로 영광을 위하여 나를 보내셨나니 무릇 너희를 범하는 자는 그의 눈동자를 범하는 것이라." (슥 2:8)

하나님은 이들에게 "네가 어디로 가든지 내가 너와 동행하며, 너를 축복하는 자를 내가 축복하고 너를 저주하는 자는 나도 저를 저주하는 축복의 근원"이 되게 하셨다.

> "¹야곱아 너를 창조하신 여호와께서 이제 말씀하시느니라 이스라엘아 너를 조성하신 자가 이제 말씀하시느니라 너는 두려워 말라 내가 너를 구속하였고 내가 너를 지명하여 불렀나니 너는 내 것이라 ²네가 물 가운데로 지날 때에 내가 함께할 것이라 강을 건널 때에 물이 너를 침몰치 못할 것이며 네가 불 가운데로 행할 때에 타지도 아니할 것이요 불꽃이 너를 사르지도 못하리니…" (사 43:1-2)

> "애굽에서 출애굽하여 이스라엘 백성들이 홍해를 걸어갈 수 있었다

는 것은?" 하나님은 이스라엘을 택하시고 "그들은 내 것이라!"라고 하시면서, 물이 그들을 침몰치 못하도록 그들과 함께하셨다. 하나님께서 이스라엘을 택하셔서 그의 백성을 삼으신 이유는 이스라엘을 '장자'로 삼으셔서 전 세계에 복음을 전하려는 뜻을 세우셨기 때문이다.

다니엘의 세 친구들 역시 그들이 불 가운데로 행할 때에 그들의 머리카락이 하나도 타지 않았다. 그러나 그 옆을 지나던 바벨론 군인은 타 죽었다. 이런 내용이 괜히 기록된 것이 아니다.

이들이 다 144,000 안에 들어가는 자들이다. 인침 받은 이들은 물 가운데서도, 불 가운데서도 살아남는 것이 성경 전체에 드러나고 있는 "남은 자 사상"을 보여주는 것이다. 하나님은 항상 심판의 바람이 불기 전에 살아계신 "하나님의 인을 받은 사람"을 선지자로 세우시고, 외치게 하시고, 그를 통해 구원을 얻게 하셨다. 이것이 소위 "너를 영접하는 자는 나를 영접하고 나를 영접하는 자는 하나님을 영접하는 자이니라."고 하신 '너희 과(科)'의 맥(脈)이다.

노아의 "홍수 대심판 때" 하늘의 창문이 열리고, 땅의 샘의 문이 열려 위로 아래로 물들이 내리고 북받치고 했을 때, 어떤 사람들이 살아남았는가? 노아는 하나님께서 보증한 사람이다. 하나님은 "그는 완전한 자"라고 인친 사람이었다. 그러므로 노아는 그 시대 심판의 바람이 불기 전에 먼저 택함을 입고 심판이 있을 것을 외친 유일한 사람이었다.

하나님은 그를 통해서 심판의 사실을 외치게 하셨을 뿐만 아니라, 심판에서 살아남을 수 있는 그 시대 **"밀실 방주"**를 만들게 하셨다. 방주는 그 시대의 피난처요, 밀실이요, 그 시대의 안전지대요, 첫대 교회 시온산이었다. 그리고 이 방주에 들어가는 자는 다 살아남을 수 있도록 방주를 짓게 하셨고, 노아는 그 시대에 온전하게 거할 장막을 세운 자이다.

성경은 주님의 재림 직전에 나타날 시대적 적그리스도가 있고, 그때마다 "그 적그리스도를 알리는 '하나님의 인'을 받은 자들"을 백성들에게 붙여주셨다. 그리고 시대적인 "하나님의 인을 받은 자"의 말씀에 귀를 기울이는 자는 다 살아났다. 이것이 하나님 나라의 지도자 원리에 해당되는 주제이다.

> "아이들아 이것이 마지막 때라 적그리스도가 이르겠다 함을 너희가 들은 것과 같이 지금도 많은 적그리스도가 일어났으니 이러므로 우리가 마지막 때인 줄 아노라." (요일 2:18)

적그리스도가 나타났음을 알리는 참 종이 있기 때문에, 계시록 1장 3절에 "읽는 자와 듣는 자들과 그 가운데 지키는 자들"이 축복을 받는 것이다. 계시록 13장에 "7머리 10뿔 가진 짐승"은 종말에 나타날 적그리스도가 아니라, 이미 구약시대 때부터 육적 이스라엘과 영적 이스라엘을 계속해서 사단의 조종을 받으며 헤치려는 적그리스도임을 제시하신 것이다.

만약 종말에 나타날 적그리스도라면 7머리 가운데 마지막 7째 머리임이 강조되었을 것이다. 그런 이유로 7머리 10뿔 가진 짐승으로 제시하신 것은 적그리스도들의 마지막 타자 7째가 나타났음을 알려주신 것이다. 이 7머리는 사단의 조종을 받아 하나님의 장자들을 치려고 나온 시대적 세상의 군왕들이다.

세상에서 생각하는 머리와 하늘에서 생각하는 머리의 개념이 이렇게 다른 것이다. 그러나 세상에서의 최고의 군왕인들 누가 144,000을 당할 수 있으리오! 성경적 "머리의 개념"을 잘 알아야 하는 이유가 바로 여기에 있다.

구약시대 하나님의 백성들을 대적한 적그리스도

구약시대 이스라엘을 침략한 나라들이 있었다. 그 시작이 '애굽'이요, 그다음 '앗수르'요, '바벨'론은 그 시대 아주 강한 나라였다. 그다음에 '메대 바사', '헬라,' '로마'… 이제 장래 마지막으로 한 '머리'가 남았다. 이 마지막 '한 머리'가 이제 우리 시대에, 아니면 이후에 나타날 마지막 '적그리스도'이기 때문에, "가장 사악한 자가 등장"할 것이다.

그러나 환란의 바람이 불기 전에, 하나님은 '참 선지자들'과 '두 증인'을 세우셔서 하나님 나라에 장래 일어날 일을 미리 다 예언하게 하실 것이다. 에스겔 1장과 2장에서 두루마리 책을 먹고 다시 예언하는 것과 계시록 10장에서 두루마리 책을 먹고 다시 예언하라는 명을 받은 것은 구약, 신약의 다 같은 맥이다.

> "⁷주 여호와께서는 자기의 비밀을 그 종 선지자들에게 보이지 아니하시고는 결코 행하심이 없으시리라 ⁸사자가 부르짖은즉 누가 두려워하지 아니하겠느냐 주 여호와께서 말씀하신즉 누가 예언하지 아니하겠느냐." (암 3:7-8)

성경 전체는 '선지자', 즉 "하나님의 비밀을 맡은 자들"을 통해서 하나님 나라의 장래가 반드시 미리 밝혀지게 하셨고, 그 심판의 내용이 하나님으로부터 받았으니, 믿는 자들은 다 건질 수 있도록 하나님께서 보호하여 주시는 것이다.

성경적 맥으로 볼 때 '노아'는 선지자라는 말이 없어도 그 시대의 선지자였다. 아브라함은 열국의 애비였지만, 하나님께서 그가 그 시대의 '선지자'임을 친히 밝혀주셨다. 다윗은 구약성경에 '선지자'란 칭호가 없었지만, '누가'가 사도행전 2장에 성령의 인도하심에 따라 "다윗이 선지자"란 사실을 증거하였다. 할렐루야! 주님을 찬양!

"²⁹형제들아 내가 조상 다윗에 대하여 담대히 말할 수 있노니 다윗이 죽어 장사되어 그 묘가 오늘까지 우리 중에 있도다 ³⁰그는 선지자라 하나님이 이미 맹세하사 그 자손 중에서 한 사람을 그 위에 앉게 하리라 하심을 알고…" (행 2:29-30)

'장자 주제'에서 "깊이 생각하라!" 하신 내용이 바로 '장막'이다.

장막에서 산 자는 장자가 될 자질이 있는 사람이다. '야곱'은 자그마치 15년 동안 아비 이삭과 할아버지 아브라함과 함께 장막에 거했다. 그러나 이스마엘은 사냥꾼이 되어 들사람이 되어버렸다. 야곱이 장자를 사모했던 이유가 바로 장막 안에 믿음의 조상이신 아브라함 할아버지와 아비 이삭과 함께 15년을 같이 살았기 때문이다.

그 시대 노아의 선포에 귀를 기울인 노아의 가족들은 다 방주 속에 들어가 물 심판에서 살아남았다. 하나님의 보호하심과 인도하심을 받은 자가 되었다는 것이다. 노아는 십사만 사천 '구원자'에 해당하는 사람이었다. 그러나 물 심판에서 살아남았지만, 다시 천인공노할 죄를 지어 저주받은 "함과 노아의 아내" 즉 "어미와 함"이 낳은 '가나안'은 천년왕국 이후에 다시 한번 사단의 유혹을 받은 사람들을 처단하신 것과 같은 맥이다.

"¹⁸방주에서 나온 노아의 아들들은 셈과 함과 야벳이며 함은 가나안의 아비라 ¹⁹노아의 이 세 아들로 좇아 백성이 온 땅에 퍼지니라 ²⁰노아가 농업을 시작하여 포도 나무를 심었더니 ²¹포도주를 마시고 취하여 그 장막 안에서 벌거벗은지라 ²²가나안의 아비 함이 그 아비의 하체를 보고 밖으로 나가서 두 형제에게 고하매 ²³셈과 야벳이 옷을 취하여 자기들의 어깨에 메고 뒷걸음쳐 들어가서 아비의 하체에 덮었으며 그들이 얼굴을 돌이키고 그 아비의 하체를 보지 아니하였더라 ²⁴노아가 술이 깨어 그 작은 아들이 자기에게 행한 일을 알고 ²⁵이에 가로되 가나안은 저주를 받아 그 형제의 종들의 종이 되기를 원하노라 ²⁶또 가로되 셈의 하나님 여호와를 찬송하리로다 <u>가나안은 셈의 종이 되고</u> ²⁷하나님이 야벳을 창대케하사 셈의 장막에 거하게 하시고 <u>가나안은 그의 종이 되게 하시기를 원하노라</u> 하였더라." (창 9:18-27)

어린양과 함께 시온산에 선 144,000의 특징

① 144,000은 어린양과 함께 시온산에 선 사람들이다.

시온은 하나님께서 그 이름을 두시고 하나님이 거하시는 곳으로 제시하셨으며, 촛대 교회와 그 맥을 같이한다.

② 144,000의 이마에 하나님의 이름과 어린 양의 이름이 쓰여 있었다.

하나님의 이름과 어린양의 이름을 받았다는 것은, 구약과 신약 모두에 해당하는 사람들이라는 의미이다.

③ 이들의 소리가 하늘에서 나는데, 많은 물소리, 뇌성, 거문고 소리와 같았다(계 14:2).

성경에서 물소리, 뇌성, 거문고의 의미는 무엇인가? 이 물음에 대한 답을 찾으면 된다. 그것을 찾으면, 144,000의 입에서 나오는 소리의 내용이 드러나리라.

④ 이 144,000만이 새 노래를 배우고 부른다는 사실

"땅에서 구속함을 받은 144,000밖에는 능히 이 새 노래를 배울 자가 없더라." (계 14:3)

이 '새 노래'는 배우기도 어렵지만, 부르기도 어렵다는 것이다. 그러므로 이 '새 노래'를 부르는 사람들을 찾으면, 그것이 구약의 육적 이스라엘들만 불렀는지, 아담 때부터 불렀는지, 종말에 종들만 이 새 노래를 부를 것인지가 다 드러날 것이다.

그런데 '새 노래'는 이미 구약에서부터 제시되었다. 하나님은 에녹에게도 종말을 보여주셔서 증거하게 하셨으며, 구약의 참 선지자들도 새 노래를 불렀다.

> "새 노래 곧 우리 하나님께 올릴 찬송을 내 입에 두셨으니 많은 사람이 보고 두려워하여 여호와를 의지하리로다." (시 40:3)

> "새 노래로 여호와께 노래하라 온 땅이여 여호와께 노래할지어다." (시 96:1)

> "할렐루야 새 노래로 여호와께 노래하며 성도의 회중에서 찬양할지어다." (시 149:1)

> "항해하는 자와 바다 가운데 만물과 섬들과 그 거민들아 여호와께 새 노래로 노래하며 땅끝에서부터 찬송하라." (사 42:10)

⑤ 144,000은 여자로 더불어 더럽히지 않고 정절을 지키는 자들(계 14:4)

정절을 지킨 자는 성경 전체에 제시되었는데, 요셉은 보디발의 아내가 그렇게 유혹해도 넘어가지 않았다. 왜 그 이야기가 증거되었는가? 다 뜻이 있기 때문이다

⑥ 어린 양이 어디로 인도하든지 따라가는 자들(계 14:4)

어린 양은 우리 주님을 가리키며, 때가 되매 육신을 입고 이 땅에 오신 것은 2천여 년이나 되었지만, 주님은 창세 이전부터 계셨던 분으로

이미 창세기 3장에서부터 출현하셨다.

⑦ 사람 가운데서 구속받아 처음 익은 열매요(4절)

⑧ 하나님과 어린 양에게 속한 자들(4절)

⑨ 그 입에 거짓말이 없고 흠이 없는 자들(5절)이라는 사실을 밝혀 준다.

위의 아홉 가지는 144,000을 직접적으로 설명해 주는 핵심 구절이며, 간접적으로 이 144,000에 대해 설명하는 구절이 성경 전체에 여기저기 많이 숨어 있다. 이런 짝 구절을 다 찾아 정리하면, '십사만 사천'의 정체와 장래 천년왕국에서 왕권 성도가 될 실제의 수효인지, 상징의 수인지에 대해서 모든 것을 밝힐 수 있다는 사실을 발견할 수 있었다.

144,000 장자들에 대한 하나님의 구속사

성경의 모든 구절들은 거의 하나님의 구속사, 즉 "십사만 사천 장자들"에 대해 포커스(focus)가 맞추어져 있다. 이 구절들을 통해서 우리는 성경 전체에 망라된 짝을 찾을 수 있다.

창세기 1-11장의 2천 년의 역사는 경건한 씨를 찾는 역사

창세기 11장 말미에 누구에게 집중하게 하였는가? 데라의 아들 아브라함이었다. 그동안 한 사람 한 사람 창세기 11장까지 등장한 사람들은 다 성경 전체에 이 '십사만 사천'을 배출시키기 위해 틀을 만든 사람들이었다. 경건한 자손들은 다 이 믿음의 조상 아브라함의 약속의 씨인 '십사만 사천'의 대열에 들어간 사람들이다.

성경 전체는 한마디로 "장자와 차자"의 싸움 이야기요, 장자가 된 사람들을 중심으로 맥을 이어가고 있었다. 지혜와 계시의 정신을 받으면, 어느 순간 마음의 눈이 떠져서 성경 전체의 맥이 바로 "경건한 씨"에 대한 주제를 다루고 있음을 알게 된다. 그런데 성경에 눈이 열리지 않으면 끝까지 찾아내지 못하는 것이 바로 이 "장자와 차자"의 내용이다.

● 144,000이 어린 양과 함께 시온산에 섰다는 사실(1절)

이들 144,000은 모두 그 시대 시온산 출신들이란 의미인데, "시온산 출신이라니요?"라고 의문이 생기는 분이 많을 것이다. 그들은 모두 처음 들어본 것이기 때문이다.

성경은 산에서 시작하고 산에서 끝난다. 시온은 예루살렘이란 의미와 동일하며, "시온이란 의미"는 '높다, 장성하다'라는 의미로 한마디로 영적 지경이 높다는 뜻이다.

● 성경이 제시한 수많은 산과 산의 영적 의미

성경에 수많은 산의 이름이 등장하고, 하나님의 사람들은 다 이 산과 연결이 되어 있다. 아담은 → 에덴동산, 노아는 → 아라랏산, 아브라함은 → 모리아산, 모세는 → 시내산, 다윗은 → 시온산, 엘리야는 → 갈멜산, 예수님은 → 감람산, 예수님의 열두 사도들이 다 이 감람산에서 주님께 양육 받은 사람들이요, 지금 우리는 영적 시온산에 거하는 중이다. 그런데 우리는 그동안 성경에 제시된 이 산을 각기 개별적인 산으로, 지리적으로 자리 잡은 육적인 산으로 이해해왔다.

그러나 성경은 철저히 영적인 내용을 다루고 있는 책이다. 아담이 거한 에덴이란 뜻은? "기쁘고 즐겁다"란 뜻이요, 노아 시대에서 아라랏

산의 의미는? 방주가 머물던 높은 산이다. **아브라함 시대**의 모리아산은? 한 손에는 불과 또 한 손에는 칼을 들고 올라간 곳으로, "모리아의 뜻"은 "여호와의 산에서 준비되리라!"이다. 무엇이 준비되었는가? 죽을 자리에서 살아 일어나리라! 어떻게? 하나님께서 어린 양을 준비하여 주셨기 때문에!

모세 시대에 제시하신 '시내산'은 기업의 산으로, 모세는 이곳에서 하나님께 "장막의 모형"을 받았고, "백성을 가르칠 수 있도록 인도자 교육"을 받았다. 출애굽기 15장 17절 말씀은 성경 전체를 한 마디로 비유한 말씀이다.

> "주께서 백성을 인도하사 그들을 주의 기업의 산에 심으시리이다 여호와여 이는 주의 처소를 삼으시려고 예비하신 것이라! 주여 이것이 주의 손으로 세우신 성소로소이다." (출 15:17)

다윗은 이 시온산에 하나님의 언약궤를 모셔 두었다. 언약궤가 모셔져 있는 산 시온성! 그리고 하나님은 다윗에게 이 모리아산을 돈으로 사게 하셨고, 그 터에 "솔로몬 성전"을 짓게 하셨다.

시온산을 '헬몬산'이라 하는데, 헬몬의 뜻은? '바치다'이다. 하나님은 어린양이 바쳐진 이곳을 기억하셔서 이곳에 성전을 짓게 하셨다.

예언서에서 제시하신 산에 대한 말씀

구약의 예언서는 보고(寶庫) 중의 보고이다. '산'이 무엇인가? 구약에 높은 산이 나오고, 작은 산이 나오고, 큰 산이 나오면서, 이제 '큰 산'과 '작은 산'이 "높은 산인 영적 시온산" 앞에서 다 무너질 것이 예고되었다.

"큰 산아 네가 무엇이냐 네가 스룹바벨 앞에서 평지가 되리라 그가 머릿돌을 내어놓을 때에 무리가 외치기를 은총, 은총이 그에게 있을지어다 하리라 하셨고…" (슥 4:7)

선지자들이 노래한 산(山)

● 이사야는 기름진 산의 포도원을 노래하였고(사 5:1), 이제 만군의 여호와께서 이 산에서 만민을 위하여 기름진 것과 오래 저장하였던 포도주로 연회를 베푸실 것을 예고하였다(사 25:6).

● 요엘은 단포도주를 뚝뚝 흘려주는 산을 보여주고, 이 산을 찾으라 하였다(욜 3:18)

● 예수님은 감람산에 거하시면서 이곳에서 밤이 맞도록 기도하시고, 새벽에 또 이 산에 올라가셔서 기도하시고, 당신의 제자들을 다 이곳에서 양육시키셨다.

그리고 종말장에서 "멸망의 가증한 것이 거룩한 곳에 선 것을 보거든 너희는 산으로 도망하라"라고 하시면서, 우리가 "도망하여야 할 산"이 있다는 사실을 제시하셨다. 어떤 산일까? 바로 시온산이다.

● 소돔과 고모라 성을 심판하실 때, 롯의 가족들을 이끌어낸 천사가 롯에게 "도망하여 생명을 보존하라 돌아보거나 들에 머무르거나 하지 말고 '산'으로 도망하여 멸망함을 면하라"고 경고하였지만, 롯은 지체하면서 산으로 도망하지 않다가 나중에 소알성으로 피신했다. 롯은 아주 답답한 사람으로 일러주어도 제대로 가지 못한 사람이다.

그런 이유로 그곳에서 두 딸과 '암몬', '모압'이란 족속을 낳았는데, 이들 두 족속은 늘 이스라엘을 괴롭혔던 족속들이다. 씨앗이 나빴다, 밭이 나빴다 하는 것은 열매를 보면 그 밭과 씨를 알게 된다.

만약 경고한 대로 지시한 '산'으로 도망하였다면, 철장 권세 가진 아들들을 낳았을 것이다. 성경 전체가 어떤 이야기 속에서도 우리에게 영성을 얻게 해준다.

● 계시록에서 밝혀주신 산의 영적 의미

성경에서 제시하는 산은 무엇을 말하는가? 계시록에서 비로소 산의 정체를 밝혀주셨다. 산이 무엇인가? 산의 영적 의미는 '왕'이요 '머리'라 하셨다. 그리고 '머리'의 의미는 '장로' 즉 '존귀한 자'라 말씀해 주셨다.

산은 흙이 많이 모여 쌓인 곳이요, 나무와 풀이 많이 자라고 각종 짐승들이 많이 있는 곳이 바로 산이다. 성경에서 흙은 인간과 짐승의 근본 재료요, 사람이 짐승과 다른 점은 흙에 + 생기가 들어있다는 사실이다.

그런 의미에서 생기가 들어 있지 않은 인간을 성경은 '짐승'으로 칭하셨다. 성경은 때론 하나님의 사람을 ⇨ 나무로 비유하여서 좋은 나무는 좋은 열매 맺는 나무라 하셨는데, 하나님의 택하신 이스라엘은 나무도 되지 못해서 풀이라 칭하실 때도 있었다.

> "대저 만군의 여호와의 포도원은 이스라엘 족속이요 그의 기뻐하시는 나무는 유다 사람이라." (사 5:7)

> "⁶말하는 자의 소리여 가로되 외치라 대답하되 내가 무엇이라 외치리이까 가로되 모든 육체는 풀이요 그 모든 아름다움은 들의 꽃 같으니 ⁷풀은 마르고 꽃은 시듦은 여호와의 기운이 그 위에 붊이라 이 백성은 실로 풀이로다." (사 40:6-7)

창세기 1장에서 짐승의 먹이로 제시되었던 것이 ⇨ 풀이다. 그 결과 하나님께 불순종하고 늘 우상을 섬기는 이스라엘은 "영적 풀"이 되어 늘 이방 짐승의 먹이가 되었다.

이제 이 시대 하나님의 백성도 열매 맺는 나무가 되기는커녕 '풀차원'에 머물러 계시록 13장에서 땅에서 올라오는 짐승과 바다에서 올라오는 짐승에 의해서 먹이가 될 것이 예고되어 있다. 아무리 외쳐도 듣지 않으니, 하나님께서 짐승의 먹이가 되게 하신 것이다. 이 말씀은 2천 년 전에 예고되었음에도 불구하고, 듣지 않아 반드시 이 일이 성취되고야 말 것을 경고하셨다.

산(山)은 영적 의미를 가지고 있기 때문에, 성경에서 제시하신 산은 교회요, 산은 머리요, 왕이요, 장로요, 존귀한 자라 제시해 주셨다. 이 산에서 잘만 준비되면 하나님의 손에 의해 양육 받아 "하나님 나라 장자"가 되는 것이다.

"주께서 백성을 인도하사 그들을 주의 기업의 산에 심으시리이다 여호와여 이는 주의 처소를 삼으시려고 예비하신 것이라 주여 이것이 주의 손으로 세우신 성소로소이다." (출 15:17)

하나님은 여러 산의 이름을 통해서 하나님 나라 비밀에 붙여진 그 산에서 어떤 일들을 하는가에 대해 제시하여 주셨다. 이 산에 대해 알면, 이들 144,000이 종말에 배출될 종이 아니라, 전 시대 하나님 나라를 위해서 자기 생명을 다해 헌신하고 충성된 하나님 나라의 종들임을 깨닫게 된다.

제7부

탐하던 과실이 사라진 바벨론

"바벨론아! 네 영혼의 탐하던 과실이 네게서 떠났으며
맛있는 것들과 빛난 것들이 다 없어졌으니
사람들이 결코 이것들을 다시 보지 못하리로다."

(계 18:14)

1. 큰 음녀의 모습과 정체

음녀라는 말을 하기가 조금 썰렁하지만, '음녀'라는 주제는 촛대 교회 단 위에서만 외칠 수 있는 주제 중의 주제이다. 성경은 지팡이 같은 갈대를 가진 '촛대 교회'만이 계시록 13장에 제시된 "바다에서 올라온 짐승 일곱 머리 열 뿔 가진 짐승"인 적그리스도와 "땅에서 올라온 짐승인 거짓 선지자들"의 정체를 분명히 밝힐 수 있다고 한다. 왜냐하면 촛대 교회는 '다림줄 말씀'이 있기 때문이다.

> "내게 이르시되 아모스야 네가 무엇을 보느냐 내가 대답하되 '다림줄'을 내 백성 이스라엘 가운데 베풀고 다시는 용서치 아니하리니." (암 7:8)
>
> "작은 일의 날이라고 멸시하는 자가 누구냐 이 일곱은 온 세상에 두루 행하는 여호와의 눈이라 '다림줄'이 스룹바벨의 손에 있음을 보고 기뻐하리라." (슥 4:10)

'큰 음녀'에 대한 주제 내용은 촛대 교회에서 온 세계의 성도들에게 나팔 불어 이 "요주의 인물들"을 드러내어 알려야 할 것을 사도 요한은 예고 및 경고하였다.

계시록이 제시하는 4대 비밀

첫째는 일곱 촛대의 비밀이요,
둘째는 일곱 별의 비밀이요,
셋째는 "일곱 머리 열 뿔 가진 짐승"의 비밀이요,
넷째는 '음녀'의 비밀이다.

장래 이 세상에 존재하는 '촛대 교회'에서 온 세계의 성도들에게 이 '요주의 인물들'을 드러내어 알릴 것이 예고되어 있다.

> "¹크게 외치라 아끼지 말라 네 목소리를 나팔같이 날려 내 백성에게 허물을 야곱 집에 그 죄를 고하라 ²그들이 날마다 나를 찾아 나의 길 알기를 즐거워함이 마치 의를 행하여 그 하나님의 규례를 폐하지 아니하는 나라 같아서 의로운 판단을 내게 구하며 하나님과 가까이하기를 즐거워하며…" (사 58:1-2)

그런데 세상과 대다수의 교회는 "지팡이 같은 갈대" 즉 "계시의 말씀"을 몰라 이에 대해 선포하지 않은 교회가 대다수이다. 그러므로 이 '음녀'와 '적그리스도'의 정체를 몰라 더욱 화평을 가장하고 양의 탈을 쓴 이 이리들을 분별하지 못하니, 오히려 대다수가 이들을 따르고 경배하며 결국은 유혹당해 죽임을 당할 것을 사도 요한이 경고하였다.
그런 의미에서 이 '음녀'는 성령이 함께하는 교회 중 촛대 교회들에게만 말씀해 주시는 계시록의 4대 비밀 중의 하나이다. 그런데 성경을 '자기식'으로 해석하는 것이 바로 인본주의(人本主義)인데, 이것을 타락한 이성이라고도 말한다. 인간의 이성은 좋은 것인데, 하나님이 인정하시는 이성의 수준이어야지, 자신의 인간적인 이성은 하나님이 생각하시는 이성의 반대가 될 수도 있다.

어렸을 적에 할머니가 말씀하셨던 '음녀'는 한 세상 사는 동안 술과 애정으로 한 남자를 망하게 하는 여인으로 생각했다. 그러나 성경에서 제시되는 이 '음녀'는 세상의 음녀를 비유하는 것으로 이 음녀에게 유혹되면, 몸뿐만 아니라 그 영혼마저 영원히 탈탈 털리고, 망하게 한다는 데에 그 심각성이 있다.

그런 의미에서 종말을 사는 성도라면 이 "음녀의 정체"를 올바로 알아야, 그들의 유혹에서 살아남지, 그렇지 않으면 영원한 '불 못'에 들어갈 것이라고 성경은 경고하셨다.

우리가 분명히 알아야 할 것은? 주께서 당신을 진실히 믿고 따르는 '촛대 교회들'을 통해 이 '음녀'에 대해 나팔을 불게 하시고, 이들의 미혹을 이기라고 '인(印) 재앙'을 주셨다! 그러므로 계시록은 '복음서'나 '서신서'처럼 예수님을 모르는 자에게 예수 믿고 영혼 구원받으라고 전하는 메시지가 아니다. 우리가 그동안 등한시하던 '구약의 예언서'나 '계시록'을 이제는 정말 읽고 깨달아야 하는 이유가 바로 여기에 있다.

사도 요한은 계시록 17장과 18장 본문에서 음녀에 대해 몇 가지를 자세히 제시하여 주었다.

- 이 '음녀의 의미'와 "음녀의 현주소"
- 이 음녀가 어떤 옷을 입고 어떤 음행을 저질렀는가?
- 이 음녀가 누구랑 손을 잡고 만행을 저질렀는가?
- 음녀의 비밀은 무엇인가?
- 계시록 18장에서 그렇게 "여황처럼 뽐내던 음녀가 결국 어떻게 최후를 맞는가?"에 대해 자세히 기록하여 주셨다.

그런 의미에서 우리가 구약의 '예언서'를 자세히 읽고 노트할 것을 적어 놓고 계시록과 비교하면, 이 음녀의 정체에 대해서 깨달을 수 있는 길이 열릴 것이다. 성경은 오직 "지팡이 같은 갈대를 가진 자"만이 음녀를 이기고, 음녀의 음행에서 벗어날 수 있다고 증거하셨다. "지팡이 같은 갈대"는 "하나님의 말씀"을 의미한다.

> "¹또 내게 지팡이 같은 갈대를 주며 말하기를 일어나서 하나님의 성전과 제단과 그 안에서 경배하는 자들을 척량하되 ²성전 바깥마당은 척량하지 말고 그냥 두라 이것을 이방인에게 주었은즉 저희가 거룩한 성을 마흔 두달 동안 짓밟으리라." (계 11:1-2)

큰 음녀의 정의

> "또 일곱 대접을 가진 천사 중 하나가 와서 내게 말하여 가로되 이리 오라 많은 물 위에 앉은 큰 음녀가 받을 심판에 대해 네게 보이리라." (계 17:1)

음녀란? 간단히 말해 음행을 행하는 여자란 뜻이다. 이 음녀의 음행과 만행은 이미 심판받기로 작정되어 있다는 사실을 하늘의 천사가 증거하였다. 과연 심판받기로 판결이 난 이 음녀의 불행은 어디서부터 온 것일까? '음행'은 두 가지가 있다.

첫째, 육적 음행

남편 있는 여인이 다른 남자와 관계를 가지면 그것이 음행이요, 남편들의 불륜보다 사회적으로도 남편이 있는 여자의 음행은 더욱 불결한 것으로 사회에서 매장이 되곤 하였다. 사도 바울은 이 '음행'은 이혼의 사유가 된다고 하셨다.

둘째, 영적 음행

우리는 주님의 영적 신부가 될 사람인데, 장래 오실 신랑 예수를 맞이하기 위해 신부수업을 하지 않고, 세상과 간음하거나 주를 멀리하는 모든 것이 다 음행인 것이다. 그런데 이 음녀는 그냥 '음녀'가 아니라 "많은 물 위에 앉은 큰 음녀"라 칭하였다.

"많은 물 위에 앉은 큰 음녀!" 이 음녀는 이미 주를 떠난, 그러나 주와 함께하는 듯 거짓의 옷을 입고 음행을 즐기니, 과연 얼마나 존재할 수 있을까? 주를 떠난 자들은 다 주께서 멸한다고 하셨다!

> "주를 멀리하는 자는 망하리니 음녀같이 주를 떠난 자를 주께서 다 멸하셨나이다." (시 73:27)

음녀의 현주소

> "또 천사가 내게 말하되 네가 본 바 음녀의 앉은 물은 백성과 무리와 열국과 방언들이니라." (계 17:15)

음녀의 현주소는 '많은 물 위'로 '물'은 "말씀이나 사상"을 의미한다. 그러므로 이 음녀는 "백성과 온 무리와 열국" 즉 모든 나라에 영향력을 미치는 영적 위치에 앉아 있었다. 겉으로는 종교적인 높은 위치를 갖고 영향력을 행사하지만, 그 실제는 극히 세상적인 생각의 차원을 갖고 있다는 것이다.

그런 의미에서 이제 사단은 장래 교회뿐 아니라, 온 세계를 종교적으로 타락하는 왕국을 만들어갈 것임을 계시록 17장에서 경고하고 있다. 그런데 무엇보다도 사단의 영향 범위가 단순히 기독교만이 아니라 온 세계의 종교에 다 손을 미칠 것임을 사도 요한이 경고의 나팔을 불어 예고하여 주었다.

근래 일어났던 종교적 통합현상이나, 뉴 에이즈 운동, 다원주의는 대표적인 혼합주의의 한 현상이다. 그러므로 '다원주의'가 무엇인지, '종교 통합 운동'이 무엇인지, '뉴 에이즈 운동'이 무엇인지? 이제 이러한 것들을 알되 제대로 알아야 할 때가 왔다.

큰 음녀의 뜻

> "또 일곱 대접을 가진 일곱 천사 중 하나가 와서 내게 말하여 이르되 이리로 오라 많은 물 위에 앉은 '큰 음녀'가 받을 심판을 네게 보이리라."
> (계 17:1)

> "그의 심판은 참되고 의로운지라 음행으로 땅을 더럽게 한 '큰 음녀'를 심판하사 자기 종들의 피를 그 음녀의 손에 갚으셨도다 하고…" (계 19:2)

큰 음녀는 땅의 임금들을 다스리는 큰 성 즉 바벨론을 의미한다. 바벨론이 세상 사람들 위에 앉아 그들을 지배하고 있다는 것을 말한다. 바벨론이란? 하나님을 대적하는 풍조와 비윤리적 사조를 조장하는 각 시대의 영향력 있는 도시들과 세속 문명의 총체로 이해되어야 한다.

다시 말해서 '큰 음녀'는 "음녀들의 가증한 것들의 어미"로, 모든 종교가 통합된 아주 큰 단체를 말한다. 이 '큰 음녀'는 "땅의 임금들"을 다스리는 큰 성으로 '음녀'라 하니까 여자로 생각하는데, 의미적으로는 주의 신부인 교회이지만, 세상과 타협하는 이 음녀를 "큰 성 바벨론"이라 요한이 칭하였다.

왜냐하면 '바벨'이란 단어는 '혼잡하다'란 뜻이 있기 때문에, 여기가 바로 귀신의 처소요, 더러운 영들이 모이는 곳이요, 이런 곳에서 세계를 휘두르니 반드시 하나님의 심판을 받을 것을 경고하고 또 경고했던 것이다.

음녀의 음행의 대상과 그 비밀

"땅의 임금들도 그와 더불어 음행하였고 땅에 거하는 자들도 그 음행의 포도주에 취하였다." (계 17:2)

이런 현상이 일어나는 것은 이제 종말이 가까이 다가오고 있기 때문이다. 음녀가 음행한 대상은 두 부류로 **첫째**, 땅의 임금들과 **둘째**, 땅에 거하는 자들이다.

그런데 특별히 영적으로 볼 때, 땅의 임금이란? "하늘에서 떨어진 별"인 목자를 가리킨다. 이렇게 '큰 음녀'와 음행하는 교회의 목자는 틀림없이 하늘에서 떨어진 별로, "셋째 나팔을 부니 '큰 별'이 하늘에서 떨어져 강들과 물 샘에 떨어지니 이 별의 이름은 쑥이라 물들의 3분의 1이 쓴 쑥이 되매 그 물을 먹고 많은 사람들이 죽더라."(계 8:10-11)

별의 현주소는 어디가 되어야 할까? 하늘이어야 한다. 그런데 하늘에서 별이 떨어지니, 이 별은 더 이상 하늘의 별이 아님에도 불구하고, 자칭 "큰 별"인 줄 알고, 성도 역시 자기 목자가 하늘에 떠 있는 '큰 별'인 줄 안다는 것이다.

이 별이 땅에 떨어진 이유는 무엇이겠는가? 말씀 조금에 + 세상 것 넣어 섞어 먹였다는 것, 그러므로 '하나님의 양들'을 영적으로 죽이니 이 별의 이름이 '쑥'이 된 것이다! 성경은 '이 별'이 토해내는 물을 "쑥물이라." 하였다. 그런데 실제로 양이 쑥을 먹으면 토하고 병이 난다 하니, 이런 외식하는 목자에게서 양식을 얻어먹으면 영적으로 죽는다는 사실을 비유와 실제로 제시하셨던 것이다.

그런 연유로 '쑥'을 먹여 영적으로 죽이는 '목자'를 하늘에서 떨어진 '땅별'이라 칭하고, 성도를 죽이는 '쑥물'을 먹이는 교회를 가리켜 성경은 '음녀'라 칭하였다. 참 유감스럽게도 이런 내용이 장래 교계에 일어날 일이라 하시니, 우리가 얼마나 장래를 위해 기도해야 할지!

'음녀'란? 세상과 벗한다. 그래서 음녀 교회라 칭하였다. 그런데 성도는 "하늘에 거하는 자들"이어야 하는데, 땅에 거하니 이들은 육신적인 차원이라 말할 수 있다. 그저 교회에 나와서도 "육신의 정욕"과 "안목의 정욕"과 "이생의 자랑"(요일 2:16)으로 사는 자들이다.

이런 유(類)의 사람들은 하나님 아버지께로 좇아온 것이 아니요, 세상으로부터 좇아온 자들이다. 이런 자들이 다 "음녀의 밥"이 되는데, 이 책임은 본인 자신과 거짓 목자 음녀에게 있다.

음녀가 탄 짐승: 야합의 대상은 영적 짐승들

여자가 붉은빛 짐승을 탔는데, 그 짐승의 모습은 붉은색에 "몸에 참람된 이름들"이 가득한 바다에서 올라올 장래의 적그리스도이다.

> "³곧 성령으로 나를 데리고 광야로 가니라 내가 보니 여자가 붉은빛 짐승을 탔는데 그 짐승의 몸에 참람 된 이름들이 가득하고 일곱 머리와 열 뿔이 있으며 ⁴그 여자는 자주 빛과 붉은빛 옷을 입고 금과 보석과 진주로 꾸미고 손에 금잔을 가졌는데 가증한 물건과 그의 음행의 더러운 것들이 가득하더라 ⁵그 이마에 이름이 기록되었으니 비밀이라, 큰 바벨론이라, 땅의 음녀들과 가증한 것들의 어미라 하였더라." (계 17:3-5)

> "⁸네가 본 짐승은 전에 있었다가 시방 없으나 장차 무저갱으로부터 올라와 멸망으로 들어갈 자니 땅에 거하는 자들로서 창세 이후로 생명책에 녹명되지 못한 자들이 이전에 있었다가 시방 없으나 장차 나올 짐승을 보고 기이히

여기리라 [9]지혜 있는 뜻이 여기 있으니 그 일곱 머리는 여자가 앉은 일곱 산이요 [10]또 일곱 왕이라 다섯은 망하였고 하나는 있고 다른 이는 아직 이르지 아니하였으나 이르면 반드시 잠간동안 계속하리라 [11]전에 있었다가 시방 없어진 짐승은 여덟째 왕이니 일곱 중에 속한 자라 저가 멸망으로 들어가리라." (계 17:8-11)

이 짐승은 바로 다니엘이 증거했던 그 '넷째 짐승'과 같이 대다수의 신학자는 이 짐승이 장차 나타나서 온 세계를 통일왕국으로 이룰 '적그리스도'로 해석한다. 또한 "참람한 이름이 가득하다."라는 것은?

첫째: 그동안 시대적 적그리스도에 이어서 가장 악독하고 가장 패악할 마지막 적그리스도가 나올 것을 암시하였고,

둘째: 장래 나타날 적그리스도는 무신론자로 힘을 공경하는 자요,

셋째: 하나님의 이름을 망령되이 일컬을 자로 예고되어 있다.

음녀가 입은 복장과 사치한 모습

"그 여자는 자주빛과 붉은빛 옷을 입고 금과 보석과 진주로 꾸미고 손에 금잔을 가졌는데 가증한 물건과 그의 음행의 더러운 것들이 가득하더라." (계 17:4)

자줏빛과 붉은빛은 대다수 사치하고도 호화로운 왕의 복장으로 사용되고 있다. 그러므로 이 '큰 음녀'는 세상적인 사치의 마력으로 "금은보석"과 '진주'로 꾸미고 장래 나타날 것이다. 다시 말해서 이 '음녀'는 하나님의 말씀을 듣고, 종교적인 치장을 하여 마치 선지자처럼 예언도 하고, 세상 사람들의 마음을 녹이고도 남을 감언이설로 거듭나지 않은 자들에게 환영을 받을 것이다.

음녀의 복장과 어린양 신부의 옷 비교

어린양의 신부의 옷은 세마포 옷이다. 이 '세마포'는 "성도들의 옳은 행실"이라 가르쳐주셨다. 이는 믿음의 결과 행함에서 나타나는 신앙으로, 입으로 하는 신앙이 아니라 행함이 따르는 실제가 있는 사람을 말한다.

그런데 이 세상에 오신 주님은 왕의 대접을 받지 못하셨고, 그의 제자들 역시 섬김을 받지 못하였다. 그런 연유로 하나님께서 천년왕국을 장차 예비해 주시는 것은 천년왕국에서 '왕 노릇' 하라고 주신 것이다. 그러므로 이 땅에서 왕 노릇을 하고 왕 대접받는 자들은 다 가짜요, 재림의 주님께 받을 상이 없는 자들이요, 결국은 불 못에 들어갈 자들이다.

우리는 이 세상에 오신 예수님이 얼마큼 핍박을 받으시고, 거기에 더하여 조롱 받으시고 멸시를 받으셨는가를 성경을 통해 기억해야 한다. 그런 의미에서 이 세상에서 환영받고 추앙받으면 그것은 가짜요, 이것이 성경의 정론이다. 왜냐하면 이 세상 공중 권세는 마귀 사단이 쥐고 있기 때문이다.

> "그 눈을 뜨게 하여 어두움에서 빛으로 사단의 권세에서 하나님께로 돌아가게 하고 죄 사함과 나를 믿어 거룩케 된 무리 가운데서 기업을 얻게 하리라 하더이다." (행 26:18)

금잔은? 귀한 직분을 말하며, 우리는 우리 주님의 말씀의 잔이 되어 드려야 할 사람들이다. 그런데 "큰 성 바벨론"은 금잔을 가졌으나, 가증한 물건과 그의 음행의 더러운 것들만 그 속에 가득하였다는 것이다.

이는 '음녀'의 영적 상태를 제시해 주시는 말씀으로, '음녀'는 하나님의 뜻과는 관계없이, 어떻게 그분의 뜻을 온전히 이루어야 하는가 하는 것과는 전혀 상관없는 프로그램을 갖고 있다. 이 땅에 세우신 교회가 마지막에 어떤 일을 해야 하겠는가? 결국 음녀는 연륜과 역사와 세상에서의 인지도 등과 같은 것들만이 가득한, 겉모습만 그럴듯한 교회와 종교적인 단체를 가리킨다.

음녀의 비밀과 악행

"그 이마에 이름이 기록되었으니 비밀이라, 큰 바벨론이라, 땅의 음녀들과 가증한 것들의 어미라 하였더라." (계 17:5)

계시록 14장에 "십사만 사천의 이마에 하나님의 이름과 어린양의 이름"이 기록되어 있듯이, 이 "음녀의 이마"에는 어떤 내용이 기록되어 있을까? "그 이마에 이름이 기록되었으니 비밀이라, 큰 바벨론이라, 땅의 음녀들과 가증한 것들의 어미라 하였더라!"

그런데 사도 요한은 음녀의 비밀을 '큰 성 바벨론'으로 해석하였다. 이 큰 성 바벨론을 다른 말로 표현하면 ⇨ "땅의 음녀들과 가증한 것들의 어미라!" 하였다. 이제 장래는 이 "큰 음녀의 정체"가 점점 더 드러날 것이다. 누가 이런 정세를 파악할 수 있겠는가? 과거 바벨탑을 쌓던 시대에 '바벨'은 "혼잡하게 하다"란 뜻으로, 거기에서 언어가 혼잡하게 되었고, 거기에서 바벨탑이 나왔는데, 바벨탑 문화는 오늘날 세상의 문화를 말한다. 그런데 세상과 구별되어야 할 교회가 세상 문화로 가득 찼으니, 진리와 비진리, 선과 악이 혼합하여 함께 하였다는 것이다.

그런 의미에서 이들을 가리켜 "땅의 음녀들의 어미"라고 사도 요한이 칭한 것이다. 이런 유(類)의 모든 교회들이 소속하고 있는 총 교단이 바로 "큰 성 바벨론"으로, 세계적으로 모든 교회를 일원화하여 큰 성 바벨론이라 불릴 것이다.

> "바벨론은 여호와의 수중의 온 세계로 취케 하는 금잔이라 열방이 그 포도주를 마시고 인하여 미쳤도다." (렘 51:7)

이 '큰 음녀'는 장래 혼합주의에 속한 모든 종교와 야합하여, 적그리스도의 종교로 변해갈 이 땅 위의 교권을 의미하였다. 그러므로 아주 거대한 나라처럼 세상에서 큰소리치고 화려하게 존재할 것이다.

이 큰 성 바벨론 큰 음녀 집단은?

첫째: 하나님을 대항하고, 모든 교회를 감언이설로 짓밟아 이곳이 바로 모든 무신론과 배교사상의 발원지가 될 것이며,

둘째: 귀신의 처소요, 각종 더러운 귀신의 영이 모이는 곳으로 전락할 것으로 예고되어 있다. 그런 면에서 이런 내용을 미리 알고 있다면? 모르는 사람과 어떤 차이가 있겠는가!

필자가 이 분야에 대해 "계시록에 대한 내용"의 나팔을 불어왔던 것은? 하나님께서 장래 될 일의 내용을 "하나님의 친 백성들"에게 미리 알려 주시고, 이런 내용을 "크게 나팔을 불어 알리라" 하셨기 때문이다.

> "크게 외치라 아끼지 말라 네 목소리를 나팔같이 날려 내 백성에게 허물을, 야곱 집에 그 죄를 고하라." (사 58:1)

음녀의 악행

"또 내가 보매 이 여자가 성도들의 피와 예수의 증인들의 피에 취한지라 내가 그 여자를 보고 기이히 여기고 크게 기이히 여기니…"(계 17:6)

이 음녀의 기행은 무엇으로 나타날 것인가? 결국 이 음녀는 순교자의 피에 젖어 있을 것이 예고되었다는 사실이다. "땅의 임금들과 땅에 거하는 자들"과 함께 ⇨ "성도들과 두 증인들"을 죽여 그 피에 취한 상태라고 하니, 얼마나 많이 죽였으면 피에 취하였다고 사도 요한이 기록했을까?

그 결과, 이들 음녀가 받을 심판이 다음과 같이 작정되어 있다. 하나님께서 보내신 '두 증인들과 두 선지자들'이 얼마나 처참하게 죽임을 당했는지? 두 증인들을 죽이고도 길거리에 그냥 내버려 두었다는 것이다. 얼마나 무식하고 패륜적인가!

"⁵만일 누구든지 저희를 해하고자 한즉 저희 입에서 불이 나서 그 원수를 소멸할찌니 누구든지 해하려 하면 반드시 이와같이 죽임을 당하리라 ⁶저희가 권세를 가지고 하늘을 닫아 그 예언을 하는 날 동안 비오지 못하게 하고 또 권세를 가지고 물을 변하여 피되게 하고 아무 때든지 원하는 대로 여러 가지 재앙으로 땅을 치리로다 ⁷저희가 그 증거를 마칠 때에 무저갱으로부터 올라오는 짐승이 저희로 더불어 전쟁을 일으켜 저희를 이기고 저희를 죽일 터인즉 ⁸저희 시체가 큰 성 길에 있으리니 그 성은 영적으로 하면 소돔이라고도 하고 애굽이라고도 하니 곧 저희 주께서 십자가에 못 박히신 곳이니라 ⁹백성들과 족속과 방언과 나라 중에서 사람들이 그 시체를 사흘 반 동안을 목도하며 무덤에 장사하지 못하게 하리로다 ¹⁰이 두 선지자가 땅에 거하는 자들을 괴롭게 한고로 땅에 거하는 자들이 저희의 죽음을 즐거워하고 기뻐하여 서로 예물을 보내리라 하더라." (계 11:5-10)

하나님께서 이들 '두 선지자', '두 감람나무', '두 증인' 이들을 얼마나 귀히 여기시고 구별하여 보호하셨는데, 감히 그들의 몸을 건드린단 말인가? 그들의 몸을 건드리는 것은 마치 "하나님의 눈동자"를 건드리는 것과 같다고 하셨다.

그러나 그런 사실에 무지하여 막 나가며 주님을 마음에 모시지 않는 불쌍한 사람들, 이들은 전능하신 하나님의 공의를 모르는 무지를 마음껏 뽐냈던 것이다. 그런데 장래 이들의 만행의 짓거리는 하늘에 기록되어 있어, 이들이 가야 할 곳은 '불 못'이 될 것이다.

> "천사가 가로되 왜 기이히 여기느냐 내가 여자와 그의 탄 바 일곱 머리와 열 뿔 가진 짐승의 비밀을 네게 이르리라." (계 17:7)

성경은 문화와 문명의 발달로 하나님 자녀들이 하나님을 바로 섬기지 못하게 점점 복잡해져 가는 "이 세상 인간 왕국 전체"를 음녀로 보는 견해로 점점 무게를 싣고 있지 않은가 하는 생각이 들기도 한다.

한마디로 희한한 것은? "과학 문명"이 발달해 가면 갈수록, 세상은 점점 세속화되어 갈 뿐만 아니라, 점점 더 종교적이 되어 "첨단과학의 시대"에 더 많은 우상과 더 많은 가짜 종교들이 판을 칠 것이라는 것이다. 이런 증세가 하늘 아버지를 알지 못하는 자들의 느낌이 아니겠는지!

교황제도의 로마로 보는 견해

필자가 그동안 내려오는 교회 역사를 돌아볼 때, 로마 가톨릭이 가장 많이 바벨론의 종교 사상을 받아들였다고 한다. 또한 가톨릭이

'개신교'를 핍박하여 100만 명 이상의 인명을 죽였을 뿐만 아니라, "위그노 전쟁" 때만 해도 20만 명이 순교했다고 한다. 그뿐 아니라 이런 가혹한 인명 사살을 하는 것을 보고, 50만 명이 망명했다고 한다. 그리고 지금 가톨릭이 붉은빛과 자줏빛 옷을 입고 왕처럼 세상의 왕위에 군림하고 있다는 사실 때문에 가톨릭을 음녀로 보는 견해도 대다수이다.

왜 음녀들이 출현하는가?

종말의 '대환란기'에 교회가 타락하여 정치계와 손을 잡고, 종교 통합운동을 일으켜 "짐승의 정권"과 야합, 오히려 하나님의 교회를 핍박하여 성도들을 죽일 배도한 교회로 보는 견해이다.

필자는 세 번째 배도하여 타락할 교회를 '음녀'로 본다. 왜냐하면 이 음녀 교회는 계시록 12장의 신령한 교회를 예표하는 "해를 입은 여자 = 시온산 촛대 교회"와 정반대 개념을 가졌기 때문이다.

이 큰 성 바벨론 교회는 하나님의 말씀의 포도주에 + 물을 타 = 희석해서 "물 섞인 포도주"로 말씀을 왜곡시키는 교회들을 칭하기 때문이다. 다시 말해서 이들은 하나님의 말씀에 + 누룩을 넣어 ⇨ 유교병의 양식으로 성도를 '회색주의자'로 만들어 버린다는 것이다.

그 결과 어떤 일이 발생하는가? 한 발은 교회, 또 한 발은 세상에, 육신의 정욕과 안목의 정욕과 이생의 자랑(요일 2:16)으로 마음이 가득한 사람들을 상대로 세상과 벗을 삼게 하여 성도를 타락하게 만든다는 견해이다. 그러다가 결정적인 순간에 배도의 물결을 타고 계시록 13장의 짐승인 '적그리스도'가 나타나면, 그 정치권과 야합하여, 자기들이 정통인 양 오히려 하나님의 사람들을 죽이고 결국은 멸망하는 종교집단을 큰 음녀로 해석하였다.

사도 바울은 이런 큰 배도의 움직임이 있은 후에, 우리 주님이 재림하신다고 했으니, 큰 음녀는 재림의 주님의 최대 징조 중의 하나가 아니겠는가? 이 여자 음녀를 '배도한 교회'로 보는 이유는?

① 성경은 여자를 주님의 신부인 교회로 해석해 주시고,

② 이 여자가 음행을 했다고 했으니, 어린양의 인도함을 받는 참교회가 아닌 것은 분명하고,

③ 더욱 많은 물 위에 앉은 큰 음녀라 하니, 온 세계에 영향력이 있는 거대한 집단이며,

④ 이 음녀가 "성도들의 피와 예수의 증인들의 피에 취하였다."라고 하니, 이것은 성도들을 핍박하고 죽이는 행동으로, 사단의 유혹에 빠져 어떤 것이 옳은지 그른지를 분별하지 못하는 그 지경에 이르렀다는 사실을 알게 된다. 이들은 하나님의 말씀을 마음에 심지 않는 자들로 자신도 모르게 사단의 밥이 되고 사단의 손과 발이 된 것이다.

성경의 역사는 창세기에서부터 구약에 이르기까지, 그 후로 신약에 이르기까지, 그리고 장래에는 더 무섭게 "큰 성 바벨론"에서 일어나는 꼴을 보면서 '오호라!' 오죽하면 일곱 대접 재앙이 일어나겠는가를 알 수 있다. 이 일곱 대접 재앙은 이 세상이 더 이상 유지할 수 없는 정도로 대접으로 물을 퍼붓듯이 심판을 하시는 마지막 심판이다.

이런 내용의 결국은? 하나님의 말씀이 없는 종교 지도자들이 얼마나 많은지 모른다. 그런 연유로 '큰 음녀'는 땅의 음녀들의 '어미'라 하였다. 하나님의 백성들이라고 하면서 사단의 노예가 된 교회들이 종교 통합을 외치며 타락의 극치를 이루고 큰 단체를 이루어 그 이름이 '음녀'가 된 것이다.

세 종류의 교단

아담 이후 6천 년의 역사를 뒤돌아보면, 우리는 세 가지 교단을 분별할 수 있다.

첫째는 정통교단이요,
둘째는 전통교단이요,
셋째는 이단 사이비 교단이다.

그런데 늘 "타락한 거짓 목자들"이 스스로 나서서 자신이 속해 있는 곳을 '정통'이라 칭한다는 것이다. 이들은 교권과 전통을 앞세워 하나님께서 보내신 목자들을 도리어 '이단'이라고 핍박하며 희생시켜 온 사실은 기독교의 역사 속에서 경험하여 온 바이다.

성경이 말하는 '정통교단'은 바로 하나님 말씀, 곧 계시를 받은 촛대 교회가 정통교단이요, 전통교단은 역사가 오래되고 교세가 커서 사회적으로 인정받는 교단이지만, 성경은 전통이 깊고 오래되었다고 해서 정통교단으로 절대 칭하지 않는다는 사실이다. 오히려 이런 교회 가 "교권과 전통"을 앞세워 지내오는 동안 변질하게 되면 더욱 부패하여 악의 온상지가 될 수 있기 때문이다.

성경에는 늘 전통 교단이 정통교단을 이단이라고 핍박해 왔다고 해도 과언이 아닐 만큼 성경 역사의 대부분을 차지해 왔다. 구약에도 그 시대 전통교단에 속한 대다수 거짓 선지자들이 계시의 말씀을 받은 하나님의 선지자들인 '정통'을 핍박하여 죽였고, 자기들이 정통이 라고 내세웠다.

"지팡이 같은 갈대 말씀"이 없으면, 선악과를 먹고 이렇게 대다수가 하나님 자리에 앉아 들보 있는 눈으로 남을 판단, 정통을 죽여온 것이 하나님 나라의 역사이다. 이것은 선악과 사건이 끊임없이 이어져 온 결과이다.

신약에도 주님을 죽인 사람들이 바로 자기를 정통이라 했던 그 당시의 유대교 종교 지도자들이 있었다. 유대교는 1500여 년의 전통을 자랑하지만, 내려오는 동안에 변질하여 하나님의 근본 뜻에서 멀리 떠나 형식과 유전(遺傳)만을 중요시하여 주님께서 질책하셨다.

주님께서 그 당시 "독사의 자식들아!"라고 유대교의 부패함을 지적하셨을 때, 대제사장들과 장로들이 무지한 백성들을 선동해서 그 시대 "정통이신 예수님"을 죽였다는 것은 대다수가 다 아는 바이다. 그런 이유로 종말에도 "두 증인들"이 죽을 곳이 다름 아닌 큰 성, 영적으로 하면 '소돔'이라고 하고 '애굽'이라고도 하니, 곧 주께서 십자가에 못 박히신 곳이다!

전통교단이 정통교단을 핍박하고 오히려 죽이려고 하는 이런 짓은 이렇게 어제와 오늘과 미래가 다 똑같다. 이들의 소속이 사단에 속해 있기 때문이다. 그러나 하나님께서 세우신 정통 목자를 핍박하고 죽이는 자들은 "하나님의 눈동자를 건드리는 자들"로 장래 지옥 형벌을 면치 못할 것이다. 왜냐하면 하나님의 왕국에 대해 전혀 알지 못하기 때문이다.

그러므로 오늘날 우리는 무지하여 깨닫지 못한 유대인처럼 되지 않도록 유념하고, 사이비 같은 전통교단에서 방향을 잡지 못하는 자들을 끌어내야 한다.

특별히 이단과 사이비 교단의 특성은 성경을 제대로 모른 채, 부분적으로 해석한다는 사실이다. 이들은 주님께서 재림하시면 추풍낙엽처럼 아무것도 아닌 것이 될 사람들이지만, 그러나 결국은 하나님의 수준으로 주시는 벌을 받게 될 것이다. 그런 의미에서 우리 성도들이 두려워하고 조심할 대상이 '이단'이라고 생각하지만, 우리가 주목하고 더욱 두려워해야 할 것은? 그 시대 인정받고 있는 종교 지도자들을 향해 주님께서 어떤 경고의 말씀을 주셨는가 하는 것이다! "이 독사의 자식들아!" 하고 그들의 정체를 드러내시니, 주님께서 그 시대 거짓 선지자들에게 핍박을 받고 죽임을 당하셨던 것이다. 그러니 주님은 핍박을 받아도, 죽임을 당해도 이런 사실을 나팔처럼 외치라 하셨다.

장래 주님 재림 때도 자기네 집단이 정통인 줄 알고, 하나님께서 "종말에 세우신 정통교단인 촛대 교회들"을 핍박하고 죽일 것이 예고되어 있다. 이들은 하나님께서 약속하신 목회자들이 계시의 말씀을 선포하며 진리를 드러내니, 그 진리 속에 자신들이 말씀에 함량 미달이란 것이 드러났다는 것이다. 그러므로 자기들의 기득권을 유지하기 위해 정통을 오히려 죽인다는 사실이다. 그들의 말씀에서 자신들의 거짓과 부패가 그대로 드러났기 때문이다. 우리도 이 시대를 살아가면서 여러 유명한 목사님들의 비위 사실을 들을 때가 있다. 교회의 돈을 사적으로 썼고, 월급이 얼마고, 교회를 아들에게 넘기고 등등.

과거 에덴동산에서 하나님께서 뱀을 보내시어 아담과 그 아내가 말씀에 바로 섰는지, 서지 않았는지 시험해 보셨다. 하나님께서 뱀을 보내셨다는 사실이 처음에는 이해가 되지 않았지만, 예언서와 계시록에는 하나님께서 왜 뱀을 보내셨는가 하는 의도를 알게 하셨고, 그것이 하나님의 모략이신지를 알게 되면 온몸에 전율이 다 흐르는 것을 느꼈을 것이다!

"여호와께서 말씀하시되 내가 술법으로도 제어할 수 없는 뱀과 독사를 너희 중에 보내리니 그것들이 너희를 물리라 하시도다." (렘 8:17)

"갈멜산 꼭대기에 숨을지라도 내가 거기서 찾아낼 것이요 내 눈을 피하여

바다 밑에 숨을지라도 내가 거기서 뱀을 명하여 물게 할 것이요." (암 9:3)

"²⁴야곱으로 탈취를 당케 하신 자가 누구냐? 이스라엘을 도적에게 붙이신 자가 누구냐? 여호와가 아니시냐? 우리가 그에게 범죄하였도다 백성들이 그 길로 행치 아니 하며 그 율법을 순종치 아니하였도다 ²⁵그러므로 여호와께서 진노와 전쟁의 위력으로 이스라엘에게 베푸시매 그 사방으로 불붙듯 하나 깨닫지 못하며 몸이 타나 마음을 두지 아니하는도다." (사 42:24-25)

성경에서 제시하는 뱀과 사단 마귀!

하나님은 이 '꾀는 자들'을 '이긴 자'에게 상급과 축복을 주시기로 작정하셨다.

첫째: 믿음의 조상 아브라함도 이 시험을 거쳤고,

둘째: 욥도 이 시험을 거쳐 이겼다. 욥에게 사단을 붙이신 자는 바로 하나님이셨다.

셋째: 주님도 이 마귀의 시험을 거치시고 이기셨다.

다시 한번 강조하지만, 마귀를 주님에게 붙이신 분은 바로 하나님이셨다는 사실이! 그런 이유로 예수님께서 성령에 이끌리어 마귀에게 시험을 받으러 광야로 나가셨던 것이다(마 4:1).

하나님의 사람들은 다 이 유혹에서 살아남아 이긴 사람들이다. 하나님은 미혹의 권세를 사단에게 주셔서 말씀 받은 자의 진실성을 살피시는 분이다. 따라서 하나님의 사람들은 이 마귀 사단의 시험을 받게 되어 있고, 하나님의 자녀들은 "예수의 그 크신 이름"으로 이 마귀 시험을 이길 수 있다.

하나님은 이런 가운데서 큰 음녀의 미혹을 말씀으로 이겨 하나님께 순종하는 자들을 새 시대에 왕권 성도로 세우시겠다는 뜻을 세우셨다. 이는 하나님의 모략이자 하나님의 공의이시기도 하다. 종말에 하나님께서 이 땅의 교회를 망치자고 짐승과 음녀를 보내시는 것이 아니다. 결코 음녀의 미혹을 이길 수 없을 만큼 기독교가 심한 변질과 부패가 올 것이기 때문에, 대다수가 이것이 미혹인지도 모르고 도리어 환영하며 따라가기 때문이다.

그런 와중에도 "해를 입은 여자" 시온산 촛대 교회를 세우시고, 이런 사실을 나팔처럼 외쳐 증거하게 하심으로써 성도로 하여금 바른 정답을 고르게 하시는 것! 이것이 하나님의 공의요, 모략이 아니겠는가? 부디 음녀의 비밀을 깨달아 승리하는 여러분이 되시길 주님의 이름으로 기도드린다! 할렐루야! 주님을 찬양!

2. 음녀 비유와 시온산 촛대 교회

"^{10}예수께서 홀로 계실 때에 함께한 사람들이 열두 제자로 더불어 그
비유를 묻자오니 ^{11}이르시되 하나님 나라의 비밀을 너희에게는 주었으나
외인에게는 모든 것을 비유로 하나니 ^{12}이는 저희로 보기는 보아도 알지 못하며
듣기는 들어도 깨닫지 못하게 하여 돌이켜 죄 사함을 얻지 못하게 하려 함이니라
하시고 ^{13}또 가라사대 너희가 이 비유를 알지 못할진대 어떻게 모든 비유를 알겠느
뇨?" (막 4:10-13)

음녀가 앉은 물의 비유

음녀는 우리가 다니는 교회, 그러나 세상과 구별된 거룩한 교회가
아니라 오히려 "세상적인 요소를 도입한 타락한 교회들"을 말한다.
더욱이 이 "음녀가 앉은 물"이 많은 백성과 무리와 열국과 방언이라
하고 큰 성 바벨론이라고 한다. 따라서 큰 음녀는 그 영향력이 전
세계를 망라한, 그 소속이 사단에게 속한 종교왕국이라 말할 수 있다.
다시 한번 강조하지만, 이 '큰 음녀'는 어찌 보면 이제 모든 믿는
자들을 유혹해서 쓰러뜨리려고 준비된, 하나님 자녀에게는 무서운
독약과도 같은 위험한 존재라는 사실이다.

이런 '음녀 교회'는 절대 '접근 금지'라는 '사인'이 필요함에도 불구하고, 사인(sign) 하나 부치지 않은 채, 세상에 교회라는 이름으로 방치되어 있다는 사실이다. 이 음녀가 뿜어내는 '쑥물'에 의해서 정말 많은 사람들이 죽을 것이라는 계시록 8장의 예언의 말씀은 우리가 얼마나 정신을 차려야 하는가를 보여준다! 우리가 소속된 교회에 의해서 오히려 영원한 죽음을 맞볼 수도 있다는 또 하나의 위기의식을 가져야 한다는 것이다. 그런 연유로 우리의 신앙생활도 얼마나 부딪치는 것이 많았겠는가?

필자가 처음 계시록을 공부할 때, '음녀'와 '적그리스도'의 정체와 그 영향력을 깨닫고 얼마나 놀랐는지! 더욱 놀란 것은? '마지막에 준비된 이 두 짐승', 즉 "바다에서 올라온 짐승"과 "땅에서 올라온 짐승들"의 정체를 밝혀야 할 교회가 오히려 침묵하고, 대다수의 교회들이 음녀 교회의 실체가 되고, 또 대다수의 교회들이 이 적그리스도를 예표한 '붉은 짐승'을 타고 함께 성도를 쓰러뜨린다는 사실이다. 그야말로 기절할 뻔했다.

도대체 몇십 년을 교회를 다니면서도 교회가 무엇을 했기에, "이렇게 중요한 주제를 한 번도 배워보지 못했을까?"를 생각해 보니 "그 원인은 바로 목회자다!" 하는 결론에 이르렀다. 목회자가 비유와 상징으로 기록된 성경 계시의 말씀을 깨닫지 못해서 그렇게 되었던 것을 알게 되었다. 오랜 신앙생활을 했어도 한 번도 전하지 못하고 들어보지 못하고 신앙생활을 해왔다는 사실을 깨달을 수 있었다.

그런 의미에서 필자도 목회자의 자리에 앉았는데, 그러면 "나는? 나는 전했는가?" 필자 역시 그때까지 '음녀'에 대해서 침묵했던 목자 중의 한 사람이었다. 그러니 "누가 누구를 원망하고, 누가 누구를 정죄할 수 있겠는가?"라는 물음에 부닥쳤다. 그래서 "나라도 이 중대한 사실을 나팔 불어야 하겠다! 경고의 나팔을 불자!" 하고 나선 것이다. 그런데 막상 이런 계시록의 내용에 관심을 갖고 주위를 살피니, 조금씩 견해가 다를지언정 이미 많은 신학자들과 목사님들이 이 주제를 연구하셨다는 사실을 깨달을 수 있었다.

결국 한편에서 이 주제를 연구하여 나팔을 불어도, 자신이 그 문제에 관심이 없었을 때는 들어도 들리지 않았고, 보고도 보지 못하고, 전혀 그 문제에 관심이 없어 어떤 것에도 상관이 없었다는 사실이다. 그런데 계시록은 유독 상징으로 기록된 단어들이 많았다. 그러므로 읽으면서 이해하려고 해도 그 뜻을 잘 모르니, 대다수 목회자들이나 성도들도 이런 내용으로 인해 계시록을 멀리했을지도 모른다. 이러한 것이 아직도 수많은 목회자들이 계시록에 대해 열심을 내지 않는 이유 중의 하나였기 때문이다.

우리는 여기서 왜 하나님이 좀 더 쉽게 직접적으로 종말에 나타날 이야기들을 가르쳐주시지 않았는지 의문이 생긴다. 큰 음녀가 많은 물 위에 앉았다니, 붉은빛 짐승을 탔다니, 큰 성 바벨론이라니, 왜 이렇게 "어려운 비유와 상징적인 단어"를 사용하셨을까? 그런데 깨닫고 또 깨닫고 보니, 그렇게 하신 것이 옳으신 일이었다.

[1] 이런 중요하고도 꼭 알아야 할 일을 상징으로 감추시고, 그 비밀을 깨닫는 자에 한해서만 하나님의 뜻을 알게 하시고 이루게 하시는 것일까?

[2] 또 한편으로는 계시록의 4가지 비밀의 이야기를 깨닫는 자들은 이 사실을 다시 선포하여 더 많은 사람들에게 예언하라는 이야기는 또 무엇일까? 우리는 이렇게 저렇게 생각해 보며, 이율배반적인 문제에 부닥치게 되었다. 여러분도 그런 생각이 들지 않는가?

③ 계시록 전체가 상징으로 뒤덮인 감추어진 비밀이기 때문에, 이 상징을 어떻게 풀어야 할지 너무 어려워서, '칼빈' 같은 성경의 대가(大家)도 계시록에는 손을 대지 못했다고 한다. 목회를 수십 년 하는 목회자들도 그 내용에 대해 몰라서 계시록 뚜껑을 한 번도 열어보지 못하고 목회를 마감하는 경우가 허다했다는 것이다.

④ 그런데 하나님의 말씀을 알고 싶어 하는 목회자와, 이 내용을 알고 싶어 하는 성도가 얼마나 많은가? 그럼에도 불구하고 상징으로 뒤덮인 계시록이 어려워 쉽게 깨달을 수 없게 하시고, 한편으로는 빨리 "이 작은 책을 먹어 예언하라!"고 지시하신 이유는 무엇일까?

이 "음녀란 주제"를 다루면서 성도들과 함께 생각해 보고 싶어서 때론 제목을 "비유와 촛대 교회"라고 지어보기도 했다. 이 새로운 접근을 통해서 4가지에 대해 알아야 한다고 생각하였다.

첫째: 왜 하나님께서 이 비유법을 사용하셨을까?
둘째: 비유는 누가 베풀어 주실까?
셋째: 이 비유를 베풀지 못하는 교회를 무엇이라 칭할까?
넷째: 이 비유를 풀어 깨닫지 못하면 어떤 결과를 맞이할까?

그런데 어떤 분들은 "성경이 이렇게 풀어지는구나!" 하고 깨닫는 가운데 가뭄에 생수를 만난 사람처럼 마음에 불이 지펴졌다. "두 증인으로 살고 싶습니다." 하며, 기뻐 감격하며 반응하는 사람이 있는가 하면, 계시록의 내용이 전혀 이해되지 않아 거치는 반석이 된 경우도 있었다. 따라서 필자가 모르는 가운데 이단도 되고, 삼단도 되고, 십단도 되는 것을 느끼게 되었다.

왜냐하면 "천국의 비밀" 대다수가 비유로 기록되어 있어 이 비유를 베풀지 못하면, 천국의 비밀을 깨달을 수 없기 때문이다. 그럼에도 불구하고 대다수의 성도가 아직도 "왜 하나님이 이렇게 비유와 상징으로 기록하게 하셨을까?"에 대해서조차도 모르고 있다는 사실을 발견하게 되었다.

또한 대다수의 성도들은 이런 비유의 내용을 풀어주는 "종말에 시온산 촛대 교회를 왜 세우셨나?"에 대해서도 모르고 있었다. 그러니 특별하게 "왜 종말에 시온산 촛대 교회를 세우시는가?" 하는 데 대해서 그 이유도 자연히 몰랐던 것이다. 종말에 "시온산 촛대 교회는 이 비유와 상징을 풀어 실상을 선포하는 교회"라는 것 자체를 모르고 계셨다는 사실이다.

하나님은 천국의 비밀에 대해서는 다 비유로 기록하셨다. 그리고 "이 비유를 풀어 종말에 일어날 일을 미리 알고 이 짐승과 음행하지 말고 정결한 처녀로 준비되거라"라고 명하셨다. 그런데 준비가 되기는 커녕, 어떤 일이 벌어졌을까?

첫째는 비유도 풀지 몰라,
둘째는 음녀가 교회를 뜻하는 것도 몰라,
셋째는 어떤 교회를 음녀라 정의하는지도 몰라,
넷째는 하나님의 심판이 바벨성에 임할 것도 몰라,
다섯째는 큰 성 바벨론이 좋아 그곳으로 모여 들어 음녀가 앉은 물이 백성과 무리와 열국과 방언이라 기록하신 그 뜻도 모른다!

대다수 목자에게 꿈이 있다면 '큰 교회'를 이루는 것이라 한다. 그런데 계시록을 깨닫고 나니, "큰 성 바벨론이 아니라, 자산(赭山)이어도 좋다! 한 사람이라도 144,000 두 증인 왕권 성도를 등극시키는 교회가 되자"라고 생각하게 되었다. 왜냐하면 많은 교회가 성도에게 깊이 들어가는 장성한 말씀을 이해하도록 하지 못하기 때문이다. 하나님은 그런 시대적 교회 현상을 안타깝게 여기시면서, 심판의 네 바람을 붙들어 놓으시고, 다시 촛대 교회를 통해 알곡을 만드는 역사를 만드셨다. 이것이 성경이 제시하는 "새 일의 역사"이다. 그래서 상급의 숫자가 차기까지 인치는 역사가 하나님의 나라에서 일어나는 것이다.

> "우리가 우리 하나님의 종들의 이마에 인치기까지 땅이나 바다나 나무나 해하지 말라!" (계 7:3)

여기서 "인 맞은 자의 수"를 들으니 합이 '십사만 사천'이었다. 이들이 바로 '영적 새 이스라엘'이다. 이제 새 왕국을 이끌어갈 주역들에 대한 내용이 바로 계시록 7장의 이야기이다.

이 인 맞은 사람들은 계시록의 '작은 책'을 먹고 "다시 예언하는 사람들"로 계시록 10장의 내용이 이들 '두 증인들'의 활약상과 순교, 그리고 다시 부활, 승천을 그린 것이 바로 계시록 11장이다.

이들을 통해 "해를 딛고 그 발아래는 달이 있고, 머리에는 열두 별의 면류관을 쓴 여자"가 애써 부르짖는 모습을 계시록 12장에서 제시하였다. 즉 "시온산 촛대 교회가 어떻게 하나님의 보호를 받고, 어떤 일을 하는가?"가 바로 계시록 12장 이야기이다.

하나님께서 왜 이런 비유를 들어 하나님 나라의 비밀을 기록하게 하셨을까? 비유로 기록하게 하신 뜻을 베풀어 알면, 너무나 심오하고 지혜로우시고, 하나님의 공의로우심이 느껴져 주님 앞에 정말 만 개의 입이 있어도 할 말이 없었다. 그리고 시간이 좀 걸리지만, 하나하나 비유를 주신 말씀에서 성경의 짝을 찾아 비유를 풀면 "천국은 마치 밭에 감추인 보화와 같다!"라는 말씀이 얼마나 실감이 나는지 모른다. 특히 예언서를 읽으면, 마치 금광에 들어가 금을 찾는 듯한 전율이 흐르고, "하나님의 말씀은 정말 꿀 같다."라는 그 비유처럼 하나님의 지혜와 지식이 어찌 그리도 아름답게 보이는지?

세상에서도 "knowledge is power!"란 말이 있다. 그렇다! "지식은 힘"이요, 세상의 지식도 사는 동안에는 힘이 된다. 하물며 하나님의 말씀은 힘뿐만 아니라 능력이 되지 않겠는가! 왜 하나님이 비유로 계시록을 기록하게 하셨는지, 그 뜻을 알고 그 비유를 풀어 우리 모두 하나님의 뜻을 이루는 자들이 되어야 한다.

음녀의 상징과 그 비유

눈을 감고 이 음녀의 모습을 연상해 보시기 바란다. 성경을 제대로 깨달으려면 그림으로 연상하는 것이 제일 쉽고 잊어버리지 않는다.

- 이 음녀는 붉은 옷과 자줏빛 옷을 입고,
- 해를 입은 교회와 반대 개념의 타락한 교회요,
- 세상과 벗한 교회의 집합체이다. 이 음녀는 세상적인 요소를 교회에 도입, 적당히 믿는 것과 세상 사는 것의 중간쯤으로 살게 두고,
- 복장은 "붉은 옷과 자줏빛 옷"을 입었는데, 왜 이런 옷 입기를 즐기는가?

우리 주님께서 제시하시는 어린양의 혼인식은 그 아내, 즉 이 세상에 하와과인 남자, 여자 모든 사람에게 "세마포 옷"을 입게 하였다. 성경이 제시하는 세마포 옷은 "성도들의 옳은 행실"이라고 제시하셨는데, 이 세상에서 교회를 나가는 사람들은 우리가 살 동안에 이 세마포

옷을 준비해야 예수 신랑을 맞이할 수 있다고 하셨다.

그러나 음녀는 자기가 여황이라면서, 조물주 하나님을 의식하지 않고 교만하게 그 옷을 입었다. "어디 감히 왕의 옷을 입어?" 우리 주님께서 다시 왕으로 임하실 때까지 그런 옷을 입는 자가 있다면 그는 가짜이다. 이 음녀는 금과 보석과 진주와 자주 옷감… 등 값진 것으로 호사하였다. 그러나 실제 성경에서 제시하는 금과 보석과 진주는 예수님의 말씀을 받은 자를 가리켰다는 사실이다. 라오디게아 교회에 보내는 말씀을 본다.

> "[17]…나는 부자라 부요하여 부족한 것이 없다 하나 네 곤고한 것과 가련한 것과 가난한 것과 눈 먼 것과 벌거벗은 것을 알지 못하는도다 [18]내가 너를 권하노니 내게서 불로 연단한 금을 사서 부요하게 하고…" (계 3:17-18)

여기서 불로 연단한 금이란? 바로 계시의 말씀이다. 이 계시의 말씀은? 이기는 자만이 받는 말씀이다. 우리는 아카시아 나무 같이 가시가 많은 보잘것없는 나무였다. 그러나 그런 나무도 말씀을 상징한 금을 덮으면 우리도 언약궤가 될 수 있다는 것이다.

"하늘에서 내려온 새 예루살렘성"이 금으로 지어졌다는 것은? 어린 양의 신부가 말씀으로 새롭게 지어진 주님의 처소, 즉 성령의 전이 되었다는 뜻이지, 정말 반지를 만드는 금으로 되어 있다는 이야기가 아니다. 금과 진주의 단어는 비유로 말씀하신 것이다.

이제 주님 재림하셔서 첫째 부활에 참예한 자나, 그때까지 살아있는 자가 신령한 몸으로 부활하고 변화되어서 썩을 것이 썩지 아니함을 입고, 죽을 것이 죽지 아니함을 입을 것을 비유적으로 표현한 것이다. "손에 금잔을 가졌는데 그 안에는 가증한 물건으로 가득했고"(계 17:4)에서 금잔은 십자가 사역자를 말한다.

"세베대의 아들의 어미가 아들들을 데리고 와서 무엇을 구할 때, 우리 주님은 너희 구하는 것을 너희가 알지 못하는도다 나의 마시려는 잔을 너희가 마실 수 있느냐?" (마 20:22)

주님은 곧 있을 십자가 사건을 '잔'으로 표현하셨다. 그런데 그런 뜻도 모르고 "할 수 있다"라고 말하니, 주님께서 "과연 내 잔을 마시려니와 내 좌우편에 앉는 것은 나의 줄 것이 아니라 내 아버지께서 누구를 위하여 예비하셨든지 그들이 얻을 것이라"(마 20:23)라고 하신 것이다. 과연 요한과 야고보는 우리 주님의 이 예고의 말씀처럼 십자가의 길을 따라갔다.

금잔은 '십자가 사명'을 의미한다. 그런데 과거 바벨론의 마지막 왕 '벨사살'은 하나님의 성전에서 쓰이는 금잔을 갖다가 "술을 먹는 망령된 행실을 자행"하여, 하나님의 심판을 받아 바사의 고레스에게 멸망당했다. 그뿐만이 아니다! '에스더'서에서도 "바사의 아하수에로 왕"도 겁 없이 모든 방백과 귀족들을 불러놓고 이 "금잔에 술을 마시게 했다"가 결국은 헬라국에 의해 멸망당했다(에 1:7).

이것은 하나님의 심판이다! 그가 심판당한 것은 금잔으로 술을 마셨기 때문에 심판을 당한 것이다. '금잔'은 "십자가의 사명"을 뜻했음에도, 이 거룩한 사명이 무엇인지 모르고 자신의 안락을 위해 먹고 마시고 즐기는 것으로 그 생을 다했기 때문이다. 음녀가 든 금잔은? 바로 이런 영적 의미가 깃들어 있었다.

"바벨론은 여호와의 수중의 온 세계로 취케 하는 금잔이라 열방이 그 포도주를 마시고 인하여 미쳤도다." (렘 51:7)

온 세계로 하여금 종교적 냄새만 나게 했지, 실제는 세상이 취하는 모든 영광으로 사는 집단이 바로 큰 음녀의 실상이었다. "그 잔에 가증한 물건과 그의 음행의 더러운 것들이 있더라" 이 가증한 물건과 음행의 더러운 것들이 바로 음녀가 행음하는 내용이었던 것이다.

성경에서 말하는 음행은? 하나님보다 우상을 섬기는 것을 가리킨다. "음행하다", "행음하다"(겔 16:16)라는 것이다.

> "내게 배역한 이스라엘이 간음을 행하였으므로 내가 그를 내어 쫓고 이혼서까지 주었으되 그 패역한 자매 유다가 두려워 아니하고 자기도 가서 행음함을 내가 보았노라." (렘 3:8)

> "그들이 행음하였으며 피를 손에 묻혔으며 또 그 우상과 행음하며 내게 낳아준 자식들을 우상을 위하여 화제로 살랐으며…"(겔 23:37)

하나님보다 강대국을 더 의지하는 것이 음행

> "그 이름이 형은 오홀라요 아우는 오홀리바라 그들이 내게 속하여 자녀를 낳았나니 그 이름으로 말하면 오홀라는 사마리아요 오홀리바는 예루살렘이니라 오홀라가 내게 속하였을 때에 행음하여 그 연애하는 자 곧 그 이웃 앗수르 사람을 사모하였나니…"(겔 23:4)

이 큰 음녀는 '붉은빛' 짐승을 타고 '많은 물 위'에 앉아 있었으며, 붉은빛 짐승을 타고 음행했다. 그리고 세계적인 권력을 등에 업고 각종 이권에 개입하여 자기 세(勢)를 확장하였다는 것이다. 따라서 "십자가의 사명"은커녕, 여기저기 기웃거리며 혼합주의를 표방하여 화평주의자처럼 위장하였다는 사실이다. 이는 성경에 예언된 하나님의 계시와는 다른 말로, 땅의 임금들과 땅에 거하는 자들과 행음하는 상태를 드러내 주신 것이다.

이 큰 음녀가 앉은 많은 물은? 바로 "백성과 무리와 열국과 방언들"이라고 요한은 기록하였는데, 이는 신분이나 단체나 여러 나라, 즉 언어를 초월한 혼합사상과 혼합종교가 음녀의 현주소라는 사실을 밝혀주신 것이다.

이 음녀가 음행하고 추파를 던지는 상대는 땅의 임금들과 땅에 거하는 자들이었다. 땅의 임금들은 "하늘에서 떨어진 별들"이요, "타락한 목자와 타락한 목자에 소속되어 있는 양들"을 가리킨 말씀이다. 결국 마지막 계시의 말씀을 몰라서는 안 된다. 종말에 이 땅 위의 교회가 촛대 교회가 되기 위해서는 목자가 말씀과 기도에 전념함으로써 사도 요한을 통해 주시는 계시의 말씀을 받아야 한다. 그리고 성도들에게 등불을 밝혀 재림의 길을 예비해 주어야 한다. 그런데 이 시대도 역시 교회가 어떤 사명을 감당해야 하는지를 몰라 정처 없이, 향방 없이, 바다에서 생명을 구하는 생명선이 아니라, 점점 그냥 떠도는 배들로 전락해 버린다는 것이 사도 요한의 예고였다.

"이 음녀의 이마에는 이름이 기록되어 있었는데 그것은 비밀이라."(계 17:5)라고 하셨는데, 우리는 이 음녀의 이마에 기록된 이름이 "사망"이라는 사실을 알아야 한다. 그러므로 더 이상 우리에게는 비밀이 아니요, 이들 음녀와 그의 추종자들은 "하나님의 심판"을 받게 될 것임을 나타낸 것이다.

성경의 이름은 다 그 의미가 있다. 계시록 14장의 '144,000'은 그 이마에 '예수 이름'을 하사받았는데, "예수 이름을 하사받았다."라는 것은 그들이 예수 인격으로 변화를 받은 사람이라는 것이다. '예수'라는 구원자란 의미로 많은 생명을 구한 구원자로서의 삶을 살았다는 이야기이다. 그런데 천국 문에 앉아 자기도 들어가지 못하고 음부로 인도하기 때문에 음녀는 "그의 이름을 사망이라 하더라!"

이 음녀는 큰 성 바벨론이라고도 하고, "땅의 음녀들과 가증한 것들의 어미"라고도 하였다. 그런 의미에서 우리는 예수 신랑을 기다리는 정결한 신부로 준비되어야 하는 것이다.

이 음녀는 무엇인가 취해 비틀거리고 있었는데, 알고 보니 "성도들의 피와 예수의 증인들의 피에 취해 있더라"는 것이다. 이는 이 "큰 음녀"가 많은 학살을 했음을 의미하고 있다. 이들은 하나님의 사람들이 하나님의 눈동자인지도 모르고, 권세를 등에 업고, 마구 하나님의 사람들을 죽여 댄 것이다. 그러나 결국 이 음녀는 "7머리 10뿔 짐승"에게서 이용당하고 버림받아 그 짐승이 ⇒ "음녀를 미워하여 망하게 하고, 벌거벗게 하고, 그 살을 먹고 불로 아주 사르리라 하였다!"(계 17:16)

이 '음녀'는 정치권을 이용하여 그 세력을 누렸지만, 그러나 사실은 그 정치권이 이 음녀를 속여 이용하고 있었던 것이다.

적그리스도는 세계를 통일하기 위해 이 음녀를 이용하려 하였지만, 자기의 목적을 이루고 나서는 그냥 쓰레기를 버리듯 버린다는 사실이다. 이것이 하나님이 없는 사람들이 하는 짓거리이다. 입에 달면 삼키고, 입에 쓰면 뱉어 버리는 것이 사단의 속성인데, 말씀 없이 살아가는 사람들이 이들을 추종하고 살았던 것이다.

"이 음녀는 땅의 임금들을 다스리는 큰 성이라!"

이 큰 성은 바로 바벨론성으로 시온성과 반대 개념을 가졌다. 시온성에서는 하늘의 보좌 왕권 성도 144,000을 배출했는데, 이에 비해 "큰 성 바벨론"은 땅의 임금들만 배출하다 결국은 심판받아 바닷속에 잠기어 다시는 보이지 않게 되어버릴 것이다!

"이에 한 힘센 천사가 큰 맷돌 같은 돌을 들어 바다에 던져 가로되 큰 성 바벨론이 이같이 몹시 떨어져 결코 다시 보이지 아니하리로다." (계 18:21)

필자가 계시의 말씀을 선포하면서 가장 애통하였던 것은? 상징은 어려워서 풀지 못해 말씀의 이면을 모른다고 해도, "어떤 내용으로 적혀 있는가?" 그 표면은 알아야 하는데, 어렵다고 읽지 않고 덮어 두어서 어떠한 내용이 있는지조차 성도들이 알지 못하였다는 사실이 드러났다는 것이다.

매일 몇 페이지씩 "성경을 읽어 나가라."고 권하는 것은? 상징은 몰라도 그런 내용이 있다는 것을 알아야, 이제 성경에서 그 짝을 찾기가 쉽기 때문이다.

다시 한번 강조하지만, 이 계시록은 어떤 책인가? 계시록은 성경의 모든 예언의 계시가 실상으로 나타난 책이다. 계시록에는 "장차 하나님 나라에 어떤 일이 일어날 것인가?"가 미리 예언되었고, "비밀이라! 비밀이라!" 하시는데, 깨닫지 못해, 애탔던 하나님 나라의 비밀도 더 이상 비밀이 아닌 채, 다 드러나 공개되었다는 사실이다.

계시록! 이 작은 책은 성경 전체 결론이 들어있는 말씀이다. 구약의 예언의 계시는 신약에 다 실상이 되어 나타났고, 신약에 예언되어 있던 계시는 종말에 다 실상으로 이루어져 나타날 것을 성경은 제시하신다. 그러니까 구약을 잘 알아야 신약을 알게 되고, 신약을 잘 알아야 계시록을 깨달을 수 있게 성경은 만들어졌다.

결국은 구약과 신약과 계시록이 모두 삼박자로 예고되어 있음을 알게 되니, 구약과 신약을 모르고서는 결국 계시록을 풀 수 없게 되었다는 것이다. 이 성경은 하나님이 만드셨다는 것을 깨달아야 사도들은 말씀과 기도에 전념하라고 집사를 세우신 그 이유를 깨닫게 되고, 왜 목사가 세상일을 하지 않는 대신 성도들이 낸 헌금에서 기업을 갖게 하는지, 그 이유를 깨닫게 한다.

그 이유는 이 비유와 상징을 풀어 계시의 말씀을 전하여 성도들을 거룩한 신부로 준비시키게 하시려는 하나님의 뜻이 계시다는 것이다. 그런데 이렇게 성경에서 성경의 짝을 찾아 해석하니, 이 음녀는 타락한 교회를 의미하고, 누구랑 결탁하여 누구를 상대로, 또 언제, 어디서, 어떻게 만행을 저지르다 어떻게 가는 것인지를, 다 깨달을 수 있도록 하셨다. 그런데 왜 깨닫지 못하는 자에게는 영원히 비밀로 남게 하셨을까? 하나님 나라의 비밀을 결코 알려줄 수가 없기 때문이다.

3. 큰 성 바벨론이 탐하던 과실이 사라진 이유

"[14]바벨론아 네 영혼의 탐하던 과실이 네게서 떠났으며 맛있는 것들과 빛난 것들이 다 없어졌으니 사람들이 결코 이것들을 다시보지 못하리로다 [15]바벨론을 인하여 치부한 이 상품의 상고들이 그 고난을 무서워하여 멀리 서서 울고 애통하여 [16]가로되 화 있도다 화 있도다 큰 성이여 세마포와 자주와 붉은 옷을 입고 금과 보석과 진주로 꾸민 것인데 [17]그러한 부가 일 시간에 망하였도다 각 선장과 각처를 다니는 선객들과 선인들과 바다에서 일하는 자들이 멀리 서서 [18]그 불붙는 연기를 보고 외쳐 가로되 이 큰 성과 같은 성이 어디 있느뇨 하며 [19]티끌을 자기 머리에 뿌리고 울고 애통하여 외쳐 가로되 화 있도다 화 있도다 이 큰 성이여 바다에서 배 부리는 모든 자들이 너의 보배로운 상품을 인하여 치부하였더니 일 시간에 망하였도다 [20]하늘과 성도들과 사도들과 선지자들아 그를 인하여 즐거워하라 하나님이 너희를 신원하시는 심판을 그에게 하셨음이라 하더라." (계 18:14-20)

계시록을 공부하면 표현된 단어, 한 단어가 다 창세기부터 흘러나오는 맥(脈)의 "결론의 단어"라 해도 과언이 아니다. 그러므로 성경 전체에 여러 가지 맥이 연결되어 결론적으로 계시록에서 분명하게 다 성취되어 드러난다는 것이다.

이 '한 단어'의 결론이 맺어지기까지 수많은 사건이 구약과 신약에서 펼쳐진 것을 보는데, 본문에서 제시하는 '과실'도 성경 전체에 여러 가지 주제를 단편적으로 결론 맺을 수 있을 만큼 중요한 구절이다. 왜냐하면 과실이 나오게 하려고 씨를 심고, 그것이 자라 나무가 되어 잎이 나고 마지막에 열매가 맺기 때문이다.

그동안 하나님은 씨를 뿌려 추수기까지는 "알곡과 쭉정이를 그대로 내버려두어라."고 명하셨다. 이 가라지들이 마음껏 선악과를 먹으며 하나님 나라의 '두 증인들'을 정죄하고 판단하고, "하나님의 종들"을 죽여도, 하나님은 그대로 "내버려두어라"고 명하셨다. 정하신 '추수기'에 그들을 심판하실 것이 작정된 하나님의 뜻이셨기 때문이다.

우리 하나님의 자녀들이 아주 오랜 시간 신앙생활을 하면서도, 왜 늘 실패와 좌절, 그리고 변화 받지 못하는 명색만의 크리스천의 삶을 사는가? 그 원인은 무엇인가? 큰 성 바벨론이 그렇게 찬란하게 세상의 찬사를 받고 있다가, 왜 하루아침에 몰락하여 무너지게 되었을까? 그 원인은 그 나무의 열매인 '선악과'가 연계되었기 때문이다.

> "바벨론아 네 영혼이 탐하던 과실이 네게서 떠났으며 맛있는 것들과
> 빛난 것들이 다 없어졌으니 사람들이 결코 이것들을 다시 보지 못하리로다."
> (계 18:14)

바벨론이 탐했던 과실이 떠났다고 했는데, 이 과실은 과연 무엇을 상징한 것일까? 계시록은 성경의 결론의 말씀으로 계시록에 과실의 이야기가 나왔다면, 이 과실의 이야기가 창세기에서부터 시작하여 구약과 신약을 거쳐 이제 종말에 "과실에 대한 결론"이 실상으로 나타난

것이다.

그런데 성경에서 제시하는 과실, 열매는 무엇을 의미할까? 우리가 성경 공부할 때, 여러분은 이미 "씨, 나무, 열매"를 통해서 그 의미를 알았는데, 이 열매, 과실, 실과에 대한 성경 구절은 총 200여 절이 넘었다. 필자가 이것을 다시 분류해 보니 총 25가지였다.

　　잠자는 자들의 첫 열매, 성령의 처음 익은 열매, 회개에 합당한 열매, 마음의 열매, 의의 열매, 좋은 열매, 아름다운 열매, 선한 열매, 행위의 열매, 정의의 열매, 몸의 열매, 손의 열매, 입술의 열매, 거룩함에 이르는 열매, 의인의 열매, 성령의 열매, 빛의 열매, 태의 열매, 지역 열매, 할례받지 못한 열매, 완악한 마음의 열매, 이방 사람이 삼키는 열매, 거짓 열매, 쥐엄 열매, 사망의 열매.

이 25가지 종류를 다시 나누니, 크게 3가지였다.

① 우리가 먹는 나무에서 나오는 열매인 과일이나 열매 종류
② 좋은 나무에서 좋은 열매, 나쁜 나무에서 악한 열매 ⇒ 사람을 열매로
③ 신앙의 삶을 산 결과 ⇒ 행위를 열매로 표현

필자가 성경을 공부하면서 자기에게 있는 열매를 발표해 보라고 했더니, 모두들 그저 한두 가지 정도에서 그쳤다. 그런데 이 열매에 대해 공부를 하면서, 자기가 이루어 나가야 할 모습을 바라볼 수 있게 되었다.

열매란? 나무에서 열리는 것으로, 농부가 나무를 심는 것은 바로 이 열매를 얻기 위해서이다.

"보라 농부가 땅에서 나는 귀한 열매를 바라고 길이 참아 이른 비와 늦은 비를 기다리나니…" (약 5:7)

"농부는 우리 하나님 아버지"요,
"우리는 그가 기르시는 나무"요,
"성경은 우리를 열매를 내야 할 나무"로 표현하셨다.
그런데 이 열매를 내야 할 나무가 되지 못하니, 하나님께서 당신의 백성을 '풀'이라 표현하신 것이다.

창세기 1장에서 태초에 하나님은 동물들의 먹이로 '풀'을 주셨다고 하셨다. 농부이신 하나님 아버지가 바라시는 것이 "우리에게서 나오는 이 열매"이기 때문에, 이 열매는 성경 전체의 결론의 말씀이라는 것이다. 그런 의미에서 "큰 성 바벨론 사람이 탐해서 먹다가 심판받은 이 열매를 안다."라는 것은 성경 전체의 총결산을 안다는 이야기라 해도 과언이 아닐 것이다.
그런데 여기에 "그 영혼이 탐하던 과실"이라고 기록되어 있다. 이 과실이 무엇이길래 "바벨론 사람"들이 그토록 먹기를 탐했을까? '큰 성 바벨론'은 세상적인 눈으로 볼 때, 종교적으로 인정받은 종교 왕국이었다. 그런데 이 과실이 무엇인지 탐하였다는 설명만도 부족하여, 이 과실이 얼마나 맛있었는지, 얼마나 찬란히 빛났는지를 사도 요한이 부연(敷衍) 설명해 주었다.
그런 연유로 이 '과실'에 대해 하나님의 자녀라면 한 번쯤은 "깊은 연구를 해볼 말씀이 아닌가?" 생각했다.

첫째: 이 "과실의 의미"가 과연 무엇이기에 이것을 탐해 먹다가 심판을 받는 것인가?

둘째: 어찌하여 이 과실을 다시는 보지 못하는가?

셋째: 하나님의 진노의 심판과 이 과실은 어떤 상호관계가 있는가?

필자는 계시록에서 우리 인류 모두를 영적으로 죽게 하고, 그 좋은 에덴동산에서 쫓겨나게 한 실과인 '선악과'에 대한 결론을 매듭지을 수 있었다.

제시한 계시록 18장 14-20절 본문 자체에서만은 "이 과실의 의미"를 깨닫기가 힘들었다. 그런데 성경의 독자들은 이럴 때 성경 전체에 숨겨져 있는 이 과실의 짝을 찾아야 이 과실이 무엇을 비유했으며, 왜 그렇게 바벨론에 거하는 사람들이 이 과실을 탐하다 심판을 받았는지를 알 수 있다.

주님께서는 천국의 비밀을 '너희 과'에 속한 자들에게는 알게 해주신다고 하셨다. 주님은 "자기의 비밀을 그 종 선지자들에게 보이지 아니하시고는 결코 행하심이 없으시다."라고 하셨다. 그런 의미에서 우리는 이 말씀을 "들을 수 있는 귀"를 주심에 감사하며, 다음 4가지에 대해 알아야 한다.

첫째: 이 과실이 무엇을 상징했는가?

둘째: 이 과실이 왜 바벨론에 있었는가?,

셋째: 왜 이 과실이 심판이 임할 때 떠났는가?

넷째: 이 과실을 먹으면 어떤 결과가 오는 것인가?

이 과실은 무엇을 상징하는가?

본문에서 이 과실은 큰 성 바벨론의 영혼이 탐했던 과실이라 정의해주고, 맛있는 것들과 빛난 것들이라고 찬사를 하였다. 이렇게 하나님 자녀라는 사람들에게 "멋있고, 맛있고, 찬란한 과실의 의미"를 발견하려면, 성경 전체에 맥을 이어 내려오는 이 과실의 의미를 찾아볼 수 있어야 한다.

"영혼이 탐하던 과실"이란 이야기를 어디서 들어본 적이 있었는가?

예스! 있다. 바로 에덴동산에서 "여자가 그 나무를 본즉 먹음직도 하고 보암직도 하고 지혜롭게 할 만큼 탐스럽기도 한 나무"의 이 과실은 하나님께서는 "먹지 말라! 먹으면 정녕 죽는다!"라고 경고하신 바로 그 과일이었다. 그런데 그럼에도 불구하고 아담 내외가 보기에 좋고 먹음직하고 이것 먹으면 지혜롭게 할 만큼 탐스러워 먹었다. 그러다가 심판받아 동산에서 쫓겨났던 그 과일이 아닐까?

그런 의미에서 "바벨론 백성들"도 심판받기 전까지 이 과실을 탐하다가 심판받은 공통점을 우리는 발견할 수 있다. 그렇다면 이 과실과 심판은 어떤 상관관계가 있을까?

아담 부부의 경우

창세기 2장: 하나님께서 아담에게 주신 말씀

하나님께서 흙에 생기를 넣어 산 영 차원의 아담을 만드시고, 에덴동산을 창설하시어 아담을 그곳에 살게 하셨다. 그런데 하나님께서 제일 먼저 아담에게 명령하셨던 말씀은 무엇이었는가?

"[16]...동산 각종 나무의 실과는 네가 임의로 먹되, [17]선악을 알게 하는 나무의 실과는 먹지 말라. 네가 먹는 날에는 정녕 죽으리라!" (창 2:16-17)

그 후에 아담이 독처하는 것이 좋지 않으니, 아담을 깊이 잠들게 하시고 그의 갈빗대 하나를 취하여 살로 대신 채우시고 여자를 만드시고 그를 아담에게 이끌어오셔서 이들이 부부가 되었던 것이다.

창 3장: 에덴동산에서 어떤 일이 발생하였는가?

이 당시 아담의 아내는 간교한 뱀과 함께 대화를 하고 있었고, 뱀이 여자에게 선악과를 먹이려고 유혹하기 시작했다.

뱀과 하와의 아내의 대화

뱀: "하나님이 참으로 너희더러 동산 모든 나무의 실과를 먹지 말라 하시더냐?

하와: "동산 나무의 실과를 우리가 먹을 수 있으나, 동산 중앙에 있는 나무의 실과는 하나님의 말씀에 너희는 먹지도 말고 만지지도 말라 너희가 죽을까 하노라 하셨느니라!"

(하와는 남편에게 들었는지 듣지 않았는지 횡설수설했다.)

뱀: "너희가 결코 죽지 아니하리라 너희가 그것을 먹는 날에는 너희 눈이 밝아 하나님과 같이 되어 선악을 알 줄을 하나님이 아심이니라."

뱀의 이 말을 듣고 아담의 아내는 어떤 행동을 하였는가? **하와가** 그 나무를 본즉 먹음직도 하고 보암직도 하고 지혜롭게 할 만큼 탐스럽기도 한 나무인지라 여자가 그 실과를 따먹고 자기와 함께 한 남편에게도 주매 그도 먹었다!

* 우리는 이 주제에서 세 가지를 생각해 보아야 한다.
① 하와는 에덴에 있는 뱀의 정체에 대해 잘 몰랐던 것 같다.
② 아담의 아내가 본즉 선악과는 먹음직도 하고 보암직도 하고

지혜롭게 할 만큼 탐스럽기도 한 나무인지라, 여자가 그 실과를 따 먹었다는 것이다.

③ 여자는 자기와 함께 한 남편에게도 주매 아담도 받아먹었다.

문제점

첫째: 우리는 아담에게 주신 여호와 하나님의 말씀이 다시금 생각난다. 하나님께서 에덴동산에 아담을 들이시고 제일 처음으로 하신 말씀이 바로 "동산 각종 나무의 실과는 네가 임의로 먹되, 선악을 알게 하는 나무의 실과는 먹지 말라. 네가 먹는 날에는 정녕 죽으리라"였다.

둘째: 그런데 아담은 아내에게 이 경고의 말씀을 알려주지 않은 것 같다. 그러므로 아담의 아내는 뱀의 말을 듣고 이 과실을 먹었고,

셋째: 선악과가 무엇인지 모르니 아담의 아내는 남편에게 스스럼없이 과실을 주니, 아담이 받아먹었다.

넷째: '아담'은 선악과를 먹지 말아야 할 것을 하나님께 경고를 들었으면 그 아내에게도 알리고 그 자신도 선악과를 먹지 말아야 했다. 그런데 그걸 알면서도 선악과를 받아먹었다는 것은 참으로 우리에게 경종이 되는 말씀으로 받아들이게 된다.

인간의 눈에 실로 먹음직하고 보암직하고 지혜롭게 할 만큼 탐스러우니 선악과를 먹으면 죽는다는 것을 알고도 먹었다는 사실을 우리는 잊지 말아야 한다!! 그만큼 먹음직, 보암직, 지혜롭게 할 만큼 탐스럽게 보이니, 먹지 않을 수 없는 지경에 도달한 것이다.

큰 성 바벨론의 경우

"바벨론아 네 영혼의 탐하던 과실이 네게서 떠났으며, 맛있는 것들과

빛난 것들이 다 없어졌으니 사람들이 결코 이것들을 다시 보지 못하리로다."
(계 18:14)

우리는 성경의 시작인 창세기에서부터 성경의 마지막 계시록에
이르기까지 누구나 다 선악과를 먹고픈 마음이 있다는 사실을 우리는
이제 알고 인정해야 한다. 바벨론에 거한 사람들이 시대적 배경은
다르지만, 모두 하나님 뜻과는 상관없이 "이것을 탐해 먹을 만큼 이
과실이 보기에 좋고 찬란하고 빛났다"라는 것이다. 그런 연유로 시대
차이를 두고 발생한 이 사건에 대해 우리는 다시 한번 무엇을 생각해야
할까? 큰 성 바벨론은 이미 타락한 무리들이다. 오죽하면 큰 권세를
가진 다른 천사가 다음과 같이 경고하였을까?

"힘센 음성으로 가로되 무너졌도다 무너졌도다 큰 성 바벨론이여!" (계
18:2)

제8부

내가 먹은 선악과

"너희가 그 은혜를 인하여
믿음으로 말미암아 구원을 얻었나니
이것이 너희에게서 난 것이 아니요 하나님의 선물이라
행위에서 난 것이 아니니
이는 누구든지 자랑치 못하게 함이니라."

(엡 2:8-9)

1. 후속 조치

"내가 먹은 선악과"란 이 타이틀은 우리 모두 하나님 말씀의 거울을 통해 자신을 점검하기 위해 마련된 "마지막 자리"라는 생각이 들었다. "선악과가 과연 무엇을 의미하는가?"라는 사실을 몰랐을 때, 우리는 정말 얼마나 자주 '선악과'를 탐하여 먹고 살아왔는지! 정말이지 셀 수 없이 많이 먹고 또 먹어 왔다.

그런데 먹을 때마다 이 열매는 또 얼마나 먹음직, 보암직, 지혜롭게 할 만큼 탐스러웠는지! 그 결과, 우리는 늘 정말 맛있게도 이 열매를 오랫동안 탐해 왔다 해도 과언이 아닐 것이다.

문제는 우리가 성경에서 제시하는 바와 같이, "선악과를 먹을 수 있는 차원"의 자리에서 먹었느냐 하는 것이다. 이것이 문제 중의 문제였다! '선악과'는 신앙이 그야말로 장성해져서 하나님께서 "이제부터 선악을 분별하라"고 "지팡이 같은 갈대"를 오른손에 쥐어 주실 때까지는 함부로 먹을 수 있는 열매가 아니었던 것이다.

그런데 젖먹이 신앙은 아직 선악과를 먹을 만한 능력이 없으니, "장성한 차원에 이르기까지 생명과를 계속 먹어라!" 하셨는데, 우린 그동안 어떻게 살아왔는지? 무언가 가슴이 싸해 오는 것이 느껴지지 않는가? 하나님께서 "동산 각종 나무의 실과는 네가 임의로 먹되, 선악을 알게 하는 나무의 실과는 먹지 말라 네가 먹는 날에는 정녕 죽으리라!"고 지엄하게 주신 말씀은 아담 내외에게만 주신 말씀이 아니었다.

이 세상에 사는 모든 인생, 장래 태어날 인간에게까지 주신 말씀이었다. 그런데 이런 하나님의 말씀에도 불구하고 스스로 알지 못한 채, 하나님의 자리에 앉아 할 말, 못할 말을 가리지 않고, 마치 재판관처럼 행세했을 우리의 모습을 성경을 통해 뒤늦게 바라보게 되었다. 여러분은 선악과를 어떻게 대하고 살았는가? 먹고 싶을 때마다 먹고 또 먹고 살지는 않았는가?

처음으로 생기를 먹은 아담 내외나 우리나 무슨 차이가 있겠는가? 결국 우리도 아담의 아내처럼, 아니 아내가 주니 아무렇지도 않게 선악과를 달랑 받아먹은 남편 아담처럼, 사단의 유혹에 걸려 "먹지 말아야 할 선악과 열매"를 먹어왔다는 사실을 자각(自覺)할 수 있어야 한다.

그런데 우리 각자 자신만 먹는 선에서 그쳤는가? 사랑하는 자들에게 "당신도 먹어! 너도 먹어라!" 하며, 선악과 열매를 따서 이 사람, 저 사람 자기 나이만큼 주위 사람들에게 먹여 주고 살아오지 않았는지? 그렇다면, 과연 우리가 어떻게 이 죄에서 빠져나갈 수 있을까? 성경 전체의 "선악과란 대주제"를 정리하고 나니, 우리가 서야 할 위치가 어디인지 막연했던 것이 조금은 가까이 다가온 것 같았다.

주님은 마태복음 5장에서 "형제에게 노하는 자마다 심판을 받게 되고, 형제를 대하여 '라가'라 하는 자는 공회에 잡히고, 미련한 놈이라 하는 자는 지옥 불에 들어가게 되리라."고 말씀하셨다.

사실 우리 자신도 자기도 모르게 씩씩거리고 분노하면서, 수없이 남을 비판하고 정죄하는 자리에 앉아서 늘 자기가 옳은듯하여 마치 의분인 양 부들부들 떨기도 했다. 수없이 타인에게 상처받았다고 속이 상하여 울었지만, 사실 자기도 모르게 독이 묻은 입술로 얼마나 많은 상처를 타인에게 주었을까? 이런 내용의 경험은 우리 모두에게 거의 똑같이 있다고 생각한다. 그뿐만 아니라 도저히 '밝은 해' 앞에서 감히 서 있을 용기가 나지 않을 만큼, 하나님 앞에서 '참람죄'를 저지른 우리 각자의 모습에서 사단의 비열한 웃음이 떠오르지 않는지!

'아!' 그때마다 하나님의 그 거룩하신 보좌 앞에서 우리 자신이 얼마나 더 멀어져 갔겠는가? 그때마다 우리의 죄목이 얼마나 더 가중되었겠는가? 자세히 알지 못하면서 한 마디 한 마디 내뱉은 말이, 아니 입 밖으로는 내지 않았다고 해도, 타인에 대한 마음속에서의 정죄는 얼마나 우리의 영(靈)을 어둡게 하였을까? 본인 스스로만 알지 못한 채, 얼마나 매임의 줄에 얽매여 있었을까?

필자는 '선악과 총론'을 만들며 얽히고설킨 내용들을 성경을 통해 깨닫고, 얼마나 충격을 받았는지 모른다. 너무나 놀란 나머지 "아! 그렇다면 내 죄가 '일만 달란트'도 넘겠다!" 머리털 나고 처음으로 나 자신이 큰 죄인임을 인정하게 되었다.

교회에 발을 들여놓은 이후, 한 번도 "내가 죄인이다! 벌레만도 못한 죄인"이란 사실을 인식해보지 않았기 때문이다. 그런데 이제는 오히려 어떤 방법으로도 스스로는 해결할 수 없는 "나의 죗값"을 대속해 주신 주님이 얼마나 감사했는지, 처음으로 목 놓아 울었다. 그때마다 죄를 짓고 숨었던 아담과 그 아내 얼굴이 어렴풋이 떠오르는 것이었!

그런데 그것뿐만이 아니었다. 스스로 무화과나무 잎으로 자기들의 수치를 가리려는 아담 내외의 천연스럽기도 한 그들의 시도가 생각났고, 서로를 정죄하며 "네 탓이야!" 하고 책임을 전가하며, 티격태격 싸우는 그들의 모습이 너무나도 눈에 선했다. 필자도 그들과 같이 그렇게 살았을 것이 너무나 자명한 이치였기 때문이다. 필자의 성격상 겉으로 드러내서 남을 비판하고 정죄하는 일은 그리 많지 않았을 것이다. 그런데 마음속으로 "저 사람, 왜 저렇게 경우가 없어? 아니 이 사람, 뭐 그래?" 남모르게 마음속으로 힐난했던 분량이 적지 않았을 것이다.

필자가 선악과에 대해 본격적으로 연구를 시작한 것은 지금으로부터 삼십 년도 넘었다. 결코 적지않은 세월을 살아오는 동안, 사단의 밥이 되어 그것이 유혹인 줄 알지 못해 선악과를 먹을 때마다 얼마나 사단이 신이 났었겠는가? 그때마다 사단의 치명적인 독성이 얼마나 많은 사람들의 영혼과 육신을 상하게 했을까? 그런 의미에서 필자는 그런 생각으로 아플 때마다 우리 주님의 십자가의 거룩한 은총을 생각하곤 하였다.

"그가 찔림은 우리의 허물을 인함이요, 그가 상함은 우리의 죄악을 인함이라 그가 징계를 받음으로써 우리가 평화를 누리고 그가 채찍에 맞음으로 우리가 나음을 입었도다"라는 말씀이 자꾸 되뇌어졌다. 필자는 나에게 일어난 선악과 사건을 돌이키며 회개함으로써 해독하기 시작했다. 한 사건 한 사건 회개할 때마다, 하나님은 그 독성을 해독시켜 주셨고, 점점 마음과 몸이 가벼워지기 시작했다!

'선악과'에 대한 주제를 깨닫게 해주신 성령님께, 우리가 언제나 잘못된 일을 죄사함 받을 수 있게 기도의 자리를 허락해 주신 하나님께, 그리고 그 보좌 앞에 나갈 수 있는 길을 열어 놓으신 예수님께 얼마나 감사한지, 만 개의 입으로서도 그 감사를 다 표현할 길이 없었다. 할렐루야! 주님을 찬양한다!

2. 다윗 왕가에서 일어난 선악과 사건

"¹그 후에 이 일이 있으니라 다윗의 아들 압살롬에게 아름다운 누이가 있으니 이름은 다말이라 다윗의 아들 암논이 저를 연애하나 ²저는 처녀이므로 어찌할 수 없는 줄을 알고 암논이 그 누이 다말을 인하여 심화로 병이 되나라 ³암논에게 요나답이라 하는 친구가 있으니 저는 다윗의 형 시므아의 아들이요 심히 간교한자라 ⁴저가 암논에게 이르되 왕자여 어찌하여 나날이 이렇게 파리하여가느뇨 내게 고하지 아니하겠느뇨? 암논이 말하되 내가 아우 압살롬의 누이 다말을 연애함이니라 ⁵요나답이 저에게 이르되 침상에 누워 병든 체하다가 네 부친이 너를 보러 오거든 너는 말하기를 청컨대 내 누이 다말로 와서 내게 식물을 먹이되 나 보는 데서 식물을 차려 그 손으로 먹여 주게 하옵소서 하라 ⁶암논이 곧 누워 병든 체하다가 왕이 와서 저를 볼 때에 왕께 고하되 청컨대 내 누이 다말로 와서 내가 보는 데서 과자 두어 개를 만들어 그 손으로 내게 먹여 주게 하옵소서." (삼하 13:1-6)

선악과 사건은 에덴동산에서만 일어난 것이 아니다. 우리가 절실히 인식하지 못해서 그렇지, 성경 전체에 망라(網羅)된 이야기이다. 필자는 그중에서 하나님께서 가장 사랑하시고 자랑하시는 다윗! 그 다윗 왕가에서 일어난 간음, 추행, 살인, 반역, 근친상간, 야욕… 등 선악과를 먹고 얽히고설킨 내용을 여러분께 보여주려 한다.

"털어 먼지 나지 않는 사람들"이 없다고 한다. 성경에서도 "의인은 없되 하나도 없다!"라고 하셨으니, 털어 먼지 나지 않는 사람은 이 세상에 없다는 이야기이다. 그러나 성경은 털어 먼지 날 때, 회개하는 자가 받을 축복을 우리에게 보여주셨으니, "회개의 중요성"을 아는 자들은 털어 먼지 나게 해서 그 먼지를 깨끗이 씻어내는 사람들이다. 할렐루야! 주님! 죄를 지어도, 그 죄를 씻을 수 있게 기도의 통로를 주신 것에 대해 감사 또 감사드린다!

다윗 왕가에서 일어난 부끄러운 가족사

필자가 다윗 왕가에서 일어난 부끄러운 가족사를 만인에게 선포하고자 하는 것은 다음 4가지 목적에 의해서이다.

첫째: 한 사람의 죄로 인해 야기되는 죄의 파장이 얼마나 크고 무서운가?

둘째: 선악과 사건은 비단 에덴동산에서만 일어난 과거의 사건이 아니라, 이 시간에도 끊임없이 계속되어 일어나고 있다. 나로 인해, 너로 인해, 사랑하는 아버지에 의해, 어머니에 의해, 아니 자녀에 의해, 친구로 인해, 지금도 끊임없이 여러 사람에게 그 죄가 옮겨지고 있기 때문이다.

셋째: 또한 각자 자기들의 잣대로 정죄하고 비판하고 헤아려 죽이는 사람들은 또 자기도 정죄당하고 비판당하고 헤아림을 당한다는 사실이다. 하나님께서 "원수 갚는 것이 내게 있으니 내가 갚으리라"(롬 12:19)고 말씀하셨다. 그럼에도 불구하고, 1만 달란트를 면죄 받고도 "작은

것"을 용서하지 못하고 친히 자기의 손으로 원수를 갚는 자는 "자기도 원수에 의해 죽임을 당한다.!"는 놀라운 사실을 우리는 깨닫게 된다.

넷째: "먹지 말라!"는 말은 선악과를 먹는다는 것이 얼마나 무서운 것인지? 선악과를 통해 자기를 씻어나가는 자가 받는 축복이 얼마나 큰 것인지? 이 상반된 두 가지의 축복과 저주를 그대로 보여주기 위한 것이다.

본문에 등장하는 인물은 여러분이 잘 아시는 다윗, 암몬, 압살롬, 솔로몬 그리고 요압, 이들은 다 다윗 왕가의 사람들이다. 이들은 그 시대 최고의 왕가의 가족들이요, 이 중에서 암몬, 압살롬, 솔로몬은 다윗의 직계 아들들이다.

'요압'은 다윗의 배다른 누이 '스루야'의 아들이니까, 촌수가 어떻게 되는가? 사실 **"다윗의 어머니"**는 다윗의 아버지 이새에게 시집오기 전에 이미 '**나하스**'라는 사람에게서 '스루야'를 낳았다. 그러니까 **"다윗과 스루야"**는 엄마는 같은데, 아버지가 다른 이부(異父) 누이인 셈이다. 그런 이부누이가 낳은 아들이 '요압'이었으니까, 다윗에게 있어서는 조카뻘인 셈이다.

요압은 다윗의 군대 장관이었으며 용사 중의 용사였고, 뛰어난 전략가였다. 다윗의 통치영역을 확장하는 데 아주 큰 역할을 한 사람이다. 그러나 요압은 다윗의 뜻을 거슬러 자기의 입지를 넓히고자 다윗의 사랑하는 자, 아브넬, 압살롬, 아마샤 등을 죽여 다윗의 마음을 아프게 한 '권모술수'의 사람이었다.

"그곳에 스루야의 세 아들 요압과 아비새와 아사헬이 있었는데 아사헬의 발은 들노루 같이 빠르더라." (삼하 2:18)

(스루야는 아비새, 요압, 아사헬 삼형제를 낳음)

> "¹³이새는 맏아들 엘리압과, 둘째로 아비나답과, 세째로 시므아와 ¹⁴네째
> 로 느다넬과, 다섯째로 랏대와 ¹⁵여섯째로 오셈과, 일곱째로 다윗을 낳았으며
> ¹⁶저희의 자매는 스루야와, 아비가일이라 스루야의 아들은 아비새와, 요압과
> 아사헬 삼형제요 ¹⁷아비가일은 아마사를 낳았으니 아마사의 아비는 이스마엘
> 사람 예델이었더라." (대상 2:13-17)

(아비가일은 이스마엘의 사람 예델과 결혼하여 아마사를 낳음)

그런데 이렇게 다윗 가(家)의 가족들이 각자 이해관계에 얽히고설켜,
부자지간이요, 형제요, 친척이면서도 서로 정죄하여 죽이고 죽는 이런
모습을 만인 앞에 그대로 드러내셨다는 사실이다.

주님은 우리에게 "율법과 복음" 두 양식을 주시면서, 죄를 깨닫고
말씀으로 씻어나가서 모든 영혼을 살리는 "살리는 영"이 되라고 부탁하
셨다. 그런 의미에서 '하라!' 하는 것을 하고, '하지 말라!' 하는 것을
하지 않는 우리가 되어야 하는 것이다. 그런데 '하라!'는 것을 하지
않고, '하지 말라!'는 것을 하면, 결국은 하나님의 심판을 받게 된다.
그런 의미에서 이제라도 율법을 통해 자기를 씻는 거울로 삼으면,
거룩한 삶으로 한발 한발 지향해 나갈 수 있다. 그런데 하나님의 백성들
은 오히려 그렇게 하려 하지 않고, 어떻게든지 자기의 생각과 자기의
의지를 고집하면서 살아왔다고 해도 과언이 아닐 것이다.

하나님은 땅 차원인 우리가 '하늘 차원'으로 살 수 있는 길을 이미
열어 놓으셨다. 전지전능하신 하나님의 말씀대로 우리가 복종하여
살면, 축복받고 살 수 있는 길을 열어 놓으셨다는 것이다. 그럼에도
불구하고, 사람들은 그 축복을 자기 것으로 삼는 일에는 '아둔'하고,
오히려 저주받는 길은 '서둘러' 빨리 가려고 한다는 것이다.

특별히 "왕가의 가족들"은 이스라엘 백성들에게 모범을 보여야 할 텐데, 오히려 그들이 서로의 이해관계에 깊이 얽혀 버렸다. 그 결과, 원수처럼 원망하며 보복하기 위해 칼을 갈고, 반역하여 죽이고 죽는 이런 모습을 보인다면, 백성들이 무엇을 바라볼 수 있겠는가?

혹시 나의 들보를 씻기보다는 사랑하는 자의 눈에 티를 보고 정죄하거나 또한 정죄당하고, 서로 헤아림을 하여 피차 영혼이 고통당하고 있지는 않은가? 만약 있다면, 지금 이 순간이라도 주님처럼 "아버지! 저들이 알지 못하는군요! 알지 못해서 그러니 용서하여 주십시오!"라고 기도하는, 이런 용서의 삶을 살 수는 없는 것인가!

아니, 주님처럼은 살 수 없다고 하더라도, 다윗처럼 자기의 죄를 주님의 십자가의 보혈로 깨끗이 씻고 회개해서, 마음의 상처도 낫고, 그 마음이 깨끗해져서 백성들을 살피며 사는 "선지자의 삶"을 살 수는 없었는가?

마음속에 "두 증인의 삶"을 살기를 사모하면서도, 그 마음에 더러운 찌끼 때문에 신앙이 업그레이드되지 않는 이런 현실을 보면서, 다윗 가(家)에서 일어난 "선악과 사건"을 성도들에게 꼭 한번 "한 편의 영화"처럼 보여주고 싶었다.

하나님께 최고 칭찬받은 자, 다윗

다윗은 한때 사단에 이끌려 몹쓸 죄를 저질렀던 사람이다. 그러나 그는 회개하되 제대로 회개하여, 하나님께 "내 종 다윗과 같은 자가 있느냐?"라고 오히려 칭찬받은 인물이다. 그리고 무엇보다 다윗은 주님을 예표한 "예표의 인물"이자, "천년왕국의 왕권 성도"를 예표한 인물이다. 다윗에 대한 성경의 증언은 참으로 얼마나 멋지고 놀라운지!

필자가 시온산의 비밀을 찾아내고 기뻐하며 감격의 눈물을 흘릴 때, 그 시온산의 축복을 하사받은 자의 대표가 바로 다윗임을 깨닫게 되었다. 그런 의미에서 다윗이 성경에서 차지하고 있는 중요한 내용은 말로 다 형용할 수 없을 만큼 그 비중이 크다고 해도 과언이 아닐 것이다. 성경은 그에 대해 다음과 같은 최고의 칭찬을 하사하셨는데, 칭찬하신 단어마다 성경적으로 최고의 의미가 들어 있었다!

첫째: 높고 하늘로 들리운 뿔을 가진 자,
둘째: 푸른 감람나무,
셋째: 등을 예비한 자,
넷째: 하늘 높이 올리우고 기름부음을 받은 자,
다섯째: 노래를 잘하고 수금을 잘 타는 자,
여섯째: 누가는 다윗을 가리켜 "그는 선지자라!"

그런데 인간은 자기 욕망이 있어 다윗이 저지른 추악한 죄는 자기뿐만 아니라, 자기가 낳은 자녀들에게도 깊은 상처를 남겼다. 그 결과, 가족 간에 서로 죽이고 죽는 무서운 결과를 낳기도 하였다.

• 사무엘하 11-13장에서 어떤 일이 있었는가?

"사무엘하 11장"에는 그 유명한 다윗 왕의 수치스러운 밧세바와의 간음 사건에 대해 만민 앞에 그의 죄를 드러내고 있다. "사무엘하 12장"에서는 하나님께서 나단을 다윗에게 보내 그 죄성을 만천하에 드러내셨다.

이제 겨울이 지나고 봄이 되어 중단되었던 암몬과 아람 연합군과의 전투가 다시 시작되었다. 그동안은 다윗 왕이 친히 전투에 나가 두

번 승리를 거두었다. 그러므로 이제는 부하들에게 맡겨도 되겠다는 생각에 다윗 자신은 왕궁에 남았다.

다윗왕은 오랜만에 늦잠을 자고 지붕에 올라가 거닐다가, 우연히 목욕하는 한 여인을 발견하게 되었다. 다윗은 그 여인의 아름다움에 반하여 부하를 보내어 그녀가 누구인가를 알아보게 하였다. 그런데 그녀는 바로 다윗의 용장 37명 중의 하나인 "우리아의 아내 밧세바"였다. 다윗은 그 여인이 "우리아의 아내"라는 사실을 알면서도, 자신의 정욕을 다스리지 못하였다. 그 결과, 신하로 하여금 그녀를 자신의 방으로 데리고 오게 하여, 다윗은 마음의 죄와 함께 간음의 죄까지 짓게 된다.

다윗의 삶은 우리가 아는바 소년 시절부터 신앙으로 점철된 삶이었다! 블레셋의 용장 '골리앗' 앞에서 두려움에 떠는 이스라엘 백성을 보고, 물맷돌 몇 개를 들고 나가 하나님의 이름으로 달려가는 다윗의 모습은 정말 얼마나 용맹스런 모습이었는지! 마치 한 편의 영화 같지 않았는가? 그런 그의 신실한 신앙과 믿음으로 인하여 사울이 질투해서 얼마나 많은 순간 그로부터 쫓기고 살았으며, 얼마나 많은 전투에 나가 시달리는 삶을 살아야 했는지!

그러던 다윗이 이제 막 통일 이스라엘 왕국을 이룩하고, 이제 막 긴장을 풀고 모처럼 왕이 됨을 누렸는데, 아뿔싸! 그 안일함은 ⇒ 정욕과 연결되었고, 정욕과 연결되니 ⇒ 남의 아내, 그것도 지금 전쟁을 수행하고 있는 신실한 용장 "우리아의 아내"임에도 불구하고, 뻔뻔하게 불러다 동침을 하였다는 것이다.

이 동침의 결과 죄의 씨앗을 잉태하였는데, 다윗은 이 사실을 은폐하기 위해 전쟁터에 있던 '우리아'를 급히 소환하여 그의 아내와 동침하도록 하였다. 이 잉태된 아기가 "우리아의 아기"인 것처럼 조작하여 꾸미려고 했던 것이다. 그런 얄팍한 다윗의 계획은 "우직한 우리아의 행동"으로 말미암아 수포로 돌아가게 되었다. 그는 동료들이 전투에 임하고 있고, 하나님께서 이스라엘의 대장이 되사 전투 중에 계시는데, "어찌 혼자서 평안히 지내려 할까!" 하고, 밧세바 곁으로 가지 않았다. 이런 충직한 부하를 두고, 다윗은 어찌하여 해서는 안 될 일을 하고 그 결과를 조작하려 했을까? 이것이 정녕 다윗의 행동이 맞는가?

그런데 "왕의 사심과 왕의 혼의 사심을 가리켜 맹세하나이다!"라고 하는, 이런 충성스러운 우리아의 고백을 들을 때, 다윗은 자기의 죄를 깨달아야 했다. 그러나 사단은 이미 다윗에게 "정욕의 영"과 "거짓의 영"을 집어넣었고, 이미 사단의 독이 들어가 전신에 마비된 상태인 다윗은 다시 우리아에게 술을 먹여 술 취한 상태에서 아내와 동침하도록 또 한 번 시도하였다.

그러나 그런 다윗과는 달리, 우리아는 취중에도 "전쟁 중"이라는 그 마음의 긴장을 풀지 않은 채, 다윗을 향한 충정이 변치 않았다. 이 일로 다윗의 계획은 또 한 번 수포로 돌아갔다.

그런데 한번 죄의 늪에 빠진 다윗은 죄에 대해 무감각해지니, 깨닫지 못하고 서슴없이 또 다른 죄를 시도하였다. 그것은 조카뻘인 요압을 통해 우리아를 '살해'할 생각을 한 것이다. 자기의 잘못을 회개하지 않는 자에게 이렇게 사단은 마음껏 역사하는 것이다.

여기에 다윗의 조카인 '요압'이란 인물이 "살인의 협력자"로 등장한다. 또 하나 사단의 희생물이 등장한 것이다! 하나님은 "다윗이 얼마큼 그 양심에 털이 난 채 죄에 물들었나?"를 가감 없이 만천하에 드러내 보여주셨다. 다윗은 요압에게 다음과 같은 내용, 즉 "우리아를 최전방으로 내보내 저로 맞아 죽게 하라!"는 명령을 내린다.

이렇게 그를 살해할 계획이 담긴 편지를 써 보냈다. 그런데 정말 경악하고 또 경악할 것은? 다윗이 이런 내용을 충직한 우리아의 손에 "직접 들려 보냈다"는 사실이다. 상상해 보기 바란다! 자신을 죽일 계획을 담긴 편지를 쥐고 가는 충성스러운 신하 우리아의 모습을!

과거 다윗은 사울의 옷자락만 베어도 가슴 아파했던 사람이었다. 그러나 죄의 노예가 되니, 우리아를 살해하기 위하여 자기 조카 요압을 동원하였다. 또한 요압은 다윗에게 잘 보여 자신의 지위를 확보하고자, 다윗의 범죄를 묵인하고 동조하였다.

여기에서 우리는 눈에 보이는 왕 다윗은 의식했지만, 눈에 보이지 않는 "영원한 왕이신 하나님"은 의식하지 못하는 '요압'이란 인물을 다시 한번 만나게 된다.

우리 인생에게 일어나는 문제는 다 여기에 있지 않은지! 실세 중의 실세이신 하나님이 우리를 보고 계시다는 사실을 인지하지 못하고, 우리에게 우리를 "담당한 천사"가 있어 하나님께 다 보고한다는 사실을 모르기에 일어나는 무지한 소치가 아니겠는가? 우리 주님이 무엇이라 말씀하셨는가?

> "삼가 이 소자 중에 하나도 업신여기지 말라 너희에게 말하노니 저희 천사들이 하늘에서 하늘에 계신 내 아버지의 얼굴을 항상 뵈옵느니라." (마 18:10)

그런데 요압은 작전계획의 실패로 우리아를 죽게 했지만, 예상외로 많은 아군의 인명 손실을 보게 되었다. 죄의 결과가 또다시 나타난 것이다. 그러나 인명 손실이 많았음에도, 죄의 꼬리가 연결되어 있기 때문에 다윗은 왕으로서 요압에게 그 죄를 추궁하지 못했다.

이는 이미 다윗 스스로가 요압을 다룰 수 있는 왕의 자리에서 죄인과 벗하는 자리의 나락으로 떨어졌기 때문이 아니겠는가! 또한 요압은 우리아를 죽음에 이르도록 사주한 다윗의 약점을 이용, 자기의 실책을 덮어버리려 했다. 이에 다윗은 자기가 지은 죄가 있으므로 요압을 추궁하지 못했던 것이다. 이런 사건은 악(惡)이 악을 낳아 그 죄의 영향력의 결과로 일어난 것이기 때문에 그렇다! 그런데 이때, 요압의 보고를 들은 다윗의 고백을 우리는 한 번 귀를 열고 들어보아야 한다.

"이 일로 걱정하지 말라! 칼은 이 사람이나 저 사람이나 죽이느니라!"
(삼하 11:25)

다윗의 이 말은 충성된 우리아의 아내를 범하고, 그 남편을 전쟁터에서 죽이고, 잘못된 작전으로 아군의 군대가 많이 죽은 결과를 들었던 다윗의 고백이었다. 이렇게 죄에 사로잡히면 참으로 짐승만도 못해지는 것이 우리 인생의 모습이다. 얼마나 무서운 일인가? 이 고백이 죄에 삼킨바 된 다윗이 자기의 정욕의 결과로, 충직한 우리아뿐만 아니라 많은 부하를 죽이고 난 결과, 이 사건을 본 견해였다.

죄는 이렇게 사람을 돌변시킨다. 그 후에 자기 남편 '우리아'가 죽었다는 소식을 듣고, 밧세바는 호곡하였다. 그녀는 자기 남편 우리아가 왜 두 번이나 전쟁에서 돌아오게 되었고, 그가 왜 그 전쟁 맨 앞에 나가서 죽음을 맞이했는지 눈치챘을 것이다.

그 후 다윗은 밧세바를 자기 궁으로 데려와 아내를 삼았다. 이는 그녀가 임신중이었기 때문에 자신의 죄악을 은폐하려고 행한 일이요, 그 후에 밧세바가 아들을 낳았는데, 11장 맨 마지막 구절에 의미 있게 이렇게 기록되어 있다.

"다윗의 소위가 여호와의 보시기에 악하더라." (삼하 11:27)

하늘 아래서 인생이 살기 때문에, 우리에게 일어난 모든 행동은 그대로 하나님 앞에 다 드러나게 되어 있다. 그런데 다윗의 이런 가증한 일을 하나님이 보셨다는 사실을 성경은 한마디로 "다윗의 소위가 악하더라!"라고 하셨는데, 이런 표현이 성경의 '참맛'이 아니겠는가!

사무엘하 11장 전체가 마치 한 편의 영화처럼 그 믿음의 사나이 다윗이 어떻게 이처럼 사단에 의해 망가지고 추악한 죄인으로 전락되는 것인가? 거침없이 우리에게 보여주시는데, 아무리 감추려 해도 "하나님 앞에서는 다 드러난다! 숨길 것도 가릴 것도 없다!

결국 우리는 이런 장면 장면을 통해서, 가족과 친척을 서로 죽이고 죽는 그런 무서운 결과를 초래했던 이 사건의 출발이 아주 미약한 것에서 시작되었다는 사실을 깨닫게 된다. 그리고 평안할 때, 바로 그때 더욱 기도의 줄을 놓치면 안 된다는 사실을 통감하게 된다!

(사무엘하 12장)

사무엘하 12장은 하나님이 나단 선지자를 보내심으로써, 다윗의 그 추악한 죄를 뉘우치고 회개할 수 있도록 기회를 허락하시는 장면으로 시작된다. 이는 사람들 앞에서는 자기의 죄를 은폐할 수 있어도, 하나님의 눈은 결코 속일 수 없기 때문이다. 하나님은 과거 "다윗의 언약"을 상기하시고는 그를 버리시지 아니하시고, 그가 "죄의 자리"에서 머물러 더 이상 사단의 노리개가 되지 않도록 선지자를 통해 책망과 경고를 하셨던 것이다.

이는 다윗이 '사생아'가 아니라, 하나님의 "사랑받는 아들"이었기 때문이다. 그런데 '나단 선지자'를 통해 자기의 죄악을 깨달은 다윗은 즉시 왕의 체면도 잊고 자신의 죄를 자백하고 회개함으로써 밧세바와의 사이의 불륜의 씨는 잃지만, 하나님과의 관계를 회복하게 된다.

하나님은 '다윗의 소위'를 다 보셨음에도 불구하고, 깊은 회개를 하였으므로 다시금 다윗을 사랑하셨다. 그 후에 다윗과 밧세바 사이에서 솔로몬을 얻게 되는데, 하나님은 나단을 보내사 그 이름을 '여디디야'로 지어 주시며, 끝까지 다윗과의 언약을 이루신다. '여디디야'란 "여호와의 사랑을 받은 자"란 뜻이다. 이는 솔로몬이 다윗의 유업을 이을 자로 선택받았다는 이야기이다.

(사무엘하 13장)

사무엘하 13장 1절 본문은 "그 후에 이 일이 있으니라"로 시작이 된다. 여기서 우리는 세 가지, 곧 세 단계를 바로 알아야 한다.

첫째: "그 후에"라고 말한 그 일이 언제인가?
둘째: 그 일이 일어나고 난 다음에 또 어떤 일이 일어났는가?
셋째: 그 일의 결과로 인해 다윗 가에서 어떻게 서로 정죄하여 죽이고 죽는 비통한 가정사가 일어났는가?

사무엘하 13장 전체는 다윗의 장자인 암논이 이복누이 다말을 짝사랑하다가, 아비 다윗처럼 사단의 올가미에 망해가는 장면이 기록되었다. 다윗은 아주 많은 아내를 두었다. 이미 헤브론에서만 모두 여섯 명의 아내가 있었다.

① 처음의 아내 미갈은 사울의 딸로 다윗의 아내가 되었다가, 사울과 다윗의 관계가 소원해지자, 사울 왕이 딸 미갈을 다른 남자에게 시집을 보냈다. 후에 이 미갈을 다윗이 다시 찾아온다. 그러나 미갈에게는 아무 소생이 없었다.

② 아히노암은 장남 암논을 낳았고,

③ 나발의 아내 아비가일은 길르앗을 낳았고,

④ 마아가는 압살롬, 다말을 낳았다.

⑤ 학깃은 아도니아를 낳았고,

⑥ 아비달은 스바댜를 낳았고,

⑦ 에글라는 이드르암을 낳았고,

　다윗은 6명의 아내로부터 모두 7명의 자녀를 두었고, 거기에

⑧ 밧세바가 더해진 것이다.

　그런데 이 밧세바가 낳은 아들 '솔로몬'으로 인해, 다윗의 후궁들과 자녀들의 마음들이 더욱 복잡해진 상태가 되었다. 밧세바가 낳은 아들 솔로몬을 통해 하나님께서 그의 이름을 '여디디야'라고 지어주시니, 장자인 '압살롬'이나 '암논'은 "왕권이 누구에게 돌아가는가?" 하는 문제로 마음에 요동이 밀려왔던 것이다. 이것이 다윗 왕가가 불행을 자초한 이야기의 원인이 되었던 것이다.

　한 사람이 지은 죄는 또 다른 죄를 낳는다. 아비 다윗이 여자를 좋아하여 남의 아내를 간음하고 많은 아내를 가지니, 이런 죄의 속성은 자식이 쉽게 물려받는 법이다.

　아브라함이 아내 사라를 아비멜렉에게 내어 준 일이 두 번 있었는데, 그런 똑같은 사건이 이삭에게도 있었다. 자식은 부모의 발가락이라도 닮는다는 이야기를 우리에게 보여주신 것이다. 정말 자기의 죄를 회개해서 어찌하든지 씻어내야지, 부모 대(代)의 죄를 자식 대에 물려주어서는 안 된다는 사실을 성경은 대(代)를 이어 교훈하여 주셨다.

　본문에 "그 일 후에 이 일이 있느니라!"고 기록하신 것은? 암논이 아비 다윗의 이런 난봉기질을 물려받아, 이복동생인 다말을 추행하는

사건이 일어났기 때문이다. 다윗이 밧세바를 취하고 시침을 떼고 살때, 선지자 나단을 보내셔서 예언하신 대로 "이제 다윗 가(家)에 재난의 바람이 불 것"이 실상으로 이루어졌다는 것이다. 이렇듯 하나님의 말씀은 일점일획의 오차가 없이 진행되고 성취된다.

그런데 간음한 당사자 '암논'만 망하는 것이 아니라, 죄 없는 이복누이 '다말'과 '압살롬'까지 망하게 하는 사건이 일어났다.

'근친상간'은 모세 율법에 금하고 있던바, 암논이 다말을 건드려 놓고, 혼자 속을 태우다가 다윗의 형 시므라의 아들인 요나답의 조언을 좇아 이복누이 다말을 아프다고 불러들여 강제 추행을 했다. 암논은 아비 다윗을 통해 다말의 간호를 간청했고, 암논의 이런 간계를 알 수 없었던 다윗이 허락하는 바람에, 다말은 아무 생각 없이 간호하러 들어갔다가 오라버니에게 추행을 당했던 것이다.

그런데 '암논'은 이런 엄청난 죄를 짓고도, 그것도 모자라서 자기가 추행한 동생 '다말'을 미워하기까지 하였다. 죄의 날개를 달면 사람이 언제든지 이렇게 변할 수 있는 것이다. 조금 전까지만 해도 상사병이 날 정도로 연모했는데, 자기 욕심을 채우고 나니, 다말이 꼴도 보기 싫어져서 자기 궁에서 다말을 내쫓기까지 했다.

다말은 오라버니의 참람한 추행의 수치로 인해 재를 무릎 쓰고 옷을 찢으며 그 슬픔을 표현했는데, 친 오라버니 압살롬이 알아채 버렸다. 압살롬은 자기 친동생 다말에게 일어난 추행 사건을 겉으로는 나타내지 않되, 마음속으로 복수의 칼을 갈았다.

다윗이 후에 이 사실을 알고 분노하였지만, 그러나 암논의 죄를 다스리지는 못했다. 아마 자기도 젊었을 때, 그 같은 죄를 많이 저질렀기 때문에 다스리지 못한 것이 아니겠는가!

그런데 추행 사건이 있고 나서, '압살롬'은 사랑하는 누이를 강간한 암논을 향해 자그마치 2년여 기간 동안 복수의 칼을 갈았다. 그리고 2년 후에, 압살롬은 양털을 깎는 행사일을 'D-DAY'로 잡았다. 이 행사는 유목 민족에게 있어서는 마치 추수 때와 같이 큰 잔치를 배설하고, 이웃과 나그네를 초대하여 대접하는 것이 관례였다.

압살롬은 이 일을 구실로 부왕인 '다윗'을 초대하였는데, 사실 이는 암논과 함께 다른 형제들을 정식으로 초대하기 위한 간계였다. 압살롬은 다윗으로 하여금 '암논'을 보내 주시기를 허락받음으로써, 이 사건에도 아비 다윗이 간접적으로 연계가 되도록 모략을 짰다. 그러나 필자는 다윗으로 하여금 자신의 지은 죄를 깨닫게 하시려는 하나님의 모략이 아닌가 하는 생각이 든다.

압살롬은 암논을 극진한 대우로 안심시켜 방심하게 한 후에, 술에 취한 암논을 죽인다. 마치 에덴에서 가인이 그 동생 아벨을 죽이듯, 다른 곳도 아닌 통일 이스라엘 왕가에서 이런 참람한 일이 발생한 것이다. "동생을 추행한 그런 놈은 죽어 마땅하다!"는 압살롬의 생각에 의해, 다윗의 장자 '암논'이 죽은 것이다.

다윗왕은 이 소식을 듣고 심히 통곡하였다. 그리고 압살롬은 두려워서 도망을 가고 말았다. 그 후 3년이 지나고 나니, 아비 다윗은 도망간 아들 압살롬을 그리워한다. 죄는 미워도 자식은 미워할 수 없는 아비의 사랑이 아닌지! 그러나 왕의 체면 때문에 압살롬을 부르지 못하는데, 이런 부성애를 알아챈 요압이 압살롬을 데려오기 위해 계책을 꾸민다.

그러나 다윗은 그런 계책을 알면서도 허락하여 압살롬은 귀환되고, 다윗은 압살롬에 대한 죄를 용서해 준다. 그런데 이 압살롬 사건에서도 다윗은 압살롬을 진정한 회개로 인도하지 못하였다. 과거 자기의 죄성을 생각해서일까?

자식에 대한 잘못된 사랑

다윗의 자식에 대한 잘못된 사랑과 미온적 태도에, 압살롬이 아비를 반역하는 또 다른 죄를 낳게 하였다. 압살롬이 암논을 죽이기 위해 2년을 준비했다면, 압살롬은 이후에 4년을 더 준비하여 모반을 계책한다. 그는 먼저 군사력과 민심을 확보한 후, 아비 다윗의 무능을 비판하면서, 다윗을 향했던 민심을 서서히 자기에게로 돌아오게 하는 이런 반역을 준비하였다. 그리고 마침내 '헤브론'에서 반역 정부를 세우고 왕으로 자처하는 참람함을 저질렀다.

성경은 이런 압살롬의 행위를 "압살롬이 이스라엘 사람의 마음을 도적하니라"고 기록하였다. 그런데 이런 압살롬의 반역에 누가 가담하였는가? 바로 '아히도벨'이라는 사람으로 그는 '모사가'요, '지략가'였다. 그러면 이 아히도벨은 누구인가? 바로 다윗이 정욕으로 범한 우리아의 아내 밧세바가 "아히도벨의 손녀"였다.

관계란 이렇게 무서운 것이다. 자신의 손녀딸을 추행한 다윗에 대한 아히도벨의 마음이 이때 대적하는 태도로 나타난 것이다.

이후 다윗은 자식 '압살롬'의 반역으로 도피생활을 하게 된다. 우리는 여기서 아주 중대한 발견을 하게 된다. 다윗을 향한 이스라엘 백성의 마음이 돌아섰다는 사실이다. 그런 이유로 다윗은 도피 생활 중에 사방에서 조롱과 저주를 받았다. 이때 다윗은 밧세바와의 간음 사건을 통해서 나단 선지자가 하나님의 말씀을 전한 내용을 기억하였다.

> "[9]그러한데 어찌하여 네가 여호와의 말씀을 업신여기고 나 보기에 악을 행하였느뇨 네가 칼로 헷 사람 우리아를 죽이되 암몬 자손의 칼로 죽이고 그 처를 빼앗아 네 처를 삼았도다 [10]이제 네가 나를 업신여기고 헷 사람 우리아의 처를 빼앗아 네 처를 삼았은즉 칼이 네 집에 영영히 떠나지 아니하리라 하셨고 [11]여호와께

서 또 이처럼 이르시기를 내가 네 집에 재화를 일으키고 내가 네 처들을 가져 네 눈앞에서 다른 사람에게 주리니 그 사람이 네 처들로 더불어 백주에 동침하리라 ¹²너는 은밀히 행하였으나 나는 이스라엘 무리 앞 백주에 이 일을 행하리라 하셨나이다." (삼하 12:9-12)

이 모든 일이 다윗 자신에 대한 "하나님의 징계"라고 스스로 여기며, 언젠가 하나님께서 자기의 원통함을 풀어 주시고 갚아 주실 것을 믿으며, 스스로 원수를 갚지 않았다.

이후 '압살롬'은 '아히도벨'의 사주를 받아 부왕의 후궁들과 동침하게 되는데, 이것은 '근친상간'에 해당하는 '참람죄'이다. 얼마나 아이러니한가! 이복형인 암논이 '근친상간'했다고 쳐 죽였으면서, 압살롬 자신도 인륜에 어긋나는 아비의 여인들을 강간하는 일을 서슴없이 백성들이 보는 앞에서 저질렀다는 것이다.

그리고 이러한 것은 나단의 예언의 성취였다. 다윗의 범죄에 대한 하나님의 징계이셨던 것이다. 하나님은 지금 다윗 가(家)에 일어나는 여러 사건을 통해 다윗의 마음에 경종을 울리셨던 것이다.

이런 현황을 다윗으로 경험하게 하심으로, 회개하고 또 회개하여 그의 티와 점과 흠까지 씻어내게 하셨다.

아비를 반역한 압살롬을 요압이 죽이다!

"압살롬 군대와 다윗의 군대"가 서로 대치하는 정황이 일어났는데, 다윗의 군대가 압살롬의 군대와 싸워 대승을 거두었다. 이는 다윗의 뛰어난 용병술과 자기 생명도 아끼지 않고 싸우는 충성스러운 군사들로 인한 결과였다.

압살롬은 아비에게 반역하고 아비를 죽여 왕권을 차지하려 했다.

그러나 다윗은 어떻게든 반역한 그 아들 압살롬을 살리려고 했다. 이것이 하나님 앞에서 회개하고 돌아온 자가 베풀 삶의 내용이 아니겠는가! 이 장면을 보면서 "우리의 삶에 우연은 없다."라고 생각했다. 자기 자신도 하나님께 용서받았으니 남도 용서해 줄 수 있어야 한다.

다윗은 "소년 압살롬을 너그러이 대하라!"는 명령을 내렸다(삼하 18:5). 그런데 압살롬은 평소 그 머리털이 자랑거리였던 사람이다. 성경은 다윗이 잘나서 그의 아들들 특히 압살롬과 아도니야의 인물됨이 아주 좋다고 기록하고 있다. 그런데 평소의 자랑이었던 그 머리털이 그만 전쟁 중에 상수리나무에 걸려, 탔던 노새는 빠져가고 압살롬의 머리는 공중에 매달려 버리게 되었다. 이는 아비를 반역하고 형을 속여 죽인 패륜아에게 하나님이 내리시는 징계요, 저주가 아니겠는가? 그런데 그렇게 나무에 대롱대롱 매달려 있는 압살롬을 누가 무참히 죽였는가? 바로 요압이었다.

요압은 아비에게 반역한 압살롬 같은 놈은 "죽어 마땅하다"고 생각했기 때문이다. 이런 이유로 요압으로 말하자면 압살롬과 사촌뻘이요, 왕인 다윗으로부터 "압살롬을 너그러이 대하라"는 특별 명령을 받았음에도 불구하고, 나뭇가지에 걸려 아무 힘도 쓰지 못하는 조카 압살롬의 심장을 무참히 찔렀다.

그리고 그것도 부족해서 직속 부하에게 쳐 죽이게 하고, 그를 구덩이에 넣고 심히 큰 무거운 돌더미를 쌓게 하였다. 이는 바로 요압의 마음속에 그를 향한 의분이 있었기 때문이다. "어떻게 형을 죽이고, 그것을 용서해 준 아비 다윗의 정권을 또 도적질 할 수 있느냐?" 하는 의분이 아니겠는가? 그런데 압살롬을 죽이고 그 무덤에 쌓은 돌 더미는 우리에게 또 다른 사건을 생각나게 한다.

이 '돌더미'는 과거 아간과 아이 성의 왕에게 취해졌던 조처였다. 이는 큰 반역자나 불순종한 자에게 수치를 나타내기 위해, "패륜아는 돌로 쳐 죽이는 율법"에 따른 것에 기인한 것이다. 후에 이 소식을 들은 다윗은 "내가 너를 대신하여 죽었더면!" 하고 절규하였다. 이 장면의 자식을 향한 다윗의 부정(父情)에서, 우리는 우리를 대신하여 죽으신 주님의 모습을 보게 된다.

자신의 충성스러운 부하 우리아의 아내 밧세바를 강제적으로 빼앗은 자기의 범죄 때문에, 아니 정욕에 못 이겨 많은 아내를 두어 배다른 자식들이 서로 느끼는 고통의 죗값을 다윗은 그의 삶 중반에 절절히 느낄 수 있었던 것이다. 다윗은 그 죗값을 지금 받고 있다고 생각하였을 것이다. 그러나 우리가 눈여겨볼 것이 있었다. 다윗은 그런 사건 속에서 그 누구도 정죄하지 않았다는 것이다. 그가 아무도 정죄하지 않은 것은 그가 바로 우리 주님의 예표의 사람이기 때문이다.

죽음을 앞둔 다윗의 유언

죽음을 앞둔 다윗은 '솔로몬'에게 요압을 죽일 것을 마지막으로 유언하였다.

> "⁵스루야의 아들 요압이 내게 행한 일 곧 이스라엘 군대의 두 장관 넬의 아들 아브넬과 예델의 아들 아마사에게 행한 일을 네가 알거니와, 저가 저희를 죽여 태평시대에 전쟁의 피를 흘리고 전쟁의 피로 자기의 허리에 띤 띠와 발에 신은 신에 묻혔으니 ⁶네 지혜대로 행하여 그 백발로 평안히 음부에 내려가지 못하게 하라." (왕상 2:5-6)

이것은 다윗의 마지막 유언이었지만, 필자는 "하나님의 명령"으로 받았다. 한평생 다윗의 측근에서 일하면서 권모술수에 밝아 무고한 사람들을 많이 죽인 '요압'이 아니었는가! 그는 태평시대에 친척들을 정적(政敵)으로 몰아 죽였다. '아브넬'은 사울의 군대 장관으로 다윗을 도와 통일 이스라엘을 이루려고 했던 자요, '아마사'는 충성된 유대의 군대 장관으로 특별히 요압의 이모의 아들이다. 그러니까 이종사촌 간이었다.

그런데 그럼에도 불구하고 '요압'은 "자기의 영달"을 위해 가족까지 죽여 버린 참으로 심장이 차가운 사람이었다. 또한 "죽이지 말라"는 다윗의 간곡한 명령을 어기고, 마음대로 '압살롬'을 쳐 죽인 그날을 다윗이 어찌 잊을 수 있겠는가?

부끄러운 과거가 있었지만, 다윗 자신이 사단에게 유혹되어 우리아를 죽이려 할 때도 그것을 말리지 않았다. 오히려 '우리아'를 죽인 공과로 많은 부하들을 죽음에 내어놓고도 자기의 허물을 덮으려 했던, 이 요압을 다윗은 결코 잊지 않고 있었던 것이다.

솔로몬은 아비 다윗의 유언대로 이 '요압'을 '브나야'라는 부하를 통해 "죽이라!"는 명령을 내렸다. 요압이 이 사실을 알고 여호와의 장막에 들어가 단의 뿔을 잡았지만, 솔로몬은 다음과 같은 명령을 내렸다.

> "[31]왕이 이르되 저의 말과 같이 하여 저를 죽여 묻어라! 요압이 까닭 없이 흘린 피를 나와 내 부친의 집에서 네가 제하라! [32]여호와께서 요압의 피를 그 머리로 돌려보내실 것은 저가 자기보다 의롭고 선한 사람을 쳤음이니, 곧 이스라엘 군대장관의 아들 아브넬과 유다 군대장관 아마사를 칼로 죽였음이라 이 일을 내 부친 다윗은 알지 못했으나 [33]저희의 피는 영영히 요압의 머리와 그 자손의 머리로 돌아갈지라도 다윗과 그 자손과 그 집과 그 위에는 여호와께로 말미암은 평강이 있으리라." (왕상 2:31-33)

이복동생을 상관했던 암논을 "너 같은 패륜아는 살아갈 가치가 없다."라고 압살롬이 죽였다. 그러나 그렇게 의로움을 자처하던 압살롬도 아비를 반역하고 형을 제 손으로 죽여 요압에게 "너 같은 패륜아는 살아갈 가치가 없다"고 정죄받고 죽임을 당하였다. 그러나 그런 요압도 "너 같은 놈은 백발로 평안히 죽게 할 수 없다."라는 다윗의 유언에 따라 솔로몬에게 죽임을 당했다.

우리는 여기서 결코 의롭지 않은 사람들이 자기는 '의롭다!' 하고 남을 비판하고 정죄해서 하나님의 자리에 앉아 죽음을 선고하고 집행하는 모습을 보게 된다. 이것이 "선악과 사건"의 재판이 아닐까! 이것이 바로 자기 눈에 들보 있는 사람들이 남의 눈의 티를 뽑으려고 나서서, 남의 눈을 다 후벼 파는 것이 아니겠는가!

하나님께서 선악과를 먹지 못하게 하신 이유는? 영적으로 장성한 차원이 되기 전까지는 선과 악을 제대로 구별할 수 없기 때문이다. 하나님께서 마지막으로 '요압'을 ⇨ 솔로몬에게 맡기신 것은? 솔로몬은 지혜와 지식을 겸비한 자로 그는 이 일을 제대로 수행할 수 있었기 때문이다. 그런 의미에서 선악과 사건을 제대로 파악하지 못하면, 우리는 언제나 하나님의 자리에 서서 자기가 의인인 것처럼 이런 짓들을 하게 된다.

하나님께서 "원수를 네 손으로 갚지 말라"고 명령하신 것은? 아직 선과 악을 분별할 수 있는 능력이 우리에게 없기 때문이다. 장성한 자만이 선과 악을 분별할 수 있고, 이런 자에게 때가 되면 하나님이 심판의 권세를 하사하신다고 말씀하셨다.

우리는 "이스라엘 통일 왕국의 다윗 왕가"에서 일어난 이 사건에서 "솔로몬이 말한 마지막 구절"에 우리의 마음의 포커스를 맞추어야 한다.

"저희의 피는 영영이 요압의 머리와 그 자손의 머리로 돌아갈지라도, 다윗과 그 자손과 그 집과 그 위에는 여호와께로 말미암은 평강이 영원히 있으리라." (왕상 2:33)

　　회개하고 용서하는 다윗과 그 자손과 그 집과 그 위(位)에는 여호와께로 말미암은 평강이 있을 것이라 하셨다. 다윗 한 사람으로 인해 죄의 물결이 그 가정에 몰아쳤지만, 다윗 한 사람의 회개로 그 자손과 그 집과 그 위(位)에는 "하나님께로 말미암은 평강이 있으리라"는 축복으로 끝났다는 것이다.

다윗이 하나님 앞에서 한 '원죄 목욕'

　　성경은 그 죄질이 참으로 악랄하지만, 철저히 회개해서 오히려 "하나님의 마음에 합한 자"란 영광의 칭호를 받은 한 사람을 소개하는데, 그가 바로 '다윗 왕'이다. 다윗은 보통 사람들도 짓지 않는 비도덕적이요, 비윤리적이요, 패륜적인 죄를 저질렀다. 그는 왕의 신분으로서 자기 신하의 여자를 범했고, 그것을 은폐하기 위해 거짓말을 하였다. 그뿐만이 아니다. 여자의 남편인 충직한 신하를 전쟁터에 내보내 죽였고, 그 모든 것을 은폐시키기 위해 완전범죄를 꾀하여 요압을 끌어들였다. 그런데 요압은 그 과정에서 많은 사람들을 죽게 하는 참람 죄를 저질렀다.

　　이 사람이 바로 "거인 골리앗을 무너뜨린 그 믿음의 소년 다윗인가?" 의심할 정도로 다윗의 죄질이 참람했다. 그러나 그가 하나님이 보내신 나단 선지자를 통해, 왕의 체면도 잊고 금식하며 '무릎뼈'가 아플 정도로, 베개가 눈물에 적실 정도로 통회하였다. 그가 자복하고 회개할 때, 하나님은 그의 모든 죄를 사해 주시고, 오히려 그를 통일왕국의 주역으로 세워주셨다. 그런데 그것뿐만이 아니다!

'시편 51장'은 "다윗이 하나님 앞에서 어떤 목욕을 하였는가?"를 생생히 증거해 주셨다. 이 시대 모든 하나님의 자녀들은 다윗을 통해 우리도 "하나님께서 제시하시는 원죄에 대한 회개" 즉 "영적 목욕"을 올바로 해야 할 것이다.

> "¹⁴하나님이여 나의 구원의 하나님이여 피 흘린 죄에서 나를 건지소서 내 혀가 주의 의를 높이 노래하리이다 ¹⁵주여 내 입술을 열어 주소서 내 입이 주를 찬송하여 전파하리이다 ¹⁶주는 제사를 즐겨 아니하시나니 그렇지 않으면 내가 드렸을 것이라 주는 번제를 기뻐 아니하시나이다 ¹⁷하나님이 구하시는 제사는 상한 심령이라 하나님이여 상하고 통회하는 마음을 주께서 멸시치 아니하시리이다." (시 51:14-17)

다윗은 "하나님의 마음이 제게서 떠나서는 안 됩니다! 제가 범죄함으로 하나님의 마음을 아프게 해드렸습니다. 피 흘린 죄에서 저를 건지소서!"라고 통회하며 자복하였다. "피 흘린 죄에서 나를 건지소서!"라는 고백에서 다윗은 지금 하나님을 무엇이라 믿고 있는가? "하나님이여! 하나님이여! 구원의 하나님이여!" 다윗은 자기 백성을 그 죄에서 건져 주실 "여호와 하나님"께 부르짖은 것이다.

시편 51장은 다윗이 주님께 "자신의 죄에 대해 고백"하며 기도를 드린 내용이다.

> "¹하나님이여 주의 인자를 좇아 나를 긍휼히 여기시며 주의 많은 자비를 좇아 내 죄과를 도말하소서 ²나의 죄악을 말갛게 씻기시며 나의 죄를 깨끗이 제하소서." (시 51:1-2)

다윗은 하나님만이 자기를 죄에서 구원해 주실 유일한 분이심을 깨닫게 되었다. 주님의 자비하심에 의해 자신의 죄과, 죄의 본질을 씻어주실 능력의 주님을 깨닫고 죄를 도말해 달라고 기도하였다.

"대저 나는 내 죄과를 아오니 내 죄가 항상 내 앞에 있나이다." (시 51:3)

다윗은 자기가 매일 죄를 생산해 내는 죄의 공장장임을 이제야 깨닫게 되었다는 것이다. "제 죄과를 알아도 저의 죄가 항상 제 앞에 있습니다. 하나님!"

이 장면은 우리의 모습이기도 하다. 겨울나무에 싹이 나오지 않았다고 해서, 그 나무가 죽은 것이 아니다. 아직 봄이 되지 않았기 때문이다. 봄이 되면 저절로 싹이 나오는 것처럼, 지금 자신이 도덕적으로 아무런 흠집이 없는 것처럼 보일 수 있지만, 언제든 죄를 지을 가능성이 자기 마음속에 도사리고 있는 그 영적 실제를 다윗이 인식했고, 지금 그 사실을 주께 고백한 것이다.

"내가 주께만 범죄하여 주의 목전에 악을 행하였사오니 주께서 말씀하실 때에 의로우시다 하고 판단하실 때에 순전하시다 하리이다." (시 51:4)

다윗은 "우리아와 그의 처"에게 범죄를 했지만, "제가 하나님께 범죄하였습니다!"라고 고백했다. 바로 이것이다!

성경이 말하는 회개는? 세상 사람들이 말하고 정죄할 수 있는 죄가 아니라, 하나님만이 다룰 수 있는 죄를 그분 앞에서 드러내는 것을 말한다. 다른 사람들은 다윗의 죄를 눈치채지 못했을 것이다. '우리아' 조차도 "자신의 주군이 그렇게 했으리라?" 아마 그런 내용을 모른 채 죽었을 것이다.

그러나 불꽃 같은 눈으로 자기를 바라보시는 그 하나님의 시선 앞에서, 다윗은 완전범죄를 꿈꾸었던 무지한 자신을 깨닫게 되었다. 그러므로 "우리아에게 범죄 했으니, 우리아 한 사람만 죽이면 된다!"며, 완전범죄를 꾀하였던 것이다. 그런데 다윗의 뜻이 이루어지지 않았다. 다윗은 "제가 주께만 범죄하였습니다. 주의 목전에서 그 짓을 했습니다! 주의 불꽃 같은 눈을 속일 수 있다고 생각했습니다! 그러니 주께서 저를 죄인으로 다스리실 때, 주의 판단은 옳으십니다! 주의 생각은 순전하십니다!"라고 부르짖었다.

지금 다윗이 자기 죄성을 제대로 깨닫고 주께 고백을 하였다. 성경이 제시하고 있는 "죄의 본질"은 하나님께 지은 죄를 말하는데, 지금 다윗은 "제가 주께만 범죄했다!"라고 고백하였다.

그런데 우리 모두는 어떠한가? 우리도 다윗처럼 "불꽃 같은 눈동자"로 보시는 하나님 앞에서 얼마나 많은 죄를 짓고 살아왔는지! 그분의 목전에서 악을 행하고도, 자기 손으로 하늘을 가릴 수 있다고 착각하고 살지는 않았는가? 하나님에게도 감출 수 있다고 생각해서, 오히려 "눈 가리고 아웅" 하고 살아오지 않았는지!

우리 조상 아담이 그 옛날에 이 짓을 했다. 선악과를 먹고 두 내외가 숨어버렸다. 천지 천하에 하나님을 피해 숨을 곳이 어디 있다고 숨었을까? 그러나 아담 부부는 하나님을 피할 수 있다고, 자기들의 몸을 숨길 수 있다고 착각하였다. 하나님은 그런 아담을 부르셨다.

"아담아! 네가 어디에 있느냐?"

아담이 지금 어디에 있는지 몰라서 그를 부르셨겠는가? 아니다!

"아담아! 지금 네가 어떤 상태에 있는지 알고 있다. 그러니 너의 상태를 내게 고해다오!" 이것이 하나님의 마음이었을 것이다. 이때 아담은 자기의 상황을 바로 고했다.

"하나님! 제가 지금 벗었으므로 두려워하여 숨었나이다!"

하나님은 이날 아담이 고한 것만큼 아담의 문제를 해결해 주셨다. 그가 벗었으므로 두려워 숨었는데, 가죽옷을 입혀 수치를 해결해 주신 것이다. 바로 이것이다! 우리가 하나님 앞에 나가 우리 죄를 고하면, 하나님은 그 죄에서 우리 죄를 사해 주시는 것을 기뻐하시는 분이다. 그런데 우리가 그동안 어떻게 살았는가?

"선악과를 먹지 말라! 먹으면 정녕 죽으리라!"고 말씀하셨음에도, 제 마음대로 선악과를 먹고, 하나님 자리에 앉아 남을 정죄하고 판단하지 않았는가? 자신이 하나님 나라의 질서를 파괴하고, 하나님 앞에 파렴치한 죄를 지었다는 사실조차 모른 채, 버젓이 의인 행세를 하고 살고 있지는 않은가?

그러나 다윗은 달라도 많이 달랐다. 그는 왕의 체면도 잊고, 하나님 앞에 나가 자기가 하나님 목전에서 악을 행한 것을 씻고 또 씻어 달라고 통회의 눈물을 흘렸다는 것이다.

"내가 죄악 중에 출생하였음이여 모친이 죄 중에 나를 잉태하였나이다."
(시 51:5)

5절 말씀을 통해 다윗이 "자신의 죄"에 대한 깊은 깨달음이 있었음을 우리는 깨닫게 된다. 다윗은 하나님을 속일 수 있다고, 하나님의 눈을 가릴 수 있다고 생각해서, 완전범죄의 꿈을 꾸었다. 그런 그의 행동은 "이미 죽은 나무에서 태어나 거기에 유전된 죄까지 합쳐서, 그렇게 아무렇지도 않게 죄를 생산해 내고 있었다."라는 사실을 다윗은 처음으로 깨달았다.

자신이 죄를 지어서 죄인이 아니라, 죄 가운데 태어났기 때문에 언제나 항상 죄지을 가능성을 내재하고 살다가, 때가 되니 그런 가증한 죄를 지었음을 깨달은 것이다! 할렐루야! 주님을 찬양!

> "중심에 진실함을 주께서 원하시오니 내 속에 지혜를 알게 하시리이다."
> (시 51:6)

우리의 신앙의 삶은 마음과 행동이 진실해야 한다. 하나님께서 우리에게 원하시는 것은 바로 "마음 중심의 진실함!"이다. "잘못했니? 그 잘못을 내 앞에 나와 네 입으로 고해다오! 고한 것은 내가 즉시 사해 주마. 네가 그것을 고하지 않으면, 너는 마귀의 밥이 되어버린다. 그러니 내 앞에 나와 숨기지 말고 진실하게 고백하라."

이 말씀이 바로 하나님께서 우리에게 원하시는 차원이다. 하나님은 "네 죄가 크다! 작다! 하지 않겠다! 네가 내게 진실하게 고하면, 사해 주겠다. 그 대신 제발 죄를 짓고도 그 죄를 숨길 수 있다고 생각하지 말라"고 말씀하신 것이다! 하나님의 목전에서 아무렇지도 않게 죄를 짓는 것이 거룩하신 하나님에게는 너무나 큰 고통이시기 때문이다.

그런데 그런 말씀을 무시하고, 자기가 의인인 척하고 살고 있으니, 그런 "불순종한 자"에게 하나님은 어떻게 하시겠다고 뜻을 세우셨는가? 뱀 즉 "사단에게 부치시겠다!"는 것이었다. 필자는 이 말씀을 보고 얼마나 놀랐는지!

> "여호와께서 말씀하시되 내가 술법으로도 제어할 수 없는 뱀과 독사를 너희 중에 보내리니 그것들이 너희를 물리라 하시도다." (렘 8:17)
>
> ⇩ ⇩ ⇩ ⇩
>
> "²저희가 파고 음부로 들어갈찌라도 내 손이 거기서 취하여 낼 것이요 하늘로 올라갈찌라도 내가 거기서 취하여 내리울 것이며 ³갈멜산 꼭대기에 숨을지라도 내가 거기서 찾아낼 것이요 내 눈을 피하여 바다 밑에 숨을지라도

내가 거기서 뱀을 명하여 물게 할 것이요." (암 9:2-3)

"네가 독수리처럼 높이 오르며 별 사이에 깃들일지라도 내가 거기서 너를 끌어내리리라 나 여호와가 말하였느니라." (옵 1:4)

"내 눈이 그들의 행위를 감찰하므로 그들이 내 얼굴 앞에서 숨김을 얻지 못하며 그들의 죄악이 내 목전에서 은폐되지 못함이라." (렘 16:17)

다윗은 자신의 죄를 정결케 하시는 그분의 능력을, 진홍 같은 죄일지라도 눈처럼 희게 하시는 하나님의 구원의 능력을 믿고 있었다. 아주 정확하게 하나님을 알고, 자기를 알았던 자가 바로 다윗이다.

"우슬초로 나를 정결케 하소서 내가 정하리이다 나를 씻기소서 내가 눈보다 희리이다." (시 51:7)

그는 또 하나의 아벨이요, 또 하나의 예수님 우편의 강도와 같았다. 우편 강도 역시 "우리는 우리의 죄에 대한 보응을 받는 것이니 당연하거니와, 자기의 죄는 저주의 십자가를 받을 만큼 당연하다!"라고 자기의 죄성을 인정하였다. 그리고 더 나아가 "이 분의 행한 것은 옳지 않으신 것이 하나도 없는 분이십니다!"라고 함으로써 우리 주님을 정확히 알고 있었음을 본다.

" 예수여!" 그는 주님의 이름을 불렀다. 예수는 저희 백성을 자기 죄에서 구원해 주실 분이시므로 " 예수여!" 하고 얼마큼 절실히 그분의 이름을 불렀을까?

"예수여! 당신의 나라에 임하실 때 저를 생각하소서!"

그분의 나라가 있음을 아는 이 오른쪽 강도!

"제가 진 죄에서 구원하여 주시옵소서!"

예수님은 즉각 그에게 명령하셨다.

"내가 진실로 네게 이르노니 네가 나와 함께 낙원에 있으리라!"

바로 이것이다. 세상의 종교와 다른 이런 면이 기독교이다! 어떤 종교가 '죄 문제'를 의뢰하고 그 죄에서 구원해 줄 수 있을까? 그 죄를 사해 주시는데, 시간이 얼마나 필요했는가?

아니다! 즉각 이루어졌다. 중심의 진실함을 주께서 원하시는 것을 알았던 이 사람! "자기의 죄는 저주의 십자가를 져도 그것이 당연하다"라고 지금 고통의 십자가에서 이렇게 중심으로 회개한 사람이 그동안 있었는가? 다윗도 그 죄의 본질을 깨닫고 고백한 사람이다. 그러나 이런 최악의 고통 속에서 고백하지는 않았다. "주를 조롱하고 죽이라"는 대적들 앞에서 고백하지 않았다.

"이렇게 자기의 죄의 본질을 깊게 깨달아 증거한 사람이 있으면 나와 봐!" 오른쪽 강도의 죄목은 강도였다. '강도'라는 단어가 하나님 앞에서의 "우리의 모습"인 것이다.

주께서 중심에 통회하시니 그를 어디로 인도하셨는가? 낙원이었다. 이 세상 어디에도 그 죄 문제를 해결해 주는 분은 오직 한 분! 여호와 하나님, 예수님, 성령 하나님. 삼위일체 하나님이시다!

> "나로 즐겁고 기쁜 소리를 듣게 하사 주께서 꺾으신 뼈로 즐거워하게 하소서." (시 51:8)

다윗이 듣고 가장 기뻐할 이야기는 "내가 네 죄를 다 사해 주마"라는 것이었다. 자기가 진 그 죄로 인해 무릎뼈가 무를 지경으로 회개했는데, "그 뼈로 즐거워하게 하소서!" 할렐루야! 주님을 찬양한다.

> "(9)주의 얼굴을 내 죄에서 돌이키시고 내 모든 죄악을 도말하소서 (10)하나님이

여 내 속에 정한 마음을 창조하시고 내 안에 정직한 영을 새롭게 하소서 [11]나를 주 앞에서 쫓아내지 마시며 주의 성신을 내게서 거두지 마소서." (시 51:9-11)

주님은 우리를 죄로부터 구원하여 주실 뿐만 아니라, 우리의 영을 새롭게 하시는 분이시다. 우리가 죄를 씻을 때, 우리의 영뿐만 아니라 우리의 몸 또한 새롭게 소생되게 하시는 분이라는 것을 잊지 마시기 바란다!

"[12]주의 구원의 즐거움을 내게 회복시키시고 자원하는 심령을 주사 나를 붙드소서 [13]그러하면 내가 범죄자에게 주의 도를 가르치리니 죄인들이 주께 돌아오리이다." (시 51:12-13)

하나님이 우리를 죄로부터 구원시키시면 그것으로 끝인가? 아니다! 하나님께서 우리를 죄에서 구원시켜 이루시고자 하시는 목적이 무엇인가? 이것이 중요한 것이다.

"너 뭐가 되고 싶으냐? 의사? 변호사?"

"너 뭐가 되고 싶으냐?"라고 물어보면, 의사가 되어서 어떤 일을 하고 싶다가 정답이다. 다음 구절에 주목하라!

"구원해 주시면, 내가 범죄자에게 주의 도를 가르치리니 죄인들이 주께 돌아오리이다!"

할렐루야! 지금 다윗이 주께 어떤 말씀을 드리고 있는가?

"죄에서 구원해 주시면, 저도 주님처럼 범죄자에게 주의 도를 가르쳐서 죄인들이 주께 돌아오게 하겠습니다!"

다윗은 정확히 죄의 본질을 깨닫더니, 이제 무엇까지 깨닫게 되었는가? 하나님께서 죄를 사해 주시며 구원해 주시는 그 목적까지 깨닫게

된 것이다! 다윗이 이제 일해야 할 사명의 내역을 깨닫게 된 것이
바로 성도의 청사진이다.

주께서 "죄에서 구원해 줄 테니 일하라!"고 하시는 것은? "하나님의
동역자가 되어 이 땅에서 구원의 사역을 감당하라!"고 명하신 것이다.
우리가 주목하여 보고 반드시 붙잡아야 할 말씀이 바로 이 말씀이다.

전 시대 이 사역을 감당한 사람들이 바로 "144,000 하나님 나라의
장자들"이라고 성경은 제시하셨다. 그들의 이마에 "하나님 이름의
인"과 "어린양의 이름의 인"을 받았다 하는 것은? 하나님의 이름은
여호와, 어린양의 이름은 예수이기 때문이다!

구약에서부터 신약 지금 성령시대에 이르기까지 하나님을 닮아
하나님처럼 이 세상에서 구원의 사역을 감당한 사람들의 합이 144,000
이라고 제시하여 주셨다. 주 앞에 나와 중심으로 진실하게 회개한
자들을 성경은 "목욕했다!" 하시고, 중심으로 목욕한 자들은 하나님이
이 사역을 할 수 있도록 "영광의 자리"를 하사해 주신다.

자기 눈에 들보가 있는 것을 몰라 남의 눈의 티를 뽑고 살던 사람들에
게, 하나님의 말씀을 가르쳐주시고 자기의 눈에 들보를 빼게 하신
후에, 이제 남의 눈의 티를 뽑을 수 있는 자리에 서게 해주시겠다는
것이 하나님의 약속이다.

"이 사역은 본격적으로 무엇인가?" 13절의 내용을 살펴본다.

> "그러하면 내가 범죄자에게 주의 도를 가르치리니 죄인들이 주께 돌아오리
> 이다." (시 51:13)

우리가 죄의 본질을 깨닫고 사함을 받고 해야 할 사명은? 아직도
자기가 죄인인 줄 모르고 뱀의 유혹 양식인 선악과를 먹고 '죄와 허물'에
서 뒹굴면서도 자기가 의인인 줄 착각하는 영혼들에게 주의 도를

가르쳐서 주께 돌아오게 하는 일이다! 이것이 하나님께서 우리의 죄를 사해 주시는 이유요, 우리가 목욕하고 감당해야 할 사명인 것이다!

이제 우리가 왜 죄를 깨달아야 하고, 그 죄를 깨닫고 나가야 할 목표가 무엇인지를 인지하실 수 있겠는가? 목회자만 공생애가 있는 것이 아니다! 성도님들도 성도의 공생애가 있다는 것을 받아들일 수 있겠는가?

여기에서 잠시 우리 천국의 비밀 한 가지를 밝혀보자! 예수란 이름은 누구의 이름인가?

"나는 내 아버지의 이름으로 왔으매 너희가 영접지 아니하나 만일 다른 사람이 자기 이름으로 오면 영접하리라." (요 5:43)

"세상 중에서 내게 주신 사람들에게 내가 아버지의 이름을 나타내었나이다 저희는 아버지 의 것이었는데 내게 주셨으며 저희는 아버지의 말씀을 지키었나이다." (요 17:6)

"나는 세상에 더 있지 아니하오나 저희는 세상에 있사옵고 나는 아버지께로 가옵나니 거룩하신 아버지여 내게 주신 아버지의 이름으로 저희를 보전하사 우리와 같이 저희도 하나가 되게 하옵소서." (요 17:11)

"11나는 세상에 더 있지 아니하오나 저희는 세상에 있사옵고 나는 아버지께로 가옵나니 거룩하신 아버지여 내게 주신 아버지의 이름으로 저희를 보전하사 우리와 같이 저희도 하나가 되게 하옵소서 12내가 저희와 함께 있을 때에 내게 주신 아버지의 이름으로 저희를 보전하와 지키었나이다 그 중에 하나도 멸망치 않고 오직 멸망의 자식 뿐이오니 이는 성경을 응하게 함이니이다." (요 17:11-12)

"저를 믿는 자는 심판을 받지 아니하는 것이요 믿지 아니하는 자는 하나님의 독생자의 이름을 믿지 아니하므로 벌써 심판을 받은 것이니라." (요 3:18)

하나님의 이름이 왜 중요한지 사도 요한이 제대로 드러내 주셨다. 우리가 그분의 이름을 안다는 것은, 그분이 구원자라는 사실을 아는 것이다. 그분이 구원자란 사실을 아는 자들만이, 자기의 죄에서 구원해 주실 그분 앞에 나아가 죄로부터 구원을 얻는 것이다!

그런데 이렇게 구원받는 방법을 몰라, "자신이 의인이라고 착각"하고 사는 것이 얼마큼 철저한 사단의 농간인가? 자기가 죄인임을 모른다는 사실이 얼마나 처절한 저주인가? 그렇게 중한 이 "죄 문제"에 대해 우리가 그렇게 민감하지 않았다는 것이다! 하나님은 "회개를 사랑하라!" 하셨는데, 죄 문제를 교회에서조차 점잔을 떨고 꺼내지 못했다는 것이다. 그러나 이 죄에 대한 이야기만큼은 우리의 귀를 언제든지 열어 놓아야 한다!

필자는 교인들에게 "교회는 목욕탕"이라 칭하였다. 나의 죄성부터 먼저 잘 꺼내어 놓고, 교회에서만큼은 자기의 죄를 드러내는 훈련을 해야 한다. 하나님이 원하시는 차원은? "목욕했니? 그다음은 발도 깨끗이 씻어 흠과 티와 점까지 깨끗이 씻어라!" 하셨는데, 어디에서 점잔을 빼는 것인가? 필자는 성도님들이 자기의 죄성을 드러내면, "대박이다!" 라고 박수를 보냈다. 자기가 깨닫지 못한 것은 남이 깨달을 수가 있는데, 개인 목욕실은 자기가 보이는 것만 씻고 나오지만, '공중목욕탕'은 자기가 씻지 못하는 곳, 등도 밀어주고 하면서 서로가 깨끗해질 수 있다. 교회에서 이러한 분위기를 만드는 데 7년이 걸렸다. 우리가 "성경이 제시하신 죄에 대한 주제"를 제대로 알아야 한다는 사실을 이제 깨달았는가?

'예수'는 "하나님의 이름"이시다. 그분이 바로 하나님이심을 그 이름 으로 증거 해주셨기 때문이다. 그런데 우리도 이 예수의 이름을 받아야 세상에서 보존되고 지켜질 수 있다는 사실을 가슴에 새겨야 한다!

이제 여러분은 말씀의 거울에 비추어 자신이 목욕을 했는지, 아니면 발만 씻었는지 아실 것이다!

"목욕을 했다!"는 것은? 피조물인 자기가 감히 하나님의 자리에 앉아 선과 악을 분별할 줄 아는 듯 헤아리고 정죄하며 창조주 하나님을 멸시한 죄를 깨닫고 주님의 나무에 접붙임 한 사건을 성경은 "목욕했다!"고 표현해 주셨다!

또한 주님은 "한 번 목욕한 사람은 그다음은 발만 씻으면 된다"고 말씀하셨다. 그렇다! 목욕을 한 사람은 "마음의 죄의 공장 문"을 닫았으니, 가끔 발만 닦으면 되지만, 목욕하지 않은 사람은 죄의 공장을 가동하는 주인과 같아서 무수한 자범죄를 생산해 낸다는 것이다. 그런 의미에서 목욕을 하고 발을 씻으면 죄에 대해 굉장히 예민해지지 아닐 수 없다.

따라서 아무리 생각해도 "나는 목욕한 경험이 없었다"고 생각되시는 분은 지금이라도 그 사실을 깨달았다면, 그것은 인생에서의 대박이라 할 수 있다. 무수한 사람들이 죄에 관해 무감각하고, 무수한 사람들이 자기는 의인(義人)이라 착각한다. 그런데 그 가운데서 "저는 죄인입니다!" 하고 두 손을 들고나오면, 그런 사람에게 우리 주님이 베풀어 주실 은혜는 아마도 헤아릴 수 없는 큰 복을 주실 것이다.

느헤미야 선지자는 다음과 같은 말씀을 주님께 간구했다.

> "만일 내게로 돌아와서 내 계명을 지켜 행하면 너희 쫓긴 자가 하늘 끝에 있을지라도 내가 거기서부터 모아 내 이름을 두려고 택한 곳에 돌아오게 하리라 하신 말씀을 이제 청컨대 기억하옵소서." (느 1:9)

우리 주님께서 십자가를 지신 것은? 주님이 교회를 사랑하시고, 우리를 위하여 자신을 주신 것은? 바로 이 세상 속에 거하는 우리가

'선악과'를 먹고 죄를 지었다 할지라도, 언제라도 아버지 앞에 나아가 회개하여 씻을 수 있는 자리를 마련해 주시기 위해서이다.

혹시 사도 바울의 이 말씀이 생각나지는 않는가?

"^{26}이는 곧 물로 씻어 말씀으로 깨끗하게 하사 거룩하게 하시고 ^{27}자기 앞에 영광스런 교회로 세우사 티나 주름 잡힌 것이나 이런 것들이 없이 거룩하고 흠이 없게 하려 하심이라." (엡 5:26-27)

할렐루야! 주님을 사랑하며 찬양!

3. 기도는 능력의 삶을 보장한다!

우리가 이 선악과란 주제를 진작 제대로 깨닫고 알았다면, 그다음 선악과를 마구 먹고 살았던 "후속 조치"를 어떻게 해야 하겠는가? 또다시 생각의 생각을 거듭하기 시작하였다. 왜냐하면 후속 조치를 어떻게 얼마큼 잘하는가, 잘하지 못하는가에 따라 우리의 남은 인생이 "축복의 삶을 사는가, 저주의 삶을 계속 살아가는가?"로 갈라지기 때문이다.

이제부터는 다시 "선악과를 먹지 않으리! 절대로 뱀의 유혹에 빠지지 않으리!" 수없이 다짐을 해도, 선악과를 오래 먹은 습성이 있는지라 하루아침에 고쳐지지 않게 되어 있다. 머리는 아는데, '아차!' 하는 순간에 선악과 열매에 손이 가서 따 먹을 때가 얼마나 많았는가! 그런 연유로 성경적으로 다음과 같은 '후속 조치'를 제시고자 한다!

첫째: 그동안 "선악과의 의미"를 잘 알지 못해, 수없이 사단에게 속아서 먹었던 "묵은 독성"을 먼저 해독하자는 결심을 해야 한다. 그 결심이 바로 "선악과가 과연 무엇이기에?"에 대해 바로 알아야만

한다는 것이다.

"아! 그때 내가 몰라서 선악과를 먹었구나!" 그런 일이 생각날 때마다, 언제 어디서나 아버지 하나님 앞에 나아가 "아버지! 그때 몰라서 그런 참람한 죄를 저질렀습니다!"라고 고백하면서, 다시는 그런 죄를 짓지 않겠다고 용서의 기도를 드려야 한다.

둘째: 우리 모두 입술에 파수꾼을 세워 달라고 기도해야 한다!

우리가 선악과를 너무나 오래 먹어왔던 터라 습관적으로 자기도 모르는 사이에 먹고 또 먹게 된다. 그러나 "선악과의 의미"가 과연 무엇인지 몰랐을 때와 알고 났을 때는 하늘과 땅 차이만큼 다르다는 것을 느낄 것이다. 설사 잠시 깜빡하고 먹었다 할지라도, 곧 깨닫고 아버지 하나님 앞에 나아가 회개하게 된다. 독성을 해독하는 새로운 습관이 생겼기 때문이다. 얼마나 감사한 일인가! 그리고 "입에 파수꾼을 세워 달라." 그래서 "남을 함부로 정죄하지 않게 해달라"고 자꾸 기도해야 한다!

그 결과, 선악과를 덜 먹게 된다는 것은? 사단의 더러운 술수에 걸리지 않는다는 것이니, 우리는 이 일을 위해 미리 막을 수 있는 데까지는 막아야 한다. 하나님 이름의 영광을 가리기 때문이다.

셋째: 선악과 주제에 대해 가족이나 친구 그리고 이웃에게 자꾸 전하고 알려야 한다.

지금 이 세대에도 대다수 하나님의 자녀들이 이 "유혹의 양식"

앞에서 갈등하고 넘어지고 얼마나 갈한 마음으로 살고 있을까? 그것이 사단의 계책인지 알지 못해서, 선악과를 덥석 먹어 버리고, 갈등하고 고통받고 쓰러지는 이웃들이 얼마나 많은지 모른다.

신앙의 삶의 정석

신앙의 삶의 정석이라!

'선악과'에 대한 주제는 우리 모두 누구를 막론하고 하나님의 자녀가 마땅히 알아야 할 성경 주제 중 최고의 주제이다. 이 내용을 바로 알아야, 스스로 자신의 죄를 씻어야 한다는 '의지'를 동원할 수 있고, 실제 씻어나가는 하루가 있어야, 우리의 신앙은 점진적으로 장성한 차원으로 전환될 수 있다.

또한 우리의 가슴에 이 한 단어가 늘 따라다녀야 하는, 신앙의 삶에 있어서의 정석, 즉 "주님의 유언"을 가슴에 새겨야 한다. 왜냐하면 "십자가의 도가 멸망하는 자들에게는 미련한 것이요 구원을 얻는 우리에게는 하나님의 능력이라"(고전 1:18)고 하셨기 때문이다.

성경은 '세마포'를 준비하지 않는 한, "천국 혼인 잔치"에 결코 들어갈 수 없다고 하셨다. 왜냐하면 천국 혼인 잔치에 신부는 반드시 "세마포 옷"을 준비해야 혼인잔치에 참예할 수 있기 때문이다.

그런데 이 "세마포 옷"은 어떤 옷이며 무엇을 의미하는 것일까? 주님께서 십자가에서 돌아가셨을 때, 아리마대 사람 요셉이 예수님의 제자나 유대인들을 두려워하되, 이 일 후에 빌라도에게 찾아가 예수님의 시체를 달라고 하여 모시고 왔다. 그리고 니고데모가 몰약과 침향 섞은 것을 백 근쯤 갖고 와서 유대인의 장례법대로 주님의 시체를 향품과 함께 세마포로 쌌다.

그런데 계시록 19장에 사도 요한이 '세마포'의 의미를 다음과 같이 밝혀주었다.

> "그에게 허락하사 빛나고 깨끗한 세마포를 입게 하셨은즉, 이 세마포는
> 성도들의 옳은 행실이로다 하더라." (계 19:8)

'세마포'는 = 성도들의 "옳은 행실"이었다! 그런 의미에서 우리도
그날에 "세마포 옷"을 입을 수 있는 신앙의 삶을 살아야 한다. 우리의
마음속에 **"옳은 행실"**이란 이 단어를 가슴에 새기며 살아야 할 것이다.
그런 의미에서 하나님께서 '하라!' 하신 것을 하고, "하지 말라!"는
것을 하지 않는 것이 우리의 신앙의 삶의 정석인 것이다.

하나님께서 사도 요한을 통해 "하늘에 있는 군대"들이 "희고 깨끗한
세마포"를 입고 백마를 타고 주님을 따르는 장면을 보여주신 것은?
우리가 무엇을 해야 하고, 무엇을 하지 말아야 하는가에 대해 "바로
알고 행하여야 한다.!"는 사실을 눈으로, 마음으로 깨닫게 하시기 위해
서였다. 하늘에 있는 군대들이 "희고 깨끗한 세마포"를 입고 주님을
따르는 장래 될 일은, 우리가 어떻게 살아야 이 대열에 설 수 있는가
에 대해 '경고'를 주신 것이 아닐까?

그런 이유로 한 사람 한 사람에게 이 말씀을 전할 때마다, 얼마나
많은 귀신들이 항복을 했겠는가? 그때마다 우리는 사단이 하늘로서
땅에 떨어지는 것을 마음으로 보게 될 것이다.

우리는 장래 "큰 성 바벨론"에 거하는 하나님의 자녀들을 구출해야
한다. 그들은 마지막 멸망의 순간까지 이 "선악과의 열매"가 무엇인지
알지 못해, "탐하여 먹다 멸망을 당한다.!"는 경고의 말씀은 우리의
가슴을 서늘하게 한다.

> "바벨론아 네 영혼의 탐하던 과실이 네게서 떠났으며, 맛있는 것들과

빛난 것들이 다 없어졌으니 사람들이 결코 이것들을 다시 보지 못하리로다."
(계 18:14)

그러나 또 한 장면인 "하늘에 있는 군대들이 희고 깨끗한 세마포를 입고 백마를 타고 그를 따르더라"(계 19:14)는 구절에서 보면, 이들은 '하라!'는 것을 하지 않은 것에 대해, "하지 말라!"고 하신 것을 하는 것에 대해 그 죄에 대해 "죄 씻음을 받은 자들"이다.

우리 자신도 이 "영혼이 탐하던 과실"로 인하여 멸망 받을 뻔했던 사람들이다. 지금 이 시대 대다수가 큰 성 바벨론에 거했던 백성들이었는데, 이제라도 이런 내용을 깨달아서 구출된 이 사건을 우리만 기뻐할 것이 아니! 그들도 구출해 주어야 할 사명을 우리가 하나님께 받았다는 사실을 잊지 말아야 한다.

선악과 주제를 통해서 깨닫고 난 후에는 '후속 조치'로, 선악과를 먹어댄 것에 대해 마음껏 토해 내시길 바란! 그리고 마음껏 해독하여, 여러분의 지각(知覺)을 회복, 장성한 차원으로 한층 더 전진하시길 바란다. 그 결과, 정말 선악을 분변하는 '십사만 사천'의 먹음직하고 보암직하고 지혜롭게 할 만큼 탐스러운, 그래서 농부가 자랑스러워하는 열매가 되시기를 주님의 이름으로 축원한다!

해독하기 위해 필요한 세 가지 기도

• 구약에서 제시하신 세 가지 향품

① 풍자향 기도: 죄를 회개하는 기도
② 나감향 기도: 상함을 치유 받는 기도
③ 소합향 기도: 하나님께 대해 감사드리는 기도

이 '세 가지' 기도의 내용을 보고 얼마나 놀랍고, 감사하고, 큰 감동을 받았는지 모른다. 하나님은 모세를 통해 "출애굽기 30장 34-38절 본문"을 통해 기도의 원리에 대해 다음 네 가지를 제시하셨다.

"³⁴여호와께서 모세에게 이르시되 너는 소합향과 나감향과 풍자향의 향품을 취하고 그 향품을 유향에 섞되 각기 동일한 중수로 하고 ³⁵그것으로 향을 만들되 향 만드는 법대로 만들고 그것에 소금을 쳐서 성결하게 하고 ³⁶그 향 얼마를 곱게 찧어 내가 너와 만날 회막 안 증거궤 앞에 두라 이 향은 너희에게 지극히 거룩하니라 ³⁷네가 만들 향은 여호와를 위하여 거룩한 것이니 그 방법대로 너희를 위하여 만들지 말라 ³⁸무릇 맡으려고 이같은 것을 만드는 자는 그 백성 중에서 끊쳐지리라." (출 30:34-38)

첫째: 어떤 종류의 기도를 드려야 하는가?
둘째: 어떤 내용으로 드려야 하는가?
셋째: 어떤 자세와 품격으로 드려야 하는가? 그리고 마지막,
넷째: 절대 드려서는 안 되는 기도가 무엇인가? 를 제시하였다.

구약에서 제시하신 기도에 대해 깨닫고 몹시 충격적이었던 것은? 이 내용에 대해서 교회를 다니면서 한 번도 제대로 들어보지 못했고, 신학교에 이어 신학대학원을 두 번이나 다녔으면서도 어떤 강의에서도 한 번도 들어보지 못한 내용이었기 때문이다.

그러면서 필자는 왜 그렇게 큰 감동을 받았는가?
● 그동안 신약을 통해서 배운 기도의 내용보다 더 간단했고,
● 기도에 대한 하나님의 뜻을 더 잘 이해할 수 있는 "기도의 원리와 정의"가 그 안에 숨어 있었기 때문이다.
● 그동안 우리는 하나님 아버지 앞에 나가, "아버지! 이렇게 해주세요,

저렇게 해주세요!" 하고 이것저것, 우리 자신의 어려움과 아픔이나 잘못한 것이나 자기의 구할 것을 예수의 이름으로 마음껏 말씀드리는 것이 기도라고 배웠고, 그렇게 기도해 왔다.

그러나 구약에서 모형적으로 제시하신 기도는 그것과는 전혀 "성격과 그 틀"조차 다른 "기도의 정석과 기도의 원리와 품격"을 우리에게 제시해 주셨다는 사실이다. 필자는 이 기도의 원리 앞에서 얼마큼 잘못된 기도를 그동안 해왔는가! 얼마큼 잘못된 기도를 가르쳐왔는가! 기도란 주제 하나도 제대로 전달하지 못한 교계나 필자 자신이 얼마나 부끄러웠는지 모른다!

기도에 대해 신구약을 공부하면서 필자가 깨달은 "기도의 정의와 정석"은 바로 이것이었다.

첫째: 기도는 마치 "차려 놓은 밥상 앞에 나아가 떠먹어 자기 몸에 영양을 주는 것과 같았다!

"차려 놓은 밥상"이란?

우리를 위해 창세 전부터 예비하신 "하나님의 신령한 축복의 말씀을 모은 성경의 내용"이 바로 "차려 놓은 밥상"이라고 생각했다. 그렇다면 그것을 "**나아가 떠먹는다!**"라는 것은? 하나님의 말씀을 "아멘!"으로 화답하며, "그 말씀이 내게 이루어지이다!" 기도하며, 주신 축복을 자기 것으로 찾아 누리기 위해 "행하는 삶"을 사는 것을 말하는 것이 아닐까 생각한다.

아무리 "잘 차려 놓은 밥상"이라 할지라도, 밥상에 앉아 수저로 내 입에 떠먹어야 내 것이 되지, 떠먹지 않으면, 그 잘 차린 밥상은 자신에게 "그림의 떡"이 될 것이다.

"천국은 침노하는 자의 것이라!" 하셨다. 주님은 누구든지 하나님 앞에 나가서 그 말씀을 떠먹고, 자기의 삶에서 행하여 축복을 누리는 자가 '임자'임을 제시하여 주셨다. 하나님께서 성경에 차려 놓은 밥상을 떠먹을 수 있는 유일의 조항을 두셨다면, 그것은 바로 구약 "출애굽기 30장 34-38절"에서 밝혀주시는 "아홉 가지" 내용과 "예수의 이름"으로 구하라는 것이 전부였다. 이런 내용을 찾아내곤 얼마나 마음이 떨렸는지 모른다!

"말씀과 기도"는 우리가 이 세상에서 성별된 삶을 살아가는 데 가장 중요한 신앙의 핵심 두 기둥이다. 주님은 "말씀과 기도" 외에는 더러운 것들이 떠나지 않으며, 우리를 거룩하게 하는 중요한 "영적 실제요, 실세요, 실체"라 하셨다.

"하나님의 말씀과 기도로 거룩하여짐이니라." (딤전 4:5)

둘째: 기도는 성경이 제시하신 하나님의 말씀을 ⇨ 자기의 것으로, 그것도 현실로 실현하는 통로와도 같다.

한마디로 '기도'는? 우리의 신앙생활을 보다 능력 있게 할 수 있는 절대적인 요소이다. 그런데 실제 우리의 신앙의 삶에서 그것이 기본임에도 불구하고, 가장 원하되, 가장 하지 못하는 것도 바로 말씀 보고 기도하는 것이 아닐는지!

"주님! 우리 인생을 용서하여 주시옵소서! 주신 것도 받아 행동하지 못하는 저희를 용서하여 주시옵소서! 예수님의 이름으로 기도드립니다!"

왜 이런 아이러니가 벌어질까? 대다수가 바쁘다는 이유를 핑계 대거나, 기도하지 않으면서도 하는 척한다. 그러나 바빠도 신문 보고,

TV 연속극 보고, 각종 운동도 하고, 요사이는 'YouTube'와 '카톡'까지도 열심히 하면서 시간을 빼앗긴다.

그런데 '오호라!' 기도만큼은 마음은 원하면서도 하지 못하는 영적 실제를 경험한다. 성경이 제시한 엄청난 가능성을 기도하여 자기 것으로 누릴 수 있는 것을 알면서도, 의외로 기도하지 못해 반편의 삶을 살고있는 우리들의 모습은 참으로 가슴을 쳐야 할 만하다. 그런데 그것도 하지 않는 것이 우리 신앙의 삶의 현실이 아닐까? 그것은 사단이 기도하지 못하도록 엄청나게 방해하기 때문이다.

성도여! 기도하기 위해 사단 마귀와 싸워보신 적이 있는가? 사단 마귀가 은밀히 기도하지 못하게 방해하기 때문에, 뒤돌아보면 해야 할 기도를 놓친 것을 깨달을 때가 얼마나 많은지 모른다.

그런 의미에서 우리는 "말씀과 기도"가 우리의 신앙의 품질과 품격을 지켜주고 높여준다는 사실을 잊지 말아야 한다. 그리고 말씀을 통해 그 말씀을 붙잡고 기도하는 "기도의 용사"가 되시길 주님의 이름으로 축원한다!

당신은 목욕한 자인가? 발만 닦은 자인가?

이 부분은 여러분의 몫이다. 목욕한 자인가? 아니면 발만 닦은 자인가? 이것은 오직 여러분 자신과 성령 하나님만이 아신다! 부디 목욕한 자의 위치로 신앙의 삶을 시작하시길 주님의 이름으로 축원한다!

4. 내가 먹은 선악과, 우리 모두 먹은 선악과

다음의 내용은 선악과를 공부하고 난 후, "필자가 먹은 선악과"에 대한 고백의 간증이다. 이 고백을 통해서 묵은 독성이 씻어나간 것으로 인해 하나님께 영광을 돌리며, 이 고백 앞에서 더 이상 정죄가 없는 삶이 정착될 수 있으리라는 것을 믿는다. 그리하여 더 이상 사단 마귀가 이런 심령 앞에서는 힘을 쓰지 못할 것을 바라보며, 주님의 십자가의 은총이 우리의 삶 속에서도 이루어짐을 믿고 감사드린다.

"내가 다 이루었다!"
주님! 주님이 이루신 것 저희도 조금씩 이루어갈 수 있도록
힘과 능력을 더하여 주시옵소서!
예수님의 이름으로 기도드립니다. 아멘!"

[간증]

우리 부부는 딸과 아들 남매를 둔 가정을 이루었습니다. 그런데 대학을 졸업하는 딸이 취직을 하자마자 시카고 다운타운 아파트로

나가서 살겠다고 해서 집안 분위기가 어두워졌던 일이 있었습니다. 우리 한국 문화 정서로 볼 때, 우리 부부는 이해가 되지 않았습니다. "아니 집 멀쩡히 두고 왜 나가 살려고 하는가?"

그동안 사립대학에서 4년 동안 공부하느라 떨어져 살았는데, 이제 졸업하고 같이 살게 되니 얼마나 감사한 일인가요? 남편도 비즈니스가 다운타운에 있어 매일 출퇴근하는데, 40분 동안 드라이브하거나 전철을 이용하면 되는데, 왜 다운타운 아파트에 비싼 집세를 내고 나가 산다고 하는 것인가?

집에서 20분 거리에 있는 가까운 대학에 다니면서도 기숙사에 있어야 한다고 해서 기숙사비를 대주었고, 2학년이 되니 학교 근처 아파트로 나간다고 해서, 다시 그 비싼 아파트 렌트비를 대주었습니다. 공립도 아닌 사립대학교의 그 비싼 등록금을 내가면서 원하는 대로 해주었건만, 이제는 졸업하니 다시 "다운타운 아파트"에 나가 살겠다고 하는 것입니다.

딸이 졸업하자마자 곧바로 좋은 회사에 취직이 되니, 우리 부부는 좋아서 "Welcome Home"을 외치며 기뻐서, 가구점에 들러 마치 신혼 방을 꾸미듯, 딸의 방에 "새 침대와 화장대 세트"를 들여놓고 함께 살아갈 날을 기다리고 있었습니다.

그런데 딸이 'Downtown'에 나가 산다고 하니, 얼마나 섭섭했던지요! 남편은 마음이 여린데, 저보다 더 실망해서 어쩔 줄 몰라 했습니다. 그동안의 저희 부부의 삶이나 자녀들에 대한 교육은 "이래라 저래라!" 하는 식이 아니었기 때문에, 딸을 불러 왜 그런 결정을 했느냐고 묻지 않았습니다. 이미 마음속으로 딸이 나가 살려고 생각했다는 그 자체만으로도 무척 섭섭했기 때문입니다.

그 일은 우리에게 상처가 되었고, 그 일이 있은 후, 우리 부부는 서로 말이 없어진 채, 어떤 생각을 했는지 아십니까?

"우리가 혹 딸을 잘못 키웠나? 부모 생각은 안 하고 저만 생각하나?" 이제껏 별 탈 없이 동생 잘 건사해 주고, 부부가 함께 일을 하니, 맏딸 노릇 잘해 주었던 딸! 많은 뒷받침을 해주지 못했는데도, 명문대학 들어가 주어서 고마웠던 딸! 첫딸은 "살림 밑천"이라고 늘 자랑스러웠고, 친구 같았던 딸이었습니다!

그런 딸이 "다운타운 이전 문제"로 별안간 야속한 딸로 우리 부부 생각 속에서 둔갑된 것입니다. 남편과 저는 대화가 없어졌습니다.

"딸이 졸업하니 옆에 있겠다!" 하고 생각만 해도 좋았는데, 취직하자마자 나가서 산다는 생각을 하게 된 것이 서운했습니다. 이제 딸이 집에서 자기 물건을 갖고 다운타운으로 이사를 가면, 우리 마음이 어떨까? 우리 부부는 말이 없이 지냈습니다.

그러던 어느 날, 저녁에 집에 들어오는데, 딸이 제 친구와 같이 집에서 몇 가지 물건을 갖고 나가다 마주쳤습니다. "아! 애가 정말 나가려나?" 대학교 졸업하고 엄마 아빠랑 같이 살다가 시집보내려고 했는데! "아! 어떻게 내 삶에 이런 일이 일어났는고?" 이제까지 한 번도 부모를 실망시킨 적이 없던 딸이었는데…

그 당시 제가 시카고 신학대학원을 다닐 때였습니다. 그날 강의는 "위기나 문제에 대처하는 지혜"를 나누는 시간이었습니다. 그래서 우리 가정에서 일어난 내용을 일어나 말했습니다. 그런데 우리 부부의 심각한 이 난제를 교수님은 한마디로 "왜 자식을 잘못 키웠는가로 비약했느냐?"라고 하면서, 교수님의 생각으로는 거꾸로 "반듯하게 잘 키웠다!"고 말씀하셨습니다.

아니! 이렇게 극단적인 평가가 어디에 있을까요? 낳고 키운 부모는 잘못 키웠다고 한숨을 쉬고 실망을 했는데, 미국에서 대학교수로서 많은 대학생들을 대하시는 교수님은 "반듯하게 잘 키웠다."라고 오히려 칭찬하시는 것이었습니다.

그날 저녁 저는 우리가 딸을 잘못 키운 것이 아니라, 단순히 "미국의 문화"와 "한국 문화"가 충돌한, 일도 아닌 일이 우리의 눈에는 큰 문제가 되었다는 사실을 깨닫게 되었습니다.

미국 대학은 "기숙사 문화"라나요? 미국 대학생들은 우리 부모들이 잘 때에 움직이는 '부엉이과'라나요? 그래서 기숙사에서 지내야 강의와 도서실 모든 학과의 스케줄을 잘 조절할 수 있답니다. 그래서 집에서 20분도 안 되는 기숙사에 살아야 대학 생활이 편리하고 유익하답니다.

그리고 위 학년으로 올라갈수록 학교 기숙사에서 아파트로 나가는 것은? 우리 딸이 돈 어려운 것 모르는 '사치 병'에 걸려서가 아니라는 것입니다. 이제 자신만의 개인적인 공간이 필요하고, 졸업을 준비하는 과정이 한국과는 달라, 미국대학은 들어가기는 쉬워도 졸업하기는 어려워서 정말 자기만의 조용한 공간이 필요하다는 것입니다. 그런 면에서 학교가 가까워야 언제든지 움직일 수 있는 그런 위치의 거처가 필요했던 것이었습니다.

그리고 위 학년으로 올라갈수록 둘이나 셋 정도가 한 아파트를 얻어 공동으로 분담하고 산다는 것입니다. 대다수가 이런 방안을 마련하는 것은 대학생들의 일반화된 양상이라, 그 자체가 어떤 문제점이 될 수 없다고 하셨습니다.

더욱이 직장에 취업이 되어 아파트를 얻어 나간다는 것은? 이제 자립할 수 있으므로 부모에게 의존하지 않는 미국의 좋은 문화의 영향이지, "딸이 잘못되었다."라는 생각을 한 것은 전혀 "한국적인 발상"이라 하셨습니다.

한국 대학생들은 4년 대학 다니는 동안에도 부모에게 학자금 얻어내고, 장가들 때도 얻어내고, 집 마련할 때도 얻어내는 것이 예사입니다. 그러나 여기 미국 대학생들은 대학을 다니는 동안에도 대다수는 학비를 자기 스스로 해결하고, 졸업을 하면 스스로 자립하는 것이 정상적이라고 하셨습니다. 졸업해도 부모와 같이 살면 능력이 없어 얹혀서 산다고 생각한다는 것입니다.

그러니까 미국 문화권에서 정상적으로 잘 자리매김해 첫 직장에 나가는 딸을 "왜 뭔가 잘못된 딸로 생각하느냐?"고 말씀하셨습니다. 오히려 저희 부부가 이해가 안 된다고, 만약 자기에게 그런 딸이 있다고 하면 칭찬해 주고 업어 주겠다고 교수님께서 말씀하셨습니다.

그날 제가 나눈 이야기를 통해 여러 신학생들이 비슷한 내용들의 의견을 나누었습니다. 한국에서 오신 분들의 생각이 거의 비슷하여, 이건 "한국 문화"와 "미국 문화"의 충돌이라면서 함께 웃었습니다.

"오호라!" 교수님의 안목으로 볼 때, 오히려 우리 부부가 "무지한 부모"로 자리매김 된 것입니다. 그날 저는 강의를 마치고 집으로 돌아오는 길에 마음에 부끄러웠습니다. "이렇게 생각하고 저렇게 생각하는 그 시각에 따라 그렇게 달라지는구나!"

"미국 문화와 한국 문화의 충돌"이었음에도 불구하고, 한순간 또 오래 떨어져 살아야 하나? "졸업하니 함께 살 수 있어 가구도 새것 마련해 주고 아빠 엄마 기분이 한껏 좋았는데!"

그 후에 딸을 오해하였다는 생각을 하니, 그렇게 부끄러울 수가 없어서 이번에는 미안해서 또 눈물이 났습니다. 그리고 그날 밤에 저는 강의실에서 교수님과 동료들과 나눈 이야기를 남편에게 들려주었습니다. 그 이야기를 다 들은 남편의 마음이 수그러졌습니다.

평소에 말이 없는 그인지라, 저처럼 그런 미국의 문화적 배경을 알고는 공연히 '딸을 못된 딸로 대했는가?' 하고 후회하는지는 알 수 없었지만, 표정을 보니 그의 마음이 한결 가벼워진 것을 느낄 수 있었습니다.

"아! 가슴에 두지 않고 꺼냈더니 이렇게 생각 자체가 다를 수 있음을 발견할 수 있구나!" 저는 이제 딸이 다운타운에 사는 것을 허락해야 되겠다고 마음을 먹었습니다. 그래서 아직은 자세한 이야기는 생략하고 딸에게 전화를 걸어 시간이 되면 "집에 한 번 들러라."고 말했습니다.

이틀 뒤에 딸이 집에 왔는데, 얼굴이 조금 수척해진 듯했습니다. 제 얼굴도 남편 얼굴도 많이 수척해졌지요. 그런데 딸은 몇 가지 갖고 나간 짐을 다시 들고 와서 제게 이렇게 말했습니다.

"엄마! 저 아파트 계약한 것 물리고, 집에서 살려고 왔어요!"

"너 계약하지 않았니? 계약한 돈은?"

"응 그냥 손해 보고 엄마 아빠가 그렇게 슬퍼하실 줄 몰라서… 잘 말했어, 엄마! 그래서 나 엄마하고 살 거야!" 말인즉 엄마 아빠 말을 들으려고, 손해 조금 보고 해약하고 들어왔다는 것입니다.

우리 마음속에 며칠 동안 잘못 키운 딸로 자리매김했던 딸은 그동안 엄마 아빠가 서운해하는 것을 마음속에 두고, 많이 많이 생각해 보았나 봅니다. 그리고 생각의 결과, 조금 손해를 감수하더라도 엄마 아빠의 마음을 상하게 할 수 없어서 돌아왔다는 것입니다.

아! 이 무슨 사단의 일인가!

잠시 문화적인 차이로 실망을 한 우리의 마음에, 아빠도 비즈니스로 다운타운을 매일 오가는데, 미국 문화를 몰라 며칠 동안 얼마나 섭섭한 마음에 상처가 되었는지요! 얼마나 우울했는지요!

그런데 생각해 보니 어떤 말도 딸 앞에 말하지 않은 것이 얼마나 다행이었는지요 그러나 내뱉지는 않았어도 이미 사단이 넣어준 생각은 독이 되어 남편과 제 마음을 상하게 했습니다. 만약에 제가 강의 시간에 그 문제를 내놓지 않았더라면? 그래서 잘못 키워진 딸로 남편과 제 생각에 자리 잡았다면, 저희는 그 생각에 사로잡혀 얼마나 우울한 나날을 보내야 했을까요? 만약 그 상태로 진전했다면, 그런 아빠 엄마를 보면서 딸은 또 얼마나 더 아픈 상처로 관계가 멀어졌을까요?

저는 그날 다시 한번 한국의 1세 부모들의 생각이 미국의 문화 깊숙이 들어가 사는 2세들의 생각과 얼마나 많은 차이(gap)가 있는가를 생각하게 되었습니다. 미국에 살면서도 미국의 한 가운데로 들어가는 것을 포기한 채, 몸은 미국에 와 있고 생각은 한국식으로 살아왔다 해도 과언이 아니었습니다. 동양인의 얼굴로 미국의 문화 속에 들어가 여러 가지 이질감을 느끼면서도 분투하는 우리 2세들을 우리는 얼마나 쉽게 비판했는지요?

생각해 보니 '아!' 정말 부끄러운 일이 한두 가지가 아니었습니다. 그날 밤에 저는 딸을 붙잡고 우리 1세들의 일반적인 생각을 들려주었습니다. 그랬더니 딸이 "엄마! 엄마 아빠가 그렇게 실망하고 화난 모습을 처음 보아서, 제가 얼마나 충격을 받았다구요! 엄마 제가 엄마 아빠를 얼마나 사랑하는데!" 그러면서 눈물을 줄줄 흘렸습니다.

저는 딸을 가만히 안아 주었습니다. 그리고 "엄마가 미국 문화를 잘 이해하지 못해서 네 마음에 상처를 주었다! 엄마가 너무 미안하다! 몰라서 그랬으니 용서하라!"는 말을 잊지 않고 하였습니다. 꼭 그 말을 해야 할 것 같았습니다.

부모로서 체통이 문제가 아니라, 어른으로서 우리가 미국 문화에 대해 모르는 것이 많았기에, 우리 부부의 부족함에 대해 꼭 말을 해야 할 것 같았습니다. 그날 딸은 다시 우리 부부의 자랑스러운 딸의 자리로 돌아왔고, 저희 부부도 딸의 사랑하는 부모의 자리를 다시 찾았습니다.

저는 "잘 알지 못하고 아는 것처럼 말하고, 혼자 생각하고, 정죄하는 이것이 바로 선악과를 먹는 것이 아닌가" 하는 생각이 불현듯 떠올랐습니다. 어떤 면에서 한국의 문화적인 사고(思考)였지만, 부부만의 대화였던 것이 얼마나 다행이었는지 모릅니다.

그러나 분명한 것은? 제가 제 생각으로 선과 악을 규정한 그 자체가 선악과를 먹은 것이라는 사실입니다. 그런데 어찌 이 하나에 관한 일뿐이겠습니까?

선악과를 먹고 또 먹었더라도, 하나님 앞에 나가 죄를 고백하면 사해 주시는 하나님이 바로 우리의 영적 아버지이십니다! 성도 여러분! 괜히 죄를 짓고도 체통 찾지 마시고, 아버지 하나님 앞에 나가시기 바랍니다! 죄를 지었으면 '풍자향 기도'를 통해 그 죄를 토설하고 깨끗함을 얻으시면 됩니다. 상처를 받으셨나요? '나감향'으로 기도하십시오! 좋은 일이 너무 많아 감사기도를 드리고 싶으십니까? 소합향으로 기도하십시오!

하나님 앞에 나가 고백하면 그 상처를 치유하여 주시는 분이 바로 우리 아버지 하나님이십니다. 하나님의 자녀처럼 축복받은 사람들이 또 어디에 있겠는지요? 할렐루야! 주님을 찬양합니다!